U0919717

AutoCAD2008 道桥制图

张立明　闫志刚　主编
张　田　刘建达　参编

人民交通出版社

内 容 提 要

本书以AutoCAD2008中文版软件为平台，针对土木工程道桥领域的制图内容，以介绍绘图的基本方法和列举绘图实例为主要形式，讲授了AutoCAD软件的应用知识。本书内容完备，结合了道桥制图标准，重点讲授道桥制图中的常用命令和制图方法，使专业人员能够快速掌握本软件，从而学习上达到事半功倍之效。

本书内容通俗易懂，简明扼要，所举实例全部来源于道路桥梁设计资料，适用于AutoCAD的初中级及部分高级用户，是广大道桥专业设计、施工人员及广大CAD爱好者、工程技术人员和有意参加Autodesk公司相关认证考试的读者理想的自学辅导教程，也可作为大中专院校相关专业师生的参考用书和职业培训教材。

图书在版编目（CIP）数据

AutoCAD 2008道桥制图/张立明等主编. —北京：人民交通出版社，2008.4

ISBN 978-7-114-07073-0

Ⅰ. A… Ⅱ. 张… Ⅲ. ①道路工程-工程制图-计算机辅助设计-应用软件，AutoCAD 2008 ②桥涵工程-工程制图-计算机辅助设计-应用软件，AutoCAD 2008 Ⅳ. U412.6 U442.5-39

中国版本图书馆CIP数据核字（2008）第045038号

书　　名：AutoCAD2008道桥制图
著 作 者：张立明　闫志刚
责任编辑：邵　江
出版发行：人民交通出版社
地　　址：（100011）北京市朝阳区安定门外外馆斜街3号
网　　址：http://www.ccpress.com.cn
销售电话：（010）59757969，59757973
总 经 销：北京中交盛世书刊有限公司
经　　销：各地新华书店
印　　刷：廊坊市长虹印刷有限公司
开　　本：787×1092　1/16
印　　张：21.25
字　　数：532千
版　　次：2008年4月第1版
印　　次：2009年7月第3次印刷
书　　号：ISBN 978-7-114-07073-0
定　　价：35.00元

序

随着中国经济的高速发展，中国的基础设施建设市场规模已经雄踞世界首位。据国家发改委宏观经济研究部门在《“十一五”时期七大主要行业投资展望》中预计，今后五年的国家投资重点仍将集中在能源、交通等瓶颈行业。其中，交通行业将继续进行全球最大规模的路网建设，可望获得6.52万亿元的投资，年均增长18.6%。到2010年，铁路路网规模将达到8.5万公里左右，公路网总通车里程达到230万公里左右，其中高速公路6.5万公里，县乡公路达到180万公里，基本建成西部开发省级公路通道，基本形成国家高速公路网骨架。

在如此庞大规模的建设市场中，国内的工程设计行业获得了广阔的发展空间，同时也迫切的感受到提高自身的设计水平，培养更多现代技术人员的需要。Autodesk 凭借其全球设计软件技术，多年以来，在国内市场已经有效的推广了以 AutoCAD 为代表的产品系列，在建筑、基础设施与地理信息系统等各个领域具有广泛的用户群和合作伙伴。对于绝大部分中国工程设计人员，AutoCAD 已经成为日常工作中不可或缺的生产工具。因此，熟练掌握这一工具，提高自身的生产效率就更为重要。

目前在国内介绍 AutoCAD 软件的书籍林林总总，但针对交通路桥行业的 AutoCAD 使用教程并不多见。在这种情况下，人民交通出版社出版的这本《AutoCAD 2008 道桥制图》对于交通行业的设计人员来说，是一本很有价值的工具书。本书由具有多年交通行业设计经验、并且精通 AutoCAD 软件的专家编写，很好的结合了交通行业本身的设计特点和 AutoCAD 2008 软件的新功能。我们希望，它能够为推进中国工程建设行业信息化技术的应用尽一份微薄之力。

欧特克软件（中国）有限公司

前　　言

AutoCAD 软件是美国 Autodesk 公司开发的计算机辅助设计软件,在世界拥有广泛的用户群体,在工程技术辅助设计领域有着极高的市场占有率。在土木建筑领域,CAD 软件是不可或缺的工具软件,任何一名合格的设计者及施工技术人员都应该熟练应用 CAD 软件。可以这样比喻,CAD 软件是一名土木工作者的手,只有具备绘制 CAD 工程图这个最基本的技能,才能成为一名合格的技术工作者。

本书采用全新的 AutoCAD2008 软件,以讲述和举例的形式,深入浅出地探讨了 AutoCAD2008 中文版软件的应用方法。与一般书籍不同的是,本书重点介绍了土木工程领域内道路桥梁的制图方法,使读者能够快速掌握道桥的制图方法,从而在学习上达到事半功倍的效果。本书根据道桥制图的实际需要,特别针对土木工程领域的设计和施工技术人员如何高效设计及如何规范设计进行了细致的讲解。

通过对本书的学习,不同层面的人员都能汲取到最新的设计知识:对于初学者,通过对本书的学习,能够很快掌握绘图的基本方法;对于一般人员,本书会有助于设计者进一步提高自身的绘图能力;对于高级人员,也可参阅本书的后部分章节,如 Lisp 语言、常用技巧等解决工程中面临的实际问题。

本书的编写是众多同志努力的结果,其中,北京国道通公路设计研究院张立明,北京交通大学土建工程学院闫志刚、张田,山西省交通规划勘察设计院刘建达同志都参与了本书的编写工作。此外,人民交通出版社邵江编辑对本书的内容提出了许多中肯的意见。

由于作者水平有限,加上写作时间仓促,书中难免有不足之处,同时因为 AutoCAD2008 的功能十分强大,作图的方法多种多样,读者可能有比书中介绍的更好方法,欢迎读者批评指正,读者在学习中遇到的问题或者心得可以和作者进行交流,我们的电子邮件地址为:victoryhorse@ 163. com,衷心希望各位读者提出宝贵意见。

张立明

2008 年 1 月 26 日于北京

目　　录

第1篇　基础操作与入门

第2篇　提高与熟练

第3篇 三维绘图与技巧汇编

第1篇　基础操作与入门

本篇主要介绍软件本身特点、基本绘图命令与操作，通过本部分读者可掌握 AutoCAD2008 的基础知识，且能绘制一些简单的构件，同时也能明确未来工作内容和提前熟悉并掌握一些工作技能。

第1章　AutoCAD 2008 的基础知识

AutoCAD(Auto Computer Aided Design)是美国 Autodesk 公司开发的著名计算机辅助设计软件，自 1982 推出以来，一直深受广大工程技术人员的好评。该软件历经多次的改进与完善，功能日益强大，使用更为方便与快捷，现在已成为建筑、机械、航天、化工、电子等各个领域首选的计算机辅助设计软件。AutoCAD 2008 是 Autodesk 公司最新推出的 AutoCAD 版本，凭借其更为强大的功能和新颖的界面，一经推出便受到广大工程设计人员的广泛欢迎。

1.1　AutoCAD 2008 新特点介绍

与 AutoCAD 2006 版本相比，AutoCAD 2008 新增功能主要集中在二维方面，在三维绘图方面也略有改进。新版本的软件可以帮助用户更快的创建设计数据、更轻松的共享设计数据、更方便的管理数据。

1.1.1　用户界面

AutoCAD 2008 提供了三个工作空间，即 AutoCAD 经典、二维草图与注释、三维建模，如图 1-1 所示。其中“二维草图与注释”是 AutoCAD 2008 新增工作空间，仅包含与二维草图相关的工具栏、菜单和选项板，面板显示了与二维草图和注释相关联的按钮和控件。该工作空间见图 1-1。

同时，AutoCAD 2008 用户界面还增加了新元素。图形状态栏包含用于缩放注释的工具，如图 1-2 所示；对于模型空间和图纸空间将显示不同的工具；图形状态栏关闭后，它上面的工具将移到应用程序状态栏上。

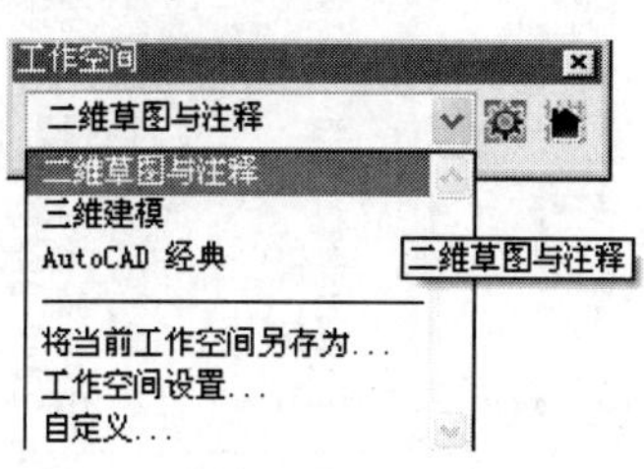

图 1-1　【工作空间】工具栏

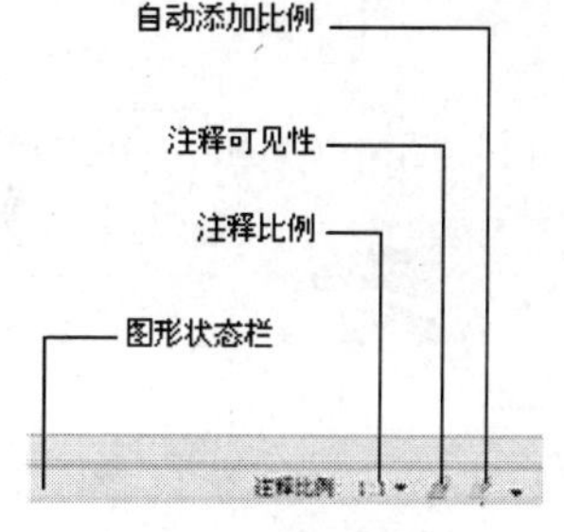

图 1-2　缩放注释工具

1.1.2 标注和引线

在 AutoCAD 2008 中添加了很多标注增强功能，包括公差对齐选项、角度标注的象限支持和半径标注的圆弧延伸线，如图 1-3 所示。

在【标注】工具栏中增加了多个工具，包括【打断标注】工具可以在尺寸线或尺寸界线与几何对象或其他标注相交的位置将其打断；【标注间距】工具可以自动调整平行的现行标注和角度标注之间的间距，或根据指定的间距值进行调整；【检验】工具可以将检验标准添加到现有的标注对象中，激活【检验】命令，弹出如图1-4 所示的【检验标注】对话框，用户可以进行设置；此外，还有【折弯线形】工具，可以向线形标注添加折弯线，以表示实际测量值与尺寸界线之间的长度不同，如图 1-5 所示。

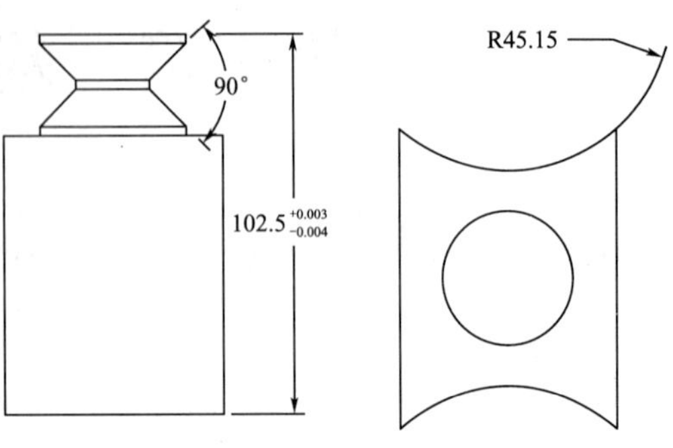

图 1-3　标注示例

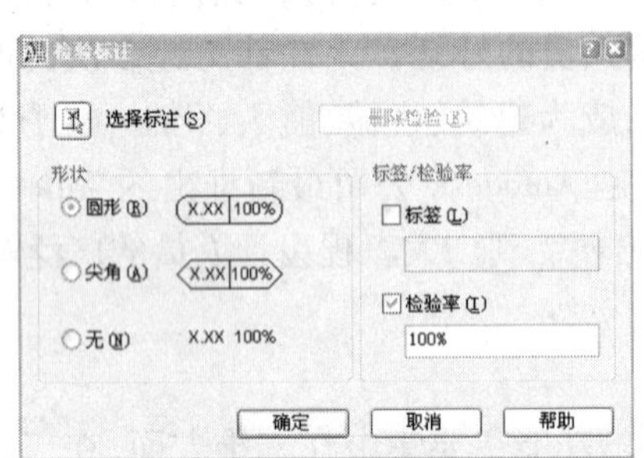

图 1-4　【检验标注】对话框

图 1-5　【折弯线形】标注示例

【多重引线】是具有多个选项的引线对象，对于多重引线，先放置引线对象的头部、尾部和内容均可，具体创建及应用详见后续章节。

1.1.3 缩放注释

缩放注释就是对已经注释的文字、标注、图案填充、公差、多重引线、块和属性对象，根据所在空间的大小相对缩小或放大对象。当创建注释性对象时，对应的对话框中包含【注释性】复选框，例如在【块定义】对话框中的【注释性】复选框，如图 1-6 所示。启用该复选框所创建的对象，即为注释性对象。具有注释性的图形对象，在【特性】选项板中将增加注释性特性列表项，如图 1-7 所示。

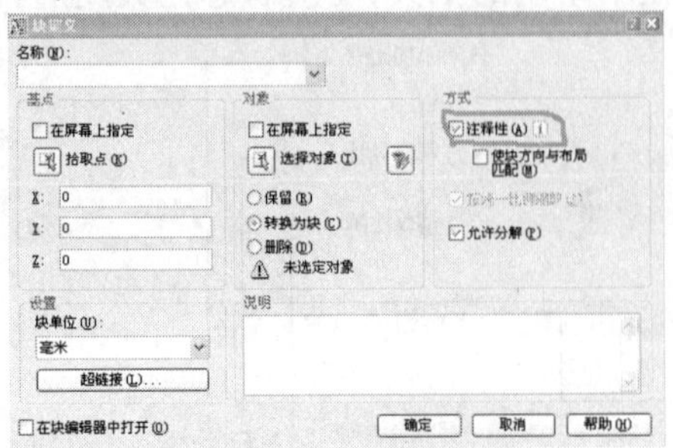

图 1-6　【注释性】复选框示意

图 1-7　注释性对象特性

在 AutoCAD 2008 中，通过创建注释性样式，例如创建注释性文字样式、注释性标注样式和注释性多重引线样式，均可创建注释性对象。如图 1-8 所示，就是通过注释性标注样式来创建注释性对象。然后，选择该对象，单击状态栏中【注释比例】按钮 注释比例: 1:1▼，在弹出的包含所有注释比例的列表中选择相应的比例选项。

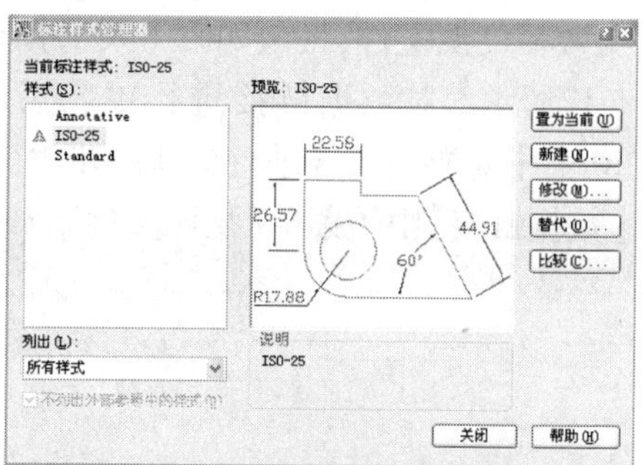

图 1-8 注释性标注样式

单击状态栏上的【注释可见性】按钮，可以设置注释性对象的显示方式。可以显示所有注释性对象或仅显示支持当前注释比例的注释性对象，这将减少对使用多个图层来管理模型空间和布局视口中注释的可见性的需要。

在图形中创建一个注释性对象后，其将支持一个注释比例：即创建该对象时的当前注释比例。但可以更新该对象以支持其他注释比例。如果已在应用程序状态栏或图形状态栏上更改了注释比例，则可以在图形中选择对象，然后通过依次单击【修改】→【注释性对象比例】→【添加当前比例】来更新对象以使其支持当前比例。单击状态栏上的按钮，可以在注释比例更改时，自动将比例添加至注释性对象上。

同时，还可以设置注释性块和文字，而使其方向与布局的方向相匹配。在默认情况下，注释性图案填充的方向与布局的方向相匹配。即使布局视口中的视图被扭曲或者是非平面的，这些对象在布局视口中的方向仍将与该布局的方向相匹配。可以通过【特性】选项板或者通过【块定义】对话框或【样式】对话框设置块和文字的方向。

1.1.4 表格

在 AutoCAD 2008 中，可以将表格数据链接至 Microsoft Excel 中的数据，数据链接可以包括指向整个电子表格、单个单元或多个单元区域的链接，如图 1-9 所示。

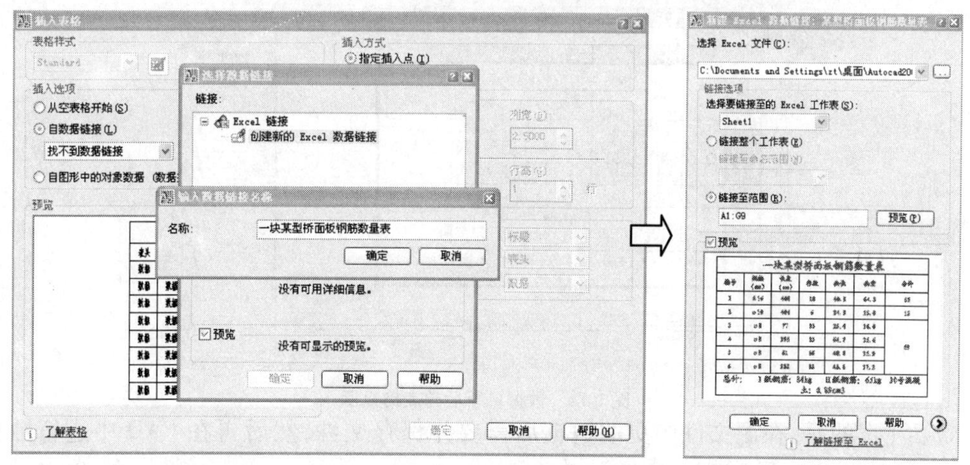

图 1-9 插入表格

可以更新链接的数据，对数据链接进行的更新是双向的，因此无需单独更新表格或外部电子表格。如果更改了链接的 Excel 电子表格中的数据，此更改将快速下载到已建立的数据链接。如果更改了图形中的链接表格，则可以将这些更改上载到外部电子表格中。所有链接的信息均可轻松保持最新且同步进行。例，如图 1-10a）所示为 Excel 源文件，1-10b）为更改后的源文件,将该如图 1-10a)所示源文件插入至 AutoCAD 2008 后如图 1-11 所示,如图 1-12所示为对数据链接进行更新后的表格在 AutoCAD 2008 中的显示。此处在 AutoCAD 2008 中对数据链接进行更新的步骤为:单击右键,利用快捷菜单解锁,再选择快捷菜单中的【数据链接】中子菜单【从源文件下载更改】选项,完成数据更新。

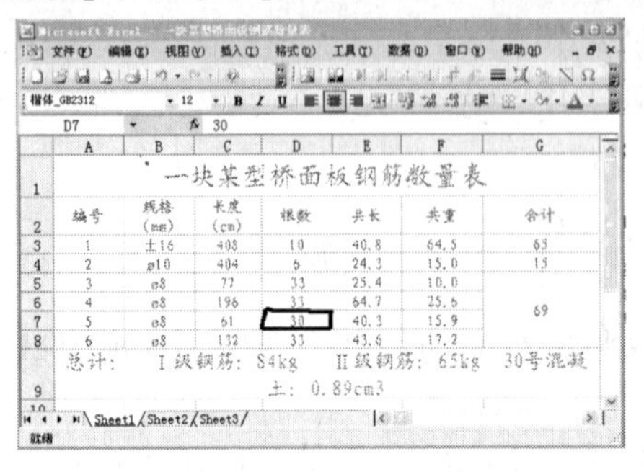

a)

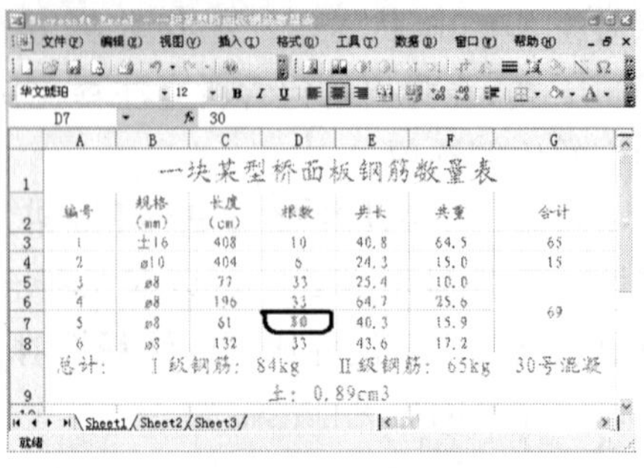

b)

图 1-10　Excel 源文件

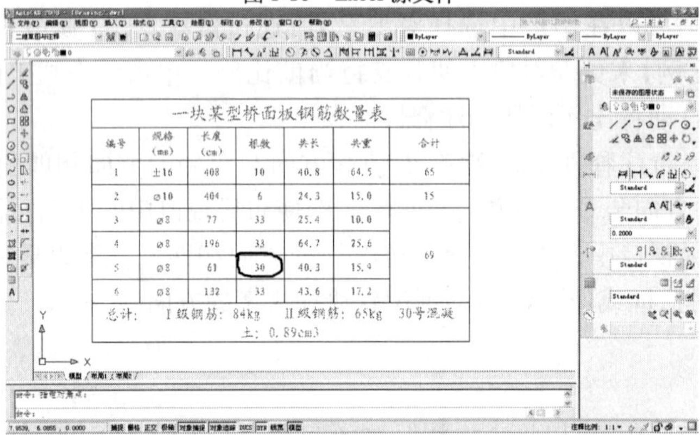

图 1-11　插入表格示例

图 1-12　数据更新后的表格显示

需要注意的是,在源文件中更改数据后需要先保存文件,然后再在 CAD 中进行数据更新操作,否则将无法完成更新。

1.1.5　图层

将视口替代图层特性是 AutoCAD 2008 的新增功能之一,单击【图层】工具栏中的【图层特性管理器】按钮,系统弹出如图 1-13 所示【图层特性管理器】对话框,在视图窗口中增

加了【视口颜色】、【视口线型】、【视口线宽】和【视口打印样式】4 列，这 4 列可以用来设置当前视口的图层特性替代，例如修改【1】图层视口颜色为绿，对应项将以绿色显示。

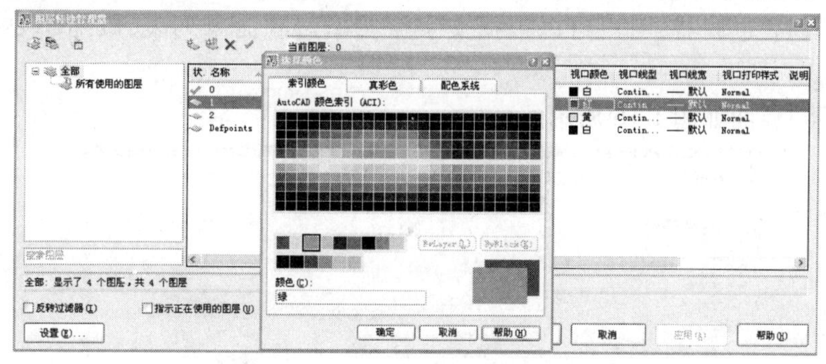

图 1-13 【图层特性管理器】对话框

1.1.6 可视化

AutoCAD 2008 改进了光源的功能，使其包括光度控制光源选项。使用光度控制光源照亮场景，可以获得更为逼真的渲染图像。可以使用国际（国际标准）测量单位或美制测量单位指定光度控制光源。默认值为国际（国际标准）单位的设置。

光度控制光源使用“真实世界”值来调整光源。例如，如果场景要求使用包含一个 75W 灯泡的装置（灯具），则可以从工具选项板选择一个 75W 的灯泡。可以使用烛光、流明或勒克斯单位调整光照强度，如图 1-14 所示。

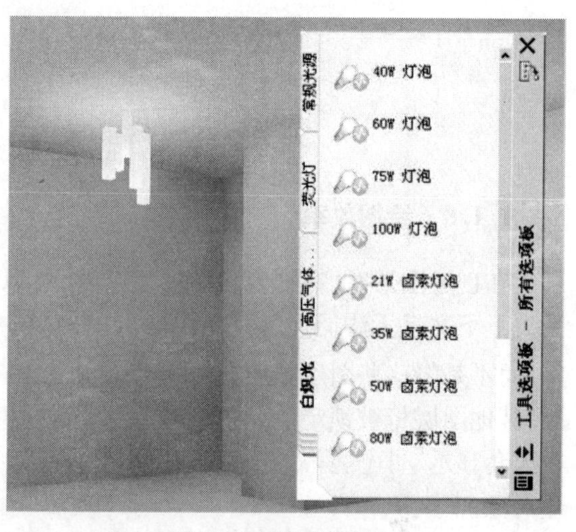

图 1-14 光度控制光源

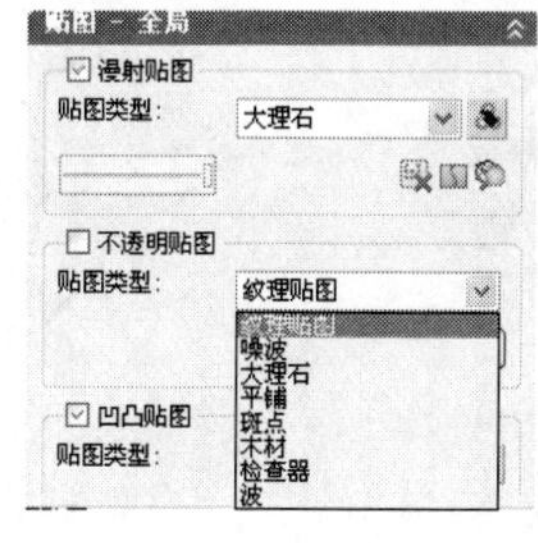

图 1-15 贴图材质

还可以在指定光域网的 IES 文件中提供光度控制光源的数据，该光域网显示指定装置中的光源将如何照亮房间或墙壁。

此外，对材质也进行了改进，增加了新的程序贴图。程序贴图可以在二维空间或三维空间中生成。新的程序贴图包括：噪波、斑点和波等，如图 1-15 所示。与使用纹理贴图所获得的效果相比，用户可以在图形中创建效果更为生动和逼真的材质。还可以将一个程序贴图嵌套到另一个程序贴图中。这将使材质具有更多的深度和颜色变化。

1.1.7 自定义的更改

对工具栏自定义的更改，用户可以在“工具栏预览”窗格中或直接在应用程序窗口中交互实行添加、重新定位以及删除命令。

从菜单创建工具栏，用户可以从现有菜单创建工具栏和工具栏弹出按钮。

对面板自定义的更改，用户通过在“XX 中的自定义”窗格或“面板预览”窗格中使用树状图添加或修改面板，可以对面板进行自定义。

可以复制、粘贴或重复使用命令和用户界面元素，以在 CUI 文件中创建现有内容的副本。

使用命令列表过滤器，用户可以根据文字字符串过滤命令列表，以缩小要查找的命令范围。

自定义用户界面如图 1-16 所示。

图 1-16　自定义用户界面

1.1.8　绘图效率

在创建图形时，特别当图形较复杂时，可以关闭图层以管理对象的密度，但是，这样做会丢失上下文且无法捕捉隐藏在图层上的对象。而通过锁定图层，可以暗显这些图层上的对象，而不是将这些图层关闭，单击【图层Ⅱ】工具栏中的【图层隔离】按钮，选中某一个图层，其他图层将被锁定。如图 1-17 所示，选择【1】图层，其他图层被锁定，十字光标在其上时右上角显示小锁形状。这将降低图形的视觉复杂程度，同时仍提供视觉参考并可以捕捉暗显对象。

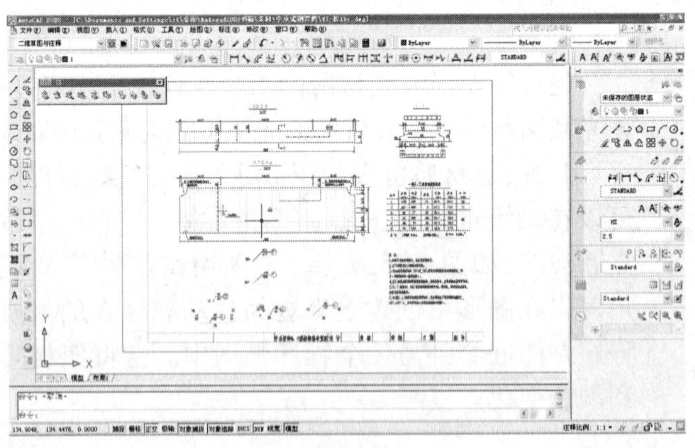

图 1-17　图层隔离

1.1.9　图形管理的增强

使用 DGN 文件：Spago 可以将 V8 DGN 文件绑定到 AutoCAD 图形中，可以像外部参照一样进行管理，也可以直接将 DGN 数据导入到 AutoCAD 图形中。同时，也可以将 DWG 文件作为 V8 DGN 导出。

可使用新的 DGNATTACH 命令将 DGN 文件作为外部参照底图绑定到 AutoCAD 图形中。在绑定 DGN 文件后,它与图像、DWG 外部参照和 DWF 底图等其他外部参照文件一样显示在外部参照对话框中。可使用新的 DGNCLIP 命令来修剪 DGN 底图的显示区域,可使用属性选项板或 DGNADJUST 命令来调整 DGN 底图的属性,包括对比度、褪色度和色调。

可使用新的 DGNIMPORT 和 DGNEXPORT 命令将 V8 DGN 数据作为新的 DWG 数据导入到用户的 AutoCAD 进程中。在 IMPORT 和 EXPORT 命令的支持文件列表中也增加了对 V8 DGN 文件格式的支持。

使用 DWF 文件:DWF 底图中可以控制层的可见性。

1.1.10 其他增强功能

当然,AutoCAD 2008 除上述新增功能外,还进行了视觉逼真度、多行文字的改进、多行文字属性、拼写检查改进、图层特性管理器、图层状态管理器及移植设置的输入和输出等方面的改进及 XClip(剪裁外部参照,即【参照】工具栏中的按钮)中的新选项的应用。这些将在后续章节讲到,在此不再一一详述。

1.2 AutoCAD 2008 使用界面的介绍

在正确安装 AutoCAD 2008 软件后,就可以双击桌面上的 AutoCAD 2008 快捷图标来启动 AutoCAD2008,这样就可以顺利地进入 AutoCAD 2008 的工作界面,如图 1-18 所示。

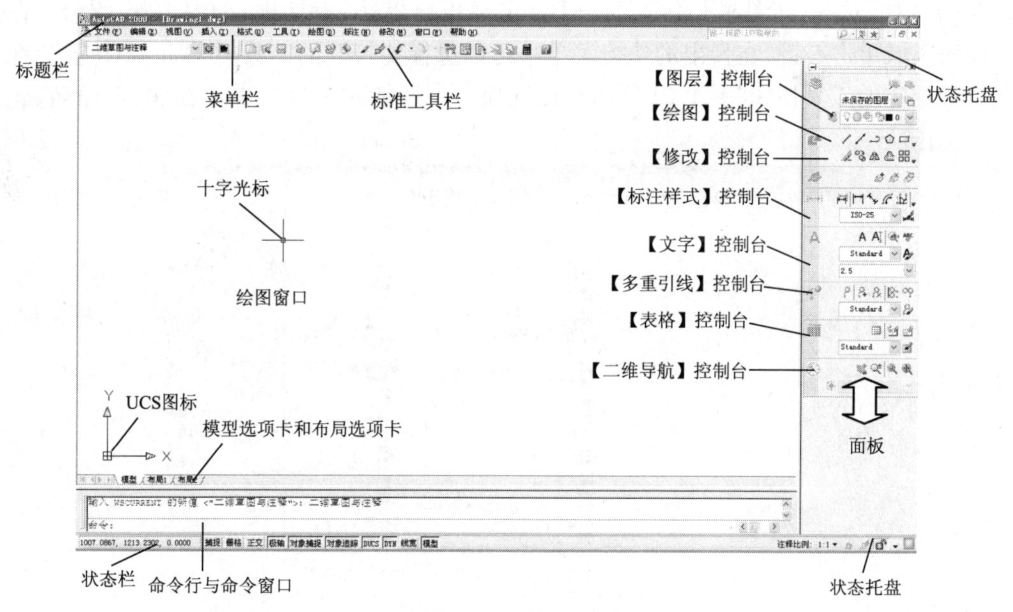

图 1-18 AutoCAD 2008 的工作界面

AutoCAD 2008 提供了“二维草图与注释”、“三维建模”和“AutoCAD 经典”三种工作空间模式。在默认状态下,打开“二维草图与注释”工作空间,其界面主要由标题栏、主菜单栏、【标准】工具栏、【面板】选项板(【图层】控制台、【样式】控制台、【绘图】控制台、【修改】控制台、【标注样式】控制台、【文字】控制台、【多重引线】控制台、【表格】控制台、【二维导航】控制台等)、绘图窗口、十字光标、UCS 图标、模型和布局选项卡、命令行与命令窗口、状态栏、状态托盘等部分组成。

1.2.1 标题栏

标题栏位于工作界面的最上方,与一般软件的标题栏相似,最左面显示 AutoCAD2008 的图标,逐次显示软件的名称、版本【AutoCAD2008】和默认当前文件的名称【Drawing1. dwg】,其基本操作同一般程序的标题栏,在此不再赘述。

1.2.2 菜单栏

菜单栏位于标题栏的下方,其中包括【文件】、【编辑】、【视图】、【插入】、【格式】、【工具】、【绘图】、【标注】、【修改】、【窗口】和【帮助】等主菜单项,单击任何主菜单项,都可进入其下拉子菜单项,选择所需的菜单命令。其操作同常规软件。

1.2.3 工具栏及面板

在菜单栏下面的一行是工具栏以及屏幕的右侧放置面板,工具栏及面板中包含许多由图标按钮表示的工具。单击这些图标按钮就可以激活相应的 AutoCAD 2008 命令,把光标放在某个工具按钮上,并稍作停留,在箭头光标的下方就会显示出这一工具按钮的名称,与此同时也会在状态行显示相应命令名的简要说明。

实际上,AutoCAD 2008 还提供许多其他工具栏,使用 TOOLBAR 命令可增添或取消任何工具栏。方法如下:从【工具】下拉菜单中选择进入【自定义】二级子菜单,选择【界面】,选择【自定义】选项,选择【工具栏】选项,打开【自定义用户界面】对话框,如图 1-16 所示。在工具栏任何区域单击右键,在弹出的快捷菜单中可以选择要打开的工具栏,AutoCAD 就会在屏幕上打开相应的工具栏,如图 1-19 所示。在选项卡中还能对工具栏进行新建、重命名、删除等管理工作。

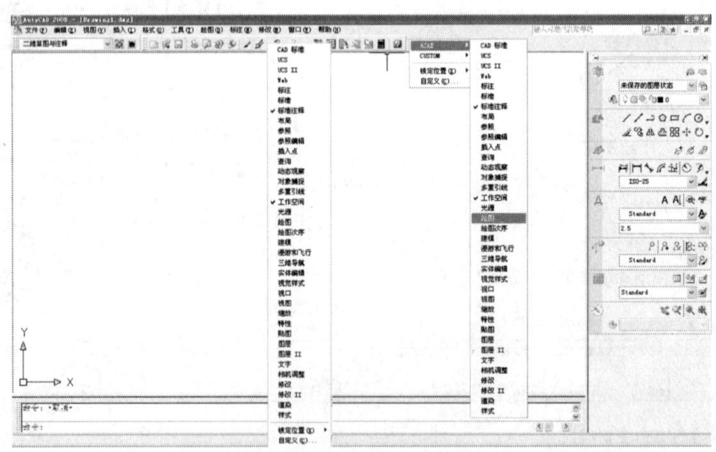

图 1-19 打开相应工具栏

1.2.4 状态栏

状态栏位于工作界面的最底部,由两个部分组成。其左边区域除一般显示当前光标位置的坐标值以外,还能即时显示当前用户指定的工具栏特性等内容。其右边区域的 9 个按

钮从左至右分别为 捕捉 栅格 正交 极轴 对象捕捉 对象追踪 DUCS DYN 线宽 模型，它们是 AutoCAD 2008 各种模式的转换开关。这些按钮的状态都可以通过单击按钮来控制，或者在按钮上单击鼠标右键，通过激活的快捷菜单来控制。一般我们最常用到并需要记住的两个快捷操作按键是 F3(对象捕捉)和 F8(正交)。

1.2.5 命令行与命令窗口

命令窗口是用户用来输入命令和显示 AutoCAD 2008 工作信息的地方。命令提示窗口就是用户与 AutoCAD 2008 对话的窗口。这里应该说明的是，精确绘图应以键盘输入命令为主，命令行输入的命令大小写均可。用户如果想查看以前的命令行，可以按 F2 快捷键，界面上就会弹出 AutoCAD 文本窗口。

1.2.6 状态托盘

状态托盘位于 AutoCAD 2008 界面的右上角和右下角，其中显示所有比例的注释性对象为 AutoCAD 新增的一项功能。通信中心、工具栏/窗口位置锁定、收藏夹等信息图标也在其中显示。

1.2.7 绘图空间

在 AutoCAD 界面的中心区域就是绘图的主空间，其中包括绘图窗口、UCS 坐标图标、水平和竖直滚动条以及模型和布局选项卡等，用户可以对绘图区域进行人为控制。打开【工具】主菜单，选择【选项】子菜单，界面将弹出选项对话框，选择其中的【显示】选项卡，如图 1-20所示。

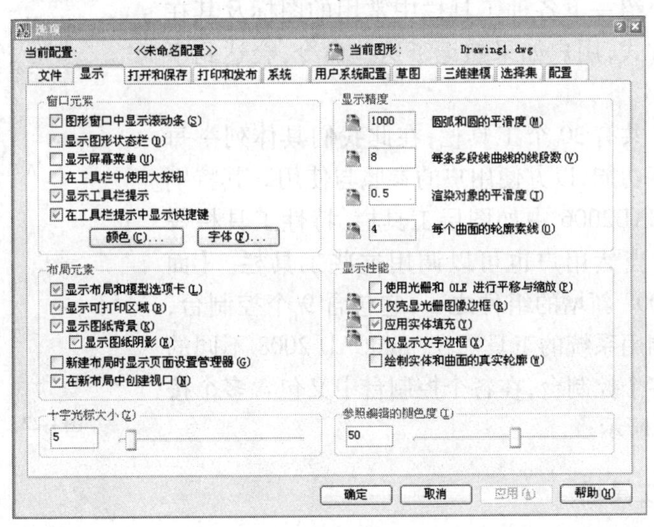

图 1-20 显示设置选项卡

在窗口元素的选项区中用户可以选择是否显示滚动条以及屏幕菜单，实际操作中只需选择是否在复选框中打钩就可以了。此外，比较重要的两个按钮就是【颜色】和【字体】按钮，用户可以单击按钮打开相应的窗口，其中【颜色】是我们经常要用到的按钮，单击后打开如图 1-21a)所示的【图形窗口颜色】对话框，在其中可以改变绘图窗口背景、十字光标、命令文字等的颜色，设置完成后，单击【应用并关闭】按钮就可以了。单击【字体】按钮，打开如图

1-21b)所示的【命令行窗口字体】对话框,用户可以在其中指定命令文字的字体属性。

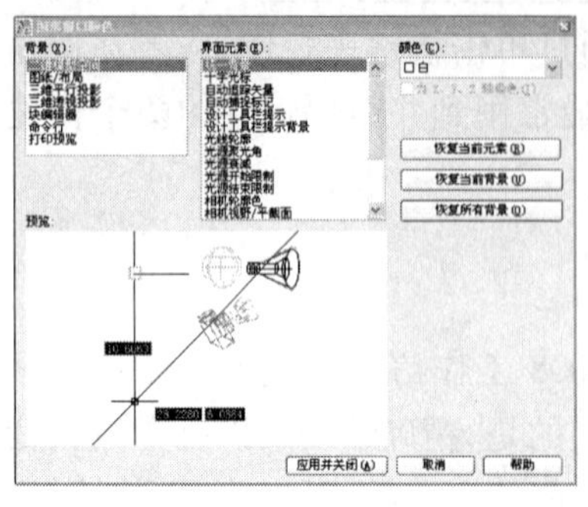

a)

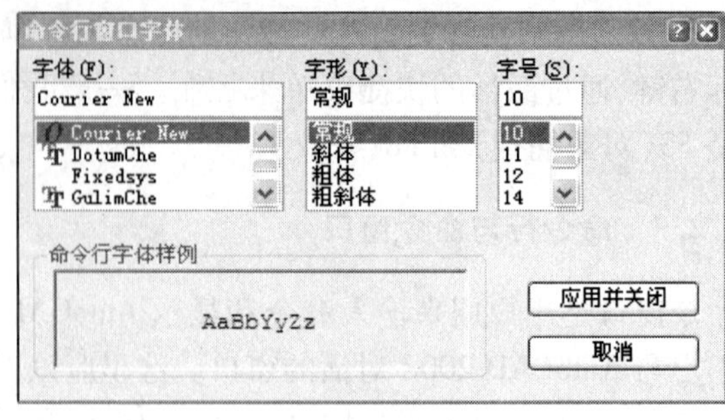

b)

图 1-21 【图形窗口颜色】和【命令行窗口字体】对话框

在【显示】选项卡的左中部给出了布局元素的各种选项,左下部区域用于定义十字光标的大小。右侧的各个区域分别有【显示精度】、【显示性能】以及【参照编辑的褪色度】等选项,用户可以根据需要定义各种显示属性。

1.3 熟悉 AutoCAD 2008 的各种工具图标和命令

在我们熟悉了 AutoCAD 2008 的基本界面后,在开始进行作图练习之前,有必要先熟悉一下以后在绘图中经常用到工具选项板中各个工具栏图标的含义以及各自的命令语言。当我们记住这些命令以后,就可以快速地作图了。实际上绝大多数熟练的工程师都采用命令行输入命令的方法进行作图,这样会节省很多时间,并且很容易达到精确绘图的目的,所以熟记命令是快速绘图的捷径之一。下面详细介绍一下各种工具栏中常用的图标及其在命令行中的书写方式,用户如果熟记了这些命令,会达到事半功倍的效果。

AutoCAD2008 共有 30 个工具栏,在此我们具体列举每一个工具栏的图标功能,以方便用户的参照与使用。其特别之处是将以 AutoCAD2006 中如图层工具栏、特性工具栏等放入面板中显示,当然用户也可以调用这些工具栏。【面板】是 AutoCAD 2008 新增的组件之一,它包含 9 个控制台,通过它可以快速调用系统的工具。在 AutoCAD 2008 不同的工作空间增加了多个控制台,在各个控制台中又包含多个按钮命令,如图 1-22 所示。

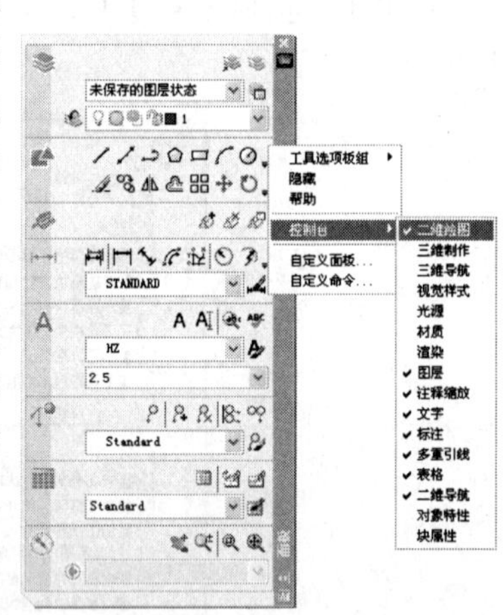

图 1-22 【面板】选项板

1.3.1 标准工具栏

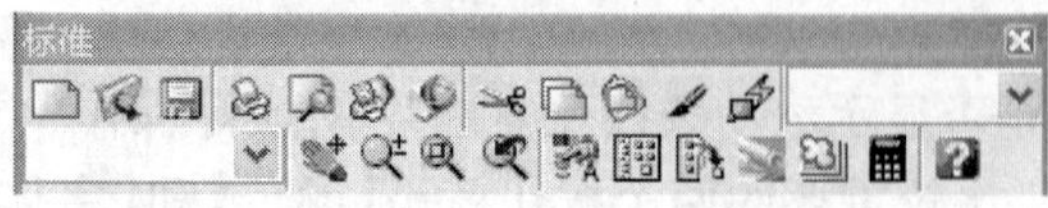

新建文件 NEW; 打开旧文件 OPEN;

保存文件 SAVE; 打印 PLOT;

打印预览 PREVIEW; 发布 PUBLISH; 启动 3 维 DWF 发布界面 3DDWF;

剪切对象 CUTCLIP；复制对象 COPYCLIP；从剪贴板粘贴 PASTECLIP；

复制对象特性 MATCHPROP；块编辑器 BEDIT；实时平移 PAN；

实时缩放 ZOOM；缩放回前次 ZOOM→P；对象特性 PROPERTIES；

AutoCAD 设计中心 ADCENTER；工具选项板 TOOLPALETTES；图纸集管理器 SHEETSET；

标记集管理器 MARKUP；快速计算器 QUICKCALC；帮助 HELP。

1.3.2 图层工具栏

设定当前图层 AI-MOLC；启动图层对话框 LAYER；

图层控制；打开或关闭；冻结与解冻；

解锁与锁定；□图层颜色；0 图层名称；上一图层；管理图层状态 LAYER-STATE。

1.3.3 特性工具栏

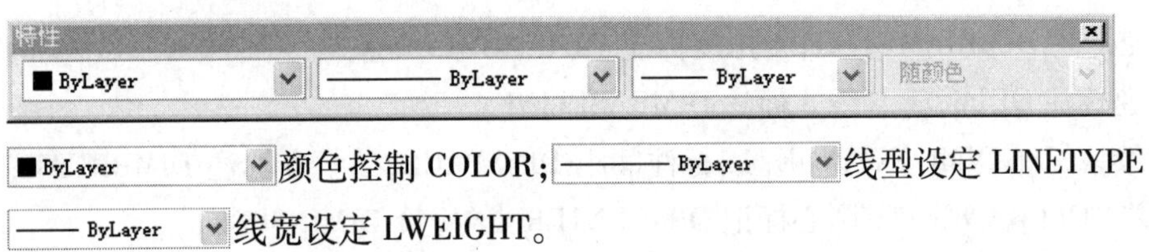

ByLayer 颜色控制 COLOR；ByLayer 线型设定 LINETYPE

ByLayer 线宽设定 LWEIGHT。

1.3.4 绘图工具栏

直线 LINE；参照线 XLINE；

多段线 PLINE；多边形 POLYGON；矩形 RECTANG；

圆弧 ARC；圆 CIRCLE；修订云线 REVCLOUD；样条曲线 SPLINE；

椭圆 ELLIPSE；椭圆弧 ELLIPSE→A；插入图块 INSERT；

创建图块 BLOCK；点 POINT；图案填充 BHATCH；渐变色 GRADIENT；

面域 REGION；表格 TABLE ；A 多行文字 MTEXT。

1.3.5 查询工具栏

距离 DIST；面积 AREA；

质量特性 MASSPROP；列表 LIST；点坐标 ID。

1.3.6 修改工具栏

删除 ERASE；复制对象 COPY；镜像 MIRROR；

偏移复制 OFFSET；阵列 ARRAY；移动 MOVE；

旋转 ROTATE；比例 SCALE；拉伸 STRETCH；

修剪 TRIM；延伸 EXTEND；打断于点 BREAK；

打断 BREAK；合并 JOIN；倒角 CHAMFER；

圆角 FILLET；分解 EXPLODE。

1.3.7 标注工具栏

线性标注 DIMLINEAR；对齐式标注 DIMALIGNED；创建弧长尺寸 DIMARC；

坐标式标注 DIMORDINATE；半径式标注 DIMRADIUS；折弯式标注 DIMJOGGED；

直径标注 DIMDIAMETER；角度标注 DIMANGULAR；

快速标注 QDIM；基线式标注 DIMBASELINE；

连续线标注 DIMCONTINUE；标注间距 DIMSPACE；折断标注 DIMBREAK；

公差 TOLERANCE；圆心标记 DIMCENTER；检验 DIMINSPECT；

折弯线性 DIMJOGLINE；编辑标注 DIMEDIT；编辑标注文字 DIMTEDIT；

标注更新 DIMSTYLE；标注样式 DIMSTYLE。

1.3.8 缩放工具栏

缩放窗口 ZOOM；动态缩放 ZOOM→D；

比例缩放 ZOOM→S；中心缩放 ZOOM→C；缩放对象 ZOOM→O；

放大 ZOOM→2X；缩小 ZOOM→0.5X；

缩放全图 ZOOM→ALL；缩放实际范围 ZOOM→E。

1.3.9 对象捕捉工具栏

创建对象捕捉所使用的临时点 TT；捕捉自 FROM；捕捉到端点 END；

捕捉到中点 MID；捕捉到交点 INT；捕捉到外观交点 APPINT；

捕捉到延长线 EXT；捕捉到圆点 CEN；捕捉到象限点 QUA；

捕捉到切点 TAN；捕捉到垂足 PER；捕捉到平行 PAR；

捕捉到插入点 INS；捕捉到节点 NOD；捕捉到最近点 NEA；

禁止对当前对象执行对象捕捉 NON；对象捕捉设置 OSNAP。

1.3.10 文字工具栏

创建多行文字对象 MTEXT；输入文字并在屏幕上显示 DTEXT（单行文字对象）；

编辑文字、标注文字和属性定义 DDEDIT；

查找、替换、选择或缩放到指定的文字 FIND；

检查选定文字的拼写 SPELL；

在图形中创建、修改或设置命名文字样式 STYLE；

缩放选定的文字对象 SCALETEXT；设置选定文字的对正方式 JUSTIFYTEXT；

SPACETRANS 将距离或高度在模型空间和图纸之间转换。

1.3.11 布局工具栏

新建布局 LAYOUT；来自样板的布局 LAYER→T；

页面设置 PAGESETUP；显示视口对话框 VPORTS。

1.3.12 视口工具栏

显示视口对话框 VPORTS；单一视口 VPORTS→SI

多边形视口 VPORTS→P；将对象转换为视口 VPORTS→O

剪裁既有的视口 VPCLIP；视口缩放控制。

1.3.13 修改Ⅱ工具栏

绘图顺序 DRAWORDER；编辑填充 HATCHEDIT；

编辑复合线 PEDIT；编辑样条曲线 SPLINEDIT；

编辑属性 EATTEDIT；块属性管理器 BATTMAN；

同步属性 ATTSYNC 属性提取 EATTEXT。

1.3.14 插入点工具栏

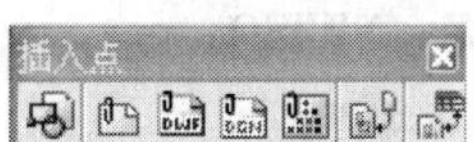

插入图块 INSERT；附着外部参照 XATTACH；插入 DWF 参考底图 DWFATTACH；

插入 DGN 参考底图 DGNATTACH；附着图像 IMAGE；

输入 IMPORT；OLE 对象 INSERTOBJ。

1.3.15 参照编辑工具栏

编辑图块或外部参照 REFEDIT；参照块名称控制；

加入对象至工作集 REFSET→A 自工作集删除对象 REFSET→R；

放弃对参照的修改 REFCLOSE→D；保存对参照编辑工作集的修改 REFCLOSE→S。

1.3.16 Web 工具栏

上一页 HYPERLINKBACK；下一页 HYPERLINKFWD；

停止浏览 HYPERLINKSTOP；浏览 Web BROWSER。

1.3.17 参照工具栏

显示或隐藏外部参照窗口 EXTERNALREFERENCES；附着外部参照 XATTACH；

外部参照剪裁 XCLIP；外部参照绑定 XBIND；

外部参照剪裁框 XCLIPFRAME；图像 IMAGE；

图像附着 IMAGEATTACH；图像剪裁 IMAGECLIP；

图像调整 IMAGEADJUST；图像质量 IMAGEQUALITY；

图像透明度 TRANSPARENCY；图像框 IMAGEFRAME。

1.3.18 视图工具栏

命名视图 VIEW；俯视图 - VIEW→TOP；

仰视图 - VIEW→BOTTOM；左视图 - VIEW→LEFT；

右视图 - VIEW→RIGHT；主视图 - VIEW→FRONT；

后视图 - VIEW→BACK；西南等轴测视图 - VIEW→SWISO；

东南等轴测视图 - VIEW→SEISO；东北等轴测视图 - VIEW→NWISO；

西北等轴测视图 - VIEW→NEISO；照相机 CAMERA；上一视图。

1.3.19 建模工具栏

多段体 POLYSOLID；长方体 BOX；楔形体 WEDGE；

圆锥体 CONE；圆球体 SPHERE；圆柱体 CYLINDER；

圆环体 TORUS；棱锥面 PYRAMID；螺旋 HELIX；

平面曲面 PLANESURF；拉伸 EXTRUDE；按住并拖动 CTRL + ALT

扫掠 SWEEP；旋转 REVOLVE；放样 LOFT；并集 UNION；

差集 SUBTRACT；交集 INTERSECT；三维移动 3DMOVE；

三维旋转 3DROTATE；三维对齐 3DALIGN；

剖切 SLICE；截面 SECTION；

干涉 INTERFERE；设置图面 SOLDRAW；

设置视图 SOLVIEW；设置轮廓 SOLPROF。

1.3.20 图层Ⅱ工具栏

图层匹配，将选定对象的图层更改为选定目标对象的图层 LAYMCH；

更改为当前图层，将选定对象的图层更改为当前图层 LAYCUR 3DFACE；

图层隔离，选定对象的图层将被隔离 LAYISO；取消图层隔离 LAYUNISO；

将对象复制到新图层 COPYTOLAYER；层漫游，隔离每个图层：LAYWALK；

图层冻结 LAYFRZ；图层关闭 LAYOFF；图层锁定 LAYLCK；图层解锁 LAYULK。

1.3.21 三维导航工具栏

3D 平移 3DPAN；3D 缩放 3DZOOM；受约束动态观察 3DORBIT；

三维自由动态观察 3DFORBIT；连续动态观察 3DCORBIT；三维旋转 3DSWIVEL；

三维调整视距 3DDISTANCE；三维飞行 3DFLY；

三维漫游和飞行设置 WALKFLYSETTINGS。

1.3.22 实体编辑工具栏

并集 UNION；差集 SUBTRACT；

交集 INTERSECT；拉伸面 SOLIDEDIT→F→E；

移动面 SOLIDEDIT→F→M；偏移面 SOLIDEDIT→F→O；
删除面 SOLIDEDIT→F→D；旋转面 SOLIDEDIT→F→R；
倾斜面 SOLIDEDIT→F→T；复制面 SOLIDEDIT→F→C；
着色面 SOLIDEDIT→F→L；复制边 SOLIDEDIT→E→C；
着色边 SOLIDEDIT→E→L；压印 SOLIDEDIT→B→I；
清除 SOLIDEDIT→B→L；分割 SOLIDEDIT→B→P；
抽壳 SOLIDEDIT→B→S；检查 SOLIDEDIT→B→C。

1.3.23 渲染工具栏

消隐 HIDE；渲染 RENDER；光源；新建点光源 POINTLIGHT；
新建聚光灯 SPOTLIGHT；新建平行光 DISTANTLIGHT；光源列表 LIGHTLIST；
地理位置 GEOGRAPHICLOCATION；阳光特性 SUNPROPERTIES；场景 SCENE；
材质 MATERIALS；平面贴图；长方体贴图；球面贴图；柱面贴图；
渲染环境 RENDERENVIRONMENT；高级渲染设置 RPREF。

1.3.24 视觉样式工具栏

2D 线框 SHADEMODE→2；3D 线框视觉样式 SHADEMODE→3；
3D 隐藏视觉样式 SHADEMODE→H；真实视觉样式 SHADEMODE→R；
概念视觉样式 SHADEMODE→C；管理视觉样式。

1.3.25 UCS 工具栏

UCS 管理用户坐标系；	UCS；
世界 UCS；	UCS→W；
上一个 UCS；	UCS→P；
UCS 面；	UCS→FA；
对象 UCS；	UCS→OB；
视图 UCS；	UCS→V；
原点 UCS；	UCS→O；
Z 轴向量 UCS；	UCS→ZAXIS；
三点 UCS；	UCS→3；
X 轴旋转 UCS；	UCS→X；

Y 轴旋转 UCS；　　UCS→Y；

Z 轴旋转 UCS；　　UCS→Z；

应用 UCS；　　UCS→A。

1.3.26 UCSII 工具栏

管理用户坐标系 UCS；

管理已定义的用户坐标系 +UCSMAN。

1.3.27 CAD 标准

为当前图形配制 CAD 标准 STANDARDS；

检查当前图形是否符合其 CAD 标准 CHECKSTANDARDS；

改变图层名称和特性 LAYTRANS。

1.3.28 绘图次序工具栏

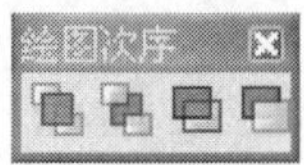

强制使选定对象显示在所有其他对象之前 DRAWORDER→A；

强制使选定对象显示在所有其他对象之后 DRAWORDER→U；

强制使选定对象显示在参照对象之前 DRAWORDER→F；

强制使选定对象显示在参照对象之后 DRAWORDER→B。

1.3.29 样式工具栏

在图形中创建、修改和设置命名文字样式 STYLE；

创建和修改标注样式 DIMSTYLE；

设置当前表格样式，以及创建、修改和删除表格样式 TABLESTYLE；

多重引线样式管理器，创建和修改多重引线样式 MLEADERSTYLE。

1.3.30 工作空间工具栏

工作空间设置 WSSETTINGS，控制工作空间的显示、菜单顺序和保存设置；

我的工作空间 WSCURRENT。

1.4 绘图方法简要介绍

1）用 AutoCAD 2008 绘图时，一般有以下四种命令输入方法：

（1）通过点击主菜单中的下拉菜单选项输入命令。

（2）通过点击命令图标按钮输入命令。

（3）通过点击【屏幕菜单】输入命令（选择【工具】主菜单中的【选项】，在弹出的【选项】对话框的【显示】选项卡（见图 1-20）中打开【显示屏幕菜单】项就可以了，【屏幕菜单】对话框如图 1-23 所示）。

（4）通过命令行直接输入命令。

2）通过命令行直接输入命令是其中最常用的方法，我们可以通过命令行直接输入命令，回车，再按照命令提示进行操作，这是一种简单易行的方法。一般来说，常用命令可以用缩略形式代替，从而使作图更方便，如直线 Line 可以直接输入“L”；移动命令 Move 可以用缩略字母“M”代替等。记住这些常用的缩略命令，常可以使绘图变得事半功倍。

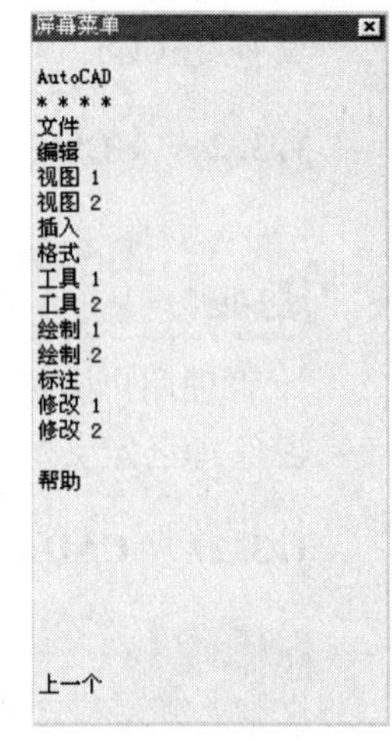

图 1-23 【屏幕菜单】对话框

3）我们在绘图中经常会遇到需要连续使用一个命令的情况。此时可以在上一个命令结束后，直接回车或在右键中选择重复上次命令选项，软件就会重复执行上次命令。这种方法往往会使作图更加快捷。

4）绘图时，经常要输入一些点，如线段的端点、圆的圆心、两条线的交点等。我们在用 AutoCAD 2008 绘图时，一般可以采用以下五种方式来设定点的位置：

（1）用鼠标直接在屏幕上取点。

（2）通过键盘输入点的坐标。

（3）在指定方向上通过给定距离确定点。

（4）用目标捕捉方式输入一些特殊点（如圆的圆心、切点等）。

（5）通过跟踪得到一些点。

1.5 AutoCAD 2008 的坐标系统

在绘制图形时，AutoCAD 2008 是通过坐标系统来确定一个图元在空间中的位置的，坐标系统主要分为绝对直角坐标系、绝对极坐标系、相对直角坐标系和相对极坐标系四种，如图 1-24 所示。

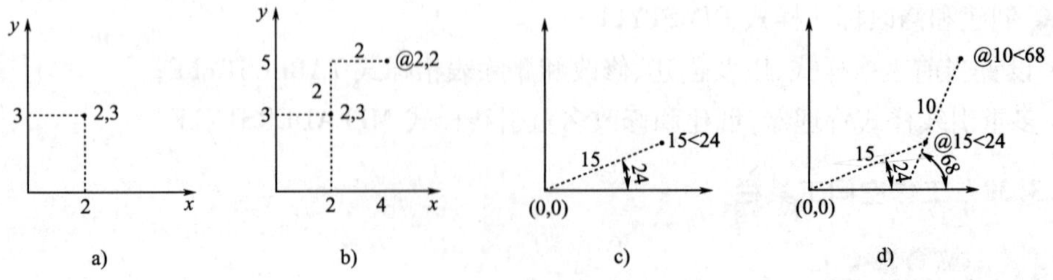

图 1-24 坐标的四种表达法

a）绝对直角坐标；b）相对直角坐标；c）绝对极坐标；d）相对极坐标

当用户以绝对坐标的形式输入一个点时，可以采用直角坐标和极坐标两种方式。

(1)绝对直角坐标即输入点的 x 值和 y 值,坐标间用逗号隔开。例如要输入一点,其 x 坐标是2,y 坐标是3,z 坐标是4,则可以在输入点提示符后输入:“2,3,4”。若略去 z 值,则 z 值取为当前高度值,在点输入提示符后输入:“2,3”。

(2)相对直角坐标是指相对前一点的直角坐标值,其表达方式是在绝对坐标表达式前加上一个“@”。例如:“@2,2”,就是在原来点的 X 方向上增加2个单位、在 Y 方向上增加2个单位上的点。

(3)绝对极坐标是输入该点距坐标系原点的距离以及这点与坐标原点的连线与 x 轴正方向的夹角,中间用“ < ”号隔开。例如某点距离UCS原点15绘图单位,相对于UCS的 xy 平面中 x 轴的角度为24°,则输入为:“15 <24”。

(4)相对极坐标是指相对于前一点的极坐标值,表达方式也为在极坐标表达式前加一个“@”。例如某点距离上一点的10个绘图单位,相对于UCS的 xy 平面中 x 轴的角度为68°,则输入为:“10 <68”。

这里需要注意的是,在极坐标系统中,默认的角度正方向为沿UCS的 xy 平面中 x 轴正方向逆时针方向。不管在绝对极坐标还是在相对极坐标中,角度值都是相应连线相对 x 轴正方向所成的角度(绝对极坐标中是与坐标原点连线,而相对极坐标中是与前一点的连线)。

正确理解各种坐标系统中的输入规定,是准确作图必不可少的条件,希望读者能够重视。

1.6 一些绘图的基本常识

1.6.1 对象的捕捉

- 对象的捕捉功能可以帮助用户捕捉到所需的已有特征点,实现精确绘图。
- 在状态栏中右键单击“对象捕捉”来进行捕捉设置。
- 直接输入Osnap命令,在弹出的【草图设置】的【对象捕捉】选项卡中可进行捕捉设置。
- 可选择【工具】→【选项】选项,在弹出的对话框的【草图】选项卡中设置相关参数。
- F3为对象捕捉开关。

1.6.2 命令的撤销

当进行完一次操作后,如发现操作失误,可以在命令行中输入“U”回车。或单击工具栏中的按钮,或者利用热键【Ctrl + Z】来撤销操作。

按Esc键可退出当前命令状态。

1.6.3 对象的编辑

编辑对象有两种方式:

(1)先输入命令,再选择对象进行操作,我们所进行的大部分操作就属于这种方式。

(2)先选择实体,再选择编辑命令,这种方式是夹点编辑。但这种方式不是对所有命令都适用。

1.6.4 功能键及组合键的使用

AutoCAD 2008提供了以下功能键来方便地调用一些常用功能。

F1-调出帮助；F2-调出文本输入窗口；F3-对象捕捉开关；F4-数字化仪开关；F5-在设置等轴测捕捉时，在等轴测平面上切换；F6-坐标开关；F7-栅格开关；F8-正交开关；F9-栅格捕捉开关；F10-极轴捕捉开关；F11-对象追踪开关；F12-动态输入开关。

1.7 我国计算机辅助制图的有关条例简介

本书的制图都是按照建设部颁发的《CAD 工程制图规则》(GB/T 18229—2000)来完成的，这个制图规则规定了用计算机绘制工程图的基本规则，并且适用于建筑等领域的工程制图及相关文件。

《CAD 工程制图规则》(GB/T 18229—2000)引用了以下标准：

(1)GB/T 10609.1—1989 技术制图 标题栏

(2)GB/T 10609.2—1989 技术制图 明细拦

(3)GB/T 13361—1992 技术制图 通用术语

(4)GB/T 14689—1993 技术制图 图纸幅面和格式

(5)GB/T 14690—1993 技术制图 比例

(6)GB/T 14691—1993 技术制图 字体

(7)GB/T 14692—1993 技术制图 投影法

(8)GB/T 16900—1997 图形符号表示规则 总则

(9)GB/T 16675.2—1996 技术制图 尺寸注法的简化方法

(10)GB/T 17450—1998 技术制图 图线

(11)GB/T 17451 ~ 17453—1998 技术制图 图样画法

需要说明的是，以上标准所包含的条文，通过在本标准中引用而构成为本标准的条文。本标准出版时，所示版本均为有效。所有标准都会被修订，使用本标准的各方应探讨使用标准最新版本的可能性。

本书在后续章节将详细讲述 CAD 工程制图的基本设置要求。

1.8 小结

本章主要内容总结如下：

• AutoCAD 2008 的新功能介绍，包括用户界面、缩放注释、标注与引线、表格、图层、可视化及绘图效率、视觉逼真度、多行文字的改进、多行文字属性、拼写检查改进、DWF 参考底图图层控制、DGN 参考底图、图层特性管理器、图层状态管理器及移植设置的输入和输出等方面的改进、XClip 中的新选项等方面。在 AutoCAD 2008 中引入的面板，包含九个控制台，更易于访问图层、注解比例、文字、标注、多种箭头、表格、二维导航、对象属性以及块属性等多种控制。

• AutoCAD 2008 使用界面介绍，其由标题栏、菜单栏、工具栏、面板、绘图窗口、十字光标、UCS 图标、模型和布局选项卡、命令行与命令窗口、状态栏、状态托盘等组成。进行工程设计时，用户通过面板、工具栏、菜单栏或命令提示窗口发出命令，在绘图区域内画出图形，而状态栏则显示绘图过程中的各种信息，并提供给用户各种辅助绘图工具。绘图时，可以根据需要显示各种工具栏，方法为在工具栏任何区域单击右键，在弹出的快捷菜单中可以选择要打开的工具栏，具体如图 1-19 所示。

• 熟悉 AutoCAD 2008 的各种工具图标和命令，一共有 30 个工具栏。有些常用的命令可以记住，比如常用的绘图命令（直线 LINE 命令、多段线 PLINE 命令、圆弧 ARC 命令、圆 CIRCLE 命令等）、修改命令（偏移 OFFSET 命令、复制 COPY 命令、删除 ERASE 命令、镜像 MIRROR 命令、阵列 ARRAY 命令、移动 MOVE 命令等），从而提高绘图效率。

• 命令输入的简单介绍；AutoCAD 2008 的坐标系统的介绍，主要分为绝对直角坐标系、绝对极坐标系、相对直角坐标系和相对极坐标系四种，以及各种坐标系统下的输入；简单介绍绘图基本常识，包含对象捕捉及其设置（OSNAP 命令）、命令的撤销（在命令行输入"U"或按【Ctrl + Z】键）、对象的编辑（包括两种方式：一是先输入命令，再选择对象进行编辑；一是先选择实体，再选择编辑命令）、功能键及组合键的使用（F1——调出帮助；F2——调出文本输入窗口；F3——对象捕捉开关；F4——数字化仪开关；F5——在设置等轴测捕捉时，在等轴测平面上切换；F6——坐标开关；F7——栅格开关；F8——正交开关；F9——栅格捕捉开关；F10——极轴捕捉开关；F11——对象追踪开关；F12——动态输入开关）。

• 简单介绍我国计算机辅助制图的有关条例。本书的制图都是按照建设部颁发的《CAD 工程制图规则》（GB/T 18229—2000）来完成的。

第 2 章　AutoCAD2008 绘图的基本操作

使用 AutoCAD 进行图形设计,绘图是最基本的操作。AutoCAD 2008 提供了丰富的绘图命令。在这些绘图命令中,有一些是二维基本绘图命令,它们是进行二维高级绘图和三维绘图的基础,利用这些命令可以绘制出各种基本图形对象。本章将结合实例讲述绘制图形的基本方法。在此之前先介绍使用 AutoCAD 2008 绘制图形的基本知识。

2.1　AutoCAD 2008 绘图入门

本节将首先介绍使用 AutoCAD 2008 绘图的基本步骤、命令以及参数的输入方法。

用 AutoCAD 2008 绘图的基本步骤为:进入 AutoCAD 2008 系统→图形文件的新建(打开)→画图与编辑图形→图形文件的保存→(图形文件的打印)→退出 AutoCAD 2008 系统。直接双击 AutoCAD 2008 快捷程序的图标即可进入 AutoCAD 2008 系统。

2.1.1　创建一个新图形文件

点击【标准】工具栏的【新建】按钮,或者使用 NEW 命令,或使用组合键 CTRL + N, AutoCAD 2008 界面上将弹出选择样板的对话框,如图 2-1a)所示,用户可以根据需要来选择一种样板,也可以选择无样板打开。此时,可单击【打开】按钮右边的倒三角按钮,弹出如图 2-1b)所示的下拉选项,其中【打开】选项就是按照用户已经选择的样板建立绘图文件;【无样板打开 - 英制】选项就是新建一个英制的无样板绘图文件;【无样板打开 - 公制】选项就是新建一个公制的无样板绘图文件。

a)

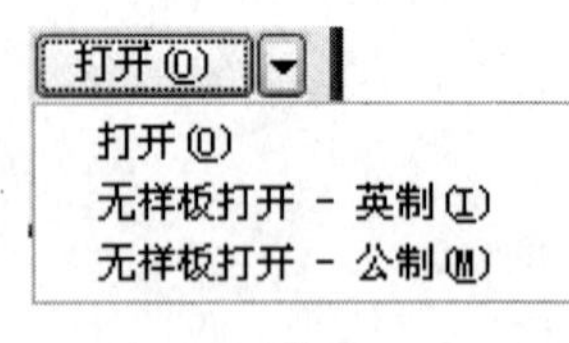

b)

图 2-1　新建文件命令

a)新建对话框;b)打开选择项

2.1.2　打开一个已有的图形文件

如果要打开已有的图形文件,可选择以下任意一个步骤进行:

1. 点击【标准】工具栏的按钮

2. 命令:OPEN (在命令行下输入打开 OPEN 命令)

3. 组合键:Ctrl + O

在 AutoCAD 中响应打开命令,弹出如图 2-2 所示的【选择文件】对话框,通过该对话框即可选取要打开的图形文件。

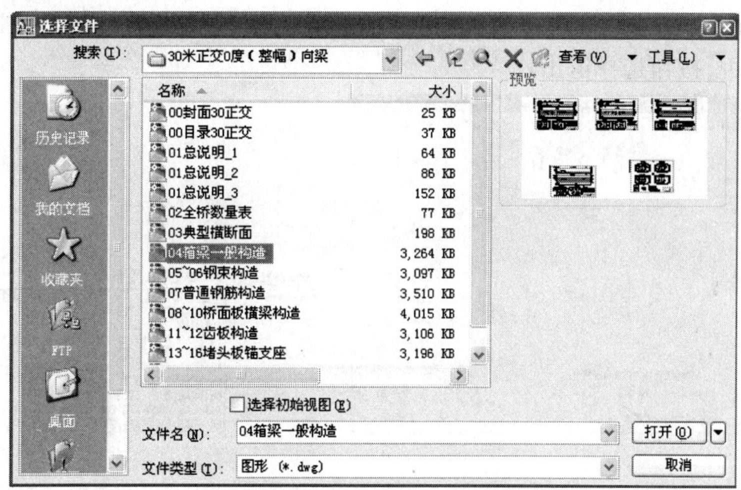

图 2-2 【选择文件】对话框

在 Windows 界面中双击要打开的 AutoCAD 文件,也可以直接打开图形。这样就可以在原有图形的基础上进行编辑或者绘图了(如图 2-3 所示)。

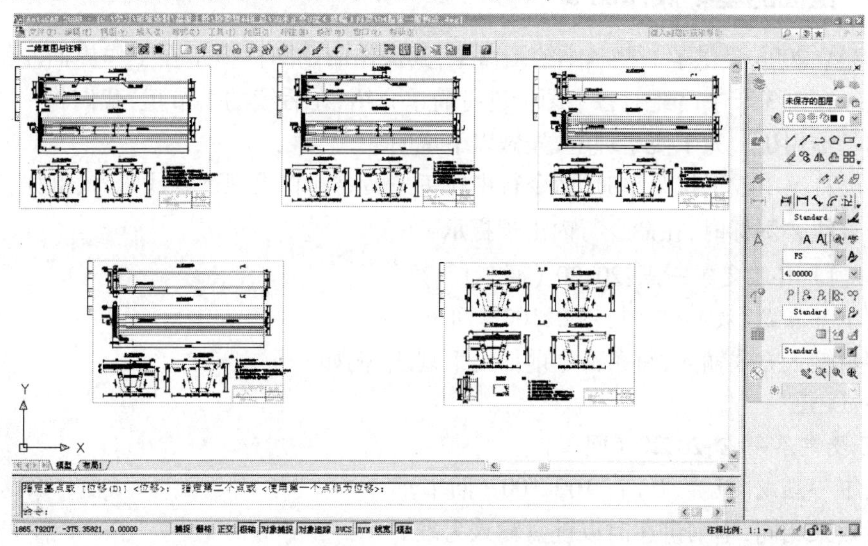

图 2-3 进入绘图编辑操作界面

2.1.3 文件的保存与 AutoCAD 的退出

将现有的绘图文件保存,用户可以选择点击【标准】工具栏中的图标,或在命令行中输入 SAVE 命令,或直接点击主菜单【文件】中【保存】(【另存为】)选项,还可以使用组合键 Ctrl + S 等方法,在 AutoCAD 界面上将弹出如图 2-4a)所示对话框,用户可以选择保存路径后,在【文件名】对话框中输入需要保存的文件名。另外要注意选择保存的文件类型,如图 2-4b)所示。因为 AutoCAD2008 采用了新的文件格式,所以与以前 AutoCAD 版本不能兼容,提醒用户在需要在以前版本 AutoCAD 中使用文件时,注意选择保存的文件格式。

退出 AutoCAD2008 也可以选择不同的方法:直接点击窗口中的☒图标;直接在命令行中输入 QUIT 命令;在【文件】主菜单中选择【退出】选项;使用组合键 Ctrl + Q 等。如果用户没有保存当前文件,AutoCAD2008 将提示是否保存文件,用户可点击【是】按钮,进入保存对话框,或者点击【否】按钮选择退出。

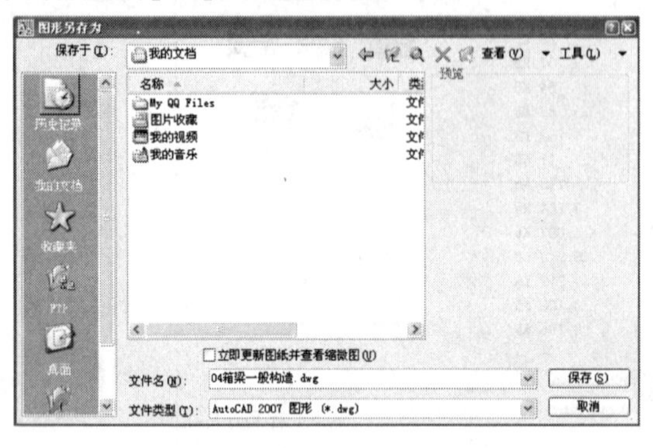

a)

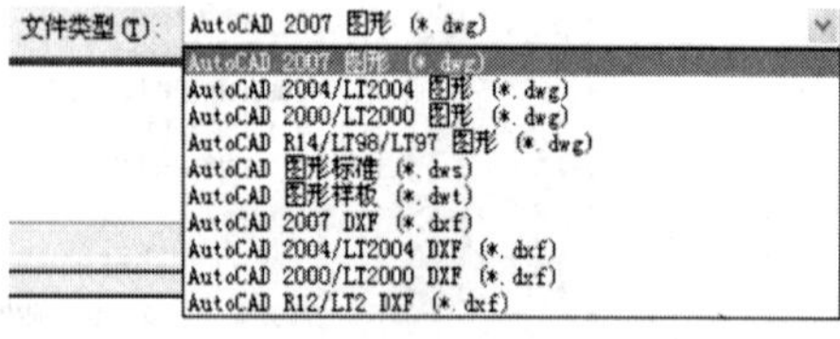

b)

图 2-4 绘图文件的保存

a)【图形另存为】对话框; b)选择保存文件类型选项

2.2 绘图的基本操作命令

AutoCAD 2008 提供了一些基本绘图命令,其操作命令图标显示在工作界面左侧的绘图工具栏里。在 1.3 节中已经对各个图标进行简单介绍,在后续的小节里,我们将一一介绍各个命令的基本用法。为了便于理解,先做以下说明:

点击屏幕菜单或下拉菜单时,命令行中在每条命令前将出现下划线符号,例如:

点击直线╱图标时,在命令行内出现提示:

命令:_LINE 指定第一点:20,20 (回车)

指定下一点或[放弃(U)]: 100,100 (回车)

用键盘输入方式输入,每条命令前面无下划线,例如:

命令:LINE

LINE 指定第一点:20,20 (回车)

指定下一点或[放弃(U)]: 100,100 (回车)

两者效果相同,本书讲述时以键盘输入为准。

当我们在绘图中输入点的坐标时,要尽量多的使用相对坐标和极坐标输入,以提高绘图精度。

当图形屏幕的底部出现【命令:】提示时,AutoCAD 就处于准备接受命令的状态,你可以从键盘直接输入命令名,或者用光标点取相应的菜单项即可。然后,AutoCAD 可能又提示你输入该命令所需的参数或子命令,直至这些交互信息提供完毕后,命令功能便立即执行。

简而言之,一般命令的输入响应过程如下:

命令: 命令名

命令提示信息:参数或子命令

其中，命令名和参数输入均需以回车键结尾。对于命令提示序列的正确回答，你只要掌握下列四条有关的符号约定，一切问题便迎刃而解了，例如对下列命令进行说明：

命令：_CHAMFER

(【修剪】模式) 当前倒角距离 1 = 10.0000，距离 2 = 10.0000

选择第一条直线或［放弃(U)/多段线(P)/距离(D)/角度(A)/修剪(T)/方式(E)/多个(M)］：D

指定第一个倒角距离 <0.0000>：1

指定第二个倒角距离 <1.0000>：1

(1)斜杠【/】作为命令选项(或称子命令)的分隔符。大写字母表示选项的缩写形式。

(2)在尖括号"< >"内出现的是默认项或当前值。

(3)若想要中途退出命令或使命令作废，则可键入 Esc 键。

(4)在"命令："提示下输入回车键，将会重复执行上一条命令。

大多数 AutoCAD 命令要求提供某些有关的参数。它们的数据类型包括：

(1)几何量→点、距离或位移、角度。

(2)数值型→整数和实数。

(3)开关量→ON 或 OFF。

(4)字符串型→文字、属性值、尺寸文字、关键字及文件名。

(5)Auto LISP 变量和表达式。

其中，点的输入较为复杂，有下列七种不同的方法：

· 绝对坐标［x,y,z］
· 相对坐标［@ △x, △y, △z］或者用@表示上一点
· 极坐标 距离 < 角度
· 相对极坐标 @距离 < 角度
· 用定点设备在屏幕上拾取点
· 利用 OSNAP 功能捕捉当前图中的特征点，如 Midpoint(中点)
· 点过滤符 .coordinate of ...

注意：

(1)有些菜单中也随同命令提供相应的参数选项。拾取它们等效于键盘输入。

(2)对于采用对话框的命令，其参数是通过各种控件(如滚动条、编辑框、复选框、单选按钮等)来输入的，操作更为简便、直观。

在 AutoCAD2008 中，利用系统提供的追踪和对象捕捉功能，用户几乎可以不用或很少输入坐标就能快速、精确地绘图。此外，利用 AutoCAD2008 的查询功能，用户可以快速显示图形和图形对象的有关信息。

2.3 工程图样绘图实例

下面我们结合几个工程图样来讲述基本绘图命令的使用，首先结合一个空心预应力板梁的部分钢筋构造示意图，如图 2-5a)所示的绘图实例来说明最基本的几个绘图命令的操作；再结合如图 2-5b)所示的道路交叉图的绘制来说明多线命令的使用；最后结合图 2-3 的桥梁布置图讲述图形填充命令。实例的绘制包含了许多的基本绘图元素的使用过程，从中我们要重点熟悉基本绘图元素的使用规则，从而掌握基本绘图技巧。

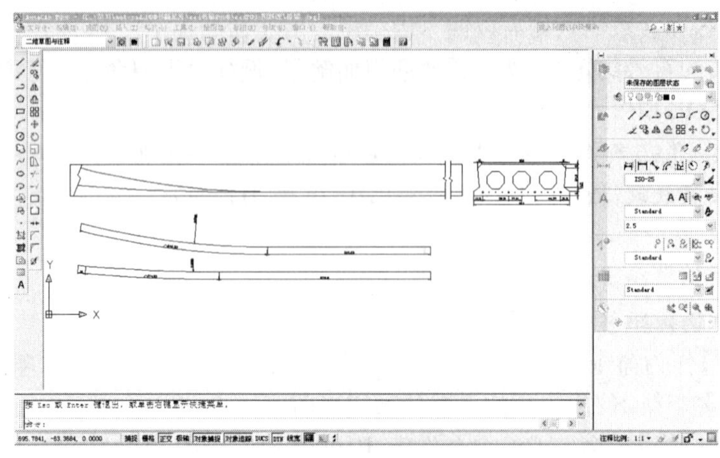

a)

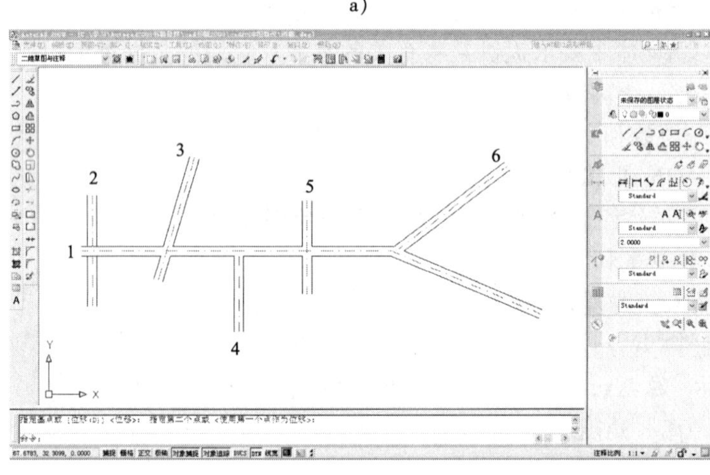

b)

图 2-5　工程图样绘图实例

a)预应力板梁钢筋示意图；b)道路交叉图

2.3.1　运用直线 LINE 绘图

绘制直线的命令是 LINE 命令，它是最基本的绘图命令。几乎所有的直线图形都可以用此命令绘制。在此运用直线绘制部分预应力钢绞线为例讲述其用法。

LINE 命令的激活方式有五种：

(1)单击绘图工具栏中的 ⁄ 图标按钮。

(2)单击面板【绘图】控制台中的 ⁄ 图标按钮。

(3)从【绘图】主菜单下拉选项中选择【直线】选项。

(4)在命令行直接键入：LINE 或 L(小写也可)。

(5)通过点击屏幕菜单【绘制 1】→【直线】选项输入命令。

当用户激活 LINE 命令后，命令行会出现提示，用户可根据需要对 AutoCAD2008 作出响应，响应过程如下：

命令：LINE

指定第一点:200,0

第一点的输入可以用光标拾取点,也可以直接输入点的坐标。

指定下一点或[放弃(U)]:-39.2,0(回车)

在【指定下一点或[放弃(U)]】的提示后,可以用光标确定端点的位置,也可以输入端点的坐标值来定位,还可以将光标放在所需的方向上,然后输入距离值就可以定义下一个端点的位置了。在【指定下一点或[放弃(U)]】的提示后以U(Undo)响应,则删去最后画的一条线段,连续使用U可以将原线段退回到起点。

若在【指定下一点或[闭合(C)/放弃(U)]】的提示后以【C】(Close)响应,则自动形成封闭的多边形。应注意的是此功能需要在完成两段直线以后才能使用。

例:再利用直线命令绘制如图2-6所示的预应力板梁横断面的外轮廓线。

命令:LINE

指定第一点:250,150

指定下一点或[放弃(U)]:@124,0

指定下一点或[放弃(U)]:@0,6

指定下一点或[闭合(C)/放弃(U)]:@-7,4.5

指定下一点或[闭合(C)/放弃(U)]:@2,24.5

指定下一点或[闭合(C)/放弃(U)]:@-5,5

指定下一点或[闭合(C)/放弃(U)]:@104<180

指定下一点或[闭合(C)/放弃(U)]:@-5,-5

指定下一点或[闭合(C)/放弃(U)]:@2,-24.5

指定下一点或[闭合(C)/放弃(U)]:@-7,-4.5

指定下一点或[闭合(C)/放弃(U)]:CLOSE

在最后一个点坐标提示时,键入【CLOSE】即可绘制出封闭截面外轮廓线,如图2-6所示。

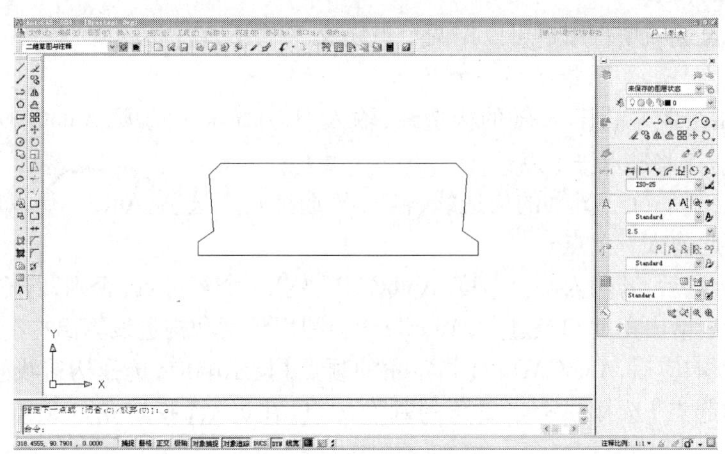

图2-6 用LINE命令画出板梁截面外轮廓线

直线命令的另一种功能是可以画与最近一次绘制的直线或圆弧相连的直线,执行Line命令时,在提示【指定第一点:】后,用空格或回车键响应,则新的起点自动设置为刚才画完的直线或弧线的终点上。

若最后绘制的是直线,这种操作可接着上次所画直线的最后端点继续画直线,并出现了

【指定下一点或[放弃(U)]】的命令提示。

2.3.2 运用构造线 XLINE 绘图

画构造线的命令 XLINE 可用来绘制在两个方向上无限延长的直线。在工程制图中,通常有【长对正,高平齐,宽相等】等要求,当绘制的图形比较大,比较复杂时,利用目测很难实现这样的要求,这时我们就可以画一些构造线作为辅助线,利用这样的辅助线就可以很容易地绘出所需要的图形。

XLINE 命令的激活方式有五种:

(1)单击绘图工具栏的 图标按钮。

(2)单击面板中【绘图】控制台的 图标按钮。

(3)从【绘图】主菜单下拉选项中选择【构造线】选项。

(4)在命令行直接键入:XLINE 或 XL。

(5)通过点击屏幕菜单【绘制 1】→【构造线】选项输入命令。

有时想绘制一条线,它只起参照作用,例如:

(1)从两条垂线的中点绘制两条线,以便用它们的交点作为圆心。

(2)从一个对象向另一个对象绘制一条线,以直观地指示两对象间的关系。

(3)显示模型的同一部分在正视图和侧视图中的联系。

(4)绘制一条经过剖面示出的对象的中心的线,这样可以标出从此中心到某个对象边界的尺寸。

下面我们来说明构造线命令选项的含义,例如:当我们输入 XLINE 命令后

命令:XLINE

指定点或[水平(H)/垂直(V)/角度(A)/二等分(B)/偏移(O)]:H

指定通过点:250,150

指定通过点:(回车)

其中,指定点选项使得用户可以用两个点定义 XLINE,在【指定点:】提示下,选一个点,再在【指定通过点】提示下,指明另一个点。

水平选项指绘制平行于 X 轴的构造线,输入 H 选择水平选项,AutoCAD 以【指定通过点】提示为响应,在此输入一个点。

垂直选项绘制平行于 Y 轴的构造线,输入 V 选择垂直选项,AutoCAD 以【指定通过点】提示为响应,在此输入一个点。

角度选项响应后,若输入一个角度,AutoCAD 要求一个经过点,否则,若输入 r 要求选择一条构造线,然后给出角度和经过点,AutoCAD 会利用角度和构造线算出构造线。

二等分选项响应后,AutoCAD 以【指定角的顶点】指示响应,选择构造线想通过的点,在提示【指定角的起点】选择一个定义角的基准的点,在提示【指定角的顶点】,选择另一个角点。

偏移选项响应后,为绘制出平行于某条线的构造线,用户可通过输入平移距离来确定构造线,也可以利用【通过】选项确定构造线所要经过的点来实现,不管使用何种方法,下一步都是选择直线,若指定偏移距离,AutoCAD 会再次给出【选择直线对象】提示,若采用拾取点的方式,用户在希望构造线出现在所选的直线的那一侧拾取一点即可。

例如在以上的板梁样图绘制中,要使横断面之间以及横断面与侧面图之间保持水平向

的对齐,就需要在外轮廓线等地方指定相应的参考线。结合前面的参考线,绘制如下(如图2-7 所示)

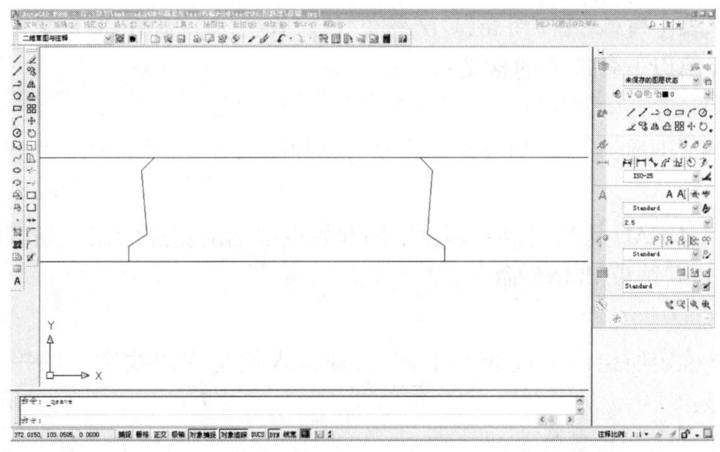

图 2-7　绘制与指定构造线平行且指定距离的构造线

命令:XLINE

指定点或[水平(H)/垂直(V)/角度(A)/二等分(B)/偏移(O)]:O

指定偏移距离或[通过(T)] <通过>: 40

选择直线对象:(用鼠标选择前面画的构造线)

指定向哪侧偏移:(用鼠标点击选定构造线的下侧任意位置)

选择直线对象:(回车)

2.3.3　运用多段线 PLINE 绘图

多段线是 AutoCAD 最常用到的对象,你可以使用多段线来表示墙壁、边界、边缘等,多段线由相连的直线段或弧线序列组成,作为单一对象使用。要想一次编辑所有线段,就要使用多段线。使用多段线时,也可以分别编辑每条线段、设置各线段的宽度、使线段的始末端点具有不同的线宽或者封闭、打开多段线。绘制弧线段时,弧线的起点是前一个线段的端点。可以指定弧的角度、圆心、方向或半径。通过指定一个中间点和一个端点也可以完成弧的绘制。

绘制多段线 PLINE 可以由等宽或不等宽的直线以及圆弧组成。AutoCAD 把多段线看成是一个单独的对象,用户可以用编辑多段线的命令 PEDIT 对多段线进行各种编辑操作。

PLINE 命令的激活方式有五种:

(1)单击面板【绘图】控制台中的 图标按钮。

(2)单击绘图工具栏中的 图标按钮。

(3)从【绘图】主菜单下拉选项中选择【多段线】选项。

(4)在命令行直接键入:PLINE 或 PL。

(5)通过点击屏幕菜单【绘制 1】→【PLINE】选项输入命令。

操作格式:单击相应的菜单项、按钮或从命令行输入[PLINE]命令后回车,命令行出现提示:

指定起点:

输入起点后,又提示:

当前线宽为(缺省值):

指定下一个点或［圆弧(A)/半宽(H)/长度(L)/放弃(U)/宽度(W)］:

指定下一点或［圆弧(A)/闭合(C)/半宽(H)/长度(L)/放弃(U)/宽度(W)］:

下面分别介绍以上各选项的含义:

1. 圆弧(A)

该选项使 PLINE 命令由绘制直线方式改为绘制圆弧方式,并且产生绘制圆弧的提示。

2. 闭合(C)

选择此项,AutoCAD 从当前点到多段线的起始点以当前宽度绘出一条直线,即构成一条封闭的多段线,然后结束 PLINE 命令。

3. 半宽(H)

该选项用来确定所绘制多段线的半宽度,即输入值是多段线宽度的一半,选取此项后 AutoCAD 会提示:

指定起始点半宽<缺省值>:

在此提示下,可输入多段线的起始半宽并回车,也可直接回车,即以缺省值为起始半宽,然后 AutoCAD 又会提示:

指定端点半宽:

在此提示下输入多段线另一端点半宽并回车,则又回到执行该选项前的提示状态下。

4. 长度(L)

实行该选项,AutoCAD 会提示:

指定直线的长度:

在此提示下输入一长度值,AutoCAD 会以该长度并且沿着上次所绘制直线的方向或切线方向绘制出一条直线,如果前一段线是圆弧,则所绘制的直线方向为该圆弧终点处的切线方向。

5. 放弃(U)

该选项删除最后加到多段线上的直线或圆弧,其可以及时修改在绘制多段线的时候发生的错误。

6. 宽度(W)

此选项用来确定多段线的宽度,执行该选项后 AutoCAD 提示:

指定起点宽度<缺省值>:

输入所绘制多段线的起始宽度,回车后又会提示:

指定端点宽度<缺省值>:

即可输入多段线另一端点处的宽度。

补充说明:当选择 A 选项的时候,PLINE 命令由绘制直线方式改为绘制圆弧方式,并且产生绘制圆弧的提示,以下介绍的是在绘制圆弧过程中出现的命令。

指定圆弧的端点或

［角度(A)/圆心(CE)/闭合(CL)/方向(D)/半宽(H)/直线(L)/半径(R)/第二个点(S)/放弃(U)/ 宽度(W)］

(1)圆心点(CE):该选项表示按给定的圆弧圆心绘制圆弧,执行该选项后,AutoCAD 提示:

指定圆弧的圆心：

确定了圆心的位置后，提示：

指定圆弧的端点或［角度(A)/长度(L)］

此时就可以通过确定圆弧的端点、圆心角或弧长，绘出圆弧。

(2)闭合(CL)。

该选项用圆弧封闭多段线。

(3)方向(D)。

该选项用来确定所绘制的圆弧在起始点处的切线方向，执行该选项后，AutoCAD 提示：

指定圆弧的起点切向：

你可输入一角度作为起始点方向与水平方向的夹角，也可在此提示下输入一点，AutoCAD 会把圆弧的起点与该点的连线作为弧的起始方向，确定了起始方向后，提示：

指定圆弧的端点：

此时再输入另一端点即可。

(4)半宽度(H)。

该选项用来确定圆弧的起始半宽与终止半宽，其操作过程与前面介绍的过程相同。

(5)直线(L)。

该选项用来使 PLINE 从绘制圆弧方式改为绘制直线方式。

(6)半径(R)。

该选项用来根据半径绘制圆弧。

(7)第二点(S)。

该选项用来根据三点绘制圆弧。

(8)放弃(U)。

该选项用来删除上一次所绘制的圆弧。

(9)宽度(W)。

该选项用来确定所绘制圆弧的起始点线宽和终点线宽，操作同前。

多段线在工程制图中应用广泛，如在交通土建图纸中，很多的结构外观以及各种钢筋的绘制往往都可采用多段线来绘制。因为多段线的可操作性比较强，往往可以很容易一次性精确绘制一些比较复杂的线段。下面利用多段线命令绘制如图 2-5 所示一段预应力钢筋的大样图。绘制的步骤如下，最后的图形如图 2-8 所示：

命令：PLINE

指定起点：200,50

当前线宽为 0.0000

指定下一个点或［圆弧(A)/半宽(H)/长度(L)/放弃(U)/宽度(W)］：@ -2721,0

指定下一点或［圆弧(A)/闭合(C)/半宽(H)/长度(L)/放弃(U)/宽度(W)］：A

指定圆弧的端点或

［角度(A)/圆心(CE)/闭合(CL)/方向(D)/半宽(H)/直线(L)/半径(R)/第二个点(S)/放弃(U)/宽度(W)］：CE

指定圆弧的圆心：@0,2000

指定圆弧的端点或［角度(A)/长度(L)］：A

指定包含角：-5

指定圆弧的端点或

[角度(A)/圆心(CE)/闭合(CL)/方向(D)/半宽(H)/直线(L)/半径(R)/第二个点(S)/放弃(U)/宽度(W)]：L

指定下一点或[圆弧(A)/闭合(C)/半宽(H)/长度(L)/放弃(U)/宽度(W)]：@10.4 <175

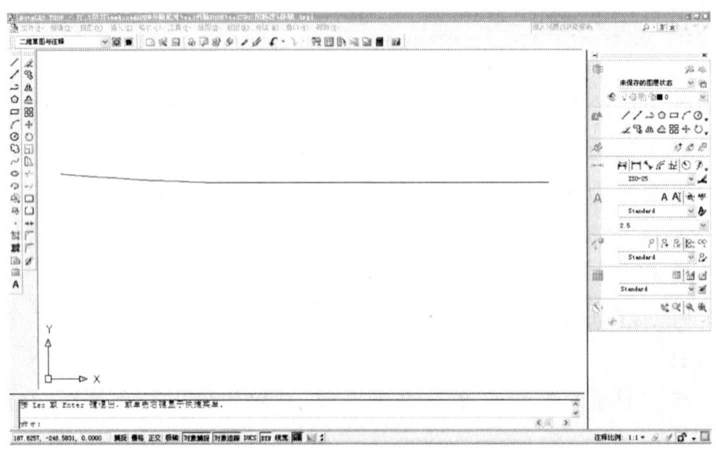

图 2-8 用多段线一次绘制预应力钢筋大样图

2.3.4 运用正多边形 POLYGON 绘图

绘制指定格式的正多边形 POLYGON 有三种方法：

(1)根据多边形的边数以及多边形上一条边的两个端点按逆时针绘制正多边形。

(2)利用多边形的外接圆绘制正边多边形。

(3)利用多边形的内切圆绘制正边多边形。

POLYGON 命令的激活方式有五种：

(1)单击面板中【绘图】控制台中的⬠图标按钮。

(2)单击绘图工具栏中的⬠图标按钮。

(3)从【绘图】主菜单下拉选项中选择【正多边形】选项。

(4)在命令行直接键入:POLYGON 或 POL。

(5)通过点击屏幕菜单【绘制 1】→【正多边形】选项输入命令。

下面对以第二种方法即利用多边形的外接圆绘制正多边形,进行板梁横断面内室轮廓线的正多边形绘图举例,绘制后的图形如图 2-9 所示：

命令：POLYGON

输入边的数目 <4>：8

指定正多边形的中心点或[边(E)]：312,170

输入选项[内接于圆(I)/外切于圆(C)] <I>：I

指定圆的半径：12（回车）

绘制完成一个多边形后,复制绘制另外两个多边形,两个多边形中心点间距为 34。

说明:工程制图中要严格按照要求选择内接于圆(I),或者外切于圆(C)进行正多边形的绘图操作。

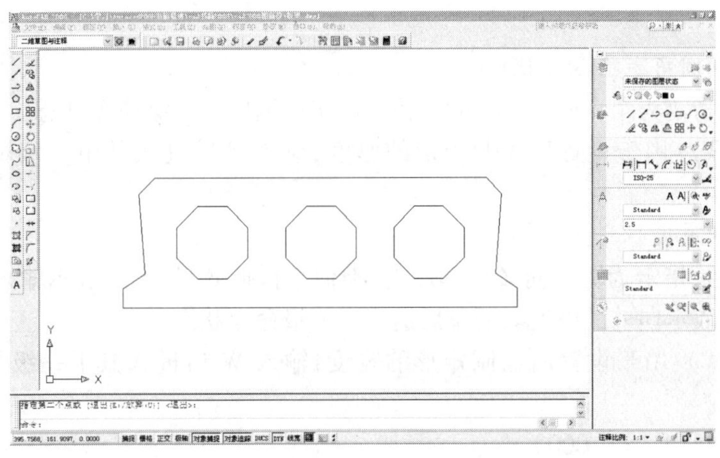

图 2-9　利用多边形的外接圆绘制板梁横断面内室轮廓线

2.3.5　运用矩形 RECTANG 绘图

矩形是绘图中的一个重要的图形元素，AutoCAD 2008 中不仅可以绘制简单的矩形，还可以在其中设置参数，可以指定长度、宽度、面积和旋转参数，还可以控制矩形上角点的类型（圆角、倒角或直角），从而绘制出带有特殊属性的矩形。

RECTANG 命令的激活方式有五种：

（1）单击面板中绘图控制台的▭图标按钮。

（2）单击绘图工具栏中的▭图标按钮。

（3）从【绘图】主菜单下拉选项中选择【矩形】选项。

（4）在命令行直接键入：RECTANG 或 REC。

（5）通过点击屏幕菜单【绘制 1】→【矩形】选项输入命令。

调用命令：RECTANG 后，命令提示如下：

指定第一个角点或［倒角（C）/标高（E）/圆角（F）/厚度（T）/宽度（W）］：

其中：

（1）倒角（C）：用于设置所绘制的矩形倒角的距离，输入 C 后进入其下一级命令选项，提示如下：

指定矩形的第一个倒角距离 <0.0000>：

输入距离，指定为角点处顺时针方向的第一条边的倒角距离。回车提示：

指定矩形的第二个倒角距离 <0.0000>：

输入距离，指定为角点处顺时针方向的第一条边的倒角距离。回车后返回上一级命令状态。

（2）标高（E）：用于设置所绘制的矩形的标高，输入 E 后进入其下一级命令选项，提示如下：

指定矩形的标高 <0.0000>：

输入标高，指定为所绘制的矩形标高，其中的输入正值为在指定 Z 方向上比当前平面高相应距离的平行平面上绘制矩形，负方向为低于当前平面相应距离的平行平面上作矩形。回车后返回上一级命令状态。

（3）圆角（F）：用于设置所绘制矩形的圆倒角，输入 F 后进入其下一级命令选项，提示如下：

指定矩形的圆角半径 <0.0000>：

输入半径，指定为角点处圆倒角的半径。回车后返回上一级命令状态。

(4)厚度(T)：用于设置所绘制矩形的厚度，输入 F 后进入其下一级命令选项，提示如下：

指定矩形的厚度 <0.0000>：

输入厚度后，指定为矩形向 Z 向的厚度，类似于拉伸效果，同样表示输入正值为向内的厚度，输入负值表示向外的厚度。回车后返回上一级命令状态。

(5)宽度(W)：用于设置所绘制矩形的宽度，输入 W 后进入其下一级命令选项，提示如下：

指定矩形的线宽 <0.0000>：

输入宽度后，指定为矩形的在当前平面内的宽度，回车后返回上一级命令状态。

简单以 2-5 图中的预应力板梁端部的矩形外轮廓线为例，讲述简单矩形的绘制步骤，绘制结果如图 2-10 所示：

命令：RECTANG

指定第一个角点或［倒角(C)/标高(E)/圆角(F)/厚度(T)/宽度(W)］：700,500

指定另一个角点或［面积（A）/尺寸（D）/旋转（R）］：@ -124, -40

图 2-10　利用矩形命令绘制板梁横断面外轮廓线

2.3.6　运用圆弧 ARC 绘图

绘制圆弧 ARC 有多种方法可供选择。默认的方法是指定三点：起点、圆弧的第二个点和端点。还可以指定圆弧的角度、半径、方向和弦长。圆弧的弦是两个端点之间的直线段。缺省情况下，AutoCAD 将按逆时针方向绘制圆弧。

ARC 命令的激活方式有五种：

(1)单击面板绘图控制台中的 ⌒ 图标按钮。

(2)单击绘图工具栏中的 ⌒ 图标按钮。

(3)从【绘图】主菜单下拉选项中选择【圆弧】子菜单，再在其下一级菜单中根据需要选择相应的绘图方式。

(4)在命令行直接键入：ARC 或 A。

(5)通过点击屏幕菜单【绘制1】→【圆弧】选项输入命令。

AutoCAD2008 提供10种绘制圆弧的方式：

(1)三点绘圆弧。

(2)起点、圆心、端点。

(3)起点、圆心、角度。

(4)起点、圆心、长度。

(5)起点、端点、角度。

(6)起点、端点、方向。

(7)起点、端点、半径。

(8)圆心、起点、端点。

(9)圆心、起点、角度。

(10)圆心、起点、长度。

需要说明的是，方向是指圆弧在起始点处的切线方向。

当命令行提示【包含角度】时候，若输入正的角度，则从起始点绕圆心沿着逆时针方向绘制圆弧，否则沿顺时针方向绘制圆弧。

输入的半径必须大于起点与终点之间距离的一半。

例如：我们下面所要绘制图2-5中的预应力钢筋大样图中示意的圆弧，紧接前面所绘的直线段进行绘制，绘制方法如下：

命令：ARC

指定圆弧的起点或［圆心(C)］：-39.2,0

指定圆弧的第二个点或［圆心(C)/端点(E)］：C

指定圆弧的圆心：@0,1000

指定圆弧的端点或［角度(A)/弦长(L)］：A

指定包含角：-14（回车）

最后绘制的图线如图2-11所示：

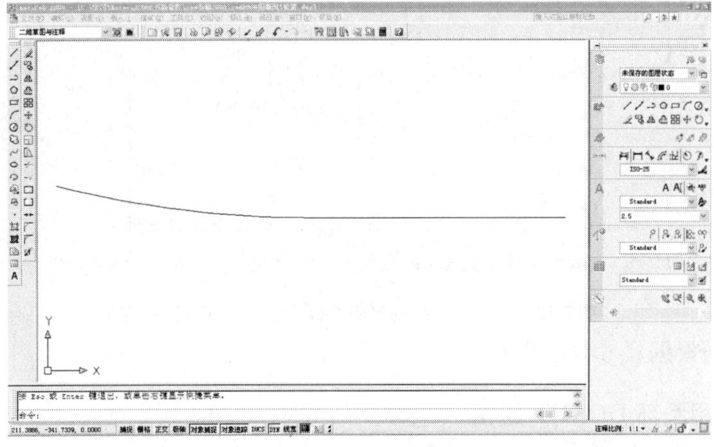

图2-11　用圆弧命令绘制部分预应力钢筋大样图

2.3.7　运用圆 CIRCLE 绘图

作为一种重要的绘图元素，圆命令在工程图样中使用也相当广泛。

CIRCLE 命令的激活方式有五种：

(1)单击面板中绘图控制台中的图标按钮。

(2)单击绘图工具栏中的图标按钮。

(3)从【绘图】主菜单下拉选项中选择【圆】子菜单，再在其下一级菜单中根据需要选择相应的绘圆方式。

(4)在命令行直接键入：CIRCLE 或 C。

(5)通过点击屏幕菜单【绘制 1】→【圆】选项输入命令

AutoCAD2008 提供 6 种绘制圆弧的方式：

(1)圆心、半径。

(2)圆心、直径。

(3)两点。

(4)三点。

(5)相切、相切、半径。

(6)相切、相切、相切。

利用命令的相应提示是不难利用这几种方式来绘制出圆的，在此不再赘述每一种方法的具体用法，需要说明的是其中的两点法作圆，是相应指定直径来实现的。在此利用此命令来做图 2-5 中板梁的一个横断面中的钢绞线孔道，说明步骤如下(其中的一个圆的做法)，最后的图形效果如图 2-12 所示：

命令：CIRCLE

指定圆的圆心或［三点(3P)/两点(2P)/相切、相切、半径(T)］：261.5,154.5

指定圆的半径或［直径(D)］：1

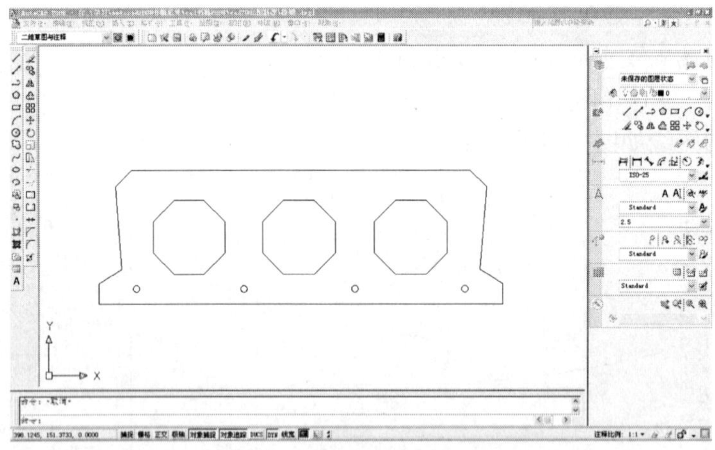

图 2-12 用圆命令绘制预应力板梁断面的钢绞线孔道

其他的钢筋根据尺寸复制即可。

2.3.8 运用圆环 DONUT 绘图

使用圆环 DONUT 命令可以画圆环和实心圆，用该命令时要给出圆环的内圆直径和外圆直径以及圆心坐标，当给出的内径为零时，即画出实心圆。

DONUT 命令的激活方式有三种：

(1)从【绘图】主菜单下拉选项中选择【圆环】子菜单。

(2)在命令行直接键入:DONUT 或 DO。

(3)通过点击屏幕菜单【绘制 1】→【圆环】选项输入命令

可以在指定的位置用指定的内外径给出圆环,并且可通过命令 FILL 决定填充与否。

命令: FILL

输入模式[开(ON)/关(OFF)] <ON>: ON

下面利用此圆环命令来绘制图 2-5 中的横断面的部分纵向普通主筋,说明步骤如下(其中的一根主筋的做法),最后的图形效果如图 2-13 所示:

命令:DONUT

指定圆环的内径 <0.0000>: 0

指定圆环的外径 <10.0000>: 0.8

指定圆环的中心点或 <退出>: 27,154.5

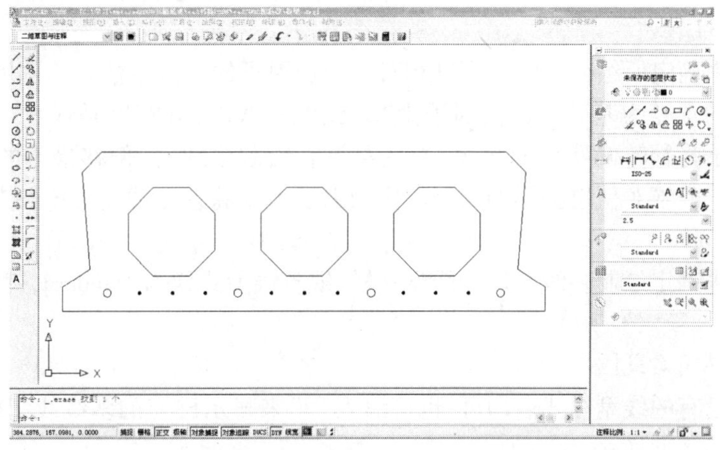

图 2-13 用圆环命令绘制预应力板梁断面的部分纵向普通主筋

2.3.9 运用多线 MLINE 绘图

多线是一种由多条平行线组成的组合对象,这些平行线的线性、数目以及相互之间的间距是可以调整的。多线命令多用于绘制道路图中的道路线型、建筑图中的墙体、电子线路图等平行线。多线可同时绘制 1~16 条平行线,这些平行线称为元素。通过指定距多线初始位置的偏移量可以确定元素的位置。用户可以创建和保存多线样式,或者使用具有两个元素的缺省样式,还可以设置每个元素的颜色、线型等。

MLINE 命令的激活方式有三种:

(1)从【绘图】主菜单下拉选项中选择【多线】子菜单。

(2)在命令行直接键入:MLINE 或 ML。

(3)通过点击屏幕菜单【绘制 1】→【多线】选项输入命令。

1) 调用命令:MLINE 后,命令提示如下:

命令:MLINE

当前设置: 对正 = 上,比例 = 1.00,样式 = STANDARD

指定起点或[对正(J)/比例(S)/样式(ST)]:

其中选项含义为:

(1)对正(J)。

该选项用以确定绘制多线时的偏移方式，选取该项，AutoCAD 提示：

输入对正类型［上(T)/无(Z)/下(B)］<上>：

下面分别对命令提示中出现的文字给予说明（如图 2-14 所示）。

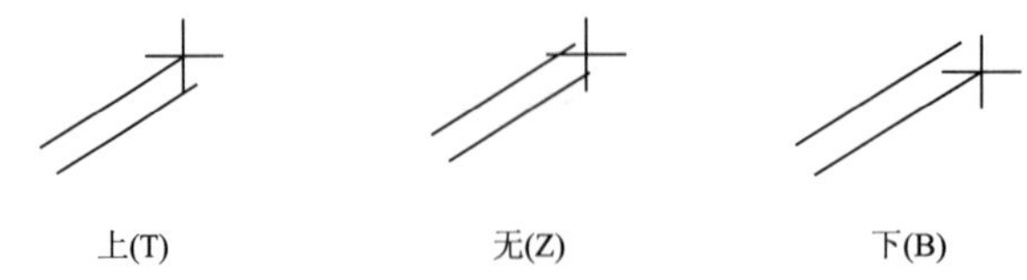

图 2-14　绘制多线时的三种偏移方式

上（T）：该选项表示从左向右绘制多线时，多线上最顶端的线随光标移动。

无（Z）：该选项表示绘制多线时，多线的中心线将随着光标移动。

下（B）：该选项表示，当绘制多线时，多线上的最底端将随着光标移动。

（2）比例（S）。

该选项用来确定所绘制多线的宽度相对于比例因子的比例系数。比例因子以在多线样式定义中建立的宽度为基础。比例因子为“2”绘制多线时，其宽度是样式定义的宽度的两倍。负比例因子将翻转偏移线的次序：当从左至右绘制多线时，偏移最小的多线绘制在顶部。负比例因子的绝对值也会影响比例。比例因子为 0 将使多线变为单条直线。

（3）样式（ST）。

该选项用来确定绘制多线时用的线型式样，缺省线型式样为 Standard，键入 ST，AutoCAD 提示：

输入多线样式名或［?］：

此时输入已有的线型样式名即可，也可输入“?”来显示已有的多线线型样式，你可以根据需要选择复合线型样式。

2）为了绘制需要的多线形式，在绘制多线之前应该先设置多线的类型。使用以下方法之一：主菜单【格式】中选择【多线样式】菜单项，或者在命令行输入 MLSTYLE，打开如图 2-15 所示的【多线样式】对话框，来设置多线的样式。

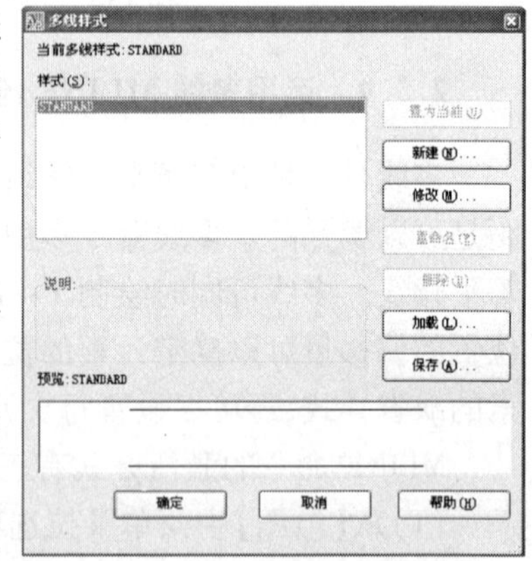

图 2-15　【多线样式】对话框

（1）多线样式。

在多线样式选项区中可以设置有关多线名称、描述等内容。

【当前多线样式】文字描述：显示当前多线样式的名称，该样式将在后续创建的多线中用到。

【样式】列表框：显示已加载到图形中的多线样式列表，选中一种多线样式时可以置为当前或进行编辑或者删除。

【说明】文本框：该文本框中显示的有关当前多线类型的描述信息。

【预览】：显示选定多线样式的名称和图像。

【置为当前】按钮：设置用于后续创建的多线的当前多线样式。从“样式”列表中选择一个名称，然后选择“置为当前”。

【新建】按钮：显示“创建新的多线样式”对话框，从中可以创建新的多线样式。

【修改】按钮：显示“修改多线样式”对话框，从中可以修改选定的多线样式。不能修改默认的 STANDARD 多线样式。

【重命名】按钮:重命名当前选定的多线样式。不能重命名 STANDARD 多线样式。

【删除】按钮:从“样式”列表中删除当前选定的多线样式。此操作并不会删除 MLN 文件中的样式。不能删除 STANDARD 多线样式、当前多线样式或正在使用的多线样式。

【加载...】按钮:单击该按钮可以激活如图 2-16 所示的【加载多线样式】对话框,可以从多线的库文件中选取多线的类型。

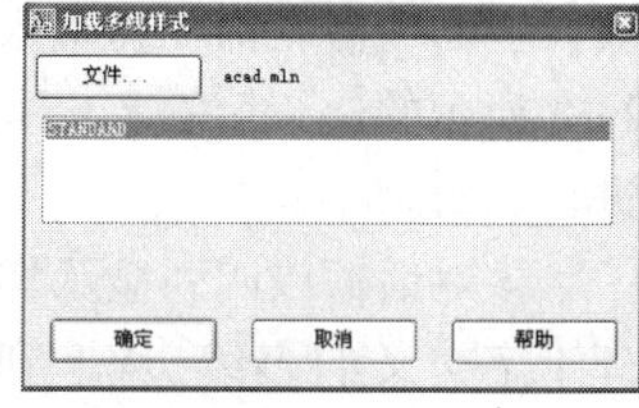

图 2-16 【加载多线样式】对话框

【保存...】按钮:单击该按钮可以将当前的多线类型全部保存到以 MLN 为后缀名的文件中。在激活的【保存多线类型】对话框中,可以使用新的文件名,也可以选择已有的文件将当前的多线添加到该文件中。

(2)修改元素特性和多线特性。

如果需要改变多线的线条数量、线间距、颜色等特征,可单击【多线样式】对话框中的【修改】按钮,它会激活【修改多线样式】对话框,如图 2-17 所示。

图 2-17 【修改多线样式】对话框

【图元】列表框:在此列表框中显示的是当前多线类型的线条特征,在列表框中有多少行就表示该类型的多线含有多少条线。其中【偏移】栏下的内容是样条的偏移量,【颜色】栏下列出的是每条线的颜色,【线型】栏下列出的是每条线的类型。

当多线的线条数量超过三条时,列表框的右侧会出现上下滚动按钮,单击此按钮可以选择没有显示出的线条。但要注意的是,多线的偏移是以中间位置为零偏移位置,向上为正偏移,向下为负向偏移。偏移量越大,该线距中间位置也就越远。

同时还可以在这里设置多线的其他有关特性。

【显示连接】复选框:此复选框可以控制是否在两段线条之间显示连接线,此连接线是顶线和底线交点的连线。

【直线】复选框:该复选框可以控制是否在多线的起始端点处或终止端点处以直线段闭合。

【外弧】复选框:该复选框可以控制是否在多线的起始端点处或终止端点处用外部圆弧闭合。

【内弧】复选框:该复选框可以控制是否在多线的起始端点处或终止端点处用内部圆弧闭合。

【角度】文本框:该文本框决定在多线的两个端点处闭合时,直线段或弧线的角度,缺省的角度为 90°,也就是闭合线与多线相互垂直。

【填充】选项区中的【填充颜色】复选框：该复选框确定使用背景填充的颜色。

3）在绘制好的多线上可以运用多线编辑命令来对其进行修改。使用以下方法之一：主菜单【修改】中进入【对象】子菜单项选择【多线】选项，或者在命令行输入 MLEDIT，打开如图 2-18 所示的【多线编辑工具】对话框，来对多线进行编辑。

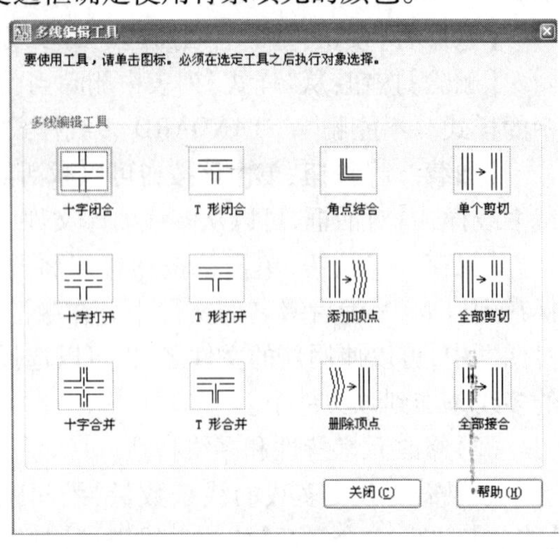

图 2-18 【多线编辑工具】对话框

该对话框以四列显示样例图像。第一列处理十字交叉的多线，从上到下依次为【十字闭合】、【十字打开】和【十字合并】。第二列处理 T 形相交的多线，从上到下分别为【T 形闭合】、【T 形打开】和【T 形合并】。第三列处理角点连接和顶点，从上到下依次为【角点结合】、【添加顶点】和【删除顶点】。第四列处理多线的剪切或接合，从上到下分别为【单个剪切】、【全部剪切】和【全部接合】。

在道路设计中，用绘制多线的功能可以快速方便地绘出道路的主体轮廓线。下面举一如图 2-5b）所示中的道路交叉图来说明多线的绘制。实际在道路设计中还常常结合 EXPLODE 分解以及 TRIM 修剪等修改命令来进行绘制。

首先，使用 MLSTYLE 命令，打开图 2-15 所示的【多线样式】对话框，点击【修改】按钮，弹出的【修改多线样式】对话框（如图 2-17 所示），在其中默认的两条直线的特性中修改其偏移值为 0.425 与 -0.425，再增加一条道路中线，用【添加】按钮，默认其中的偏移值为 0。修改其颜色为【红】；修改其线型：点击【线型】按钮，弹出【选择线型】对话框，如图 2-19a）所示，因为点划线不是默认加载的线型，再点击其中的【加载】按钮，弹出如图 2-19b）所示的【加载或重载线型】对话框，在其中选择所需的点划线线型 DASHDOTX2，确认后，就将所需的三条平行线的多线样式定义完成，可以进入下一步的多线绘制步骤。

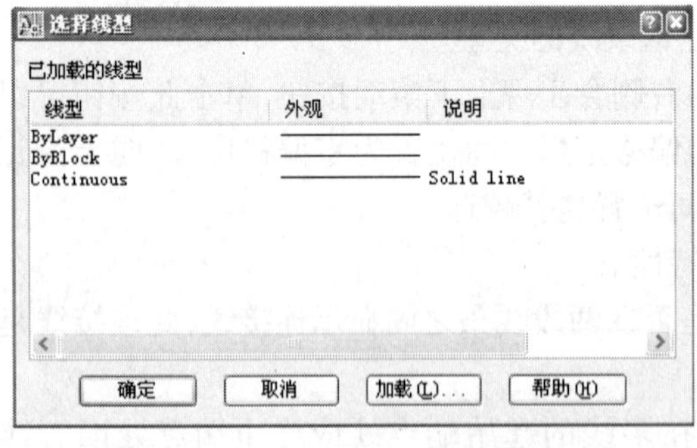

a)

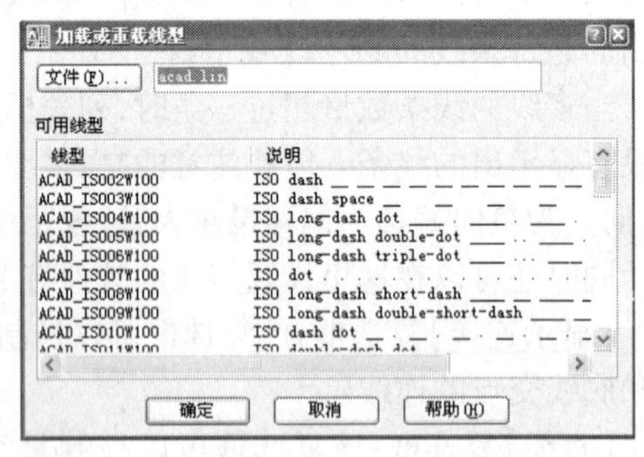

b)

图 2-19 为道路中线选择合适的线型

a)【选择线型】对话框；b)【加载或重载线型】对话框

用 MLINE 命令，开始绘制如图 2-20a）所示的道路草图，其绘制的基本操作如直线的绘制，在此不再赘述。

最后，用 Mledit 命令，对前面绘制的道路草图中交叉口进行编辑。

道路 1 与道路 2 之间交叉口是道路 1 上跨道路 2 的立交形式，使用【多线编辑工具】中第一列第一个命令【十字闭合】命令，选中确定。命令行如下：

命令：MLEDIT（在对话框中选择相应的命令）

选择第一条多线：（点击直线2）

选择第二条多线：（点击直线1）

选择第一条多线或［放弃(U)］：（回车）

道路1与道路5之间交叉口是道路1与道路5平面交叉，道路1为主干道，道路5为次干道。使用【多线编辑工具】中第一列第二个命令【十字打开】命令，选中确定。命令行如下：

命令：MLEDIT（在对话框中选择相应的命令）

选择第一条多线：（点击直线5）

选择第二条多线：（点击直线1）

选择第一条多线或［放弃(U)］：（回车）

道路1与道路3之间交叉口是道路1与道路3呈“X”形平面交叉，道路1与道路3为同级道路。使用【多线编辑工具】中第一列第三个命令【十字合并】命令，选中确定。命令行如下：

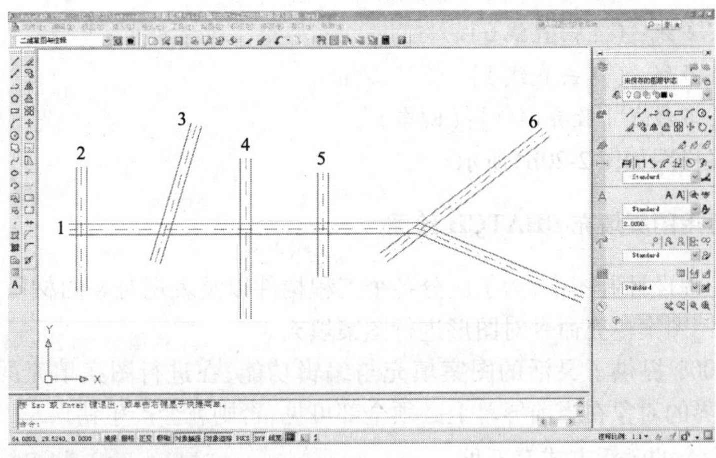

a)

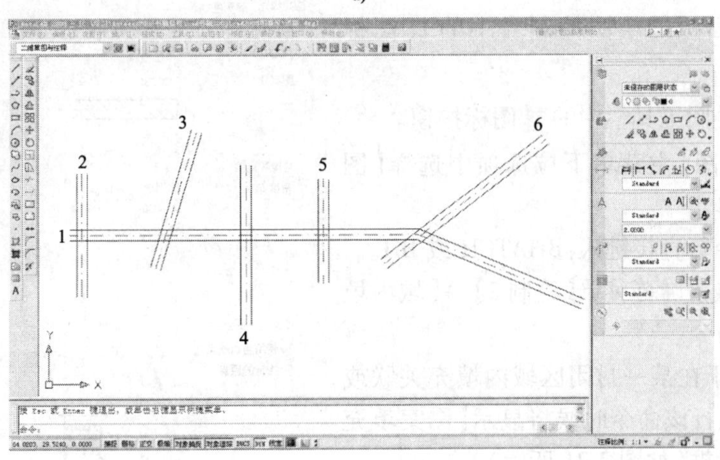

b)

图2-20　用多线命令绘制道路交叉

a）草图；b）完成图

命令：MLEDIT（在对话框中选择相应的命令）

选择第一条多线：（点击直线3）

选择第二条多线：（点击直线1）

选择第一条多线或［放弃(U)］:（回车）

道路1与道路4之间交叉口是道路1与道路4呈“T”形平面交叉。道路1为主干道，道路4为次干道。使用【多线编辑工具】中第二列第二个命令【T形打开】命令，选中确定。命令行如下：

命令：MLEDIT（在对话框中选择相应的命令）

选择第一条多线：（点击直线4）

选择第二条多线：（点击直线1）

选择第一条多线或［放弃(U)］:（回车）

道路1与道路6之间交叉口是道路1与道路6呈“T”形平面交叉。道路1与道路6为同级道路。使用【多线编辑工具】中第二列第三个命令【T形合并】命令，选中确定。命令行如下：

命令：MLEDIT（在对话框中选择相应的命令）

选择第一条多线：（点击直线6）

选择第二条多线：（点击直线1）

选择第一条多线或［放弃(U)］:（回车）

最后的效果样图如图2-20b)所示。

2.3.10 运用图案填充BHATCH绘图

在实际的工程设计制图中，为了区分各个工程构件以及表现对象的材质，以增强图形的可读性，往往使用图案填充命令对图形进行图案填充。

AutoCAD 2008提供了灵活的图案填充与编辑功能，在进行图案填充的时候要注意一点，就是作为边界的对象在当前屏幕上必须全部可见，否则就会产生错误。

BHATCH命令的激活方式有五种：

(1)单击面板的绘图控制台中的图标按钮。

(2)单击绘图工具栏中的图标按钮。

(3)从【绘图】主菜单下拉选项中选择【图案填充】子菜单。

(4)在命令行直接键入:BHATCH或BH。

(5)通过点击屏幕菜单【绘制2】→【域内填充】选项输入命令。

该命令用于在某一封闭区域内填充关联或非关联图案，执行该命令时候将显示【图案填充和渐变色】对话框(如图2-21所示)。

图2-21 【图案填充和渐变色】对话框

1. 设置填充图案特性

填充图案和绘制其他对象一样，尽管用

户选择不同的填充图案，但是这些图案所使用的颜色和线型将使用当前图层的颜色和线型。

2. 定义要填充图案的区域

用户可以利用【图案填充和渐变色】对话框中的【添加:选择对象】按钮来选择要填充图案的一个或若干个对象。此时，这一个或若干个对象必须形成一个或多个封闭的区域，除此之外，还可以利用【图案填充和渐变色】对话框中的【添加:拾取点】按钮，在要填充图案的区域内拾取一个点，然后由系统自动分析图案填充边界。

结束边界定义后，单击鼠标右键，系统将弹出快捷菜单，从中选择确认，表示确认所选边界并返回到【图案填充和渐变色】对话框状态(或直接回车确认)。如单击【预览】，则可以观察图案填充效果；通过其他几个选项，可确定图案填充区域的图案方案。

3. 图案选择和使用

用户在定义了要填充图案的区域之后，即可定义要使用的图案了，用户可以选择三种类型的图案。

(1)预定义:选择已定义在 ACAD. PAT 中的图案。

(2)用户定义:使用当前线型定义的图案。

(3)自定义:选用定义在其他 PAT 文件(不是 ACAD. PAT)中的图案，此时可以通过【图案特性】区中的【自定义图案】指定图案名称。

下面分别进行介绍:

1) 预定义图案选择和设置。

要选定预定义图案，可通过两种方法:

(1)单击【图案】下拉框右侧的【......】按钮打开【填充图案选项板】对话框，从中选择一种。其中【ANSI】中显示所有 AutoCAD 附带的 ANSI 图案；【ISO】中显示所有 AutoCAD 附带的 ISO 图案。【其他预定义】中显示所有 AutoCAD 附带的除 ISO 和 ANSI 之外的其他图案。【自定义】中显示已添加到搜索路径(在【选项】对话框的【文件】选项卡上设置)的自定义 PAT 文件中定义的所有图案。如图 2-22 所示:

(2)单击【样例】图案预览小窗口，此时系统也将打开【填充图案选项板】对话框，对于预定义图案，其参数包括缩放比例和角度，其中缩放比例用于设定放大或缩小图案，角度用于旋转图案。

2) 为用户定义图案设置参数。

要定义一个自定义类型图案，需要为其设定角度、间距和确定是否要选用双向图案，其中【角度】是指直线相对于 X 轴的角度，【间距】用于为用户定义图案设定间距，【双向】选项用于为用户定义图案选用垂直于第一组平行线的第二组平行线，【缩放比例】用于控制图案的密度。

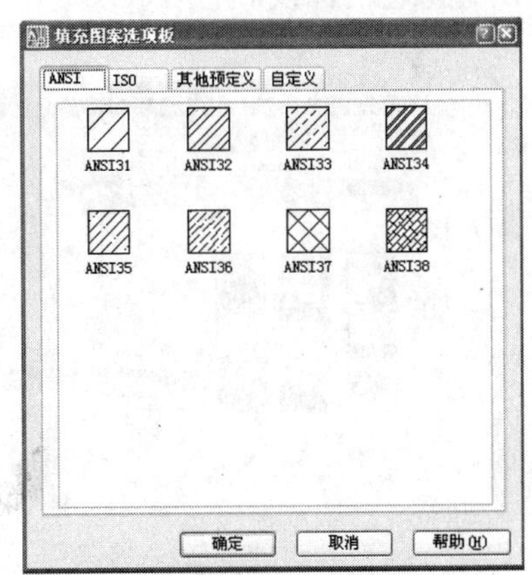

图 2-22 【填充图案选项板】对话框

3) 图案预览和应用。

如果用户在选定图案填充区域后想提前看一下图案设置效果，可单击【图案填充和渐变色】对话框中的【预览】按钮。预览结束后，可单击鼠标右键或按 ESC 键返回【图案填充和渐变色】对话框。调整结束后，可单击【确定】按钮执行图案填充。

4) 控制图案的边界和类型。

当用户在【图案填充和渐变色】对话框中单击 (或者输入“Alt + >”)图标时,对话框将显示如图 2-23 所示。其各个选项的含义如下:

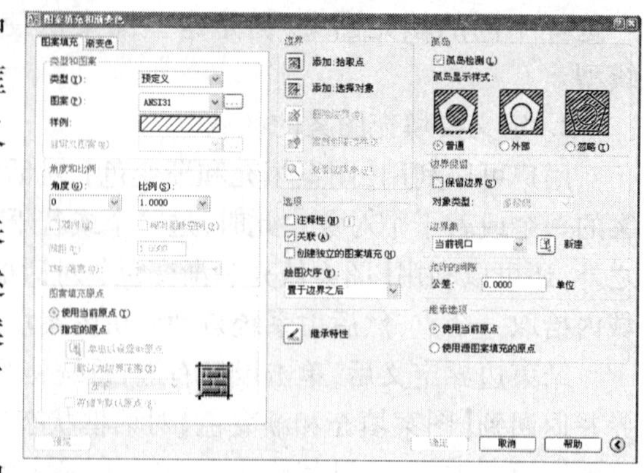

图 2-23 【图案填充和渐变色】更多选项对话框

保留边界:当用户使用 BHATCH 命令来建立图案时,系统建立一些临时多段线来描述边界及孤岛,缺省情况下,系统在创建完图案时自动清除这些多段线,但是如果用户选择了【保留边界】复选框时,则可保留这些多段线。

对象类型:若选择了【保留边界】选项,则本选项无效,用户可在此选择保留对象的类型(多段线或面域)。

定义边界集:该区用于设置通过【拾取点】定义图案填充区域时,BHATCH 命令应如何检查对象,用户可为其定义检查集,从而加快 BHATCH 命令的执行,这对于复杂图形,效果尤其明显。

孤岛检测样式:该选项控制 BHATCH 如何处理孤岛,它有三种选择,即普通(Normal)、外部(Outermost)和忽略(Ignore)。

继承选项:使用“继承特性”创建图案填充时,这些设置将控制图案填充原点的位置,有两种选择:使用当前的图案填充原点设置,使用源图案填充的图案填充原点。

5)使用渐变色填充图形。

当用户在【图案填充和渐变色】对话框中单击【渐变色】选项卡时,系统将显示如图 2-24 所示的对话框。渐变色填充能实现从一种颜色到另一种颜色的平滑过渡。AutoCAD2008 提供了单色与双色两种方案,用户可以在左边单选框选择所需的方案。单击颜色框右边的【...】按钮,可打开如图 2-25 所示的【选择颜色】对话框,从中可以选择所需的颜色(包括真彩色)。如果是单色方案,选中颜色后还可以用颜色框下面的【着色...渐浅】滑动条来调整所选颜色的深浅。

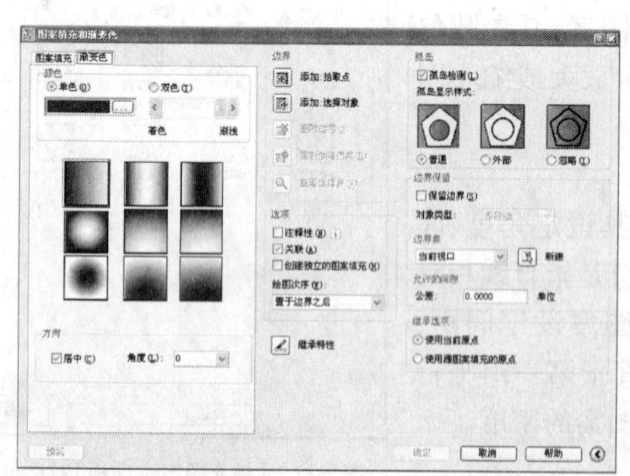

图 2-24 【图案填充和渐变色】对话框

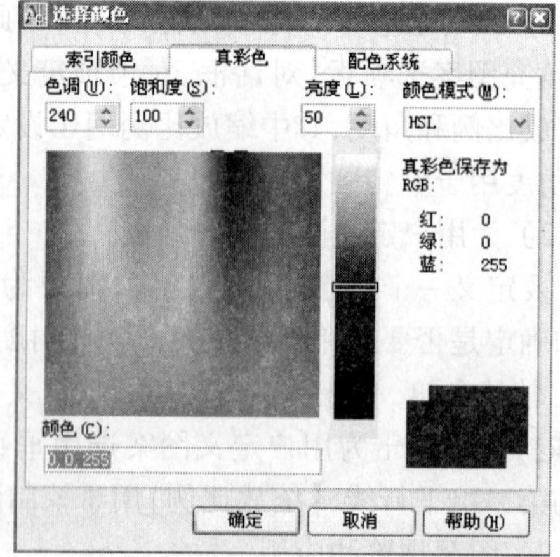

图 2-25 【选择颜色】对话框

【渐变色】选项卡下部显示的是渐变图案,共显示了用于渐变填充的九种固定图案。这些图案分别是线性、圆柱形、反向圆柱形、球形、反向球形、半球形、反向半球形、曲线形、反向曲线形等。

选项卡中的【居中】复选框用于指定对称的渐变配置。如果没有选定此选项，渐变填充将朝左上方变化，创建光源在对象左边的图案。

选项卡中【角度】选框用于指定渐变填充的角度。相对当前 UCS 指定角度。此选项与指定给图案填充的角度互不影响。

用户在命令提示行输入 BHATCH 后，按依次出现的提示对话框进行操作，选取填充图案、选取要填充的图形，可填充出各种图形。下面以如图 2-26a）所示的桥梁布置图为例进行填充：

在命令提示后键入：BHATCH。出现如图 2-23 所示的图案填充和渐变色对话框，选择【AR－CONC】图案，填写比例 0.500，选择填充对象——桥面铺装，确认填充。再选择【ANSI31】使用比例 100.000，选择其他需要填充的部分，确认填充。反复进行上述操作选择，最后会绘制成如图 2-26b）所示的图形。

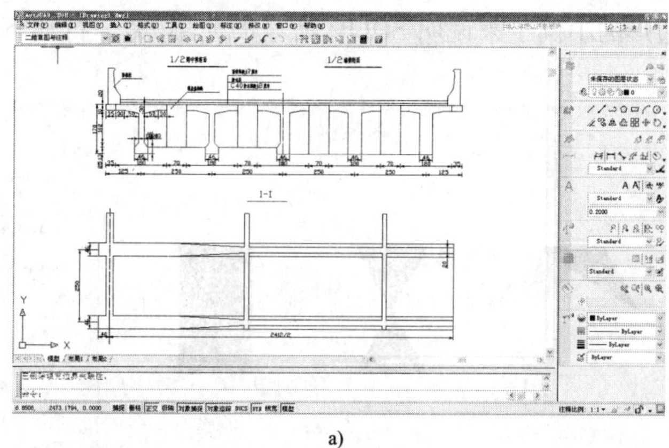

a)

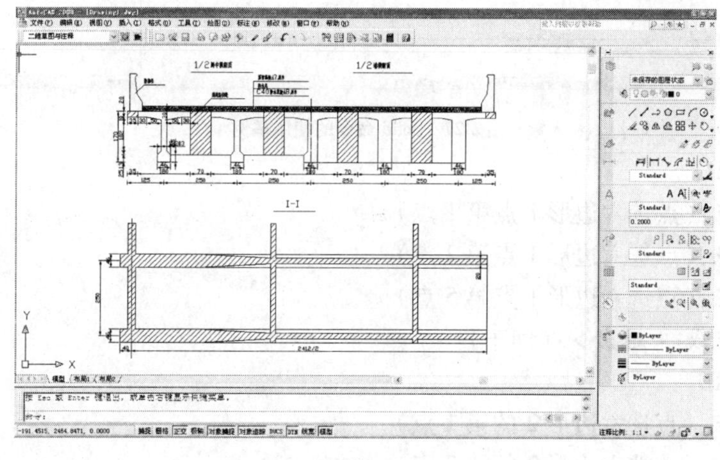

b)

图 2-26 填充桥梁布置图

a）填充之前；b）填充之后

2.4 其他的基本绘图命令简介

2.4.1 创建实心多边形 SOLID

创建实心多边形 SOLID 命令可以实现对输入的任意多边形区域填充，使其成为一个实心区域。

SOLID 命令的激活方式有三种：

(1)从【绘图】主菜单下拉菜单进入【建模】子菜单选择【网格】子菜单选择【二维填充】命令。

(2)在命令行直接键入 SOLID。

(3)通过点击屏幕菜单【绘制 2】→【SOLIDS】选项输入命令。

多边形区域可以看作为由三角形或四边形拼成的，我们可以通过连续定义三角形或四边形的顶点构造复杂的多边形；其中前两点定义多边形的一条边，指定第三点是在第二点的对角方向指定点，在“指定第四点”提示下按 ENTER 键将提示创建一个填充三角形。再依次指定点(4)和点 (5)可以创建一个四边形区域。

所以使用此命令要注意的是：输入顶点的顺序决定填充的区域。若要填充全部区域，实际中常采用 Bhatch 命令。

举几个填充六边形的小例子来说明 SOLID 命令的使用，命令行如下，最后的图形如图 2-27所示。

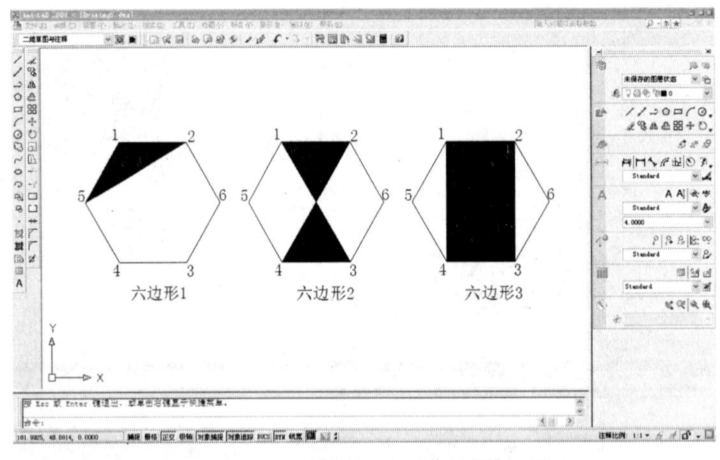

图 2-27 Solid 命令的使用举例

命令：SOLID

指定第一点：(点选六边形 1 点第 1 点)

指定第二点：(点选六边形 1 点第 2 点)

指定第三点：(点选六边形 1 点第 5 点)

指定第四点或 <退出>：(回车)

命令：SOLID

指定第一点：(点选六边形 2 的第 1 点)

指定第二点：(点选六边形 2 的第 2 点)

指定第三点：(点选六边形 2 的第 3 点)

指定第四点或 <退出>：(点选六边形 2 的第 4 点)

指定第三点：(回车)

命令：SOLID

指定第一点：(点选六边形 3 的第 1 点)

指定第二点：(点选六边形 3 的第 2 点)

指定第三点：(点选六边形 3 的第 4 点)

指定第四点或 <退出>:(点选六边形3的第3点)

指定第三点:(回车)

2.4.2 编辑多段线和三维多边形网格 PEDIT

PEDIT命令是对于用PLINE命令画出的多段线的专门编辑命令。我们可以通过闭合和打开多段线,以及移动、增加或清除单个顶点来编辑多段线。可以在任何两个顶点之间拉直多段线,也可以切换线型以便使每个顶点前或后显示虚线。可以为整个多段线设置统一的宽度,也可以分别控制各个线段的宽度,还能通过多段线创建样条曲线的线性近似值。此外,PEDIT还可以编辑三维多边形网格和三维多段线等,在此仅以编辑平面多段线为例。

PEDIT命令的激活方式有三种:

(1)从【修改】主菜单下拉菜单进入【对象】子菜单选择【多段线】命令。

(2)在命令行直接键入PEDIT。

(3)通过点击屏幕菜单【修改1】→【Pedit】选项输入命令。

AutoCAD 2008的多段线编辑命令功能很强,它可以同时编辑多个多段线对象,下面结合图2-28所示的图形进行命令介绍:

1. 用PEDIT命令转换多段线

如图2-28中图一所示,原图为三段不闭和的直线,我们现在把它们转换成多段线,命令步骤如下:

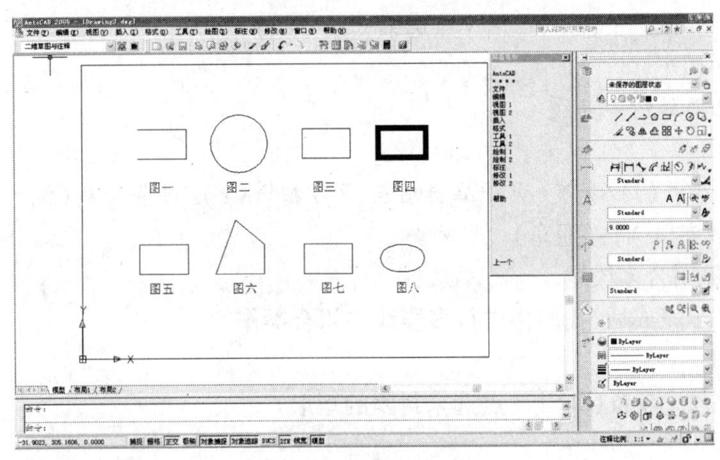

图2-28 多段线编辑举例

命令: PEDIT

选择多段线或[多条(M)]:(点选线段1)

选定的对象不是多段线

是否将其转换为多段线? <Y> Y

输入选项

[闭合(C)/合并(J)/宽度(W)/编辑顶点(E)/拟合(F)/样条曲线(S)/非曲线化(D)/线型生成(L)/放弃(U)]:(回车)

命令: PEDIT

选择多段线或[多条(M)]:(点选线段2)

所选对象不是多段线是否将其转换为多段线? <Y> Y

输入选项

[闭合(C)/合并(J)/宽度(W)/编辑顶点(E)/拟合(F)/样条曲线(S)/非曲线化(D)/线型生成(L)/放弃(U)]:(回车)

命令: PEDIT

选择多段线或[多条(M)]:(点选线段3)

所选对象不是多段线是否将其转换为多段线? <Y> Y

输入选项

[闭合(C)/合并(J)/宽度(W)/编辑顶点(E)/拟合(F)/样条曲线(S)/非曲线化(D)/线型生成(L)/放弃(U)]: (回车)

2. 用 PEDIT 合并多段线

在上述三条多段线生成后,我们要把它们合并成一条多段线,则操作步骤如下:

命令:PEDIT

选择多段线或[多条(M)]:(点选线段1)

输入选项

[闭合(C)/合并(J)/宽度(W)/编辑顶点(E)/拟合(F)/样条曲线(S)/非曲线化(D)/线型生成(L)/放弃(U)]: J

选择对象: 找到 1 个(点选第一段直线)

选择对象: 找到 1 个,总计 2 个(点选第二段直线)

选择对象: 找到 1 个,总计 3 个(点选第三段直线)

选择对象:(回车)

两条线段已添加到多段线

输入选项

[闭合(C)/合并(J)/宽度(W)/编辑顶点(E)/拟合(F)/样条曲线(S)/非曲线化(D)/线型生成(L)/放弃(U)]:(回车)

3. 用 PEDIT 闭合多段线

在上述第2步完成后,我们再进行多段线的闭合操作。

命令:PEDIT

选择多段线或[多条(M)]:(点选未封闭的矩形)

输入选项

[闭合(C)/合并(J)/宽度(W)/编辑顶点(E)/拟合(F)/样条曲线(S)/非曲线化(D)/线型生成(L)/放弃(U)]:C

这样就会形成一个闭合矩形。

需要注意的是 Pedit 的闭合命令对圆是不适用的,也不能改变圆的线宽等参数。

4. 拟合多段线

其中的拟合命令就是在多段线所有的顶点并使用指定的切线方向创建圆弧拟合多段线成为圆滑曲线。例如在以上图形的基础上,再对这个矩形多段线进行拟合则会生成一个新的类圆形多段线。

命令: PEDIT

选择多段线或[多条(M)]:(点选闭合后的矩形多段线)

[打开(O)/合并(J)/宽度(W)/编辑顶点(E)/拟合(F)/样条曲线(S)/非曲线化(D)/

线型生成(L)/放弃(U)]：F

通过上述命令就把矩形拟合成如图 2-28 图二所示的圆形多段线了。

5. 改变多段线的宽度

进入多段线编辑命令提示后，键入“W”响应【Width】项，可根据提示重新设置多段线的宽度，使多段线的各段具有相同的宽度值。以图 2-28 中图三的矩形多段线为例：

命令：PEDIT

选择多段线或［多条(M)］:(选择图三的矩形多段线)

输入选项

［打开(O)/合并(J)/宽度(W)/编辑顶点(E)/拟合(F)/样条曲线(S)/非曲线化(D)/线型生成(L)/放弃(U)］:W

指定所有线段的新宽度：5

则矩形多段线变为如图 2-28 图四所示的图形。

6. 改变多段线的顶点

进入多段线编辑命令提示后，键入“E”响应【Edit vertex】项，可根据提示重新设置多段线的顶点。以图五所示的矩形多段线为例：

命令：PEDIT

选择多段线或［多条(M)］:(选择图五的矩形多段线)

输入选项

［打开(O)/合并(J)/宽度(W)/编辑顶点(E)/拟合(F)/样条曲线(S)/非曲线化(D)/线型生成(L)/放弃(U)］:E

输入顶点编辑选项

［下一个(N)/上一个(P)/打断(B)/插入(I)/移动(M)/重生成(R)/拉直(S)/切向(T)/宽度(W)/退出(X)］<N>:M

指定标记顶点的新位置:(为第一点指定任意的位置)

［下一个(N)/上一个(P)/打断(B)/插入(I)/移动(M)/重生成(R)/拉直(S)/切向(T)/宽度(W)/退出(X)］ <N>:(回车)

则绘出如图 2-28 图六所示的图形。

对于顶点编辑，我们将其中的参数介绍如下：

(1)下一个(N)。

选择【下一个(N)】选项，可以把顶点标记移动到多段线的下一个顶点，即改变当前的编辑顶点。

(2)上一个(P)。

选择该选项，AutoCAD 把当前顶点的小叉标记移动到前一个顶点处，即要编辑的顶点前移。

(3)打断(B)。

删除多段线上指定两顶点之间的线段，选择该选项，AutoCAD 把当前的编辑顶点作为第一端点，并接着提示：

输入选项［下一个(N)/上一个(p)/转至(G)/退出(X)］<N>：

其中【下一个(N)】和【上一个(P)】选项分别使编辑顶点后移或前移，以确定第二个端点【转至(G)】选项接受第二个端点，将位于第一端点到第二端点之间的多段线删除，选择【退出(X)】选项则退出【打断】操作，返回到上一级提示。

(4)插入(I)。

在当前编辑的顶点后面插入一个新的顶点,选择该选项,AutoCAD 接着提示:

指定新顶点的位置:

在该提示下确定新顶点的位置即可。

(5)移动(M)。

在当前的编辑顶点移动到新的位置,选择该选项,AutoCAD 接着提示:

指定标记顶点的新位置:

在该提示下确定新位置即可。

(6)重生成(R)。

该选项用来重新生成多段线,常与选项宽度(W)连用。

(7)拉直(S)。

拉直多段线中位于指定两个顶点之间的线段,执行该选项,AutoCAD 把当前的编辑顶点作为第一拉直端点,并给出如下提示:

输入选项[下一个(N)/上一个(p)/转至(G)/退出(X)]<N>:

其中【下一个(N)】和【上一个(P)】选项用来选择第二个拉直端点,【转至(G)】选项执行对位于两顶点之间的线段的拉直,即这两个顶点之间用一条直线代替,【退出(X)】选项表示退出【拉直】操作,返回到上一级提示。

(8)切向(T)。

改变当前所编辑顶点的切线方向,执行该选项,AutoCAD 提示:

指定顶点切向:

用户可以直接输入表示切线方向的角度值,也可以确定一点,之后 AutoCAD 以多段线上的当前点与该点的连线方向作为切线方向,确定顶点的切线方向后 AutoCAD 用箭头表示出其方向。

(9)宽度(W)。

修改多段线中当前编辑顶点之后的那一条线段的起始宽度和终止宽度,选择该选项,AutoCAD 依次提示:

指定下一线段的起点宽度:

指定下一线段的端点宽度:

用户依次响应后,屏幕上的图形可能不立即改变,需要选择【重生成(R)】选项,才能看到编辑结果。

(10)退出(X)。

退出【编辑顶点】操作,返回到上一级提示。

7. 用样条曲线拟合多段线

可以使用其中的样条曲线来拟合多段线,拟合中使用选定多段线的顶点作为样条曲线的曲线控制点或控制框架。该曲线(称为样条曲线拟合多段线)将通过第一个和最后一个控制点,除非原多段线是闭合的。曲线将会被拉向其他控制点但并不一定通过它们。控制框架特定部分中指定的控制点越多,曲线上这种拉拽的倾向就越大。AutoCAD 可以生成二次或三次样条拟合多段线。

以图 2-28 中图七矩形为例:

命令:PEDIT

选择多段线或[多条(M)]:(选择图七的矩形多段线)

输入选项

[打开(O)/合并(J)/宽度(W)/编辑顶点(E)/拟合(F)/样条曲线(S)/非曲线化(D)/线型生成(L)/放弃(U)]:S

输入选项

[打开(O)/合并(J)/宽度(W)/编辑顶点(E)/拟合(F)/样条曲线(S)/非曲线化(D)/线型生成(L)/放弃(U)]:(回车)

则绘出如图 2-28 图八所示的图形。

8. 其余的选项简介

(1)非曲线化 (D)。

用于删除拟合曲线或样条曲线插入的多余顶点,并拉直多段线的所有线段。保留指定给多段线顶点的切向信息,用于随后的曲线拟合。使用命令(如 BREAK 或 TRIM)编辑样条拟合多段线时不能使用“非曲线化”选项。

(2)线型生成 (L)。

用于生成连续线型通过多段线的顶点。关闭此选项,将在每个顶点处以点划线开始和结束生成线型。“线型生成”不能用于带变宽线段的多段线。

(3)放弃 (U)。

用于撤销操作,可一直返回到 PEDIT 任务的开始状态。

2.4.3 创建多个点对象 POINT 以及块 BLOCK 等功能简介

POINT 命令系统用于在指定位置绘制点、绘制等分点、利用等分点插入块、绘制测量点、利用测量点插入块。

POINT 命令的激活方式有五种:

(1)单击面板的绘图控制台中的图标按钮。

(2)单击绘图工具栏中的图标按钮。

(3)从【绘图】主菜单下拉菜单进入【点】子菜单选择相应的单点或多点等命令。

(4)在命令行直接键入 POINT。

(5)通过点击屏幕菜单【绘制 2】→【点】选项输入命令。

点命令中还有几个要说明的命令如下:

1. 点样式

点击【格式】菜单下的点样式(或直接用 DDPTYPE 命令),弹出【点样式】对话框(如图 2-29 所示),从中选择一种点样式。

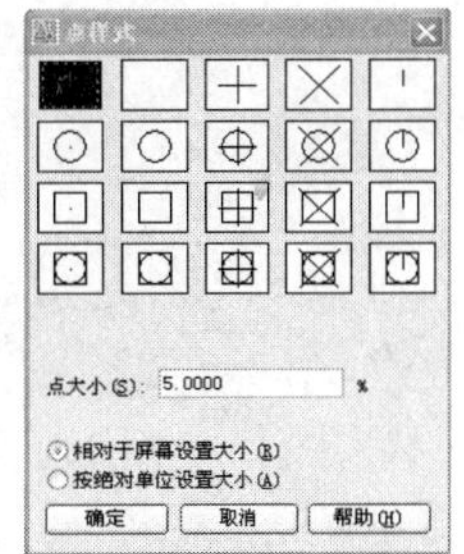

图 2-29 【点样式】对话框

2. 定数等分 DIVIDE 命令

DIVIDE 命令用于将点或块沿对象的长度或周长等间隔排列。DIVIDE 通过沿对象的长度或周长放置点或块,在选定对象上标记相等长度的指定数目。可定数等分的对象包括圆弧、圆、椭圆、椭圆弧、多段线和样条曲线。激活方法为输入 DIVIDE 命令或【绘图】主菜单下进入【点】菜单选择【定数等分】命令。

3. 定距等分 MEASURE 命令

MEASURE 命令用于将点或块在对象上指定间隔处放置,AutoCAD 将标记放置在正在定距等分的对象所处的用户坐标系 (UCS) 中。激活方法为输入 Measure 命令或【绘图】主菜单下进入【点】菜单选择【定距等分】命令。

块 BLOCK 功能是 AutoCAD 图形中的一个重要工具,块对象是由一个或者多个对象组成的,块可以重复使用,多次插入到不同的图形中。块是 AutoCAD 用户有效组织图形和提高绘图效率的工具。块是多个对象的集合,一组对象被组合成块后,用户就可以根据绘图需要将这组对象任意次数插入到图形中指定的位置,而且还可以使用不同的比例和旋转角度。块是可组合起来形成单个对象(或称为块定义)的对象集合。可以在图形中对块进行插入、比例缩放和旋转等操作,还可以将块分解为组成对象并且修改这些对象,然后重定义这个块。AutoCAD 会根据块定义更新该块的所有引用。

要使用块,首先要定义块。一般在命令行中输入 Block 命令或点击面板绘图工具栏中的图标,就会弹出如图 2-30 所示的对话框,首先用鼠标在屏幕上点取块的基点 X、Y、Z,然后用鼠标框选需要作为块的图形,最后给块命名,按确定按钮结束块的定义。

图 2-30 【块定义】对话框

如果需要在其他的图形中使用当前图形的块,需要将其以文件的形式保存下来。

命令是 WBLOCK,使得块也可以用在其他的图形中。

调用 WBLOCK 命令,AutoCAD 弹出如图 2-31 所示的【写块】对话框。

创建了块或者将块保存到文件以后,就可以将块插入到图形中了。

命令:INSERT(或点击绘图工具栏中的图标,调用插入块命令,AutoCAD 弹出如图 2-32所示的【插入】对话框)。

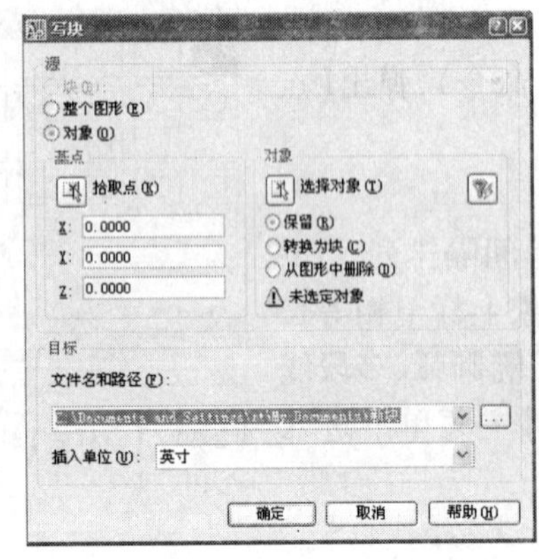

图 2-31 【写块】对话框

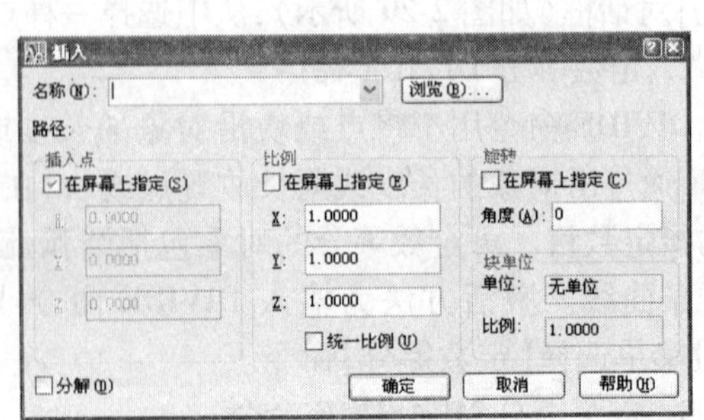

图 2-32 【插入】对话框

该对话框中各个选项的含义如下:

(1)名称。

指定要插入的块或者图形的名称，单击下三角按钮，可以从当前图形的已有块列表中选择要插入的块，而单击【浏览】按钮，用户可以通过弹出的对话框指定要插入到当前图形的图形文件。

(2)插入点。

该选项区域用于设置块的插入点，用户可以直接在X、Y、Z文本框中输入插入点的坐标；也可以选中【在屏幕上指定】的复选框，之后在屏幕上指定插入点。

(3)比例。

该选项区域用于设置块的插入比例，拥护可直接在X、Y、Z文本框中输入块在3个方向的比例，也可以选中【在屏幕上指定】复选框，之后当插入块时，在屏幕上指定比例。

如果选中【统一比例】复选框，则所插入的块在X、Y、Z的3个方向的插入比例相同，这时Y、Z文本框低亮度显示，只需在X文本框中输入比例值即可。

(4)统一比例。

为X、Y和Z坐标指定单一的比例值。为X指定的值也反映在Y和Z的值中。

(5)旋转。

该选项区域用于设置块插入时的旋转角度。用户可直接在【角度】文本框中输入角度值；也可以选中【在屏幕上指定】复选框，之后在屏幕上指定旋转角度。

(6)分解。

该复选框用于设置是否将插入的块分解成各个独立对象。

(7)块单位。

显示有关块单位的信息。【单位】文本框中指定插入块的图形单位值。【比例】文本框显示单位比例因子，该比例因子是根据块的单位值和图形单位计算的。

下面用以上的点命令和块命令作以下的图形来说明其使用方法。

首先用定数等分Divide，把一长度为1500的直线分成等距离的3份(此时点样式已经设定)。结果如图2-31直线1所示：

命令：DIVIDE

选择要定数等分的对象：(点选直线)

输入线段数目或［块(B)］:3

用定数等分DIVIDE，把以椅子chair的块插入直线，以500为间距。结果如图2-33直线2所示：

命令：DIVIDE

选择要定数等分的对象：(点选直线)

输入线段数目或［块(B)］:B

输入要插入的块名:chair(事先作好的块，保存为文件chair. dwg)

是否对齐块和对象？［是(Y)/否(N)］<Y>:(回车)

输入线段数目:3

先用定距等分MEASURE，把一长度为1500的直线分成等距离的3份(此时点样式已经设定)。结果如图2-33直线3所示：

命令:MEASURE

选择要定距等分的对象:(点选直线)

指定线段长度或［块(B)］:500

用定数等分 MEASURE,把以花盆 Flowerpot 的块插入直线,以 500 为间距。结果如图 2-33直线 4 所示:

命令:MEASURE

选择要定距等分的对象:(点选直线)

指定线段长度或［块(B)］:B

输入要插入的块名:chair(事先作好的块,保存为文件 chair. dwg)

是否对齐块和对象?［是(Y)/否(N)］ <Y>:(回车)

指定线段长度:500

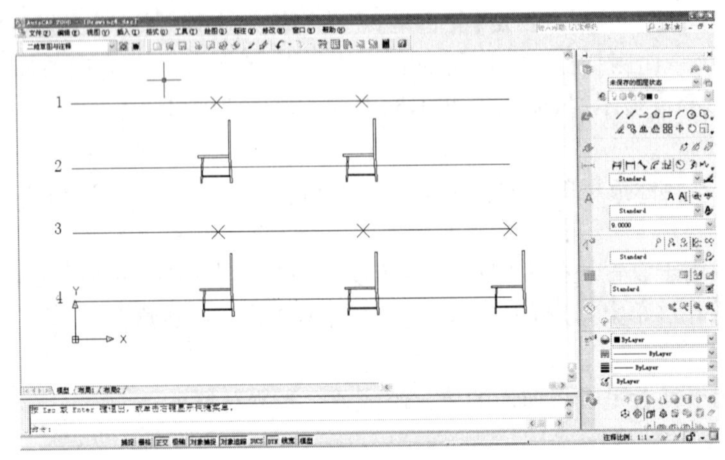

图 2-33　定数等分和定距等分的绘图举例

2.4.4　面域命令

面域是以封闭边界创建的二维封闭区域。边界可以是一条曲线或一系列相连的曲线,组成边界的对象可以是直线、多线段、圆、椭圆、椭圆弧、样条曲线、三维面、宽线或实体,这些对象或者是自动封闭的,或者与其他对象有公共端点从而形成封闭的区域,但它们必须共面,即在同一个平面上。可以由多个自封闭的对象或者端点相连构成封闭的对象创建多个面域,如果边界对象内部相交,就不能生成面域(例如,相交的圆弧或自交的曲线),可以分解诸如三维多段线和网格之类的对象,并将其转换为面域,不能通过非闭合对象内部相交构成的闭合区域构造面域(例如,相交的圆弧或自交的曲线)。

创建面域可以有两种不同的方式:将包含封闭区域的对象转换为面域对象 REGION 命令和从封闭区域创建面域或多段线 BOUNDARY 命令

1. REGION 命令的激活方式有五种:

(1)单击面板绘图控制台中的图标按钮。

(2)单击绘图工具栏中的图标按钮。

(3)从【绘图】主菜单下拉菜单选择【面域】命令。

(4)在命令行直接键入 REGION 或 REG。

(5)通过点击屏幕菜单【绘制 2】→【面域】选项输入命令。

使用方法为:用以上任一种方法执行 REGION 命令,根据提示选择对象(必须是封闭环)，回车确认来创建对象。

2. BOUNDARY 命令的激活方式

(1)从【绘图】主菜单下拉菜单选择【边界】命令。

(2)在命令行直接键入 BOUNDARY。

(3)通过点击屏幕菜单【绘图 2】→【边界】选项输入命令。

执行 BOUNDARY 命令后系统将打开图 2-34 所示的【边界创建】对话框。如果用户在【边界创建】对话框中将【对象类型】设置为面域，单击【拾取点】按钮至绘图窗口，在要创建的面域的区域内单击，系统自动分析边界，按回车结束点选取，系统将给出创建面域提示信息，即可创建面域。

图 2-34 利用【边界创建】对话框创建面域

3. 其他几个和面域操作关系紧密的命令

(1)并集(UNION)。

并集是指两个或多个面域合并成为一个单独面域，而且合并前面域的位置没有关系，执行面域合并的命令可以输入 UNION 或下拉菜单【修改】→【实体编辑】→【并集】。

(2)差集(SUBTRACT)。

面域求差是指从一个面域中减去另一个面域。此命令在计算中空实体特性的时候经常使用。激活方式可以直接输入 SUBTRACT 或下拉主菜单【修改】→【实体编辑】→【差集】。

(3)交集(INTERSECT)。

面域交集操作是指从两个或两个以上面域中抽取其重叠部分的操作。激活方式可以直接输入 INTERSECT 或下拉主菜单【修改】→【实体编辑】→【交集】。

使用面域操作还可以给面域填充图案和着色，从而进一步结合查询命令可以分析面域的几何特性(如面积)和物理特性(如质心、惯性矩等)，所以在结构分析中也经常用到。

下面我们以箱形截面的梁横断面的面域操为例来说明面域操作的基本过程(如图 2-35 所示)。

先用 REGION 命令对如图 2-35 中图一所示外轮廓线包围的区域进行面域操作：

命令：REGION

选择对象：找到 1 个(选择外轮廓线)

选择对象：(回车)

已提取 1 个环。

已创建 1 个面域。

再用 BOUNDARY 命令对图中的内轮廓线包围的区域进行面域操作：

命令：BOUNDARY(在【边界创建】对话框中将【对象类型】设置为面域，单击【拾取点】按钮至绘图窗口，在要创建的面域的区域内单击)

选择内部点：正在选择所有对象...

正在选择所有可见对象...

正在分析所选数据...

正在分析内部孤岛...

选择内部点：(在要创建的面域的区域内单击)

已提取 1 个环。

已创建 1 个面域。

BOUNDARY 已创建 1 个面域

最后用 SUBTRACT 命令,将外轮廓线包围的面域减去内轮廓线包围的面域,形成实际混凝土的面域,以便进一步的特性查询。

命令:SUBTRACT

选择要从中减去的实体或面域...(点击外轮廓线)

选择对象:找到 1 个

选择对象:

选择要减去的实体或面域 ...(点击内轮廓线)

选择对象:找到 1 个

最后得到如图 2-35 图二所示的中空的面域效果。

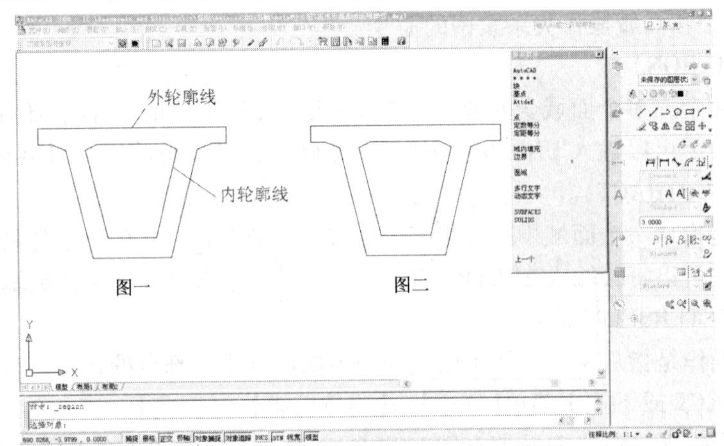

图 2-35 中空箱形梁截面的面域操作

2.4.5 创建非一致有理 B 样条曲线 SPLINE

样条曲线是一种通过或者接近指定点的拟合曲线,在 AutoCAD 中,样条曲线的类型是非均匀有理 B 样条,这种类型的曲线适宜于表达具有不规则变化曲率半径的曲线,例如,地形外貌轮廓线等。样条曲线是经过一系列给定点的光滑曲线。AutoCAD 使用的是一种称为非均匀有理 B 样条曲线(Nurbs)的特殊曲线。Nurbs 曲线可在控制点之间产生一条光滑的曲线。样条曲线适用于创建形状不规则的曲线,例如汽车设计或地理信息系统(GIS)所涉及的曲线。

SPLINE 命令的激活方式有五种:

(1)单击面板中绘图控制台中的 ~ 图标按钮。

(2)单击绘图工具栏中的 ~ 图标按钮。

(3)从【绘图】主菜单下拉菜单选择【样条曲线】命令。

(4)在命令行直接键入 SPLINE 或 SPL。

(5)通过点击屏幕菜单【绘制 1】→【样条曲线】选项输入命令。

通过对曲线路径上的一系列点进行平滑拟合,可以创建样条曲线。进行二维制图或三维建模时,用这种方法创建的曲线边界远比多段线精确。

绘制样条曲线的步骤如下:

输入 SPLINE 命令后提示:

指定第一点或[对象(O)]:

其中对象(O)是指用样条曲线拟合的多段线转换为样条曲线,其作用类似与2.4.2节所说的样条曲线拟合分命令。输入样条曲线的第一点后,提示:

指定下一点:

接着输入另一点后提示:

指定下一点或[闭合(C)/拟合公差(F)]<起点切向>:

指定下一点:

在此提示下继续输入样条曲线的另一点,输入完毕后回车,提示:

输入起点切向:

你可通过输入数值或拖曳鼠标来调整样条曲线的形状,然后单击左键,AutoCAD提示:

输入终点切向:

输入终点切向后即可得到指定条件下的样条曲线。

1. 闭合(C)

绘制封闭样条曲线,当输入若干个点后执行此选项,则表示绘制封闭的样条曲线,执行此选项后AutoCAD提示:

确定切向:

确定切向后即可得到一条封闭的样条曲线。

2. 拟合公差(F)

给定拟合公差的样条曲线,给定拟合公差时,所绘制的样条曲线不一定会通过各个输入点,但总是过起始点和终止点,这一点请一定要注意。

例如(如图2-36所示),Spline命令序列,依次选中5个点,来绘制一条样条曲线($F=0$):

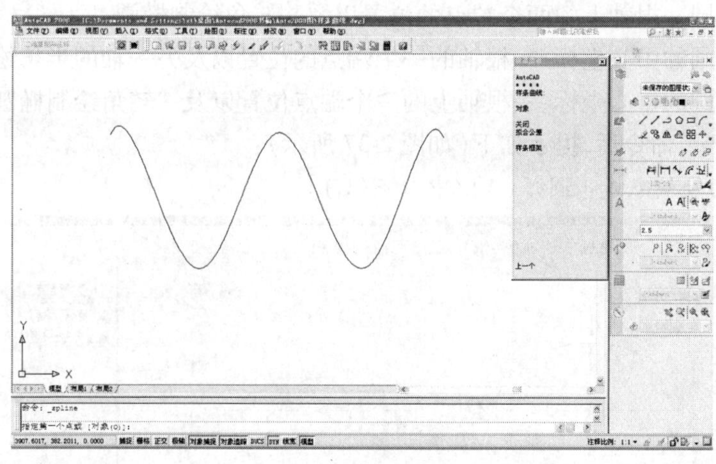

图2-36　绘制样条曲线

2.4.6　创建单向无限长的线RAY

射线类似于参照线,但射线的特点是以指定点为起点,向某一方向无限延长。如果需要一条仅在一个方向上扩展的线的话,用射线就比较好,画射线的命令RAY是绘制以定点为起始点,且在单方向无限延长的直线。

RAY命令的激活方式有三种:

(1)从【绘图】主菜单下拉菜单选择【射线】命令。

(2)在命令行直接键入 RAY。

(3)通过点击屏幕菜单【绘制 1】→【射线】选项输入命令

操作格式:用以上任一方式输入 Ray 命令,AutoCAD 提示:

指定起点:

输入点后提示:

指定通过点:

输入点后则绘出通过该两点的射线。

2.4.7 创建椭圆或椭圆弧 ELLIPSE

画椭圆命令 ELLIPSE 可以创建完整的椭圆或椭圆弧,两者都是椭圆的精确数学表示形式。

ELLIPSE 命令的激活方式有五种:

(1)单击面板中绘图控制台中的 图标按钮。

(2)单击绘图工具栏中的 图标按钮。

(3)从【绘图】主菜单下拉菜单选择【椭圆】菜单选择相应的命令。

(4)在命令行直接键入 ELLIPSE 或 EL。

(5)通过点击屏幕菜单【绘制 1】→【椭圆】选项输入命令

1)绘制椭圆的缺省方法是指定第一个轴的端点和距离,此距离是第二个轴的长度的一半。在椭圆中,较长的轴称为长轴,较短的轴称为短轴。长轴和短轴与定义轴的次序无关。绘制椭圆有以下四种方法:

(1)根据椭圆某一轴上的两个端点的位置以及另一轴的半长绘椭圆。

(2)根据椭圆一根轴上的两个端点的位置以及一转角绘制椭圆。

(3)根据椭圆的中心坐标、一根轴的一个端点的位置以及另一轴的半长绘制椭圆。

(4)根据椭圆的中心坐标、一根轴上的一个端点位置以及一转角绘制椭圆。

输入 ELLIPSE 命令后,提示如下(如图 2-37 所示):

指定椭圆的轴端点或[圆弧(A)/中心点(C)]:

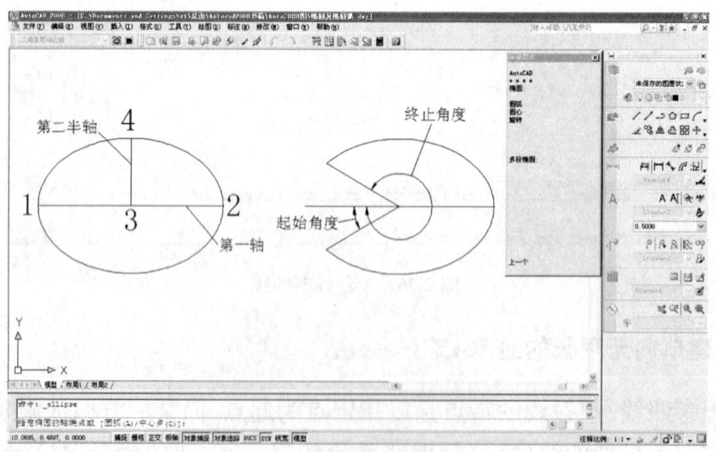

图 2-37 椭圆和椭圆弧绘制说明

其中:

(1)默认的是指定椭圆的一轴的端点,用户输入此端点坐标或点选指定后,程序提示：

指定轴的另一个端点：

用户再用上述的方法可以这一轴的另外一个端点，从而指定了椭圆的一个轴。接着程序又会提示：

指定另一条半轴长度或［旋转(R)］：

用户可以按默认输入椭圆另外半轴的长度，则完成椭圆输入。或者选择输入 R，程序提示：

指定绕长轴旋转的角度：

此时用户输入角度，即通过绕第一条轴旋转定义椭圆的长短轴之比。该值(从0°～89.4°)越大，短轴对长轴的比例就越大。输入 0 则定义一个圆。从而完成椭圆绘制。

(2)如输入 C，以表示输入中心点来定义椭圆。程序提示：

指定椭圆的中心点：

用户可以输入坐标或点选指定椭圆中心点，程序再提示：

指定轴的端点：

用户指定第一轴一端点后，椭圆第一轴自动生成，后面同(1)的介绍输入椭圆。

2）绘制椭圆弧相当于先绘好椭圆后，再在其基础上确定圆弧的特性来定义圆弧(如图2-37 所示)。

输入方法就是在以上说明中输入 A，以响应圆弧命令，输入后程序提示：

指定椭圆弧的轴端点或［中心点(C)］：

紧接的操作同椭圆绘制，也有 4 种方法确定椭圆，在绘制好椭圆后，程序提示：

指定起始角度或［参数(P)］：

其中起始角度用于定义椭圆弧的第一端点。“起始角度”选项用于从“参数”模式切换到“角度”模式。所处的模式决定了 AutoCAD 如何计算椭圆。需要同样的输入作为“起始角度”，但通过以下矢量参数方程式创建椭圆弧：

$p(u) = c + a * \cos(u) + b * \sin(u)$

其中，c 是椭圆的中心点，a 和 b 分别是椭圆的长轴和短轴。

当用户输入起始角度后，程序提示：

指定终止角度或［参数(P)/包含角度(I)］

其中，终止角度与起始角度相对，参数同以上说明，包含角度是圆弧起始角与终止角之间的夹角。输入相应的值完成圆弧的定义。

2.4.8 创建由连续圆弧组成的多段线以构成云线 REVCLOUD

绘制云线是能将封闭的图形对象转换为云线形或直接用修订云线来创建云线形。

REVCLOUD 命令的激活方式主要有以下四种：

(1)单击面板中绘图控制台中的图标按钮。

(2)单击绘图工具栏中的图标按钮。

(3)从【绘图】主菜单下拉菜单选择【修订云线】菜单命令。

(4)在命令行直接键入 REVCLOUD。

通过以上方式输入 REVCLOUD 命令后，程序提示如下：

最小弧长：0.5000 最大弧长：0.5000

指定起点或［弧长(A)/对象(O)/样式(S)］<对象>：

程序首先提醒默认的弧长最小值和最大值。弧长的最大值不能超过最小值的三倍。用户可以以默认值进行云线修订与绘制。

弧长：该选项用于设置修订云线中圆弧的最大长度和最小长度。更改弧长时，可以创建具有手绘外观的修订云线。用户可以在命令行中以“A”来响应弧长，此时程序提示如下

指定起点或［弧长(A)/对象(O)/样式(S)］<对象>：A

指定最小弧长 <0.5000>：(指定最小弧长)

指定最大弧长 <0.5000>：(指定最大弧长)

指定起点或［对象(O)］<对象>：

程序提示用户依次输入新的最小和最大弧长，指定后程序回到云线输入状态，用户可以选择直接用鼠标创建云线或响应对象命令

对象：该选项用于将闭合对象(圆、椭圆、闭合的多段线或样条曲线)转换为修订云线。甚至可以创建外观一致的修订云线。输入“O”以响应对象如下：

指定起点或［弧长(A)/对象(O)/样式(S)］<对象>：O

选择对象：(选择需要修订的封闭图形)

反转方向［是(Y)/否(N)］<否>：(选择是否反转弧线方向，若选择 N，则圆弧方向向外；若选择 Y，则圆弧方向向内)

修订云线完成。

样式：指定修订云线的样式，包括【普通】和【手绘】两种样式。

在绘制过程中还需要注意：按 ENTER 键可以在绘制修订云线的过程中终止执行 REVCLOUD 命令。这将生成开放的修订云线。不能使用 ESC 键(其作用为取消)；打开“正交”或“对象追踪”后，可以跟踪修订云线的矩形路径

如图 2-38 所示为几种云线绘制方法的不同效果：

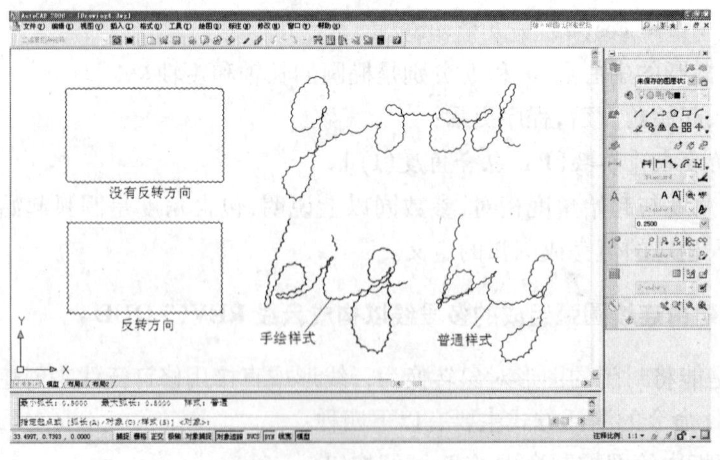

图 2-38 修订云线举例

2.5 小结

本章主要内容总结如下：

• 介绍 AutoCAD 中文件的新建(NEW 或使用组合键 Ctrl + N),打开已有文件的命令(OPEN 或使用组合键 Ctrl + O),以及文件的保存(SAVE 或直接点击主菜单【文件】中【保存】(【另存为】)选项,还可以使用组合键 Ctrl + S),AutoCAD 的退出(QUIT 或在【文件】主菜单中选择【退出】选项,还可使用组合键 Ctrl + Q)。

• 介绍 AutoCAD 中绘图的基本命令、激活方式及各个命令提示行中各项的含义并举例说明,绘图过程中应该注意的问题及绘图技巧。绘图过程中常用的命令有直线(LINE)、构造线(XLINE)、多段线(PLINE)、正多边形(POLYGON)、矩形(RECTANG)、圆弧(ARC)、圆(CIRCLE)、圆环(DONUT)、多线(MLINE,多用于道路绘图)、图案填充(BHATCH),其他的包括绘制实心多边形(SOLID)、编辑多段线和三维多边形网格(PEDIT)、创建点对象(POINT)及块(BLOCK)功能简介、创建面域(REGION)和从封闭区域创建面域或多段线(BOUNDARY)、绘制样条曲线(SPLINE)、绘射线(RAY)、椭圆或椭圆弧(ELLIPSE)、云线(REVCLOUD)。记住一些常用的命令输入方式,从而提高绘图速度。

• 任何复杂的图形都是由简单的点、线、面等基本元素组成的,只有熟练掌握这些基本元素的绘图方法和技巧,才能方便快捷地创建出各种复杂的图形。

第 2 篇　提高与熟练

本篇主要介绍 AutoCAD2008 的高级处理、操作技巧及复杂命令组合等内容，通过该部分学习让读者进一步熟练掌握 AutoCAD2008，从而能够绘制工程领域中大部分的二维工程图。

第 3 章　高级绘图技巧

3.1　快速绘图的基本操作

3.1.1　透明命令

透明命令允许在另一条命令的运行期间执行。当透明命令执行完毕，AutoCAD 则会继续运行当前被悬挂的命令。目前最为常用的透明命令有：

'HELP（帮助）

'SETVAR（设置系统变量）

'REDRAW（重画）

'REDRAWALL（重画所有视窗）

'ZOOM（缩放）

'PAN（平移）

'VIEW（视图操作）

'GRID（栅格）

'DDRMODES（草图设置对话框）

'DDLMODES（图层控制对话框）

应当注意，使用时必须在透明命令名前加上一个单撇号“'”。

譬如，你正在用 CIRCLE 命令画圆时，突然想了解有关它的具体使用格式，此刻不必从中退出命令，只要在当前任意的提示信息下键入'HELP 即可。其详细的操作过程如下：

命令：CIRCLE

指定圆的圆心或[三点(3P)/两点(2P)/相切、相切、半径(T)]：'HELP

...（帮助窗口弹出并显示出有关圆命令的帮助信息）...

正在恢复执行 CIRCLE 命令。

指定圆的圆心或［三点(3P)/两点(2P)/相切、相切、半径(T)］:30,30

除 HELP 外，透明地使用 SETVAR 或者 ZOOM、PAN、GRID、VIEW 等命令，也将给绘图编辑带来极大的方便。

3.1.2 MULTIPLE—命令重复修饰词

我们知道,在【命令】提示下打入 ENTER 键或空格键,将能重复执行上一条命令。但若你想要画一簇圆或直线组时,则必须多次重复键入 ENTER。这是很麻烦的动作。

MULTIPLE 命令可帮助你解决上述问题。若它放在任意一条图元绘制、编辑或查询等命令之前,就会自动重复这条命令,一直到输入 Crtl C(或 ESC)为止。例如:

命令: MULTIPLE CIRCLE

指定圆的圆心或[三点(3P)/两点(2P)/相切、相切、半径(T)]: 5,5

指定圆的半径或[直径(D)]<10>: 10

指定圆的圆心或[三点(3P)/两点(2P)/相切、相切、半径(T)]: 5,5

指定圆的半径或[直径(D)]<10>: 20

...

此时就能容易地画出一连串的同心圆。

MULTIPLE 命令不发出任何提示,并只放在另一条命令前面使用,所示我们称它为命令修饰词。

3.2 如何精确绘图

为了掌握好 AutoCAD 精确绘图的步骤,用户应该弄清楚下面几个基本概念及其相互关系。

3.2.1 坐标系、绘图单位和窗口

AutoCAD 采用笛卡儿(直角)右手坐标系来确定图中点的位置。X 坐标表示水平距离,Y 坐标表示垂直距离。原点(0, 0)一般位于屏幕的左下角。Z 轴垂直于屏幕平面。

两个坐标点之间的距离以绘图单位(Drawing units)来度量,它本身是无量纲的。但在用户绘图时,也能将绘图单位视为绘制对象的实际单位,如毫米、英寸、米或公里等。一旦图形完成,便可指定合适的比例因子用绘图机输出。(手工绘图与之相反,需先确定比例然后再作图)

窗口(Window)规定为一个矩形区域。图形屏幕当作【窗口】使用,通过它用户可看到图的全部或一部分,并能作任意的缩放和平移。值得注意的是,窗口操作不会改变图的绝对尺寸及其比例,只是屏幕显示发生变化。

最终图形要绘制在图纸上,以配合制造施工使用。图纸有一定的实际尺寸,单位为毫米或英寸,常用规格 A5 ~ A0(即 5 ~ 0 号图纸)。例如 A0 尺寸为 1165mm × 817mm。

假定现在我们要绘制一张实际大小为 4000m × 3000m 的居民小区布局图。

手工制图需要在大小确定的图纸上进行,所以,必须首先选好绘图比例,才能知道需用的图纸大小。与之相反,AutoCAD 可以在任意大小的屏幕坐标系上绘图,最后才通过绘图机输出图形到图纸上。因此,用户必须改变旧的制图习惯,首先要用 LIMITS 命令设置好绘图极限范围,即等于或大于绘制的整图的绝对尺寸(具体介绍见后面的小节)。最后在用 PLOT 命令出图时,再按照预选的图纸规格来设定绘图比例,或者按要求的绘图比例来选定图纸规格。

3.2.2 设置绘图区域和选择单位制

1. 绘图极限范围(LIMITS)

这是指绘图采用的坐标系大小,以绘图单位表示。用 LIMITS(绘图极限)命令来设置绘图极限范围,一般应等于或大于你的整图的绝对尺寸。

LIMITS 命令可以改变栅格覆盖的屏幕面积,但它不影响当前的屏幕显示。LIMITS 命令的格式如下。这里假定要设置一张 4000 × 3000 大小的图,其物理单位为米(也可假想成任意其他单位):

命令:LIMITS

重新设置模型空间界限:

指定左下角点或[开(ON)/关(OFF)] <0.0000,0.0000>:回车

指定右上角点 <420.0000,297.0000>:4000,3000

这里左下角和右上角分别为(0, 0)和(4000, 3000)。若先键入【ON】,则打开绘图极限检查,可帮助用户防止在【图外】绘图。

对于模型空间和图纸空间,LIMITS 命令一般可以规定当前图形极限(边界)和控制对极限的检查。

世界坐标系的绘图极限是用一对二维点表示左下角点和右上角点,以绘图单位表示。对 Z 方向没有极限。

2. 选择单位制(DDUNITS)

在绘图过程中,用户可以临时修改长度单位和角度格式。除早期的 UNITS 命令外,AutoCAD 还提供了通过对话框设置单位制的命令,极大地方便了用户操作。如今,用户也能直观地使用长度单位 LUNITS,长度精度 LUPREC,角度单位 AUNITS,角度精度 AUPREC,零角度方向 ANGBASE 和角度方向 ANGDIR 等系统变量。

为了选择单位制,要键入如下的 DDUNITS 命令:

命令:DDUNITS

于是 AutoCAD 显示出如图 3-1 所示的【图形单位】对话框:

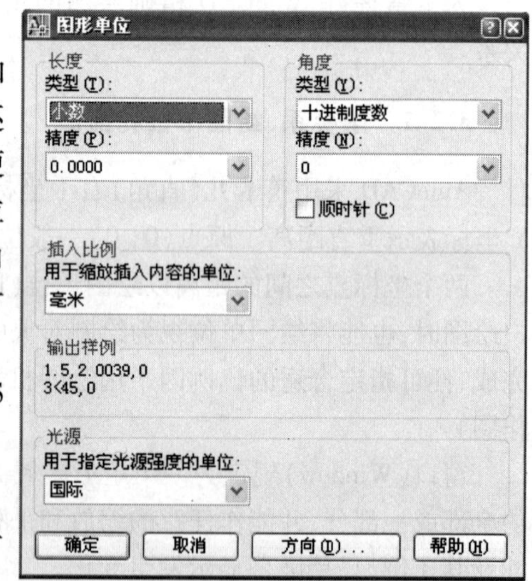

图 3-1 【图形单位】对话框

1) 长度区

从中用户可以选择想要的长度类型和精度。类型列表中显示了当前所选长度类型,用户点击下拉框选择所需的长度类型。精度列表显示了当前所选长度格式的默认精度。要修改此值,可从精度列表中拾取所需精度即可。

长度类型中有:【分数】、【工程】、【建筑】、【科学】和【小数】等几种。【工程】和【建筑】格式以英尺、英寸方式显示:这些格式假定一个绘图单位表示一英寸。而其他格式不作如此约定,并可以用来表示任何想要的真实世界单位制。

2) 角度区

角度区允许用户设置图形的测量角度的类型和精度值。用户可以相应地设置角度类型

为【百分度】、【度/分/秒】、【弧度】、【勘测单位】和【十进制度数】等几种形式。

3）光源

用于指定光源强度的单位，有【国际】、【美国】、【常规】等几种形式。

4）方向

要控制角度的方向，可拾取【方向】按钮来显示方向控制子对话框（如图3-2所示）。这个对话框允许你设置当前角度测量值的方向。AutoCAD一般假定0°方向指向右（东或3点钟），而且以逆时针方向增加角度。这是一种默认方式。

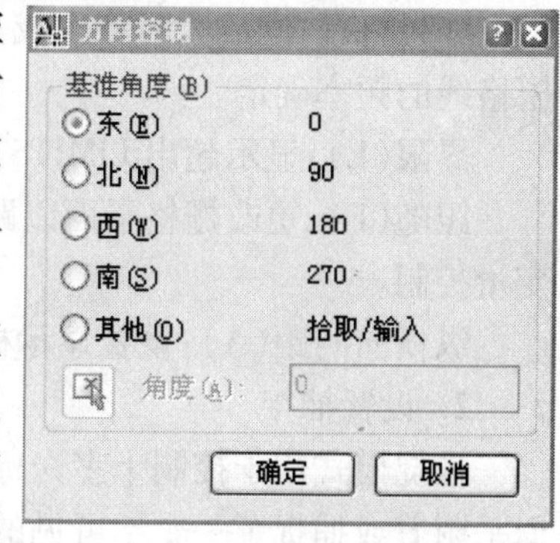

图3-2 【方向控制】子对话框

当前方向角度测量值的设置反映到方向控制子对话框中的East（东）、North（北）、West（西）和South（南）单选按钮的标记上（如图3-2所示）。为了指定与它们都不相同的方向，可拾取Other（其他）按钮。这将激活Pick（拾取）按钮和角度编辑框，可以让你通过在图形区拾取两个点或者在角度编辑框内输入角度测量值来指定角度。你也可以在逆时针方向和顺时针方向单选按钮中进行选择。

当然，用户也可以命令行上也可使用UNITS以及LUNITS等命令选择单位制。

3.2.3 利用栅格、捕捉和正交辅助精确定位

当用户绘制初始对象时，只能通过移动光标和输入坐标的方法来定位，但是，用户在使用光标定位时很难精确地指定某一位置，总存在或多或少的误差。所以必须能够有一些其他方法来辅助光标定位。因此，系统为用户提供了栅格、捕捉和正交辅助绘图功能。

1. 显示栅格

栅格是由点构成的图案，显示在图形界限内。使用栅格就像是在图形下放置一张坐标纸。利用栅格可以对齐对象并直观显示对象之间的间距。可以在运行其他命令的过程中打开和关闭栅格。输出图纸时不能打印栅格。用户可以通过单击状态条中【栅格】按钮来打开及关闭栅格显示，也可以在命令行输入GRID。

执行GRID命令的提示如下：

命令：GRID

指定栅格间距（X）或［开(ON)/关(OFF)/捕捉(S)/主(M)/自适应(D)/界限(L)/跟随(F)/纵横向间距(A)］<10.0000>：

各选项意义如下：

栅格间距X：缺省选项，用于设置栅格间距，如果其后跟X，则用捕捉增量（它控制光标移动间隔）的倍数来设置栅格。

开(ON)：打开栅格显示（按F7）。

关(OFF)：关闭栅格显示（再次按F7）。

捕捉(S)：设置显示栅格间距等于捕捉间距。

主(M)：即主栅格线，用于指定主栅格线与次栅格线比较的频率。将以除二维线框之外的任意视觉样式显示栅格线而非栅格点。

自适应(D):控制放大或缩小时栅格线的密度。

打开自适应行为[是(Y)/否(N)] <是>:(输入 Y 或 N)

限制缩小时栅格线或栅格点的密度。该设置也由 GRIDDISPLAY 系统变量控制。

允许以小于栅格间距的间距再拆分[是(Y)/否(N)] <是>:

如果打开,则放大时将生成其他间距更小的栅格线或栅格点。这些栅格线的频率由主栅格线的频率确定。

界限(L):显示超出 LIMITS 命令指定区域的栅格。

跟随(F):更改栅格平面以跟随动态 UCS 的 XY 平面。该设置也由 GRIDDISPLAY 系统变量控制。

纵横向间距(A):设置显示栅格水平及垂直间距,用于设定不规则的栅格。

2. 设置捕捉

捕捉模式用于控制十字光标,使其按照用户定义的间距移动。当捕捉模式打开时,光标似乎附着或捕捉了一个不可见的栅格。捕捉模式有助于使用键盘或定点设备来精确地定位点。通过设置 X 和 Y 的间距可控制捕捉精度。捕捉模式有开关控制,并且可以在其他命令执行期间打开或关闭。

捕捉间距不需要和栅格间距相同。例如,可设置较宽的栅格间距用作参考,同时使用较小的捕捉间距以保证定位点时的精确性。栅格间距可以小于捕捉间距。在 AutoCAD2008 中,有栅格捕捉和极轴捕捉两种,若选用捕捉样式为栅格捕捉,则光标只能在栅格方向上精确移动;若选择捕捉样式为极轴捕捉,则光标可以在极轴方向精确移动。

设置捕捉的命令是:SNAP,热键是 F9。

SNAP 命令有如下选项:

指定捕捉间距或[开(ON)/关(OFF)/纵横向间距(A)/样式(S)/类型(T)] <10.0000>:

其中:

指定捕捉间距:设置捕捉增量。

开(ON):打开捕捉。

关(OFF):关闭捕捉(缺省)。

纵横向间距(A):设置捕捉水平及垂直间距,用于设定不规则的捕捉。

样式(S):提示选定【标准(S)】或【等轴测(I)】捕捉。其中,【标准】样式设置通常的捕捉方式,【等轴测】模式用于绘制三维图形。

类型(T):指定捕捉类型,极轴捕捉或栅格捕捉。

用户在使用 SNAP 命令时要注意以下几点:

(1)【样式(S)】选项后的【输入捕捉栅格类型[标准(S)/等轴测(I)] <S>:】选项用于轴测图绘制,它以 30°、90°、150°、210°、270°和 330°为基础。

(2)用户最好将捕捉间隔设为显示栅格的几分之一,这样有利于用户按栅格调整捕捉点。

设置捕捉的另外一种有效的方法是,选择【工具】主菜单下的【草图设置】选项或者在状态栏中【对象捕捉】及【对象追踪】栏中点击右键选择【设置...】选项,然后利用打开的【草图设置】对话框中的【捕捉和栅格】选项卡来设置,如图 3-3a)所示。

3. 使用正交模式

打开正交模式,意味着用户以正交的方式绘制图形。用户可通过单击状态条上的【正交】按钮、使用 ORTHO 命令、按 F8 键打开或关闭正交模式。

4. 利用【草图设置】对话框设置栅格和捕捉

用户可使用 DDRMODES 命令或通过选取下拉主菜单【工具】中的【草图设置】选项来显示【对象捕捉】对话框,如图 3-3b)所示。用户可以利用对话框查看、修改及显示栅格捕捉、正交、极轴追踪和其他工作模式。

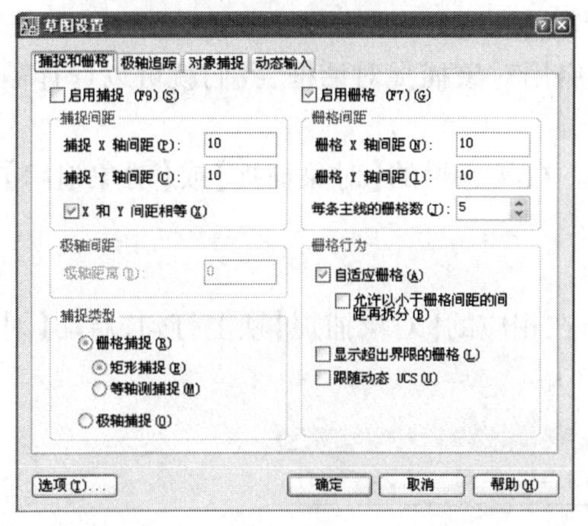

a)

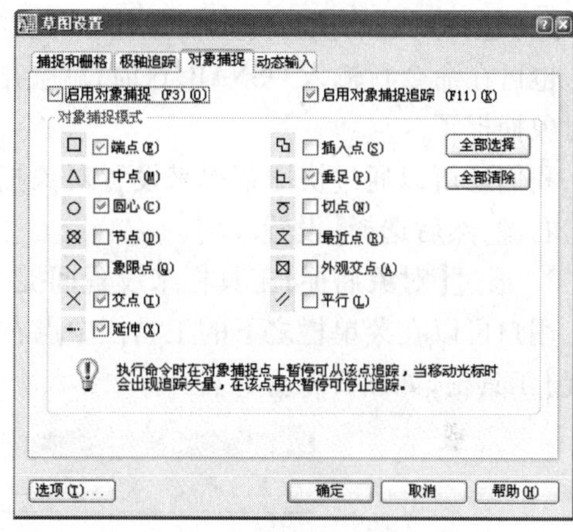

b)

图 3-3 【草图设置】对话框

a)【捕捉与栅格】选项卡；b)【对象捕捉】选项卡

【捕捉和栅格】对话框主要包括了五个选项区,其各项设置意义如下:

(1)捕捉。

【启用捕捉】用来打开或关闭捕捉方式(等同于按 F9、单击状态行中的【捕捉】钮)及用来改变捕捉 X、Y 轴间距(缺省值为 10)以及设置两轴间距相等。缺省时关闭捕捉。

(2)栅格。

【启用栅格】用来打开或关闭显示栅格(等同于按 F7)、单击状态行中的【栅格】按钮),且可用来改变 X、Y 轴栅格间距(缺省值为 10)以及每条主线上的栅格数。缺省时关闭显示栅格。

(3)捕捉类型和样式。

在此,用户可以选择捕捉类型是栅格捕捉还是极轴捕捉。如果选用栅格捕捉,可以选择矩形捕捉还是等轴测捕捉;如果选择极轴捕捉,设置为极轴捕捉方式。

(4)极轴间距。

【极轴间距】编辑框用于设置极轴捕捉间距。极轴设置在后面还有相应的说明。

(5)栅格行为。

该选项组中的参数主要用于创建三维图形,设置“视觉样式”中栅格线的显示样式(三维线框除外)。

3.2.4 精确捕捉对象上的几何点

如果用户想利用移动光标的方法绘制一个新的对象,那么上面所讲的方法是十分有用的。然而,如果用户需要通过已经绘制对象上的几何点定位新的点,那么利用对象捕捉功能就显得十分方便了。对象捕捉模式精确地指定对象上的捕捉点。在运行命令的过程中可以使用对象捕捉,或者设置执行对象捕捉。执行对象捕捉模式可以用状态栏上的【对象捕捉】按钮来开关。可以按 TAB 键在可用的对象捕捉之间循环切换。对象捕捉设置随图形一起存储。

1. 通过【对象捕捉】选项卡的设置捕捉

设置执行对象捕捉的步骤:

(1)从【工具】主菜单中选择【草图设置】选项。

(2)在弹出的【草图设置】对话框的【对象捕捉】选项卡中选择【启用对象捕捉】,如图 3-3b)所示。

(3)选择所需的执行对象捕捉,然后选择【确定】。

也可在命令行输入 OSNAP,这时,就会出现启用对象捕捉对话框,我们就可以选择需要的对象捕捉了。

我们还可以通过快捷菜单来设置对象捕捉。在状态栏的【对象捕捉】或【对象追踪】上单击右键,然后选择【设置...】。

2. 通过【对象捕捉】工具栏来设置捕捉

用户可以在菜单栏之下的工具栏中点右键,在相应的【对象捕捉】项上打勾,启动【对象捕捉】工具栏,如图 3-4 所示。

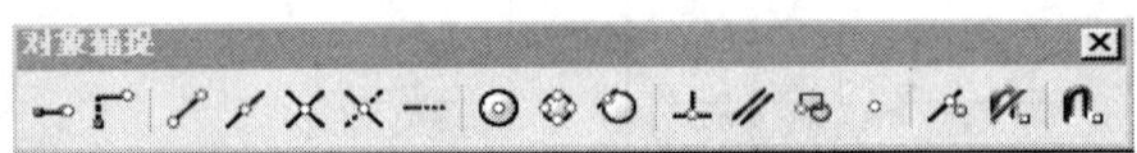

图 3-4 对象捕捉工具栏

工具栏中的各个图标的意义如下:

创建对象捕捉所使用的临时点 TT;捕捉自 FROM;捕捉到端点 END;

捕捉到中点 MID;捕捉到交点 INT;捕捉到外观交点 APPINT;

捕捉到延长线 EXT;捕捉到圆点 CEN;捕捉到象限点 QUA;

捕捉到切点 TAN;捕捉到垂足 PER;捕捉到平行 PAR;

捕捉到插入点 INS;捕捉到节点 NOD;捕捉到最近点 NEA;

禁止对当前对象执行对象捕捉;对象捕捉设置 OSNAP。

3. 利用其他方式对当前对象捕捉进行设置

用户在当前绘图中需要捕捉对象特征点,除了上面两种设置方式以外,还可以在绘图时,直接用 Shift + 右键,则弹出如图 3-5 所示的菜单:

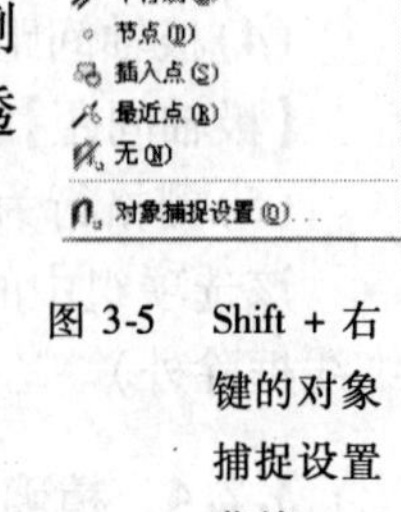

图 3-5 Shift + 右键的对象捕捉设置菜单

此外,用户在绘图以及修改命令中还可以使用利用捕捉命令的透明性来绘图,这点在对快速绘图非常重要,也是用户绘图中经常使用的方法。例如在绘制圆弧时,要使其一个端点位于另外直线中点时,可使用 MID 的透明捕捉命令,如下的命令行:

命令: ARC

指定圆弧的起点或 [圆心(C)]: MID

于 (选择相应的直线中点)

指定圆弧的第二个点或 [圆心(C)/端点(E)]: (继续圆弧命令)

...

4. 两个重要的对象捕捉方式:TT 和 FROM

在【对象捕捉】工具栏中,前面两个命令有别于其他的捕捉命令,它们不是直接将所需的绘图点捕捉到对象特征点，而是引用特征点，而后定位到所需绘图的点。

TT 用于创建对象捕捉所使用的临时点，结合追踪命令可以将绘图所需的点定位于相应的点上。具体的应用见后面追踪命令介绍。

FROM 命令用于使用一个命令定位点自参照点的偏移，在 AutoCAD 定位点的提示下，输入 from，然后输入临时参照或基点（自该基点指定偏移以定位下一点）。输入自该基点的偏移位置作为相对坐标，或使用直接距离输入。

如第二章中所举的画板梁横断面的预应力钢绞线孔道时，只要知道其与轮廓线端点的相对坐标位置，即可以把此孔道圆作出来，而不用前面的绝对坐标来确定。命令操作步骤如下，最后作出的效果图如图 3-6 所示（单个孔道为例）：

命令：CIRCLE

指定圆的圆心或［三点(3P)/两点(2P)/相切、相切、半径(T)］：FROM

基点：（选择板梁外轮廓线的左下角点）

<偏移>：@11.5，4.5（输入相对坐标值）

指定圆的半径或［直径(D)］：1（输入半径值）

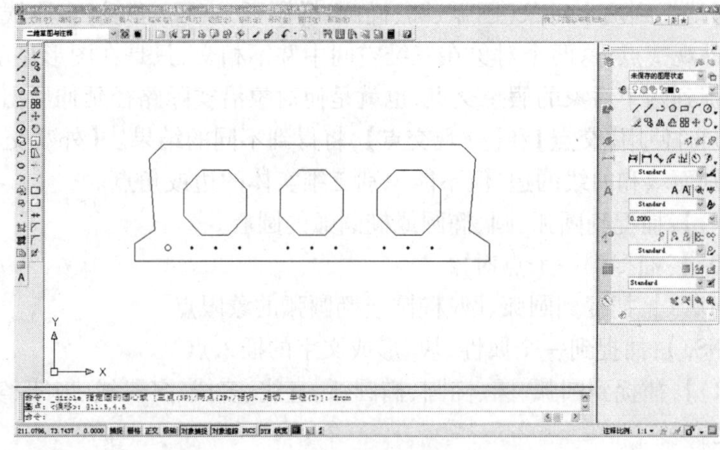

图 3-6　利用 FROM 捕捉命令作孔道圆

5. 其他对象捕捉方式简介

在【对象捕捉】选项卡和【对象捕捉菜单】中还有各种直接对象捕捉方式可供选择，下面分别介绍几种捕捉模式的特点（如图 3-7 所示为几种典型捕捉图示）：

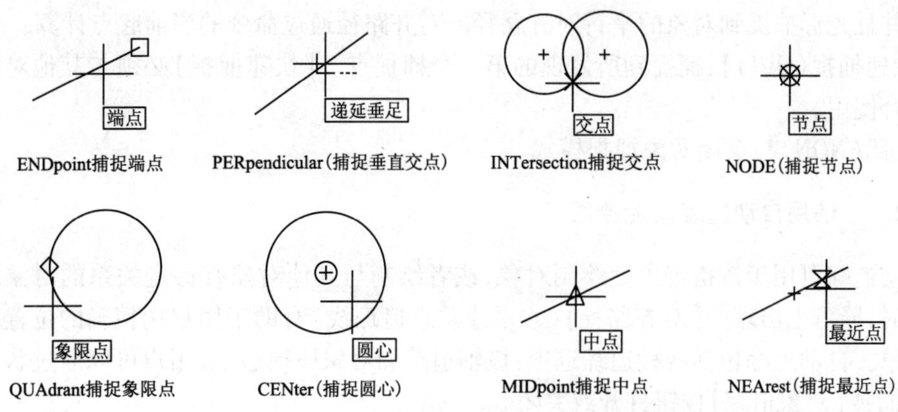

图 3-7　对象捕捉和拾取到的点

【端点(END)】:

捕捉到圆弧、椭圆弧、直线、多线、多段线或射线上最近的端点,或者捕捉到宽线、实体或三维面的最近角点。

【中点(MID)】:

捕捉到圆弧、椭圆、椭圆弧、直线、多线、多段线线段、实体、样条曲线或参照线的中点。

【交点(INT)】:

捕捉到圆弧、圆、椭圆、椭圆弧、直线、多线、多段线、射线、样条曲线或参照线的交点。注意:如果同时使用【交点】和【外观交点】,将得到不同的结果。

【延伸(EXT)】:

捕捉到对象的延伸点。可以通过在对象的端点上移动鼠标来建立延伸路径。在端点上放置一个标记。当端点被标记时,光标捕捉到端点的延伸路径。

外观交点(APP):

【外观交点】包括两个独立的捕捉模式:【外观交点】和【延伸外观交点】。在运行【外观交点】对象捕捉模式时,也可以定位【交点】和【延伸交点】捕捉点。

【外观交点】捕捉到两个对象(圆弧、圆、椭圆、椭圆弧、直线、多线、多段线、射线、样条曲线或参照线)的外观交点,这两个对象在三维空间中并不相交,只是在图形显示中相交。【延伸外观交点】捕捉到两个对象的假想交点,也就是使对象沿实际路径延伸后出现的交点。

注意,如果同时使用【交点】和【外观交点】,将得到不同的结果。【外观交点】和【延伸外观交点】都能识别面域和曲线的边,但不能识别三维实体的边或角点。

【圆心(CEN)】:捕捉到圆弧、圆、椭圆或椭圆弧的圆心。

【节点(NOD)】:捕捉到一个点对象。

【象限点(QUA)】:捕捉到圆弧、圆、椭圆或椭圆弧的象限点。

【插入点(INS)】:捕捉到一个属性、块、形或文字的插入点。

【垂足(PER)】:捕捉到圆弧、圆、椭圆、椭圆弧、直线、多线、多段线、射线、实体、样条曲线或参照线的垂足。

【切点(TAN)】:捕捉到圆弧、圆、椭圆或椭圆弧的切点。

【最近点(NEA)】:捕捉到圆弧、圆、椭圆、椭圆弧、直线、多线、点、多段线、样条曲线或参照线上的最近点。

【平行(PAR)】:捕捉到与对象平行的延长线。当你在对象的端点上移动光标时,端点被标记并且光标捕捉到对象的平行对齐路径。对齐路径通过命令的当前起点计算。

【快速捕捉(QUI)】:捕捉到所发现的第一个捕捉点。【快速捕捉】必须与其他对象捕捉模式结合使用。

【关闭(NON)】:关闭对象捕捉模式。

3.2.5 使用自动追踪功能绘图

自动追踪可用于按指定角度绘制对象,或者绘制与其他对象有特定关系的对象。当自动追踪时,屏幕上出现的【对齐路径】(水平或垂直追踪线)有助于用户用精确的位置和角度创建对象。自动追踪包括两种追踪选项:极轴追踪和对象捕捉追踪,用户可以通过状态栏上的【极轴】或【对象追踪】按钮打开或关闭。

此外,对象捕捉追踪应与对象捕捉配合使用。也就是说,从对象的捕捉点开始追踪之前，必须首先设置对象捕捉。

1. 极轴追踪

使用【极轴追踪】时，对齐路径由相对于起点和端点的极轴角定义。该追踪功能可以在系统要求指定一个点时，按预先设置的角度增量显示一条无限延伸的辅助线，这时就可以沿辅助线追踪得到光标点。当极轴角设置为 25°时，用户在确定起点后，可沿 0°、25°、50°或 75°等方向进行追踪。

用户可通过单击状态条上的【极轴】按钮、按 F10 键打开或关闭极轴追踪。在使用【极轴追踪】时，角度的增量是一个可以设置的值。

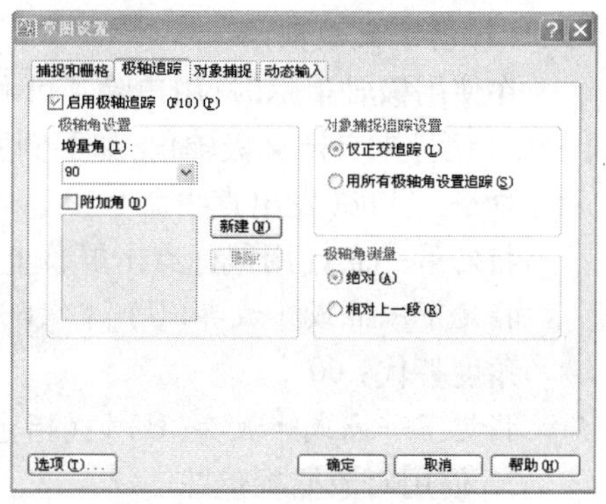

图 3-8 设置极轴追踪

(1)设置追踪角。

要设置极轴角，可选择【工具】→【草图设置】菜单或在【极轴】状态栏上单击右键选择其中的【设置...】选项，然后在打开的【草图设置】对话框中选择【极轴追踪】选项卡，对话框如图 3-8 所示。

【极轴追踪】选项卡中与极轴追踪相关的设置项如下：

【启用极轴追踪】：打开极轴追踪模式。

【增量角】：选择极轴角的递增角度。

【附加角】：除了根据角增量设置的极轴角外，用户还可以添加非递增角度。例如，如果想追踪 35°，可以添加 35°作为附加极轴角。

【极轴角测量】：①绝对：以当前 UCS 的 X 轴为基准计算极轴追踪角。②相对上一段：以最后创建的对象为基准计算极轴追踪角。

(2)设置极轴捕捉。

缺省情况下，捕捉类型为矩形捕捉，因此，打开捕捉后，光标沿极轴追踪时仍遵循 X、Y 捕捉设置移动光标。如果用户希望光标沿极轴精确移动，可设置极轴捕捉。因此，可选择【草图设置】对话框中的【捕捉和栅格】选项卡，然后选中【极轴捕捉】单选钮，并利用【极轴间距】编辑框设置极轴捕捉间距，见图 3-3a)。

通过上述的捕捉设置，下面我们举例画两条夹角为 45°的直线段，在设置增量角为 45°并打开极轴后，点击直线命令，指定第一条直线段的起终点后，光标自动提供 45°整数倍数的角度方向上的对齐路线，根据光标下显示的距基准点的角度，用户可以方便地绘制出两条夹角为 45°的直线，如图 3-9 所示。

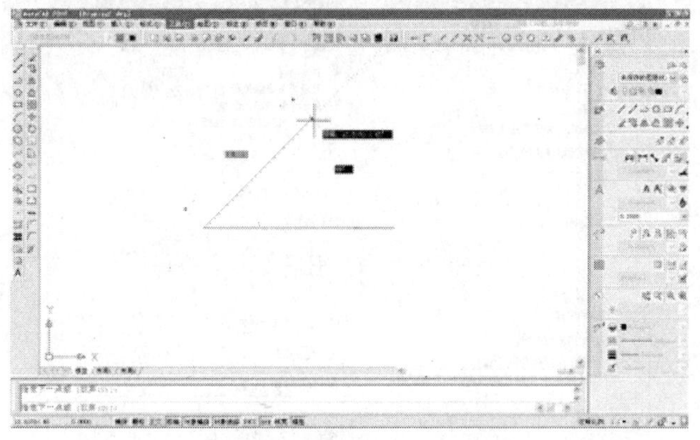
图 3-9 极轴追踪绘图举例

(3)正交模式对极轴追踪的影响。

如前所述,若打开正交模式,光标将限制沿水平或垂直方向移动。因此,正交模式和极轴追踪模式不能同时打开。

(4)自定义极轴角。

在使用极轴追踪时,用户除了可利用前面设置的极轴角外,还可通过输入下面的字符:【极轴角度】来自定义极轴角,如下例所示。

命令:_line(发出直线命令)

指定第一点:(用鼠标点击屏幕上一点,指定直线起点)

指定下一点或[放弃(U)]:<60(自定义极轴角)

角度替代:60

指定下一点或[放弃(U)]:(指定直线下一点)

2. 使用对象捕捉追踪

对象捕捉追踪是按照与对象的某种特性关系来追踪,可根据捕捉点沿正交方向或极轴方向进行追踪。使用对象捕捉追踪的步骤如下:

(1)单击状态栏上的【对象捕捉】按钮和【对象追踪】按钮打开对象捕捉和对象追踪设置。

(2)启动一个绘图或图形编辑命令。

(3)将光标移动至一个对象捕捉点附近并稍作停留以临时获取点,已获取的点将显示一个小【+】号,请注意,此时不要单击。

(4)获取点后,将光标沿正交方向或极轴移动打开对齐路径。

(5)将光标沿对齐路径移动,待找到满足条件的点后单击确定点。

要启用或关闭对象捕捉追踪,可单击状态栏上的【对象追踪】按钮,或在【草图设置】对话框的【对象捕捉】选项卡选中【启用对象捕捉追踪】复选框。要设置对象捕捉追踪方向,可在【草图设置】对话框的【极轴追踪】选项卡中选中【对象捕捉追踪设置】区中的【仅正交追踪】或【用所有极轴角设置追踪】单选钮。

3. 修改自动追踪设置

用户可以根据需要修改自动追踪显示对齐路径的方式以及系统获取对象点的方式。例如,可以改变【对齐路径】的显示方式和长度。

如要修改自动追踪设置,可选择【工具】主菜单下的【选项】菜单,选择弹出的【选项】对话框中的【草图】选项卡。有关设置自动追踪的选项在【自动追踪设置】选项区中,用户可以打开或关闭以下有关对齐路径的显示选项(如图3-10所示):

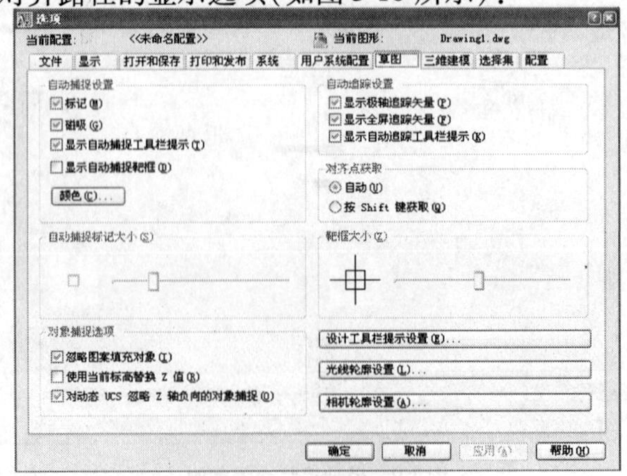

图3-10　自动追踪设置

【显示极轴追踪矢量】:清除该选项后不显示极轴追踪路径。

【显示全屏追踪矢量】:清除该选项后只显示对象捕捉点到光标之间的对齐路径。

【显示自动追踪工具栏提示】:用于控制是否显示自动追踪工具栏提示。工具栏提示用户可以在【对齐点获取】区中选择对象追踪获取对象点的两种方法:

(1)自动:自动获取对象点。如果选择了该选项,按下 Shift 键将不捕捉对象点。

(2)用 Shift 键获取:仅按住 Shift 键并使光标越过对象捕捉点时,才捕捉对象点。

4. 使用临时追踪点 TT

利用临时追踪点,用户可在一次操作中创建多条追踪线,然后根据这些追踪线确定所要定位的点。它也是一种重要的间接的对象捕捉方式。

用户可以利用临时追踪点命令的透明性,在其他命令执行中输入 TT 执行点的捕捉。下面结合一个利用极轴追踪和设置临时追踪点的例子,来简单说明其应用原理。如图 3-11 所示,其中圆的中心距离直线中点 15,与水平直线所成的角度为 30°。在画好直线的基础上,首先在图 3-8 所示极轴追踪选项卡中将极轴追踪的增量角设置为 30°,将追踪设置为用所有极轴角设置追踪,确定应用。接着命令绘制圆如下:

命令: CIRCLE

指定圆的圆心或[三点(3P)/两点(2P)/相切、相切、半径(T)]: TT

指定临时对象追踪点: MID

于(将临时追踪点设置于直线段的中点上)

指定圆的圆心或[三点(3P)/两点(2P)/相切、相切、半径(T)]: 15(在追踪的极轴上输入相对于临时追踪点的距离)

指定圆的半径或[直径(D)]: 5

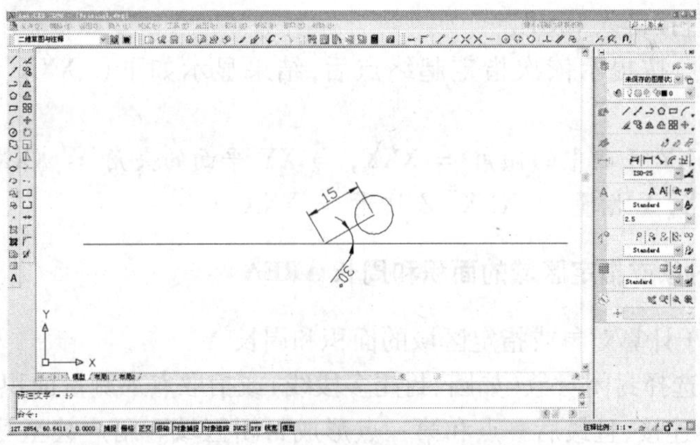

图 3-11 利用临时追踪点绘图举例

3.3 绘制辅助构造线

手工制图时,用户经常需要画一些很轻的临时线作为辅助线,以帮助精确调整或设置对象。例如,寻找三角形的中心、创建对象捕捉使用的临时交点等。

AutoCAD 2008 提供了两种类型的辅助构造线,即构造线和射线。其中,构造线为两端无限延伸的直线,射线为一端固定,另一端无限延伸的直线,因此,由于辅助构造线的尺寸为无限长,它将不影响图形缩放。除此之外,构造线和其他对象具有完全相同的特性,如具有图层、颜色、线型特征等,用户可以像操作其他对象一样来操作构造线,如移动、复制或旋转构造线,还可以通过修剪构造线使其成为直线。具体用法介绍见 2.3.2 节和

2.4.6 节。

为了便于管理构造线(例如,通过冻结或关闭图层来隐藏构造线),用户最好将构造线绘制在单独的图层上。

此外,用户也可以使用点对象作为辅助点或标记点,然后使用 Node(捕捉结点)对象捕捉模式捕捉它们。

3.4 查询距离、面积和点坐标

在实际的绘图中,用户往往要不断的检查和校对所绘图形的准确性,所以要经常用到查询图形的特征。在 AutoCAD2008 中,有五个命令分别用于查询对象的不同属性,分别为:DIST、AREA、MASSPROP、LIST 和 ID 命令,作用分别为测量两点之间的距离和角度、对象或指定区域的面积和周长、面域或实体的质量特性、对象的数据库信息、位置的坐标。它们共同放置于【查询】工具栏中,激活方式同其他工具栏,可以在主菜单下工具栏任意位置单击右键,从中激活【查询】工具栏,如图 3-12 所示。

图 3-12 查询工具栏

3.4.1 测量两点之间的距离和角度 DIST

DIST 命令为一透明命令,用于测量拾取两点间的距离、两点虚构线在 XY 平面内的夹角(对于 3D 空间)等。该命令最好配合对象捕捉方法使用以便精确测量。

DIST 命令的常用激活方式有以下三种:

(1)单击查询工具栏中的图标按钮。

(2)从【工具】主菜单下拉菜单选择【查询】子菜单,再选择其中的【距离】命令。

(3)在命令行直接键入 DIST。

执行 DIST 命令,按提示依次指定起终点后,结果显示如下("XXX"表示某一具体数据):

距离 = XXX,XY 平面中的倾角 = XXX, 与 XY 平面的夹角 = XXX

X 增量 = XXX, Y 增量 = XXX, Z 增量 = XXX

3.4.2 计算对象或指定区域的面积和周长 AREA

AREA 命令用于计算对象或指定区域的面积和周长。

用户也可通过选择封闭对象(如圆、封闭多段线)或拾取点来测量面积,多点之间以直线(实际不一定存在)连接,且最后一点和第一点形成封闭区域。用户甚至可以选取一条开放多段线,此时 AREA 假定多段线之间有一条连线使之封闭,AREA 然后计算出相应的面积,而所计算出的周长则为真正多段线的长度。所有点要在当前 UCS 的 XY 坐标面相平行的平面内。

AREA 命令的常用激活方式有以下三种:

(1)单击查询工具栏中的图标按钮。

(2)从【工具】主菜单下拉菜单选择【查询】子菜单,再选择其中的【面积】命令。

(3)在命令行直接键入 AREA。

按照以上的任一方法执行 AREA 命令后,程序提示如下:

指定第一个角点或 [对象(O)/加(A)/减(S)]:

其中：

- 【第一角点】是默认的指定方式，用于用户指定封闭对象的第一个角点，用户可以直接输入其坐标或在绘图区中指定角点，依次输入角点，以回车来结束。
- 【对象】用于用户直接指定查询对象，以“O”来响应。
- 【加】用于多个对象的面积查询，可以计算各个定义区域和对象的面积、周长，同时也可以计算所有定义区域和对象的总面积，以“A”来响应。
- 【减】与【加】选项相反，可以定义从总面积中减去指定面积，以“S”来响应

按照提示指定封闭对象或指定封闭线段的特征点后，程序计算得出结果如下（“XXX”表示某一具体数据）：

面积 = XXX，周长 = XXX

3.4.3 计算面域或实体的质量特性 MASSPROP

MASSPROP 命令用于计算二维和三维对象的特性，这些特性在分析图形对象的特点时非常重要。质量属性查询 AutoCAD 提供点坐标（ID），距离（Distance），面积（area）的查询，给图形的分析带来了很大的方便，但是在实际工作中，有时还须查询实体质量属性特性，AutoCAD 提供实体质量属性查询（MassProp），可以方便查询实体的惯性矩、面积矩、实体的质心等，须注意的是，对于曲线、多义线构造的闭合区域，应先用 REGION 命令将闭合区域面域化，再执行质量属性查询，才可查询实体的惯性矩、面积矩、实体的质心等属性。

MASSPROP 命令的常用激活方式有以下三种：

（1）单击查询工具栏中的图标按钮。

（2）从【工具】主菜单下拉菜单选择【查询】子菜单，再选择其中的【面域/质量特征】命令。

（3）在命令行直接键入 MASSPROP；

应该注意的是查询的对象必须是面域，否则失效。有关面域操作查看 2.4.4 节所述。例如查询如图 2-35 图二所示箱形截面的特性，执行如下：

```
————————— 面域 —————————
面积：          13442.5000
周长：          1134.9682
边界框：        X：499.7178 － － 739.7178
                Y：131.4645 － － 291.4645
质心：          X：619.7178
                Y：225.2531
惯性矩：        X：722494855.5236
                Y：5209573557.7686
惯性积：        XY：1876483736.0621
旋转半径：      X：231.8341
                Y：622.5311
主力矩与质心的 X－Y 方向：
                I：40436438.2786 沿 [1.0000 0.0000]
                J：46978796.5625 沿 [0.0000 1.0000]
是否将分析结果写入文件？[是(Y)/否(N)] <否>：Y
```

查询结果为当前坐标下的特征值，命令最后询问是否要保存结果文件，如果用户以“Y”来响应，则弹出如图 3-13 所示的保存对话框，用户制定目录和文件名后，可以以“.mpr”为扩展名的文本文件。

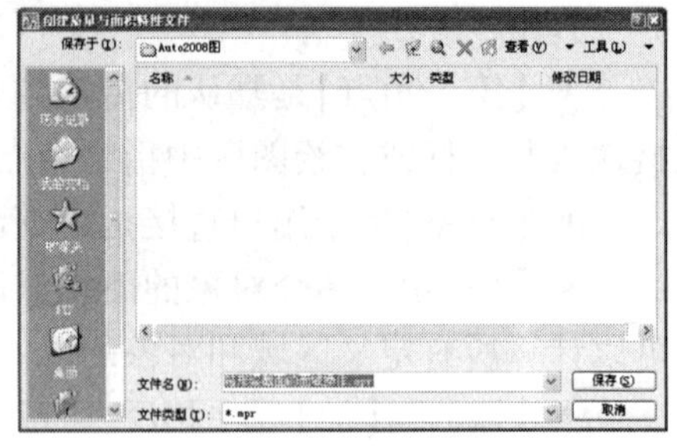

图 3-13　保存特征文件对话框

3.4.4　显示选定对象的数据库信息 LIST

LIST 用于显示对象类型、对象图层、相对于当前用户坐标系（UCS）的 X、Y、Z 位置以及对象是位于模型空间还是图纸空间等信息。

LIST 命令的常用激活方式有以下三种：

(1)单击查询工具栏中的图标按钮。

(2)从【工具】主菜单下拉菜单选择【查询】子菜单，再选择其中的【列表显示】命令。

(3)在命令行直接键入 LIST。

如果颜色、线型和线宽没有设置为 BYLAYER，LIST 命令将列出这些项目的相关信息。如果对象厚度为非零，则列出其厚度。Z 坐标的信息用于定义标高。如果输入的拉伸方向与当前 UCS 的 Z 轴（0,0,1）不同，LIST 命令也会以 UCS 坐标报告拉伸方向。

LIST 命令还报告与特定的选定对象相关的附加信息。

以下是如图 2-35 中图二所示的箱形截面的列表结果：

```
REGION      图层：0
                          空间：模型空间
                 句柄 = 969
                          面积：13442.5000
                          周长：1134.9682
        边界框：边界下限 X = 499.7178 , Y = 131.4645 , Z = 0.0000
              边界上限 X = 739.7178 , Y = 291.4645 , Z = 0.0000
```

3.4.5　显示位置的坐标 ID

ID 命令用于显示所选点的坐标，或在用户输入的坐标位置显示一个标志。

ID 命令的常用激活方式有以下三种：

(1)单击查询工具栏中的图标按钮。

(2)从【工具】主菜单下拉菜单选择【查询】子菜单，再选择其中的【点坐标】命令。

(3)在命令行直接键入 ID。

用以上任一种方法输入命令，指定点后，结果如下：(XXX 是指代的数字)

X = XXX　　Y = XXX　　Z = XXX

3.5　绘制道路回头曲线实例

下面利用前章介绍的基本绘图命令，及本章讲述的精确绘图命令绘制一条如图 3-14 所示的回头曲线。回头曲线是一种广泛应用于道路工程中的平面线形，特别在山区或地形困难等自然展线困难地区的道路设计。下面我们详细讲述一下此回头曲线的绘制方法。

通常这样的回头曲线有不同的绘制方法，简单来说主要可以有以下四种：

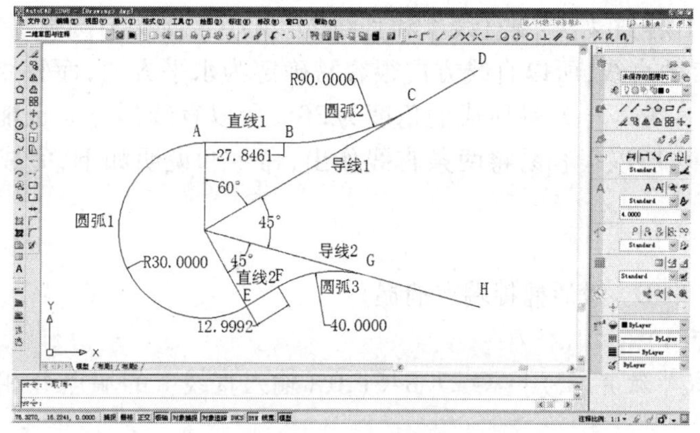

图 3-14　回头曲线

(1)用 LINE 直线、ARC 圆弧绘图命令并辅助以捕捉命令进行绘制。

(2)用 PLINE(多段线)命令进行绘制。

(3)用 LINE 直线、CIRCLE 圆命令进行绘制并辅助以编辑命令中的 TRIM 剪切、ERASE 删除命令进行绘制。

(4)用 LINE 直线、ARC 圆弧、编辑命令中的 FILLET 倒角命令进行绘制。

为节约篇幅本节只介绍一下第一种绘图方法,此种方法综合运用了直线、圆弧等绘图命令和多个精确捕捉、追踪命令,读者可仔细研读本例题,进而掌握本章所讲述的基本方法。其余的方法会用到一些编辑命令,我们会在第四章中进行这些编辑命令的详细讲述。

首先,新建一个新的绘图文件,在绘图区域中可以任意定一个点作为圆弧 1 与直线 1 的交点 A,应该注意到通过 A 半径方向是竖直方向即 Y 方向。所以该圆弧知道了一个端点 A、半径 R30 以及圆心角 +210 度,所以圆弧唯一确定,由此就很容易将圆弧作出,命令以及说明如下,圆弧的完成图如图 3-15 所示:

命令: ARC

指定圆弧的起点或 [圆心(C)]: (在绘图区域中任意指定一点作为圆弧上端点 A)

指定圆弧的第二个点或 [圆心(C)/端点(E)]: C (响应绘制圆心)

指定圆弧的圆心: @0, -30 (指定圆心的相对 A 的坐标)

指定圆弧的端点或 [角度(A)/弦长(L)]: A (响应圆心角)

指定包含角: 210 (指定圆心角度)

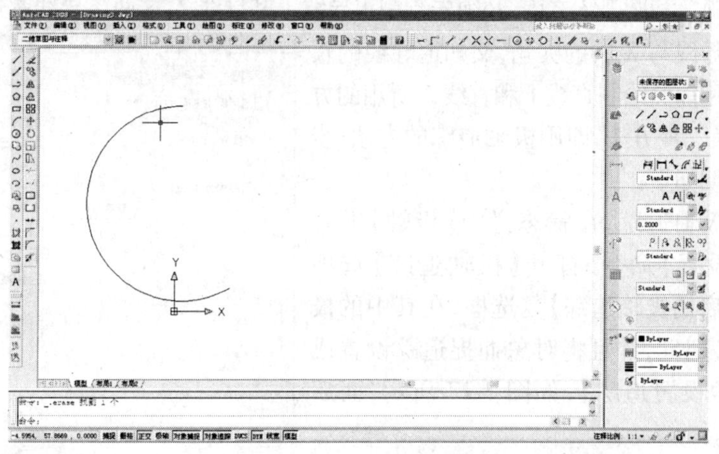

图 3-15　用圆弧命令绘制圆弧

绘制完圆弧1后,开始绘制直线1和直线2。其中直线1与圆弧1相切于A,并且知道半径AO为竖直的直线,所以直线方向很容易确定为水平方向;而直线2与圆弧相切于E点,故可以退出直线2与X轴所成的角度为30°,所以直线的方向也能确定。另外知道了两条直线的长度,所以很容易将两条直线作出,命令和说明如下,完成后的图如图3-16所示。

命令:LINE

指定第一点:END(激活捕捉端点捕捉)

于(点击端点A)

指定下一点或[放弃(U)]:@27.8461,0(输入直线1的端点B相对于端点A的坐标)

指定下一点或[放弃(U)]:(回车完成直线1)

命令:LINE

指定第一点:END(激活捕捉端点捕捉)

于(点击端点E)

指定下一点或[放弃(U)]:@12.9992 <30(输入直线2端点F相对于端点E的坐标)

指定下一点或[放弃(U)]:(回车完成直线2)

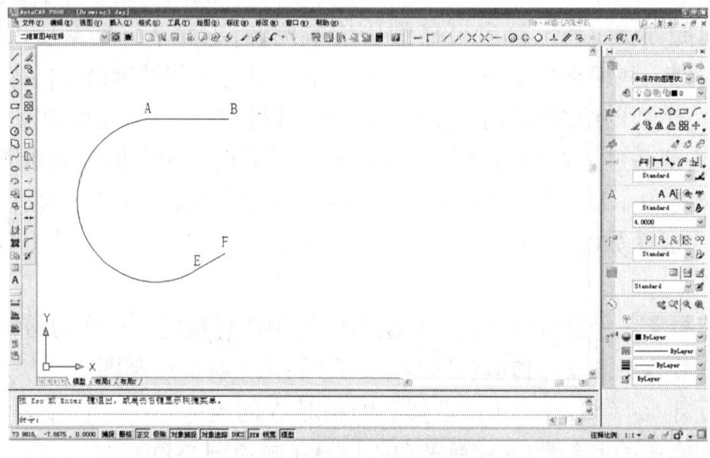

图3-16 完成直线1与直线2的绘制

在绘制圆弧2和圆弧3之前,必须先绘制出导线1和导线2,这两条导线都通过圆弧1的圆心,又分别知道导线与X轴的夹角,又知道导线的长度,所以很容易用前面绘制直线1和直线2所用的方法作出。在此换一种方法,即用极轴追踪的方法,步骤、命令以及说明如下:

首先设置极轴追踪,在状态栏的【极轴】上右键单击选择【设置】命令,打开【极轴追踪】选项卡,首先勾选【启用极轴追踪】复选框,在其中的极轴增量角设置为15°,并且将对象捕捉追踪设置成【用所有极轴角设置追踪】,如图3-17所示,而后确认应用设置。

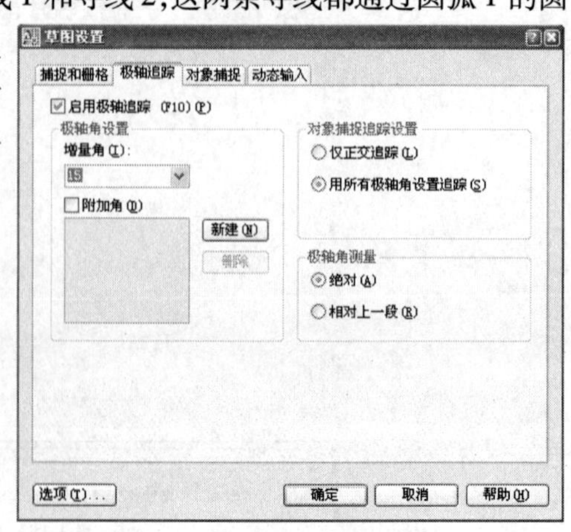

图3-17 【极轴追踪】选项卡设置

接着就可以开始绘制导线1,步骤命令以及说明如下：

命令：LINE

指定第一点：CEN（激活圆心捕捉）

于（指定圆心 O）

指定下一点或［放弃(U)］：（在此状态时，使用极轴追踪，在如图 3-18 所示的状态下直接输入导线的长度）

110

指定下一点或［放弃(U)］：（回车确认完成导线 1 绘制）

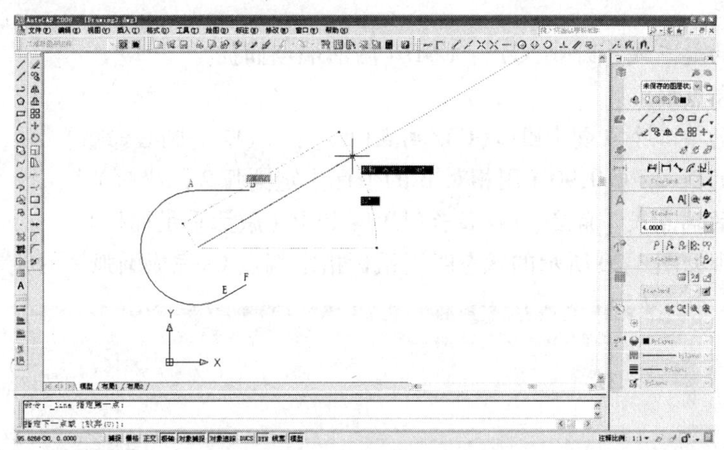

图 3-18　极轴追踪状态绘制导线 1

导线 2 的绘制类似于导线 1 的绘制，命令与说明如下，最后绘制完的导线如图 3-19 所示：

命令：LINE

指定第一点：CEN（激活圆心捕捉）

于（指定圆心 O）

指定下一点或［放弃(U)］：100（在此状态时，使用极轴追踪，直接输入导线的长度）指定下一点或［放弃(U)］：（回车确认完成导线 2 绘制）

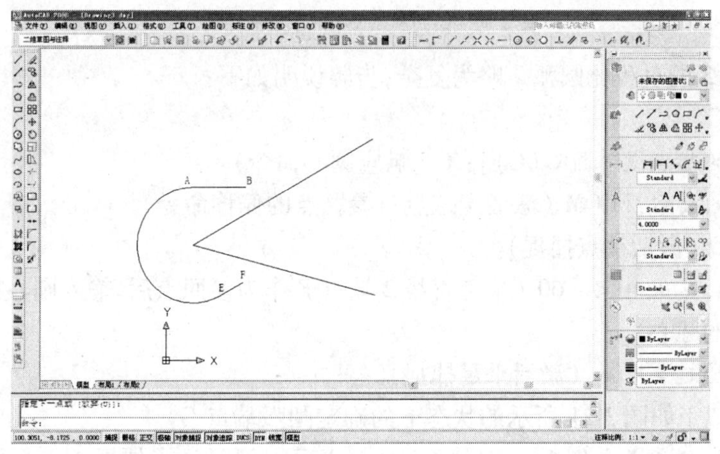

图 3-19　绘制完导线 1 和导线 2 的图样

绘制完导线 1 和导线 2 后就可以进行圆弧 2 和圆弧 3 的绘制。圆弧 2 与直线 1 相切于端点 B，并且知道直线 1 平行于 X 轴以及圆弧的半径，所以通过 B 的圆弧半径垂直于直线 1，故容易确定圆弧 2 的圆心，最后还知道另外的端点 C 是圆弧 2 与导线的切点，所以很容易就可以绘制出圆弧 2。而圆弧 3 的情况与圆弧 2 差不多，只是绘制圆弧 2 时端点 B 与端点 C 所构成逆时针方向，而圆弧 3 的 F 和 G 所构成的角度为顺时针方向。因为圆弧命令默认为逆时针方向，故圆弧 3 应该从 G 绘制到 F，因此应该先指定圆弧 3 的圆心，而后指定端点 G，最后指定端点 F。最后需要说明的是，圆弧 3 的绘制用到了定位点自参照点的偏移命令 FROM，读者从中可以体会到该命令的用处。命令步骤说明如下：

命令：ARC

指定圆弧的起点或［圆心(C)］：END（激活端点捕捉）

于（指定端点 B）

指定圆弧的第二个点或［圆心(C)/端点(E)］：C（响应圆心命令）

指定圆弧的圆心：@0,90（用相对 B 的坐标指定圆弧 2 的坐标）

指定圆弧的端点或［角度(A)/弦长(L)］：PER（激活垂足捕捉）

到（当出现如图 3-20 所示的状态时用鼠标指定端点 C，完成圆弧 2 的绘制）

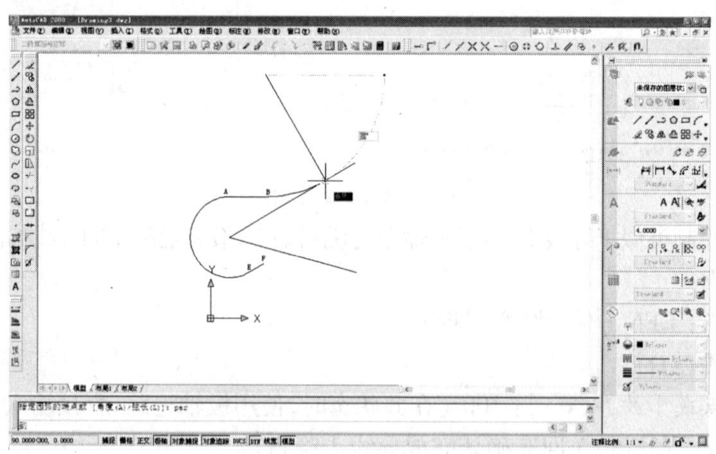

图 3-20　绘制圆弧 2 中的垂足捕捉状态

绘制圆弧 3 的过程比圆弧 2 略为复杂，步骤说明如下：

命令：ARC

指定圆弧的起点或［圆心(C)］：C（响应圆心命令）

指定圆弧的圆心：FROM（激活定位点自参照点的偏移命令）

基点：END（激活端点捕捉）

于 <偏移>：@40 < -60（指定直线 2 端点 F 作为参照点后，输入圆心相对 F 的坐标，从而指定圆弧的圆心）

指定圆弧的起点：per（激活垂足捕捉）

到（在类似于如图 3-21 所示的状态下的确定圆弧端点 G）

指定圆弧的端点或［角度(A)/弦长(L)］：END（激活端点捕捉）

于（指定端点 F，完成圆弧 3 的绘制）

最后绘制完成的图形如图 3-21 所示：

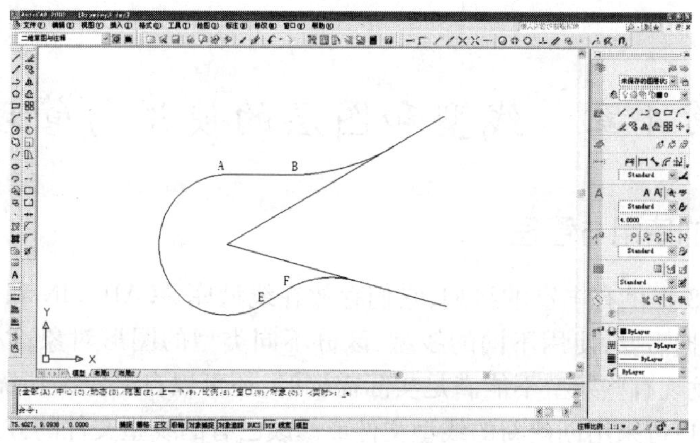

图 3-21　完成以上绘图步骤后的图样

最后进行必要的修改与标注命令后，就可以得到如图 3-14 所示的图形，在此不再赘述，读者可以结合后面章节学习自己做练习。

3.6 小结

本章主要内容总结如下：

- 介绍 AutoCAD 中快速绘图的基本操作及其注意事项并举例加以说明，例如透明命令：'HELP（帮助）、'SETVAR（设置系统变量）、'REDRAW（重画）、'REDRAWALL（重画所有视窗）、'ZOOM（缩放）、'PAN（平移）、'VIEW（视图操作）、'GRID（栅格）、'DDRMODES（草图设置对话框）、'DDLMODES（图层控制对话框）以及命令重复修饰词 MULTIPLE。
- 介绍精确绘图需要明确的几个概念，坐标系（AutoCAD 采用笛卡儿（直角）右手坐标系来确定图中点的位置，其中 X 坐标表示水平距离，Y 坐标表示垂直距离）、绘图单位（它本身是无量纲的，在用户绘图时，也能将绘图单位视为绘制对象的实际单位，如毫米、英寸、米或公里等；一旦图形完成，便可指定合适的比例因子用绘图机输出）、设置绘图区域（LIMITS）、选择单位制（DDUNITS）。利用栅格（GRID）、捕捉（SNAP）、正交模式（ORTHO）辅助绘图及命令中各选项如何设置等内容；同时也介绍了使用自动追踪功能绘图、借助构造线辅助绘图。五个常用的查询命令简介，分别为：DIST、AREA、MASSPROP、LIST 和 ID 命令，作用分别为测量两点之间的距离和角度、对象或指定区域的面积和周长、面域或实体的质量特性、对象的数据库信息、位置的坐标；利用查询命令可以简单的得出复杂实体的几何特性，并举出查询实体截面特性的应用实例。掌握上述一些命令，可快速实现精确绘图。
- 用前述命令实现道路回头曲线的精确绘制。综合运用了直线、圆弧等绘图命令和多个精确捕捉、追踪命令，仔细研读书中例题，进而掌握本章所讲述的绘制基本方法。

第4章　线型和图层的使用与管理

4.1　线型的使用与管理

AutoCAD 2008 提供有丰富的线型，它们存放在线型库 ACAD. LIN 和 ACADISO. LIN 文件中，用户可以根据需要，使用不同的线型，区分不同类型的图形对象，以符合行业制图标准，此外，当用户发现有些线型不能满足实际需要时，还可以自己定义所需的线型。在实际的线型定制时，用户可采用创建新的线型文件或修改已有的线型文件的方式。

4.1.1　加载线型

线型在创建后不能自动加载到图形中，需要通过【线型管理器】来实现。

可以使用主菜单的【格式】中的【线型】或直接用命令 LINETYPE 来激活线型管理器，激活后，AutoCAD 弹出如图 4-1 所示的【线型管理器】对话框。

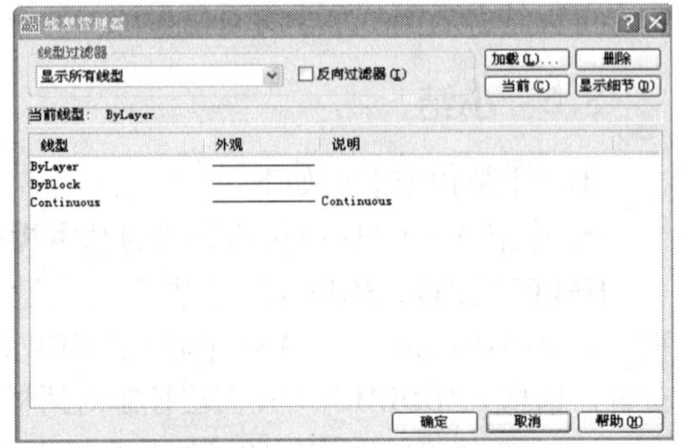

图 4-1　【线型管理器】对话框

对话框的各个选项的含义如下：

(1)线型过滤器。

【线型过滤器】选项区域用于设置 AutoCAD 在线型列表中显示线型的条件，只有满足该条件的线型才被显示出来并加以管理，其中的下拉列表框中共有三种条件可以选择：

①显示所有线型。

②显示所有使用的线型。

③显示所有依赖于外部参照的线型。

【反向过滤器】复选框则用于设置显示线型的条件为与下拉列表框确定相反的条件。

(2)当前线型。

显示当前所使用的线型。

(3)线型列表框。

列表框中显示出满足过滤条件的线型，其中【线型】列显示线型的设置或线型名，【外观】列显示各线型的外观形式；【说明】列显示对各线型的说明。

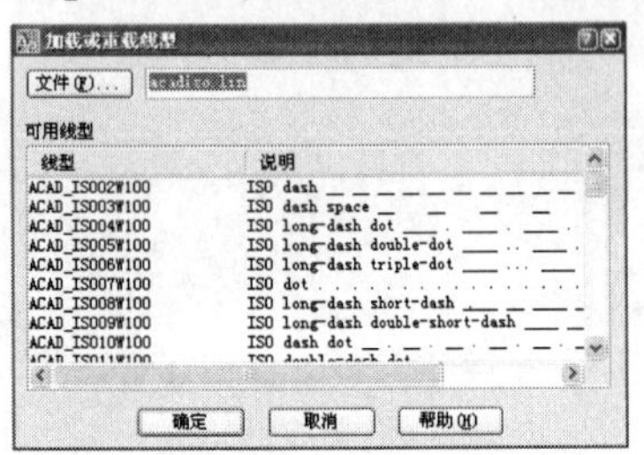

图 4-2　【加载或重载线型】对话框

(4)加载。

该按钮用于加载线型。单击该按钮，AutoCAD 弹出如图 4-2 所示【加载或重载线型】对话框，在该对话框中，顶部的文本框显示的是线型文件的名称，AutoCAD 默认的线型文件为 acadiso. lin，用户也可以通过单击“文件”按钮，选择其他的线型文件。线型文件所具有的可用线型就显示在下面的列表框中，【可用线型】列表框列出对应的线型文件所具有的线型名称及说明。用户可以选择需要加载的线型,然后单击【确定】按钮,即能将线型加载到当前图形中。

(5)删除。

该按钮用于删除一些不需要的线型,在线型列表框中选择要删除的线型,然后单击【删除】按钮。

注意:在【线型管理器】对话框中,BYLAYER、BYBLOCK、CONTINUOUS 线型和任何当前使用的线型不可删除。

(6)当前。

该按钮将选择的线型设置为当前线型,在线型列表框中选择某一线型,然后单击【当前】按钮即可。

用户可以在【随层】、【随块】或某一具体线型之间作出选择,各种选择方式的含义如下:

①随层:线型为随层方式,即将当前图层的线型作为当前线型,这是最常用到的情况。

②随块:线型为随块方式,即将当前图层的线型为 CONTINUOUS。在该线型设置下绘制的对象创建成块后,块成员的线型将随着块的插入而与插入时的当前层的线型一致。

③设置成某一具体线型:将选中的某一线型设置为当前线型,以后在各图层上新绘制的对象均为该线型,不再随着所在图层线型的变化而变化。

(7)显示细节。

单击该按钮,【线型管理器】对话框变为如图 4-3 所示。

这时【线型管理器】对话框多了一个【详细信息】选项区域,该选项区域中各个选项详细说明了当前选中线型的特性信息,其中【全局比例因子】文本框设置线型的全局比例因子,它将影响到所有使用该线型的图形对象(包括已有的和以后绘制的对象)的比例效果,【当前对象缩放比例】文本框设置以后绘制的使用该线型的图形的比例因子;【ISO 笔宽】下拉列表框确定 ISO 线型的笔宽。

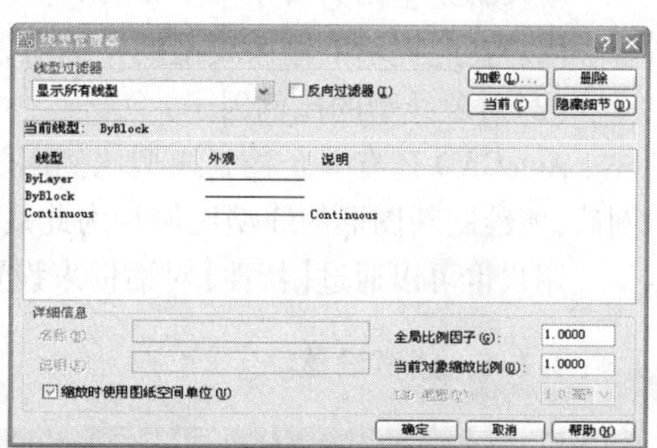

图 4-3　显示细节后的【线型管理器】对话框

4.1.2　使用线型

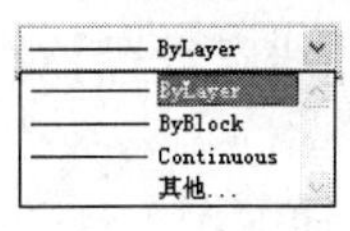

图 4-4　【对象特性】工具栏的【线型】下拉列表框

把 AutoCAD 提供的线型或者用户制定的线型加载进来以后,就可以使用这些线型绘图了,使用的线型有以下三种方式:

(1)设置为当前线型。

将某种线型设置为当前线型后,所有绘制的新图形都是使用该线型,设置当前图形线型有两种方法:一是在如图 4-1 所示的【线型管理器】对话框中,选择线型,然后单击【当前】按钮;二是在未选择对象时在【对象特性】工具栏中,从【线型】下拉列表框中选择线型,如图 4-4 所示。

(2)在图层中使用。

在图层中使用线型是最易于管理的方法,AutoCAD 每一个图层可以使用不同的线型,创建图层时,需要将线型设置好,将来绘制在该图层上的图形对象都将使用该线型(结合图层的使用)。

(3)修改线型。

一个已有的图形对象的线型是可以修改的,修改对象的线型通常选择要修改的对象后点击图标,在【特性】对话框中【线型】项中进行修改,如图4-5所示。

此外,在未调用任何命令的情况下,选择要修改的对象,然后从【对象特性】工具栏上的【线型】下拉列表框中选择一种线型,也可以修改对象的线型。

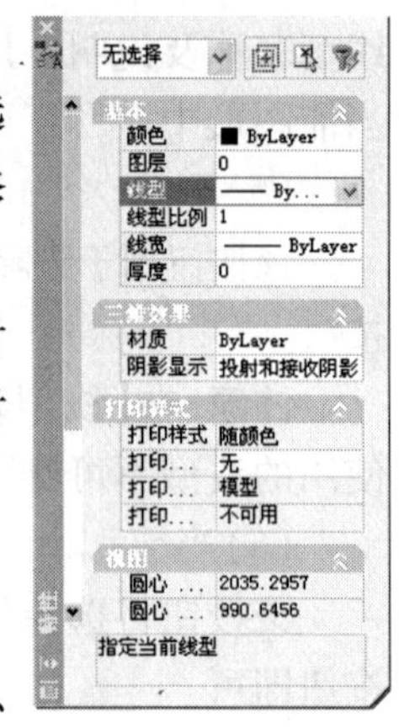

图4-5 【特性】对话框

4.1.3 线型比例

在AutoCAD中,除了CONTINUOUS线型外,每一种线型都是线段、空白段、点或文字所组成的序列,当图形线段太短而无法显示线型的所有组成元素、或者图形线段太长而线型组成元素太密时,可以通过改变线型比例系统变量的方法放大或缩小所有线型的每一小段的长度。

(1)全局比例因子。

LTSCALE用于控制所有线型的比例因子。

输入LTSCALE命令,AutoCAD提示:

输入新线型比例因子 <1.0000>:

用户在此提示下输入线型的比例值,AutoCAD会按比例重新生成所有图形。

(2)对象线型的比例因子。

AutoCAD还有一个控制线型比例因子的系统变量:CELTSCALE。用该变量设置线型比例后,所绘制新图形的线型比例均为此线型比例,而之前所绘制的对象则不受影响。

用户也可以通过【特性】对话框来设置图形对象的线型比例。

4.1.4 线宽设置

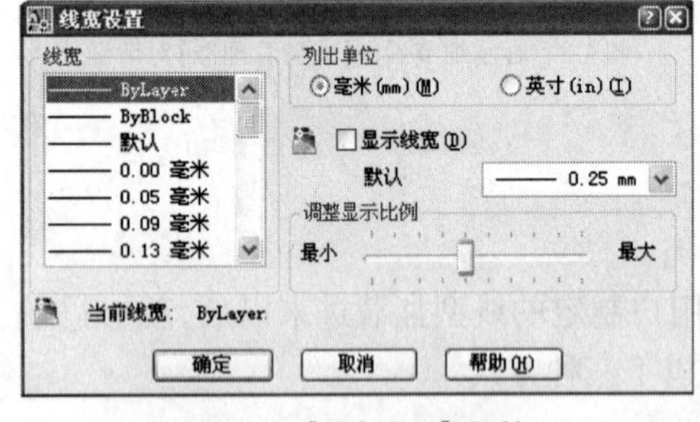

图4-6 【线宽设置】对话框

除了绘制矩形、多段线时可以设置线的宽度外,AutoCAD绘制的其他所有线条都是以默认宽度为0来显示的,如果需要,必须另外进行线宽设置。

用户可以在主菜单【格式】中选择【线宽】项或直接输入命令LWEIGHT来激活【线宽设置】对话框,如图4-6所示。

对话框中各个主要选项的含义如下:

(1)线宽。

【线宽】选项区域设置图形线条的宽度,AutoCAD在列表框中提供有20多种线宽,用户可从中选择即可。

(2)列出单位。

设置线宽的单位,AutoCAD提供【毫米】和【英寸】两种单位。

(3)显示线宽。

该复选框设置是否使用此对话框设置的线宽值来显示图形,通过单击AutoCAD窗口状态栏上的【线宽】按钮也可以实现线宽显示与不显示的切换。

(4)默认。

设置 AutoCAD 的默认线宽值,即取消【显示线宽】复选框的选择后,AutoCAD 显示的线宽,用户可以从相应的下拉列表框中作选择。

(5)调整显示比例。

确定线宽设置的显示比例,利用响应的滑块调整即可。

小技巧:在绘制矩形、多段线时,可以在命令行直接输入相应的命令设置线的宽度,通过此方式设置的线宽不受图形空间的约束。

4.2 图层的使用与管理

4.2.1 图层的使用技巧

图层是用来组织图形中对象分类的工具,运用它可以很好地组织不同类型的图形信息,将同一类对象组织成一个图层。图形中每一个对象都保存在其图层中,每个图层都有与其相关联的颜色、线形、线宽和打印样式等特性。

可以用图层将图形中的对象分组,同时用不同的颜色、线型和线宽识别不同的对象,用户可以按照绘图的需要来定义图层、颜色、线形和线宽等对象特征,对象可以直接使用其所在图层定义的特性,也可以专门给特定对象指定特定特性。对象的颜色特性有助于区分图形中相似的元素,线型特性则可以轻易区分不同的绘图元素(例如中心线或隐藏线)。线宽特性用宽度表现为对象的大小或分类。

充分利用图层、颜色、线型和线宽等对象特性组织所绘制的图形,是一个非常好的习惯,不仅提高了图形的表达能力和可读性,也使得更加容易地处理图形中的各种信息。

例如,在土木建筑图中,要表示上水管道、下水管道、煤气管道、暖气管道、照明线、电话线等,可以将它们分别画在不同的图层上,各层使用不同的颜色、线型加以区分。又如在电路设计中可以将布线图画在一图层上,将不同类型元件画在不同图层上,各层间使用不同的颜色和线型。在多层印刷电子线路版图的绘制时,使用分层功能同样简便,使用分层功能绘图时,可以打开一图层绘制,而关闭其他层,使一张复杂的图,分解在若干层上,分别绘制,需要时可以打开某些层进行叠加。叠加后的图形是一张各层间相互联系,又彼此独立的“复合图”。在这张图中,既可以对其中的某一层进行单独操作,也可以对全体进行统一操作。

4.2.2 图层的特性

下面通过【图层特性管理器】(Layer Properties Manager)来了解 AutoCAD2008 赋予图层的特性。使用下列方法之一可以打开该对话框:

(1)在主菜单之下的工具栏单击右键,激活【图层】工具栏;单击【图层】工具栏中的图标(工具栏如图 4-7 所示)。

图 4-7 【图层】工具栏

(2)选择【格式】主菜单中的【图层】选项。

(3)在命令行输入“LAYER”或“DDLMODES”。

需要注意的是："LAYER"命令是透明命令，可以在其他的命令执行时使用。

执行上述任一操作后打开【图层特性管理器】，如图4-8所示。

图4-8 【图层特性管理器】对话框

从图4-8可以看出：

(1)每一图层都有一个图层名。0层是AutoCAD定义的默认层，0层的线型是连续线，线宽是0.25mm，颜色是7号颜色（白色或黑色，这由软件的背景决定，如果将背景设置为白色，0图层颜色则为黑色）。

(2)在一幅图中可以有很多层，图层的数目不受限制。对每一图层上的对象数也没有限制。

(3)一般情况下，每一图层具有一种线型、一种线宽和一种颜色，画在其上面的对象通常都继承该层的这些特性，AutoCAD将这种继承叫作"随层"。例如第一层的线型是连续型，线宽是0.25mm，颜色是白色，打印样式是"普通"。那么画上去的线就继承了所在层的线型、线宽、颜色等特性。将线型、线宽、颜色和打印样式设置为"随层"，可以把图形组织得井井有条。当然也可以为同一图层上的对象设置不同的线型、线宽、颜色等特性。

(4)在AutoCAD 2008，每一图层可以设置一种打印样式，它使得AutoCAD可以利用图层控制打印输出的样式，也就是控制某个图层中图形输出时的线型、线宽、颜色等外观。修改打印格式可以覆盖掉对图形对象的颜色、线型、线宽的设置。

(5)AutoCAD只能在当前图层上进行绘图。当前图层必须有，而且只有一个，通过简单的切换可以改变当前层。这样就可以在不同的层上绘制出不同的图形对象。AutoCAD在"对象特性"工具栏中会显示出当前层的层名、特性、状态等信息。

(6)同一图中的所有图层具有相同的坐标系统、绘图界限和显示时的缩放倍数。因此，各层之间相互完全对齐。我们可以对位于不同图层上的对象同时进行编辑、修改的操作。

(7)同一层的图形对象处于同一种状态。图层的状态包括：打开/关闭、冻结/解冻、锁定/解锁、打印/不打印。通过对图层状态的操作，可以决定各图层的可见性与可操作性。

对话框中几种符号介绍如下：

(1)开灯和闭灯。

开灯表示图层打开，闭灯表示图层关闭。图层关闭时其上的图形不能显示，但应该注意的是使用HIDE（重生）命令时，该图层仍然会遮盖其他对象。隐藏图层后，使用该图层仍然可以绘制图形，只是不能看见。

(2)解锁和闭锁。

解锁表示图层解锁,闭锁表示图层被锁定。被锁定时,不能对图层上的图形对象进行编辑、修改的操作,也不能绘制新的图形对象。

(3)雪花和太阳。

雪花表示冻结,图层上的图形对象也就不能被显示出来。从可见性来说,冻结的层与关闭的层是相同的,区别是冻结层的图形对象不参加 AutoCAD 图形处理的运算,而关闭层上的对象,则要参加运算。所以,在复杂的图形中,冻结不需要的层可以大大加快系统重新生成图形的速度。

太阳表示解冻。

(4)打印和不打印。

打印表示所在层可以打印,不打印表示所在层不能打印。

以上几种符号所代表的状态可以在图层特性管理器中鼠标单击来切换对象,也可以在【图层】工具栏中通过鼠标单击加以切换。但应该注意的是,当前图层不能选为冻结状态。

注意:在 AutoCAD 2008 中,图层各列属性可以显示或隐藏,只需要在图层列标题上右击,并启用或禁用相应选项即可。

4.2.3 图层的创建与使用

在使用 AutoCAD 绘图前,一般应创建若干新层,为层上的对象设置颜色、线型、线宽等特性,并控制层的各种状态。

1. 创建新图层

打开图层特性管理器,单击【新建】按钮,AutoCAD 会自动创建一个名为【图层1】的新图层,接下来用户可以更改图层名称并设置其属性。如果【图层1】已经存在,那么新创的图层就叫【图层2】,以此类推,如图 4-9 所示。

利用【图层特性管理器】一次也可以创建多个图层,单击【新建】按钮后,在名称栏下输入新层名,紧接着再单击【新建】按钮,可以再输入下一个新层名,图层名最多可以包含 255 个字符,需要注意的是图层的名称不能包含通配符(* 和?)和空格。层名显示在图层列表框中。

新建图层还可在图形列表框中单击鼠标右键,弹出快捷菜单,选择其中的【新建图层】项,如图 4-9 所示。

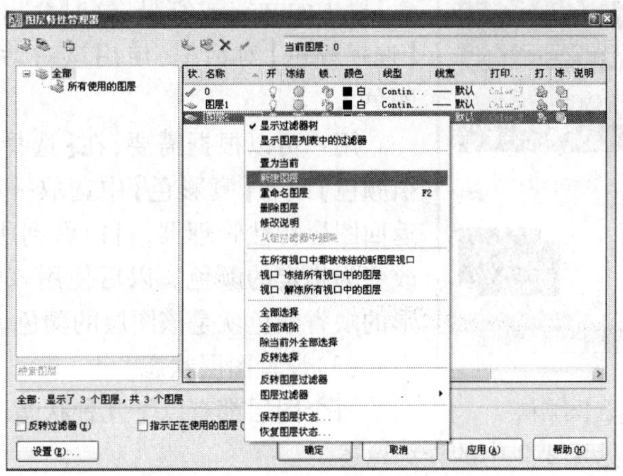

图 4-9 使用快捷菜单进行图层操作

2. 删除图层

在图层特性管理器中的图形列表区中,选择要删除的图层后单击✕【删除】按钮。也可以利用图4-9所示快捷菜单进行操作。

需要注意的是以下图层是不能删除的:图层【0】及当前图层;外部参考使用的图层;包含图形对象的图层。

3. 设置当前图层

选择要设置的图层,单击对话框中的✓【当前】按钮,就可以将这一图层设置为当前图层。当前图层会出现在标准工具栏的层列表框的顶部。将一个关闭的层设置为当前层后,AutoCAD会把它打开。

4. 设置图层的属性

每个图层都具有线型、颜色、状态等属性,下面我们来学习如何使用图层特性管理器来观察和设置图层属性的方法。

(1)设置线型。

例如:在图4-9中,选中【图层2】,单击【线型】栏中的相应名称【continuous】,这时会弹出【选择线型】对话框(如图4-10所示),使用该对话框可以设置图层的线型。在该对话框的"已加载的线型"列表框中的线型是已经载入了当前图形文件中的。

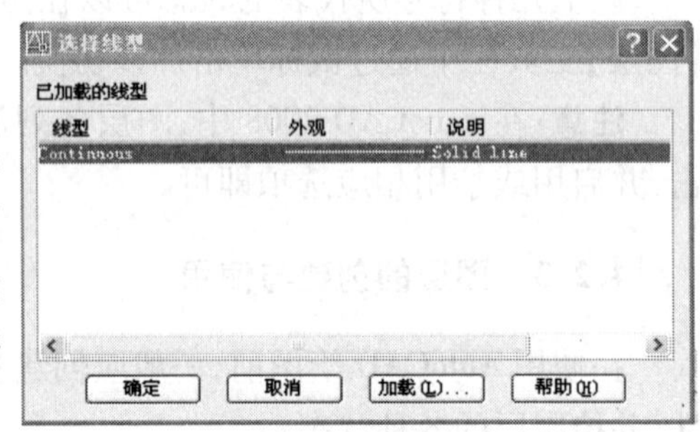

图4-10 【选择线型】对话框

如果在此列表框中,没有需要的线型,可以单击【加载】按钮,打开【加载和重载线型】对话框(如图4-2所示),从中可以选取任意一种线型载入当前图形文件,方法是选取一种线型后,单击【确定】按钮,系统会自动返回【选择线型】对话框。刚才所选的线型将出现在【已加载的线型】列表框中。

在【选择线型】对话框中的【已加载的线型】列表框中任意选取一种线型,然后单击【确定】按钮,会自动返回图层特性管理器中,可以发现所选图形的线型已经改变了。

图4-11 【选择颜色】对话框

(2)设置颜色。

在列表框中选择一个图层,然后单击该图层的【颜色】栏中的文字或符号,这时会出现如图4-11所示的【选择颜色】对话框,使用该对话框可以设置图层的颜色。

用户可以根据需要,在【选择颜色】对话框的【索引颜色】或者【真彩色】中选取一种满意颜色,确认后返回图层特性管理器,可以看到所选图层的颜色已经改变为指定的颜色。以后使用该图层画图时,所画图形的缺省颜色就是该图层的颜色。

(3)设置图层状态。

每个图层都有以下几种状态:打开和关闭,冻结和解冻,锁住和解锁,参见4.2.2中的详细论述。

(4)设置线宽。

按下列方法可以设置图层的线宽。

在一个图层的【线宽】栏上单击左键可以打开【线宽】对话框，如图4-12所示。

图4-12 【线宽】对话框

滚动式列表框中任选一种线宽的类型可以作为所选图形的线宽，则该图层上图形的缺省线宽就是在对话框中选取的类型。线宽将影响到打印出图形的线条宽度。

5. 通过图层过滤器选择设置图层

AutoCAD在图层特性管理器中，提供了过滤器功能。通过它可以在一幅具有大量图层的图形中，筛选出具有共同特征或特性的层，形成图层，显示在图层列表框内，以便于控制它们的状态和对它们进行设置和修改。

【新特性过滤器】按钮位于图层特性管理器对话框的左上角。点击按钮出现【图层过滤器特性】对话框（如图4-13所示），根据图形中图层的名称、颜色、线型、线宽等特性来过滤、筛选图层，从而方便地指定它们的各种状态：打开还是关闭，冻结还是解冻，锁定还是解锁，打印还是不打印等。

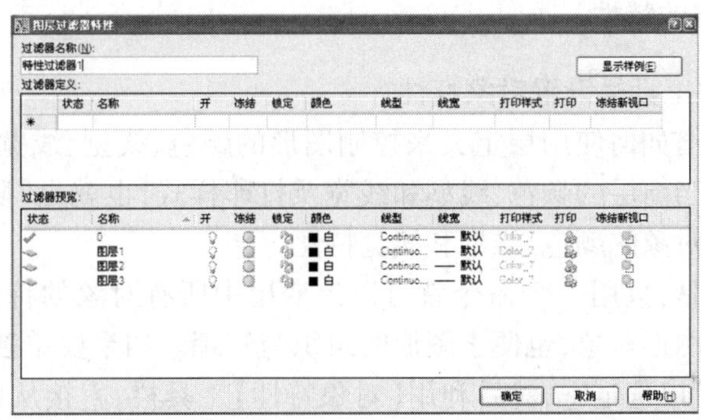

图4-13 【图层过滤器特性】对话框

例如，在【图层过滤器】对话框的【名称】编辑框中键入【图层＊】，就可以从所有图层中，筛选出以【图层】开头的层，并在图层特性管理器中列出来（如图4-14所示）。由此可以看出，利用图层过滤器可以有效的组织、控制图层。

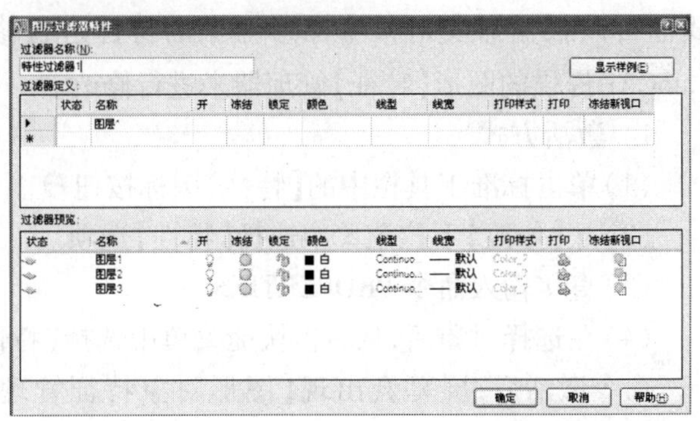

图4-14 在图层特性管理器中过滤图层

【图层过滤器】对话框的编辑栏中，可以使用通配符【＊】和【?】。

设置图层过滤器还可以单击右键即出现的快捷菜单来进行，选取快捷菜单栏中的【图层过滤器】选项即可(如图4-15所示)。

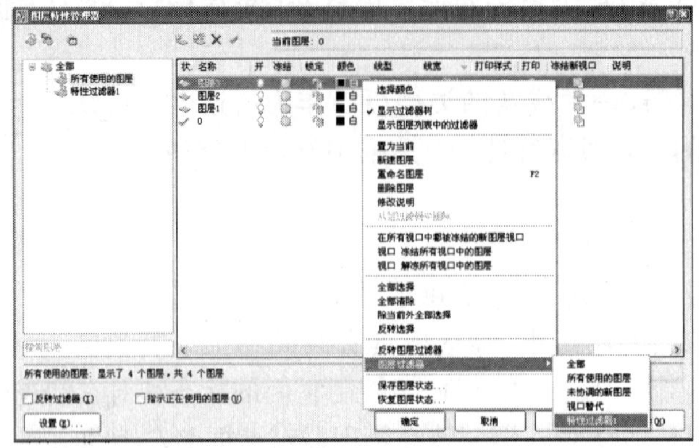

图4-15　利用右键选择【图层过滤器】选项

【新建组过滤器】按钮可以创建一个图层过滤器,其中包含用户选定并添加到该过滤器的图层。

4.2.4　设置图层的特性

1. 利用对象特性工具栏设置对象特性

前面我们已经知道如何使用层定义来控制图形的颜色、线型、线宽。缺省状态下,当我们绘制图形时将呈现当前层的颜色、线型和线宽及打印样式,也就是“随层”。但是,我们也可以单独的设置某个对象的颜色、线型和线宽特性。

使用随层的好处是:只用一个命令就可以改变层中所有对象的特性,便于区分不同层上的图形对象,也便于图形的组织与管理。如果要单独设置某个对象的特性,可以选定它,然后利用【对象特性】工具栏,直接从【颜色控制】下拉列表(如图4-16所示)中选择颜色;从【线型控制】下拉列表选择线型;从【线宽控制】下拉列表中选择线宽。

图4-16　【颜色控制】下拉列表

利用【格式】下拉菜单栏中的【图层】、【颜色】、【线型】选项设置与上述操作等效。

2. 修改图形的特性

在绘图过程中,我们可以根据需要对某个图形对象的特性进行修改。我们可以利用AutoCAD提供的图形【特征】管理器来进行修改。

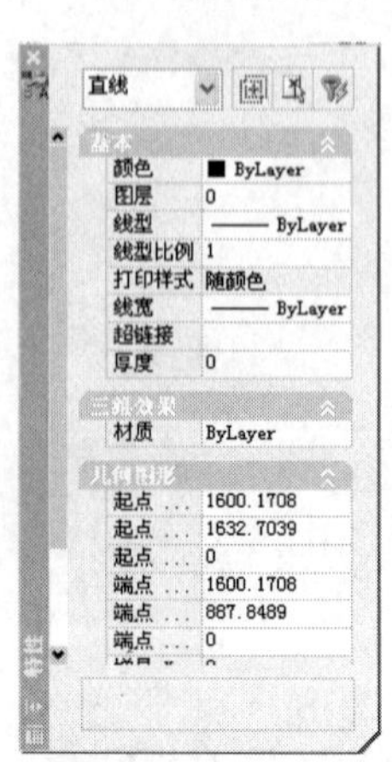

图4-17　【特性】管理器

1) 激活方式

(1)单击标准工具栏中的【特性】图标按钮。

(2)从【修改】下拉菜单中选择【特性】选项。

(3)直接输入命令 PROPERTIES。

(4)在选择对象后,从右击快捷菜单中选择【特性】选项。

命令激活后,屏幕会出现【图形对象特征管理器】窗口,如图4-17所示。

2) 使用【图形对象特征管理器】。

选择要修改的对象后,在打开的【对象特征】管理器中选择相应项,进行修改就可以了。

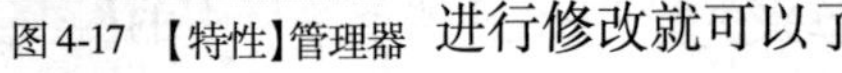

4.3 用线型和图层来绘制某斜拉桥主塔的俯视图

下面我们结合本章中所论述的线型和图层的有关知识来绘制某斜拉桥主塔的局部俯视图。因为俯视图中的各个部分的可见性的不同，所以在视图中用不同的线段形式来表示，如图 4-18 所示。

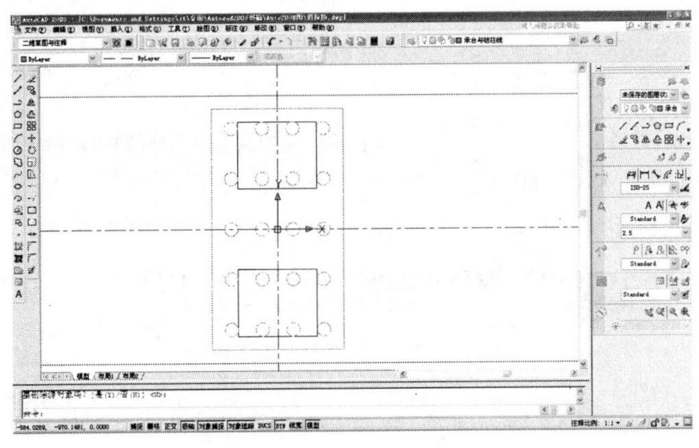

图 4-18　某斜拉桥的主塔局部俯视图

绘图步骤：

(1) 点击面板中图层工具栏的图标，根据需要在其中建立要设置的图层，各图层的名称和特性如图 4-19 所示。

其中将【中心线】图层的颜色设置为蓝色，方法为直接点击【中心线】图层的颜色图标，弹出如图 4-20 所示的【选择颜色】对话框，在其中选择蓝色后确认就可以了。

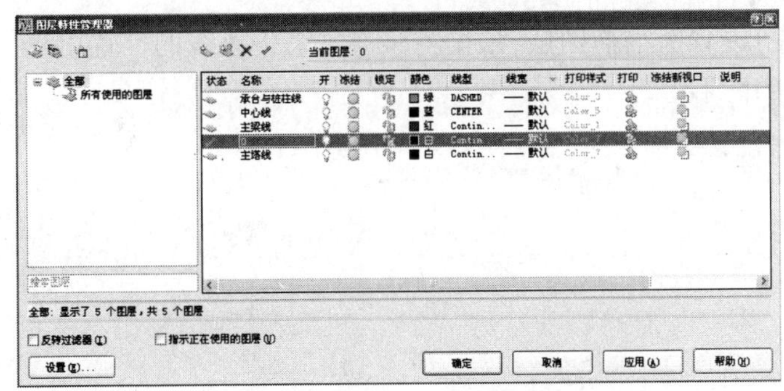

图 4-19　【图层特性管理器】中建立图层

图 4-20　【选择颜色】对话框中设置图层的颜色

其他的颜色设置方法类同，除此之外，还需要设置一些图层线型，例如【承台与桩柱线】图层的线型应设置为【DASHED】样式，其方法为：在【图形特征管理器】中选择【承台与桩柱线】中的线型项，弹出如图 4-21 所示的【选择线型】对话框，因为在其中没有所需的【DASHED】样式，所以点击其中的【加载】按钮，弹出如图 4-22 所示的加载或重载线型对话框中选择【DASHED】样式，确认后，后返回【选择线型】对话框，选择新加载的【DASHED】样式，确认后，就可以将【承台与桩柱线】图层的线型设置完毕，其余【中心线】图层的【CENTER】线型样式设置方法也基本一致。

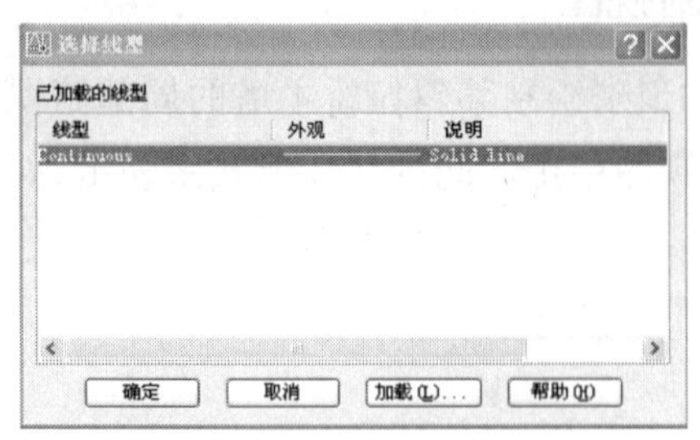

图 4-21 【选择线型】对话框　　　　图 4-22 【加载或重载线型】对话框中加载所需的线型

(2)将【中心线】设置为当前图层,根据斜拉桥的整个桥型布置图的情况来合理选择主塔中心线的位置,用直线命令即可以绘制如图 4-23 所示的中心线图示。

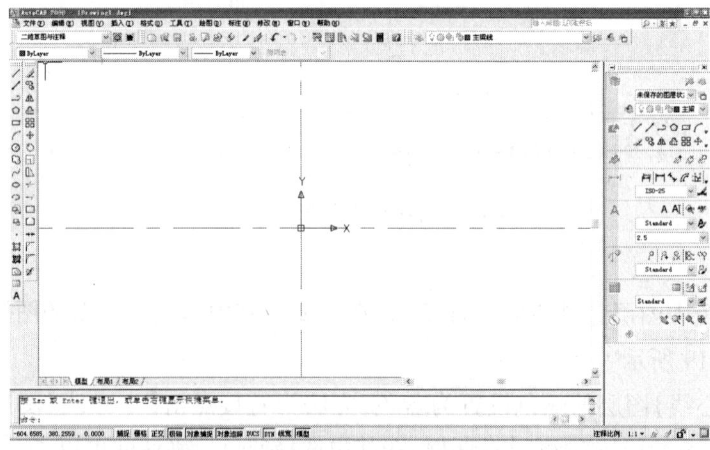

图 4-23 用直线绘制出主塔中心线

(3)绘制主梁,同样先将【主梁线】设置为当前图层,依据主梁与主塔中心线的位置用直线命令就可以绘制出如图 4-24 所示的图形。

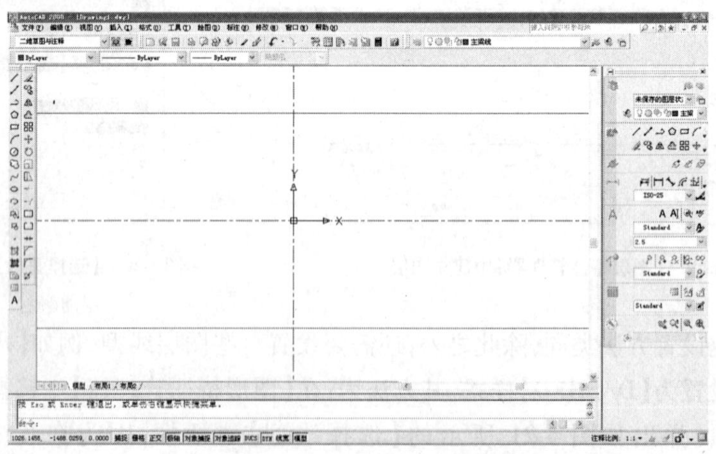

图 4-24 用直线命令主梁中心线

(4)接着绘制主塔线,先将【主塔线】设置为当前图层,采用矩形命令就可以绘制出如图 4-25 所示的图形。

(5)最后绘制承台以及桩柱,先将【承台与桩柱线】图层设置为当前图层,根据实际的图

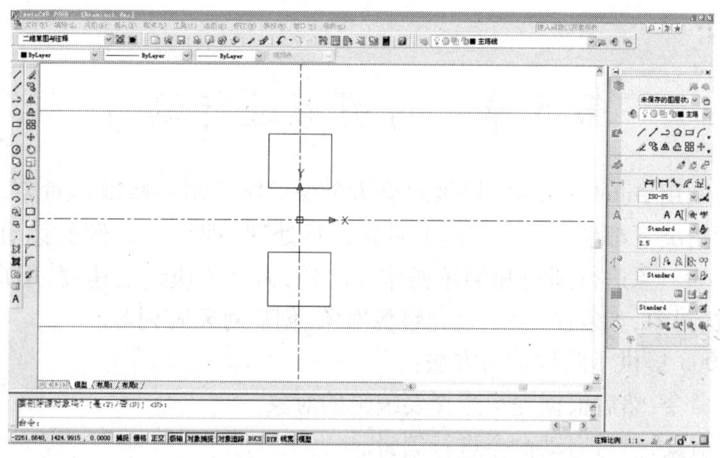

图 4-25　用矩形命令绘制出主塔的轮廓线

形尺寸，分别用矩形和圆命令（当然还可以结合后面需要介绍的阵列命令加快绘图），就可以得到如图 4-18 所示最后图形。

4.4　小结

本章主要内容总结如下：

- 介绍了通过【线型管理器】来加载线型：使用主菜单的【格式】中的【线型】或直接用命令 LINETYPE 来激活线型管理器；用户如何使用线型：使用当前线型、在图层中使用及修改现行等三种方式；以及用 LTSCALE 或 CELTSCALE 命令来控制线型的比例因子，应注意两个命令的区别；通过主菜单【格式】中选择【线宽】项或直接输入命令 LWEIGHT 来激活【线宽设置】对话框进行线宽设置。

- 介绍了图层的使用技巧，图层的特性（用“LAYER”或“DDLMODES”打开图层特性管理器，详细介绍了其中各选项的含义及应用）；图层的创建与使用及设置图层特性的方法：利用对象特性工具栏、在命令行输入“PROPERTIES”等或使用【图形对象特征管理器】。充分利用图层、颜色、线型和线宽等对象特性组织所绘制的图形，是一个非常好的习惯，不仅提高了图形的表达能力和可读性，也使得更加容易地处理图形中的各种信息。

- 用某斜拉桥主塔俯视图绘制实例说明线型和图层的应用。在 AutoCAD 2008 中，所有的图形对象都具有颜色、线型、线宽和图层这四个基本的属性，使用不同的属性可绘制不同的图形对象。通过创建和管理图层，不仅可以提高绘制复杂图形的效率，还能节省图形的存储空间。

第 5 章　对图形进行编辑

在绘图时,利用 AutoCAD2008 提供的绘图命令只能绘制一些基本对象。为了获得所要的图形,在很多情况下都必须对这些图形对象进行处理(即编辑),例如移动和旋转对象、延伸和拉长对象、为对象进行圆角和倒角操作。此外,为了加快绘图速度,用户还可根据已有的对象创建新的对象,如复制对象、创建镜像对象、创建对象阵列等。

AutoCAD2008 提供了两种编辑方法:

1. 先启动命令,然后根据提示选择要编辑的对象。

2. 先选择对象,然后启动命令进行编辑。

如果希望系统支持第二种编辑方法,则必须在【选项】对话框的【选择集】选项卡中选定【先选择后执行】复选框。但是,无论使用哪种方法进行编辑,选择对象都是重要的一环。因此,本章首先介绍如何选择对象,然后再介绍对象的各种编辑操作。

5.1　图形对象的选择

在编辑图形对象前,先要创建对象的选择集。选择集可以包含单个对象,也可以包含更复杂的编组,例如,在某图层上具有某种颜色的对象的集合。用户既可以在运行编辑命令之前创建选择集,也可以在运行编辑命令之后创建选择集。如果 HIGHLIGHT 系统变量设置为开,AutoCAD 将亮显被选择的对象。用户还可以对同一选择集进行多种修改,创建选择集的方法如下:

(1)选择编辑命令,然后选择对象并按回车键。

(2)输入 SELECT,然后选择对象并按回车键。

(3)用定点设备选择对象,然后运行编辑命令。

(4)定义编组。

响应【选择对象】的提示有多种方法。可以选择最近创建的对象、前面的选择集或选择图形中的所有对象。可以向选择集中添加对象或从中删除对象,也可以用多种选择方法构造一个选择集。

下面介绍几种选择方式:

1. 直接点取方式

直接点取方式是一种默认的选择方式。选择过程为:通过鼠标(或键盘以及其他定位设备)移动点取框,使其压住要选取的对象,然后按鼠标左键,该对象会以高亮度的方式显示,表示其已经被选中。

2. 窗口方式

当出现选择物体提示时,如果将点取框移动到图中的空白地方并按鼠标左键,AutoCAD 会提示[指定对角点],此时如果将点取框移到另一位置后按鼠标左键,AutoCAD 会自动以这两个点作为矩形的对顶点,确定一默认的矩形窗口。如果矩形窗口从左向右拖动,那么位于窗口内部的对象被选中,而位于窗口外部以及窗口边界相交的对象没被选中;如果矩形窗口是从右向左拖动的,那么不仅位于窗口内部的对象均被选中,而且与窗口边界相交的对象也将被选中。

3. 组方式

在【选择对象】命令提示下输入 GROUP,根据出现的命令提示输入相应数据即可。

4. 前一方式和最后方式

在【选择对象】提示下键入 P 后回车,则将执行当前编辑命令以前最后一次构造好的选择集作为当前的选择对象。

在【选择对象】提示下键入 L 后回车,则 AutoCAD 自动选择最后绘出的那个对象。

5. 全部方式

在【选择对象】提示下键入 ALL 后回车,则 AutoCAD 自动选择当前图上的所有对象。

6. 不规则窗口方式和不规则交叉窗口方式

在【选择对象】提示下键入 WP 后回车,则可以构造一个任意不规则多边形,仅在此多边形内的对象才能被选中。

在【选择对象】提示下键入 CP 后回车,则可以构造一个任意不规则的多边形,在此多边形内的对象以及与多边形相交的对象都将被选中。

7. 围线方式

该方式与不规则交叉窗口方式类似,但它不用围成一封闭的多边形,执行该方式时,与围线相交的图形均会被选中,在【选择对象】提示下输入 F 后即可进入此方式,以回车确认。此方式在需要选择多个对象编辑时,非常方便。

8. 扣除方式

在扣除模式下,可以让一个对象退出选择集。在【选择对象】提示下键入 R 后,即可进入该模式,然后单击不想被编辑的图形,进行编辑操作时,就只会对部分图形进行编辑了。

9. 返回到添加方式

在扣除模式下,即【删除对象】提示下键入 A 回车,AutoCAD 会提示【选择对象】,则返回到加入模式(ADD)。

10. 交替选择方式

当在【选取对象】提示下选取某对象时,如果该对象与其他一些对象相距很近,那么就很难准确地点取到此对象,此时可以使用交替对象选择法。在【选取对象】提示下,按下 Ctrl 键,将点取框压住要点取的对象,然后单击鼠标左键,这时点取框所压住的对象之一被选中。如果该选中的对象不是所要的对象,松开 Ctrl 键,在提示【循环开】状态下继续单击鼠标左键。随着每一次鼠标的单击,AutoCAD 会依次选中点取框所压住的对象,这样用户就可以方便的选择某一对象了。

11. 快速选择

用户通过快速选择可得到一个按过滤条件构造的选择集。当用户需要选择大量具有某些共性的对象时,可利用【快速选择】(Qselect)或【对象选择过滤器】对话框根据对象特性(如图层、线型、颜色等)或对象类型(直线、多段线、图案填充等)创建选择集。例如,只选择图形中所有线型为【HIDDEN】的对象,不选择其他线型的对象,或者选择除线型为【HIDDEN】以外的所有对象。

通过快速选择,可以根据指定的过滤条件快速定义一个选择集。利用【对象选择过滤器】,可以快速命名保存过滤器以供将来使用。

对于局部打开的图形,【快速选择】不考虑未被加载的对象。

例如,在绘制工程图(如图 5-1 所示中主梁预应力钢束构造图)时,常常把其中的标注设为同一种颜色，如果需要对其中的属性加以改变，可以采用快速选择的命令，点击工具菜单下的【快速选择】选项（或在命令行输入 QSELECT），此时会弹出如图 5-2 所示对话框。

在如图 5-2 所示的对话框中进行如下设置：

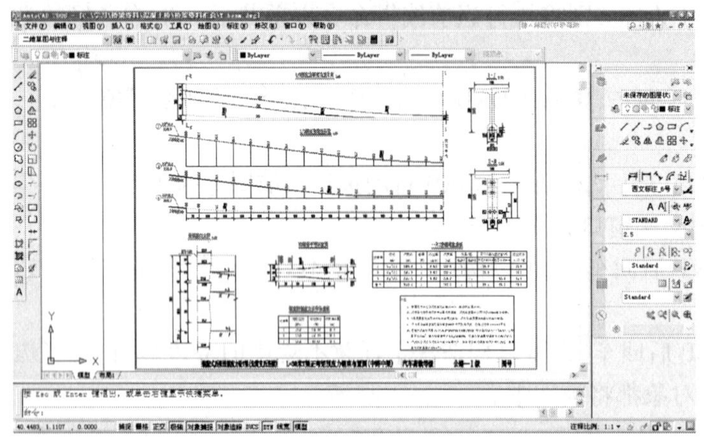

快速选择

应用到(Y)：当前选择

对象类型(B)：所有图元

特性(P)：颜色 图层 线型 线型比例 打印样式 线宽 超链接

运算符(O)：= 等于

值(V)：钢筋

如何应用：

包括在新选择集中(I)

排除在新选择集之外(E)

附加到当前选择集(A)

确定 取消 帮助(H)

图 5-1　中跨中主梁预应力钢束构造图

图 5-2　利用【快速选择】对话框创建选择对象

（1）在【快速选择】对话框的【应用到】下拉列表中选择【整个图形】。

（2）在【对象类型】下拉列表中选择【所有图元】。

（3）【特性】列表区选择【图层】。

（4）在【运算符】列表区选择【 = 等于】。

（5）在【值】下拉列表中选择【钢筋】。

（6）在【如何应用】设置区选择【包括在新选择集中】单选钮。

（7）选择【确定】按钮关闭【快速选择对话框】，AutoCAD 选择图形中所有颜色为洋红的对象（如图 5-3 所示）。AutoCAD 将会显示选中的图层为钢筋的图形。

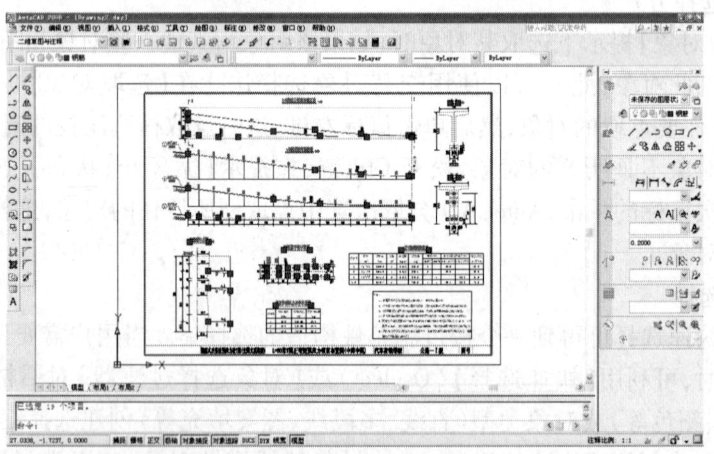

图 5-3　通过快速选择选定图层为钢筋的对象

可以使用【排除在新选择集之外】选项将对象排除在当前选择集外。在上面的例子中，假如按照前面方法已经将图形中所有的钢筋对象选中，想将图中的黄色对象从已选择的对象中排除，其步骤如下：

（1）从【工具】菜单中选择【快速选择】，打开【快速选择】对话框。

（2）在【快速选择】对话框的【应用到】下拉列表中选择【当前选择】。

(3)在【对象特性】下拉列表中选择【所有图元】。

(4)在【特性】列表区中选择【颜色】。

(5)在【运算符】下拉列表中选择【 = 等于】。

(6)在【值】编辑框中选择[黄]。

(7)在【如何应用】设置区选择【排除在新选择集之外】单选钮,如图 5-4 所示。

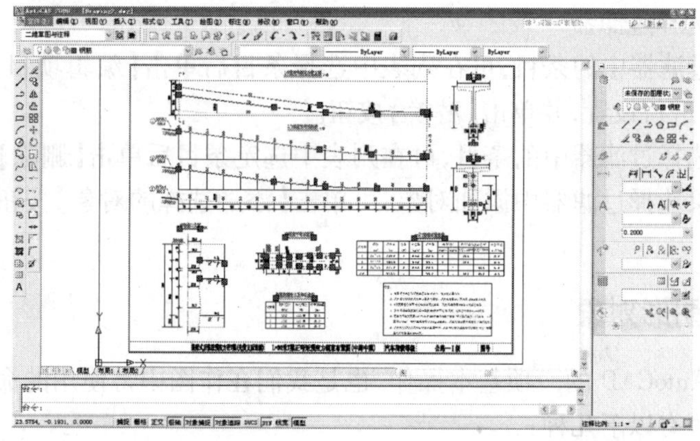

图 5-4 利用快速选择去掉图层“钢筋”中的黄色对象

12. 用选择过滤器选择

对于任何一种方法,如果要将颜色、线型或线宽作为过滤器选择集的条件,都要首先考虑图形中对象的这些特性是否被设置为【随层】。例如,一个对象被显示是因为它的颜色设置为【随层】,而某一图层的颜色是红色。所以要将红色的对象创建为选择集,就需要设计一个过滤器。设置过滤器的步骤如下:

(1)在命令提示下输入 FILTER,打开【对象选择过滤器】对话框(见图 5-5)。

(2)在【选择过滤器】下选择【 * * 开始 OR】,并单击【添加至列表】按钮,表示以下各项目为逻辑【或】关系。

(3)在【选择过滤器】下选择【 * * 开始 AND】,并单击【添加至列表】按钮,表示以下各项目为逻辑【与】关系。

(4)在【选择过滤器】下选择【图层】,然后单击【选择】按钮,打开【选择图层】对话框,选择颜色为红色的图层 1,并单击【添加至列表】按钮。

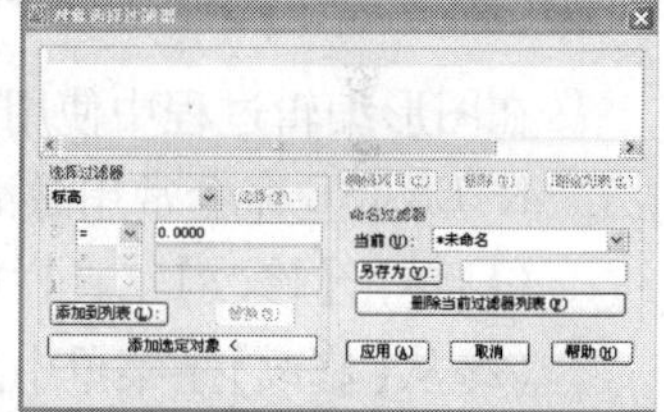

图 5-5 【对象选择过滤器】对话框

(5)在【选择过滤器】下选择【颜色】,然后单击【选择】按钮,打开【选择图层】对话框,选择【随层】,并单击【添加至列表】按钮。

(6)在【选择过滤器】下选择【 * * 结束 AND】,并单击【添加至列表】按钮,表示结束逻辑【与】关系。如果还有其他红色图层的话,应再次执行 3 ~ 5 步骤将其添加到列表中。

(7)再次在【选择过滤器】下选择【颜色】,并单击【选择】按钮,在打开的【选择颜色】对话框中选择【红色】,并单击【添加至列表】按钮。

(8)在【选择过滤器】下选择【 * * 结束 OR】,并单击【添加至列表】按钮,表示结束逻辑【或】关系,见图 5-6。

图 5-6 设置对象选择过滤器

1)使用对象选择过滤器

要使用命名对象选择过滤器,可在【对象选择过滤器】对话框【命名过滤器】设置区中的【当前】下拉列表中进行选择,然后单击【应用】按钮。

若单击【删除当前过滤器列表】按钮,将删除当前过滤器。如果希望创建新对象选择过滤器,可单击【清除列表】按钮,然后按照前面介绍的方法设置并保存对象选择过滤器。

2)编辑对象选择过滤器

要编辑对象过滤器中的条目,可在列表中选择条目后单击【编辑项目】按钮,然后在【选择过滤器】设置区进行设置,并单击【替换】按钮。

要删除对象选择过滤器中的条目,可在列表中选定条目后单击【删除】按钮。

要直接向对象选择过滤器中添加对象,可单击【添加选择的对象】按钮,然后在绘图窗口选择对象。

5.2 删除图形对象

删除对象是 AutoCAD 的一项基本操作,也是我们在作图中常使用的命令。简单来说,删除对象的操作方法有以下几种:

(1)使用删除命令 ERASE。

(2)选择要删除对象后,直接按键盘上的 Delete 键。

(3)选择对象,用剪切命令,如“Ctrl + X”,将对象剪切到剪贴板上,以便以后粘贴使用。

(4)使用 PURGE 清理命令,删除不使用的命名对象,包括块定义、标注样式、图层、线型和文字样式。

用户可以根据自己的爱好自由选择使用,但是最为常用的是前面两种方法。

5.2.1 删除图形对象命令 ERASE

在图形编辑过程中使用删除(ERASE)命令可以把选中的对象从图形中删除。

1. ERASE 命令常用激活方式

(1)单击【修改】工具栏中的图标按钮。

(2)从【修改】主菜单中选择【删除】选项。

(3)在命令行直接键入:Erase 或 E。

2. 命令的使用

激活以上 ERASE 命令后,命令提示行出现提示,用户可根据需要对 AutoCAD 作出响应,响应过程说明如下:

命令:ERASE

选择对象:(用户选择需要删除的对象,可用前面所讲的各种选择方式)

选择对象:(继续选择对象或以回车结束选择确认删除)

此外,还可以先选择对象,单击【删除】按钮即可删除对象;如果先选择了对象,在显示夹点后按 delete 键,也可以删除对象。

5.2.2 恢复删除误操作 UNDO 以及 OOPS

1. 撤销 UNDO 命令

用户因为意外操作,删除了一些不应删除的对象。如同其他命令的撤销一样,用第一章中介绍的撤销命令 UNDO 可对这样的误操作进行恢复。当然也可以用其快捷键“Ctrl + Z”或点击标准工具栏里的放弃图标来恢复。图标右侧的小三角用于选择放弃到前面操作的那一步。

2. OOPS 命令

OOPS 命令可恢复由上一个 ERASE 命令删除的对象，也可以在 BLOCK 或 WBLOCK 命令之后使用 OOPS，因为这些命令可以在创建块后，删除选定的对象。

注意：OOPS 只能恢复最后一次执行的删除操作，如果要连续向前恢复所做的操作，就要使用撤销 UNDO 命令；OOPS 命令不能恢复 PURGE 命令删除的图层上的对象。

5.3 改变图形的位置和大小

使用 AutoCAD2008 可以方便地移动图形或改变图形的大小，通过选用移动 MOVE、旋转 ROTATE、对齐 ALIGN 等命令可对图形对象进行移动、旋转和对齐的操作，选用比例 SCALE 命令可以改变图形的大小，从而达到期望的效果。

5.3.1 图形的移动 MOVE

在图形编辑过程中使用移动（MOVE）命令可以把选中的图形从一个位置移动到另一个位置，而不改变它的大小和方向，移动后原图形消失。可使用捕捉模式、坐标、夹点和对象捕捉模式的方法进行对象的移动。

1. MOVE 命令常用的激活方式

（1）单击【修改】工具栏中的图标按钮。

（2）从【修改】主菜单中选择【移动】选项。

（3）在命令行直接键入：Move 或 M。

2. 命令的使用

激活以上 MOVE 命令后，命令提示行出现提示，用户可根据需要对 AutoCAD 作出响应，响应过程说明如下：

命令：MOVE

选择对象：（在图形中选择需要移动的对象）

选择对象：（继续选择或回车确认已经完成选择）

指定基点或位移：（指定图形移动的基点，可以输入坐标或直接在屏幕中指定点）

指定位移的第二点或 <用第一点作位移>：（指定图形移动的基点，可以输入坐标或直接在屏幕中指定点，相对于第一点）

3. 实例

将图 5-7 中的圆以圆心为基点移动到下矩形的右端点，方法为：激活 MOVE 命令后，响应及操作说明过程如下：

命令：MOVE

选择对象：找到 1 个（选择圆作为移动对象）

指定基点或[位移(D)] <位移>：（选择圆心作为移动的基点）

指定第二个点或 <使用第一个点作为位移>：（指定下面矩形的右角点作为第二点）

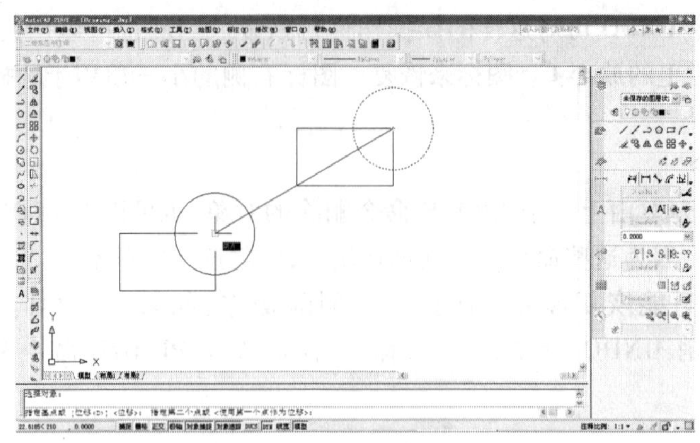

图 5-7　移动命令示例

5.3.2　改变图形的方向 ROTATE

在图形编辑过程中使用旋转 ROTATE 命令可以使图形绕一个指定基准点,按指定的角度及方向旋转,从而改变图形的方向。

1. MOVE 命令激活的常用方式

(1)单击【修改】工具栏中的图标按钮。

(2)从【修改】主菜单中选择【移动】选项。

(3)在命令行直接键入:ROTATE 或 RO。

2. 命令的使用

激活以上 ROTATE 命令后,命令提示行出现提示,用户可根据需要对 AutoCAD 作出响应,响应过程说明如下:

命令: ROTATE

UCS 当前的正角方向: ANGDIR = 逆时针 ANGBASE = 0

选择对象:(在图形中选择需要旋转的对象)

选择对象:(继续选择或回车确认已经完成选择)

指定基点:(指定图形旋转的基点,可以输入坐标或直接在屏幕中指定点)

指定旋转角度或 [复制(C)/参照(R)] <0>:

其中:

(1)【旋转角度】是指确定对象绕基点旋转的角度。旋转轴通过指定的基点,并且平行于当前用户坐标系的 Z 轴。

用户可以按照默认,在此输入对象绕基点旋转的角度值或在屏幕中直接指定旋转路径。

(2)【复制(C)】指旋转对象的同时创建对象的复制件。

(3)【参照(R)】是指定当前的绝对旋转角度和所需的新旋转角度。【参照】选项用于将对象与用户坐标系的 X 轴和 Y 轴对齐,或者与图形中的几何特征对齐。

输入"R"响应如下:

指定参照角 <0>:(用户通过输入值或指定两点来指定角度)

指定新角度或[点(P)] <0>:(用户输入值或指定两点来指定新的绝对角度)

旋转角度为"参照角"与新角度之差。

3. 实例

使用两种旋转方式对同样一个三角形对象进行旋转，其中，图 5-8 图一为直接给定旋转角度的方法得到的图形（上图为原图，下图为旋转后的图形），其作法与说明如下：

命令：ROTATE

UCS 当前的正角方向：ANGDIR = 逆时针 ANGBASE = 0

选择对象：总计 2 个（选择矩形以及字母 B 为旋转对象）

选择对象：（回车确认）

指定基点：（指定 A 点作为基点）

指定旋转角度或［参照(R)］：45（指定旋转的角度）

再使用指定 A 点和 B 点为参照点的旋转方式，结果如图 5-8 图二所示，其中上图为原图，下图为旋转后的图形，操作过程如下：

命令：ROTATE

UCS 当前的正角方向：ANGDIR = 逆时针 ANGBASE = 0

选择对象：找到 1 个（选择矩形为旋转对象）

选择对象：（回车确认）

指定基点：（指定 A 点作为基点）

指定旋转角度或［参照(R)］：r（响应参照选项）

指定参照角 <0>：（指定 A 点作为参照的第一点）

指定第二点：（指定 B 点作为参照的第二点）

指定新角度：75（指定参照旋转后的角度）

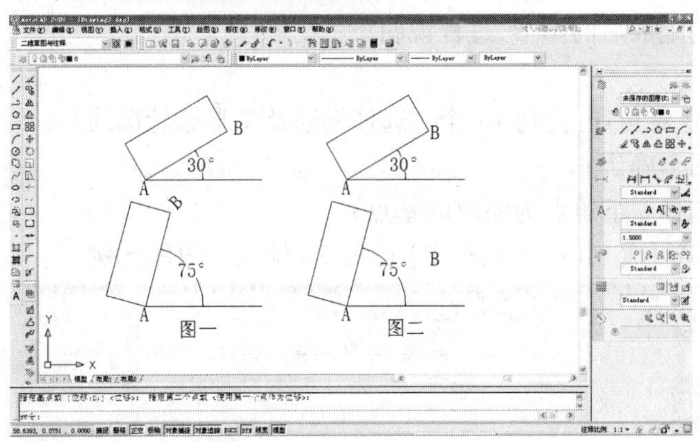

图 5-8　不同旋转方法示例

5.3.3　改变图形的大小 SCALE

在图形生成过程中常需要放大或缩小已有的图形，使用比例（SCALE）命令，可以很方便地将已有图形按需要的比例进行任意缩放，SCALE 命令按给定的基准点并以 X、Y、Z 方向相同的比例因子，放大或缩小选定的图形对象，但不能独立放大或缩小被选择对象 X、Y、Z 坐标值，也不能改变选择对象之间的比例。

1. SCALE 命令激活的常用方式

(1) 单击【修改】工具栏中的图标按钮。

(2) 从【修改】主菜单中选择【缩放】选项。

(3) 在命令行直接键入：SCALE 或 SC。

2. 命令的使用

激活以上 SCALE 命令后,命令提示行出现提示,用户可根据需要对 AutoCAD 作出响应,响应过程说明如下:

命令: SCALE

选择对象:(在图形中选择需要缩放的对象)

选择对象:(继续选择或回车确认已经完成选择)

指定基点:(指定图形缩放的基点,可以输入坐标或直接在屏幕中指定点)

指定比例因子或[复制(C)/参照(R)]<1.0000>:

其中:

(1)【比例因子】是指按指定的比例放大选定对象的尺寸。大于 1 的比例因子使对象放大。介于 0 和 1 之间的比例因子使对象缩小。

用户可以按照默认状态,在此输入对象缩放的比例因子或在屏幕中直接指定缩放路径。

(2)【复制(C)】是指创建要缩放的选定对象的复制件。

(3)【参照(R)】是指按参照长度和指定的新长度缩放所选对象。

用户如输入"R"响应,则提示如下:

指定参照长度 <1.0000>:(指定距离或按回车默认为1)

指定新的长度或[点(P)] <1.0000>:(指定新距离,或输入点 P,用两点来定义长度)

如果新长度大于参照长度,对象将放大。

3. 实例

如图5-9 所示T形梁图形中的钢筋进行缩放以方便标注,缩放比例为1.5,如图5-9 所示右图为原图,左图为缩放后的图形,过程说明下:

命令: SCALE

选择对象: 指定对角点:找到 13 个(选择钢筋及T形梁轮廓线)

选择对象:(回车确认)

指定基点:(选择左下角点为缩放的基点)

指定比例因子或[复制(C)/参照(R)]: 1.5(输入缩放的比例)

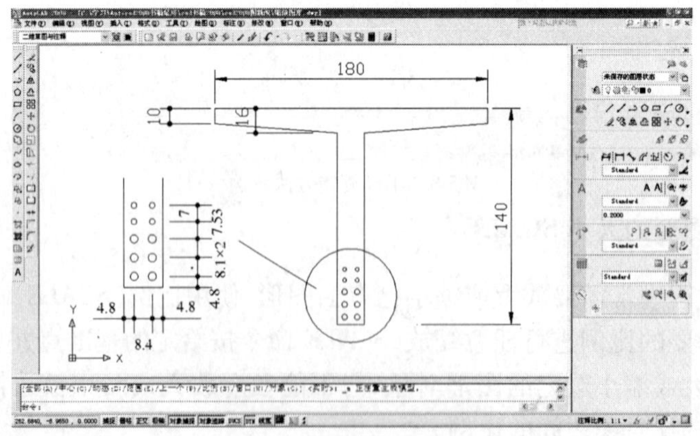

图5-9 缩放图形应用示例

5.3.4 对齐图形对象 ALIGN

对齐(ALIGN)命令用于移动和旋转被选择的对象,从而达到与另一图形对象对齐的目的。此命令同时移动和改变所选对象的位置和方向,通过输入两组点:源点和目标点,即可确定所选图形对象的新方向和新位置。一对点可移动所选择的对象;两对点用于二维图形对象的对齐排列;三对点用于三维对象的对齐排列。实际上 ALIGN 命令相当于 MOVE、ROTATE 与 SCALE 命令功能的组合。

1. ALIGN 命令激活的常用方式

(1)从【修改】主菜单中选择【三维操作】中的【对齐】子选项。

(2)在命令行直接键入:ALIGN 或 AL。

2. 命令的使用

激活以上 ALIGN 命令后,命令提示行出现提示,用户可根据需要对 AutoCAD 作出响应,响应过程说明如下:

命令:ALIGN

选择对象:(选择需要对齐的源对象)

选择对象:(继续选择或回车确认已经完成选择)

指定第一个源点:(指定第一个源点,最好在源对象上指定)

指定第一个目标点:(指定第一个目标点,最好在目标对象上指定)

指定第二个源点:(继续指定第二个源点或回车确认完成指定)

指定第二个目标点:(继续指定第二个目标点)

指定第三个源点或 <继续>:(继续指定第三个源点或回车确认完成指定)

是否基于对齐点缩放对象?[是(Y)/否(N)] <否>:(用于确认是否对源对象进行缩放,“Y”缩放,“N”不缩放)

对齐命令实际上是把源对象上的源点分别对齐于目标对象上的目标点。几点补充说明如下:

(1)当采用一对源点和目标点时,相当于把对象以源点为基点移到目标点。

(2)当指定两对源点和目标点时,对象不仅移动而且转动,即源对象的两个源点连线与目标对象的两目标点连线对齐,多用于平面对象的对齐。

(3)在指定的两对源点和目标点时,可以选择对象在对齐时是否与目标物体相符。

(4)当指定三对源点和目标点时,对象在三维空间中不仅移动而且转动,即源对象的三源点构成平面与目标对象的三目标点构成平面对齐,多用于三维对象的对齐。

3. 实例

对如图 5-10a)所示的五边形进行图形对齐操作,如果将 1 与 2 作为第一对源点和目标点,而将 3 与 4 作为第二对源点与目标点。其中图 b)为只指定第一对对应点的结果图形,图 c)为指定第一和第二对对应点,但不进行缩放时的图形,图 d)为指定第一和第二对对应点,且进行缩放后时的图形。

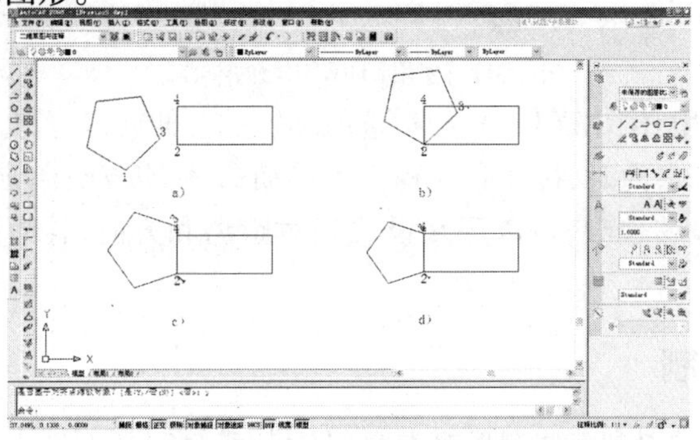

图 5-10 对齐对象图形的举例

5.3.5 拉伸图形对象 STRETCH

拉伸 STRETCH 命令与移动 MOVE 命令功能类似,它可以移动图形的指定部分,同时保持图形未动部分相连。

1. 命令激活的常用方法

(1)单击【修改】工具栏中的【拉伸】图标按钮。

(2)从【修改】下拉菜单中选择【拉伸】选项。

(3)在命令行直接键入:STRETCH。

2. 命令的使用

激活以上 STRETCH 命令后,命令提示行出现提示,用户可根据需要对 AutoCAD 作出响应,响应过程说明如下:

命令: STRETCH

选择对象:(交叉窗口或交叉多边形选择要拉伸的对象)

选择对象:(继续选择对象或以回车确认选择完成)

指定基点[或位移(D)]<位移>:(指定拉伸的基点或拉伸的位移)

指定第二个点或 <使用第一个点作为位移>:(如果输入第二点,对象将从基点到第二点拉伸矢量距离。如果在"指定第二点"提示下回车,STRETCH 将把第一点当作 X、Y 轴方向的位移值。)

此处的交叉窗口选择与窗口选择的操作方法类似,只是在确定选取对象时框选的方向是先确定右上角点,然后向左侧拖动至左下角点来定义选取范围。当确定选取范围后,所有完全或部分包含在交叉窗口中的对象均被选中。

3. 例如,对如图 5-11 所示的图形进行拉伸操作,其中图一为原图,图二为拉伸之后的图形。

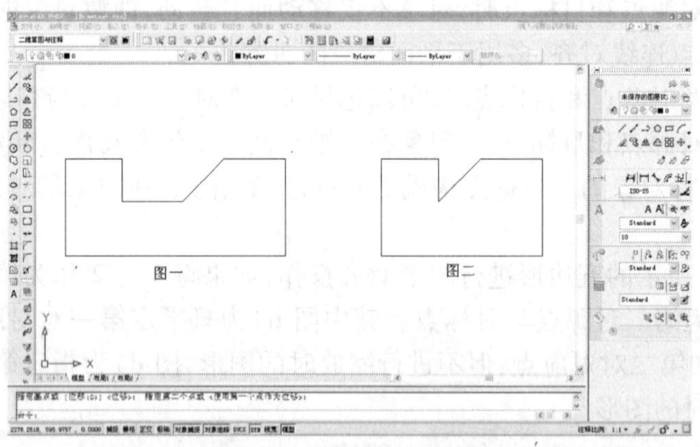

图 5-11 使用 STRETCH 命令绘图

需要注意的是:使用 STRETCH 命令时,选取不同的拉伸窗口范围,可得到不同的拉伸结果。选择对象全部在窗口内时,拉伸命令相当于移动命令 MOVE;单击【拉伸】按钮后,命令行提示信息中有一个位移选项,可以用来设置相对距离和方向,且最后输入的位移值会被保留。

5.4 图形的复制

在绘图过程中,经常遇到有些图形需要反复绘制或绘制相似副本的情况,AutoCAD2006

提供了多种处理这样图形的方法，可以大大简化作图过程。主要有复制、镜像、阵列以及偏移等方法。

5.4.1 图形的简单复制 COPY

复制 COPY 命令可以将选中的图形对象复制到指定的位置上，并且使原图形在原处保持不变。

1. COPY 命令激活的常用方法

(1)单击【修改】工具栏中的图标按钮。

(2)从【修改】下拉菜单中选择【复制】选项。

(3)在命令行直接键入：COPY 或 CO 或 CP 等。

2. 命令的使用

激活以上 COPY 命令后，命令提示行出现提示，用户可根据需要对 AutoCAD 作出响应，响应过程说明如下：

命令：COPY

选择对象：(选择要复制的对象)

选择对象：(继续选择对象或以回车确认选择完成)

当前设置：复制模式 = 多个

指定基点或[位移(D)/模式(O)]：(指定复制的基点或输入“D”使用坐标指定相对距离和方向或输入“O”控制是否自动重复该命令)

指定第二个点或 <使用第一个点作为位移>：(指定复制的第二点，如果在“指定位移的第二个点”的提示下回车，则第一个点被当作相对于 X、Y、Z 的位移)

5.4.2 镜像复制图形 MIRROR

镜像(MIRROR)命令将选中的图形进行镜像复制，原图形对象可以在原处保留，也可以删除，经常用于对称图形的绘制。对于对称图形，用户可以只画一半的对象，再使用此命令进行镜像，提高用户绘图的效率。

1. Mirror 命令激活的常用方法

(1)单击【修改】工具栏中的图标按钮。

(2)从【修改】下拉菜单中选择【镜像】选项。

(3)在命令行直接键入：MIRROR 或 MI。

2. 命令的使用

激活以上 MIRROR 命令后，命令提示行出现提示，用户可根据需要对 AutoCAD 作出响应，响应过程说明如下：

命令：MIRROR

选择对象：(选择需要镜像的对象)

选择对象：(继续选择或用回车确认选择结束)

指定镜像线的第一点：(指定镜像线的第一点)

指定镜像线的第二点：(指定镜像线的另外一点)

要删除源对象吗？[是(Y)/否(N)] <N>：(如果用户输入“Y”响应，则将被镜像的图像放置到图形中并删除原始对象，而用户输入“N”以响应，则将被镜像的图像放置到图形中

并保留原始对象)

3. 实例

镜像命令是快速绘图时使用的重要功能之一，也是我们平时经常用到命令之一。下面举一个小例子：在桥梁布置图绘制中，桥墩往往只需绘制半个，如图 5-12a)所示，然后对其进行镜像命令就可以得到整个桥墩的图形，如图 5-12b)所示。步骤与说明如下：

命令：MIRROR

选择对象：指定对角点：找到 2 个(框选单个墩的所有对象)

选择对象：(回车确认)

指定镜像线的第一点：(点取主梁中心线的一点)

指定镜像线的第二点：(点取主梁中心线的另一点)

要删除源对象吗？[是(Y)/否(N)] <N>：(回车确认不删除源对象)

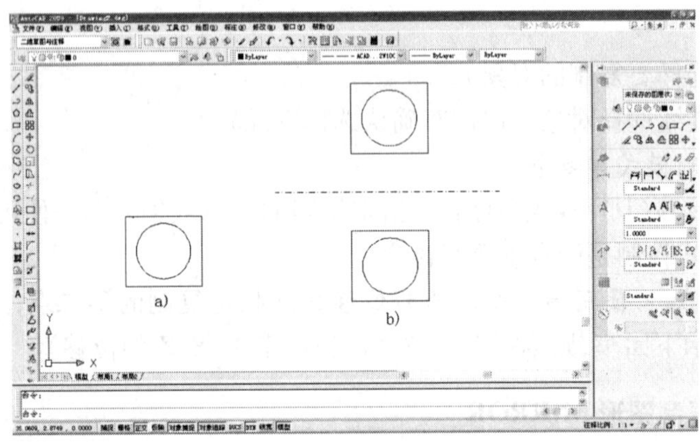

图 5-12　用镜像复制命令绘制桥墩

5.4.3　图形的多重复制 ARRAY

对所选定的图形对象进行有规律地多重复制可用阵列(ARRAY)命令，从而建立一个矩形的或者环行的阵列。所谓矩形阵列是指按行与列排列出整齐的多个相同对象组成的图案，而环行阵列则是围绕中心点的多个相同对象组成的环形图案。

1. ARRAY 命令激活的常用方法

(1)单击【修改】工具栏中的 图标按钮。

(2)从【修改】下拉菜单中选择【阵列】选项。

(3)在命令行直接键入：ARRAY 或 AR。

2. 命令的使用

激活以上 ARRAY 命令后，出现如图 5-13 所示的【阵列】对话框，选择相应的选项可以创建矩形或环形阵列，具体说明如下：

(1)矩形阵列。使用矩形阵列可以方便地制作工程图样中经常遇到的图形重复，如图 5-14 所示的绘制桥梁栏杆，制作过程如下：

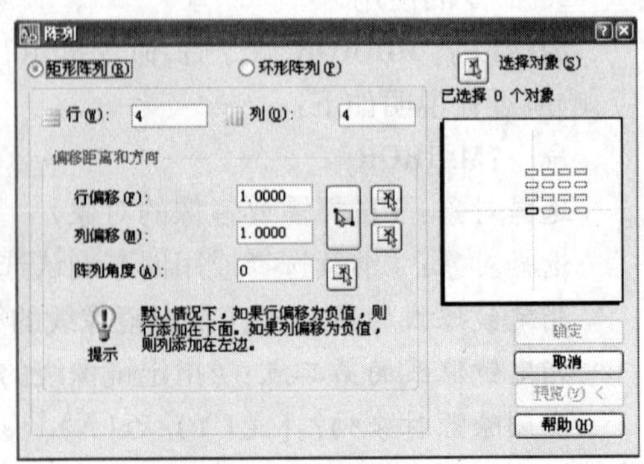

图 5-13　【阵列】对话框

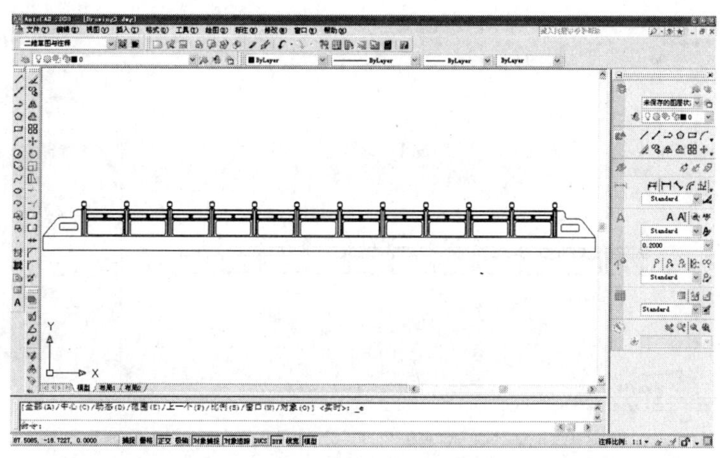

图 5-14　绘制桥梁栏杆举例

首先在图形中建立如图 5-15 所示的单个栏杆立柱，以此为原本。

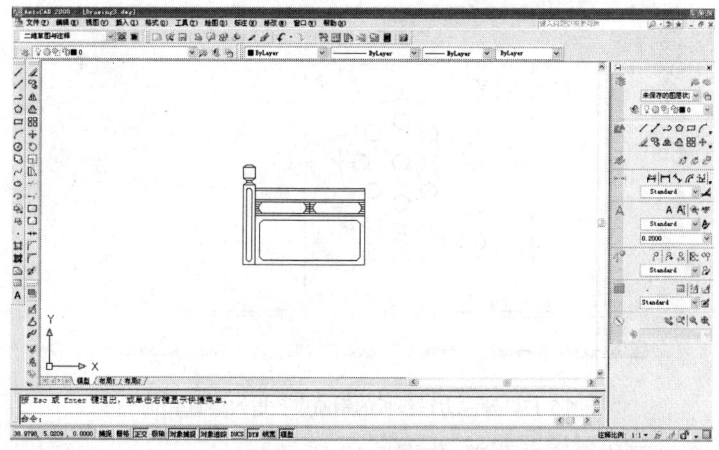

图 5-15　建立单个桥梁栏杆原本

用前面所述的方法输入 array 激活【阵列】对话框，如图 5-13 所示，选择其中的【矩形阵列】选择框。

在对话框中，点击其中的【选择对象】前面的图标，框选整个栏杆，回车返回【阵列】对话框，按照数量表的实际情况在【行】对话框中填入“1”，在【列】对话框中填入“11”。在其下方的偏移距离和方向的框中，点击列距对话框右侧长条形的图标，点击原本单栏杆的左下角和右下角，确认返回【阵列对话框】。在阵列角度的对话框中按照默认值填“0”。单击确定按钮，则绘出如图 5-16 所示的表框。

绘制如图 5-16 中的表格草图后，在稍加完善后，就可以得到如图 5-14 所示的栏杆图样了。其他图形也可以按照这样的方法绘制，当然可能还要用到其他的编辑工具来完善最后的图形，但其思路是一致的。

（2）环行阵列。利用环形阵列可以方便地绘制各种环形对称图形，如在基础工程图中的横断面上纵向主钢筋的绘制、圆柱形横断面钢筋的绘制等，下面以如图 5-17 所示的预应力锚垫板中的预应力钢筋束孔道的绘制来说明环形阵列的使用。

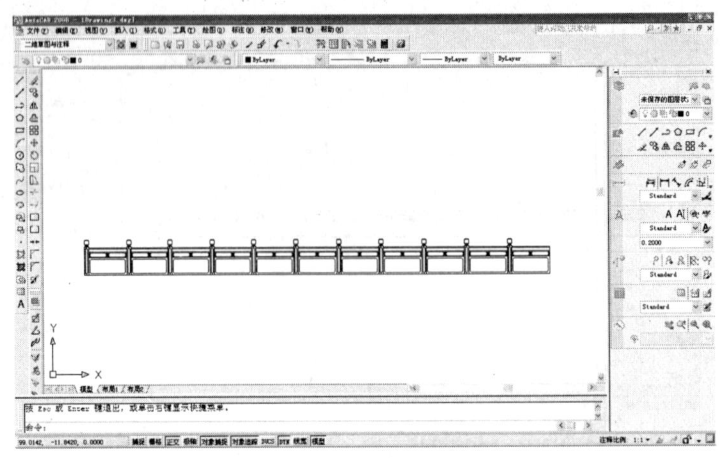

图 5-16　利用阵列绘制桥梁栏杆

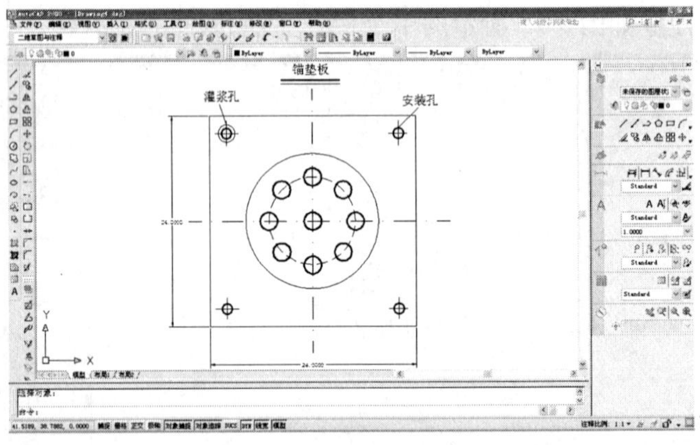

图 5-17　预应力锚垫板的钢筋束孔道的绘制举例

首先绘制一个外围的钢筋束孔道，如图 5-18 所示。

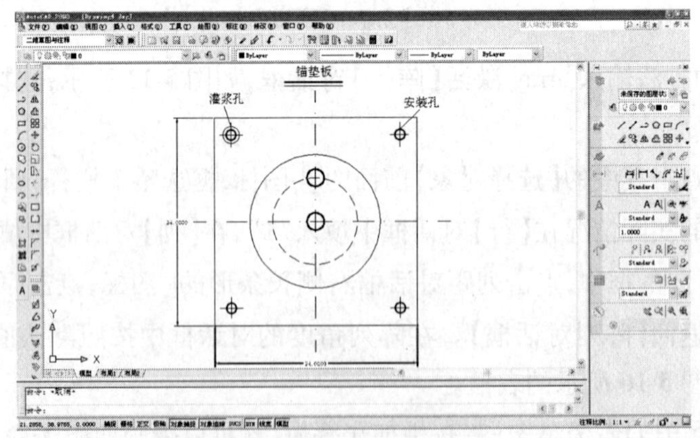

图 5-18　绘制一个外围的钢筋束孔道圆

激活 ARRAY 命令，弹出【阵列】对话框中选择【环形阵列】，对话框变为如图 5-19 所示。

首先点击【选择】对象左侧的图，选择外围的钢筋束孔道，回车确认返回【阵列】对话框，点击【中心点】区右侧的图图标，在图形中选择环形束圆的中心点（即锚垫板的中心点），自动返回，可见其坐标自动填入中心点的坐标中，在方法中选择【项目总数和填充角度】项。在下侧的【填充总数】对话项中填入环形钢筋束的数量“8”,在【填充角度】对话项中填入360,即指定在整个环形中等距填入8个钢筋束圆。按照默认选中【复制时旋转项目】,确认后,图形就可以达到如图5-17所示的效果。

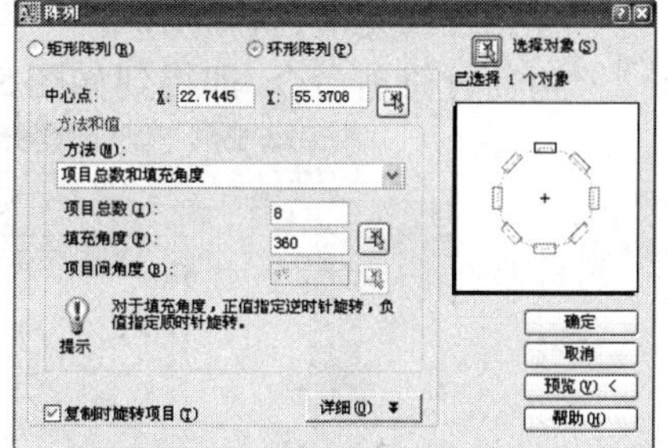

图5-19 【环形阵列】对话框

5.4.4 构造偏移对象OFFSET

偏移OFFSET命令用于构造一个与指定图形对象保持等距离的(可能是放大也可能是缩小的)新图形对象。创建偏移的新对象有两种方法:一种是指定距离;另一种是指定通过点。利用它可以生成同心圆、平行线以及平行曲线等。

1. OFFSET命令激活的常用方法

(1)单击【修改】工具栏中的图标按钮。

(2)从【修改】下拉菜单中选择【偏移】选项。

(3)在命令行直接键入:OFFSET或O。

2. 命令的使用

激活以上OFFSET命令后,命令提示行出现提示,用户可根据需要对AutoCAD作出响应,响应过程说明如下:

命令: OFFSET

当前设置:删除源 = 否 图层 = 源 OFFSETGAPTYPE = 0

指定偏移距离或 [通过(T)/删除(E)/图层(L)] <通过>:(指定偏移的距离或输入“T”以响应通过指定点的对象或输入“E”响应偏移源对象后将其删除或输入“L”响应将偏移对象创建在当前图层上还是源对象所在的图层上)

选择要偏移的对象或 [退出(E)/放弃(U)] <退出>:(选择需要偏移的对象)

指定要偏移的那一侧上的点,或[退出(E)/多个(M)/放弃(U)] <退出>:

(指定偏移的方向,只要鼠标在偏置方向上点击一下即可)

选择要偏移的对象或[退出(E)/放弃(U)] <退出>:

(继续选择偏移对象进行偏移操作或以回车结束偏移操作)

3. 实例

偏移OFFSET命令在实际绘图中应用范围很多,特别是在作辅助线时。下面我们以如图5-20所示的图框线绘制为例说明OFFSET命令的使用,在此使用的是A3横向图纸,并且是不带装订边的形式(图纸边界线与图框线之间的距离都是10mm),假定已经做好纸边界线,说明如下:

命令: OFFSET

当前设置:删除源 = 否 图层 = 源 OFFSETGAPTYPE = 0

指定偏移距离或 [通过(T)/删除(E)/图层(L)] <通过>: 10 (输入要偏移的值)

选择要偏移的对象或 [退出(E)/放弃(U)] <退出>:(选择图纸边界线)

指定要偏移的那一侧上的点,或[退出(E)/多个(M)/放弃(U)] <退出>:(在图纸的任意内部点击)

选择要偏移的对象或[退出(E)/放弃(U)] <退出>: ...

直至绘图完成，回车确认。

再通过修剪命令，即得到如图 5-20 所示的图框线。

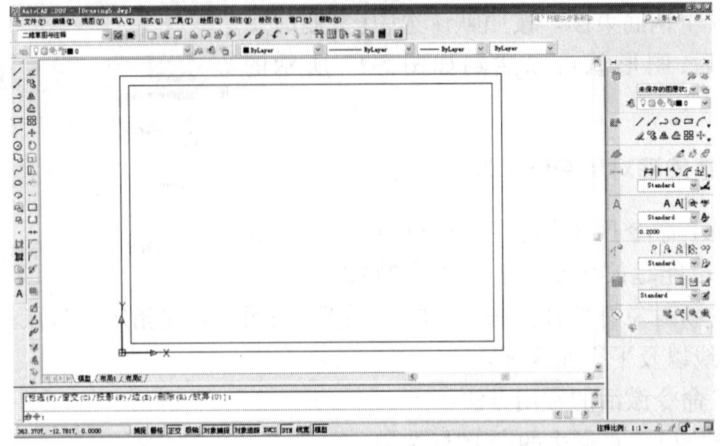

图 5-20 使用 OFFSET 偏移操作绘制图框线

5.5 对图形边、角、长度的编辑操作

AutoCAD 提供了非常完善的图形编辑功能，不仅可以对图形进行复制、移动、旋转等操作，还可以根据需要对图形中的边、角等进行断开（BREAK）、修剪（TRIM）、延长（EXTEND）等编辑操作，也可以实现对图形倒棱角（CHAMFER）和倒圆角（FILLET）的功能。

5.5.1 打断图形线 BREAK

打断（BREAK）命令用来切掉图形对象（例如，直线、构造线、射线、多段线、样条曲线、圆、圆弧等）的一部分，或把它们切断为两部分。

1. BREAK 命令激活的常用方法

（1）单击【修改】工具栏中的□或□图标按钮。

（2）从【修改】下拉菜单中选择【打断】选项。

（3）在命令行直接键入：BREAK 或 BR。

2. 命令的使用：

激活以上 BREAK 命令后，命令提示行出现提示，用户可根据需要对 AutoCAD 作出响应，响应过程说明如下：

命令：BREAK

选择对象：（点选对象，此时要注意可以以点选点作为打断第一点）

指定第二个打断点或［第一点（F）］：（指定打断第二点或输入“F”来重新指定第一点）

注意：

（1）在选择对象时，用户用点取的方法点击对象，这时系统会把这个点作为删除线的起点，如果用户重新指定第一点需键入 F，这时以用户指定的点作为起点。对于圆弧的打断，系统默认的方向是逆时针，也就是说删除的是逆时针走向的一段弧。

（2）BREAK 将实体两点截开，在选取第二点时如用【@】来回答，可由第一点将实体分开。

3. 利用 BREAK 命令打断圆举例，如图 5-21 所示，其中（图一）和（图三）是其中的两个

原图，利用不同顺序指定打断点，分别可以得到如图二和图四所示的图形。

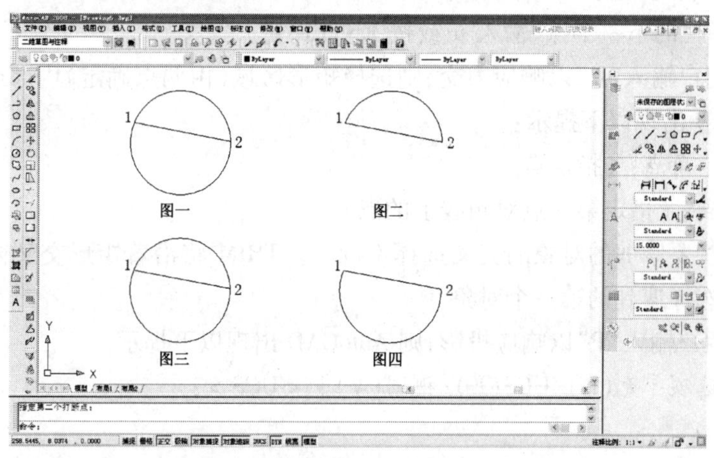

图 5-21　指定不同顺序打断点的打断圆

5.5.2　修剪图形 TRIM

当使用上述 BREAK 命令要删去一个图形对象与其他图形对象相交点间的部分时，需要准确地拾取要删除部分的两个端点。而修剪（TRIM）命令则无须精确地指定端点就能准确地删除这一部分。它将要删除的图形对象作为被切边，与其相交的图形对象作为剪切边。灵活的运用修剪功能，既可以提高绘图精度，也可以提高效率。

1. TRIM 命令激活的常用方法

（1）单击【修改】工具栏中的图标按钮。

（2）从【修改】下拉菜单中选择【修剪】选项。

（3）在命令行直接键入：TRIM 或 TR。

2. 命令的使用

激活以上 TRIM 命令后，命令提示行出现提示，用户可根据需要对 AutoCAD 作出响应，响应过程说明如下：

命令：TRIM

当前设置：投影 = UCS，边 = 无

选择剪切边...

选择对象或 <全部选择>：（选择修剪边，如直接回车，则全部对象都默认为修剪边）

选择对象：（继续选择修剪边或回车确认选择完成）

选择要修剪的对象，或按住 Shift 键选择要延伸的对象，或［栏选(F)/窗交(C)/投影(P)/边(E)/删除(R)/放弃(U)］：

说明：

（1）直接点选需要修剪的对象。

（2）如同时按住 Shift 键则命令自动切换为延伸，此时点选的为延伸对象。

（3）如果用户输入“F”以响应栏选，则选择与选择栏相交的所有对象。AutoCAD 出现以下提示：

指定第一个栏选点：（指定选择栏的起点）

指定下一个栏选点或［放弃(U)］：（指定选择栏的下一点或输入 u）

指定下一个栏选点或［放弃(U)］：

(指定选择栏的下一个点、输入 u 或按 ENTER 键)

(4)如果用户输入“C”以响应窗交，则选择矩形区域(由两点确定)内部或与之相交的对象。则 AutoCAD 出现以下提示：

指定第一个角点：(指定点)

指定对角点：(指定第一点对角线上的点)

应注意某些要修剪的对象的交叉选择不确定。TRIM 将沿着矩形交叉窗口从第一个点以顺时针方向选择遇到的第一个对象。

(5)如果用户输入“P”以响应投影，则 AutoCAD 出现以下提示：

输入投影选项［无(N)/UCS(U)/视图(V)］<UCS>：

其中：

①“无”：指定无投影。AutoCAD 只修剪在三维空间中与剪切边相交的对象。

②“UCS”：指定在当前用户坐标系 XY 平面上的投影。AutoCAD 修剪在三维空间中不与剪切边相交的对象。

③“视图”：指定沿当前视图方向的投影。AutoCAD 修剪当前视图中与边界相交的对象。

(6)如果用户输入“E”，以响应边，则 AutoCAD 出现以下提示：

输入隐含边延伸模式［延伸(E)/不延伸(N)］<不延伸>：

其中：

①此选项用于指定是在另一对象的隐含边处修剪对象，还是仅在与该对象在三维空间中相交的对象处进行修剪。

②“延伸”：沿自身自然路径延伸剪切边使它与三维空间中的对象相交。

③“不延伸”：指定对象只在三维空间中与其相交的剪切边处修剪。

(7)如果用户输入“R”，以响应删除，即删除选定的对象。此选项提供了一种用来删除不需要的对象的简便方式，而无需退出 TRIM 命令。

AutoCAD 出现以下提示：

选择要删除的对象或 <退出>：

(使用对象选择方式并按 ENTER 键返回到上一个提示)

(8)如果用户输入“U”，则表示撤销由 TRIM 最近所做的修改。

注意：

因为不支持常用的 Window 和 Crossing 选取方式，用户一般需要依次点选需要修剪的对象，最后以回车结束命令。但是在有规则的图形中要修剪大量线，通过一个个的点选显然过于麻烦，此时可以结合前面图形选择说明中所说的方法来同时选取对象，从而提高绘图效率。如使用 Fence 选取方式。当 Trim 命令提示选择要剪除的图形时，输入【F】，然后在屏幕上画出一条虚线后回车，这时被该虚线接触到的图形全部被剪切掉。

3. 实例

在实际的绘图中修剪图形命令是频繁使用的命令之一，下面结合装配式钢筋混凝土边板钢筋图(如图 5-22 所示)中的局部焊接点的绘制来说明剪切命令的使用。

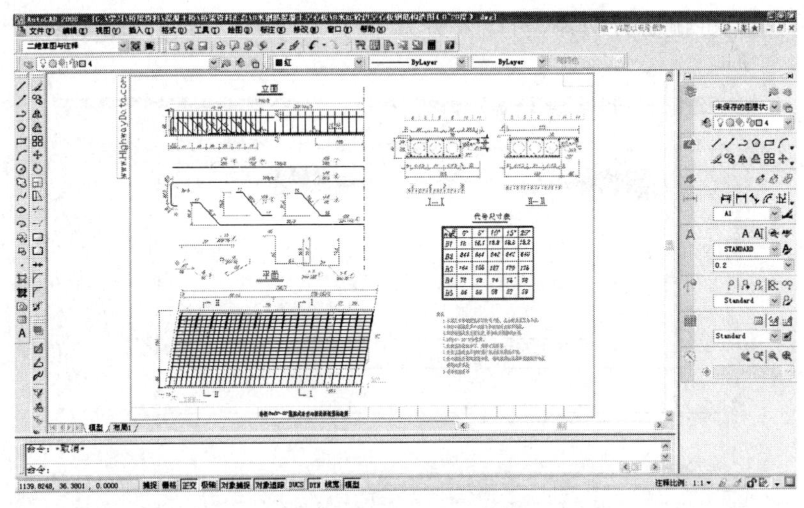

图 5-22　钢筋混凝土边板钢筋图示

例如我们对如图 5-23 所示的焊接点图形进行剪切操作时，我们要剪掉上下的冗余线段。

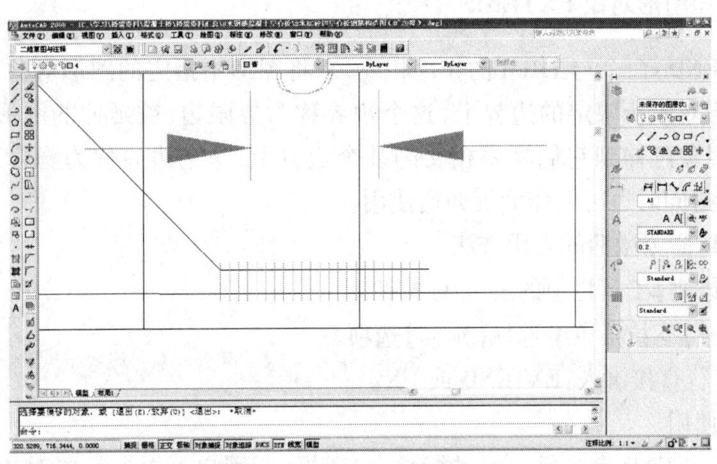

图 5-23　剪切命令操作前的图形

命令：TRIM

当前设置：投影 = 视图，边 = 延伸

选择剪切边...

选择对象：找到 1 个

选择对象：找到 1 个，总计 2 个（选择上下的纵向主钢筋作为剪切边）

选择对象：（回车确认）

选择要修剪的对象，或按住 Shift 键选择要延伸的对象，或［栏选（F）/窗交（C）/投影（P）/边（E）/删除（R）/放弃（U）］：<对象捕捉 关> F（使用 Fence 选取方式）

第一栏选点：（指定选区线的第一点）

指定下一个栏选点或［放弃（U）］：（指定选区线的第二点）

指定下一个栏选点或［放弃（U）］：（回车确认）

...

剪切时要避免将箍筋剪切掉,所以要分开几个部分进行剪切。结果的图形如图 5-24 所示。

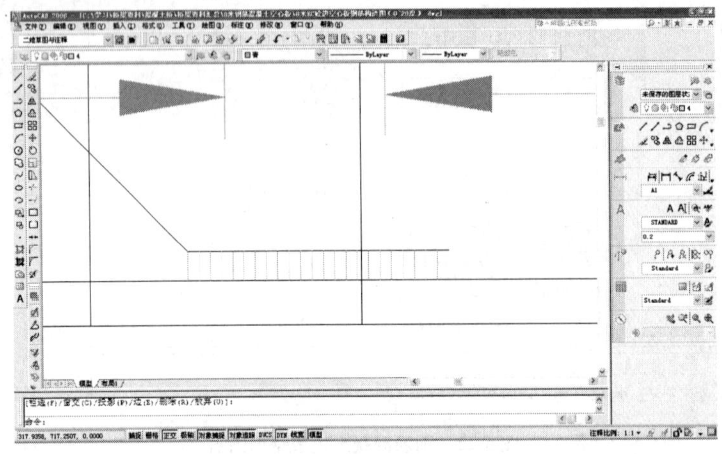

图 5-24 修剪后图形

5.5.3 延伸图形对象 EXTEND

延伸(EXTEND)命令与 TRIM 的作用相反,它将图形中指定的图形对象,准确地到达由一个或多个图形对象所限定的边界上,这个边界称为界限边,被延伸的图形对象称为延伸边。也可以将对象延伸到它们将要相交的某个边界上,这个边界称为隐含边界。与 TRIM 命令类似,界限边同时也可以作为延伸边使用。

1. EXTEND 命令激活的常用方法

(1)单击【修改】工具栏中的图标按钮。

(2)从【修改】下拉菜单中选择【延伸】选项。

(3)在命令行直接键入:EXTEND 或 EX。

2. 命令的使用

激活以上 EXTEND 命令后,命令提示行出现提示,用户可根据需要对 AutoCAD 作出响应,响应过程说明如下:

命令: EXTEND

当前设置:投影 = UCS,边 = 无

选择边界的边...

选择对象或 <全部选择>:(选择延伸边界,如直接回车,则全部对象都默认为延伸边界)

选择对象:(继续选择延伸边界或回车确认选择完成)

选择要延伸的对象,或按住 Shift 键选择要修剪的对象,或 [栏选(F)/窗交(C)/投影(P)/边(E)/删除(R)/放弃(U)]:

说明:

(1)直接点选需要延伸的对象。

(2)如同时按住 Shift 键则命令自动切换为修剪,此时点选的为修剪对象。

(3)其他选项以及说明类似于前面的修剪命令,在此不再赘述。

5.5.4 为图形倒圆角 FILLET

圆角是工程制图中经常出现的内容，我们可以使用专门的倒圆角 FILLET 命令来实现，FILLET 命令以已知的圆弧来连接指定相交的两直线、两圆弧、两个圆，或多段线中的相邻两线段，对多余的线段自动修剪，不足的线段自动延伸，使其与连接圆弧相切。圆角命令也可以用于平面图形的光滑连接。

1. FILLET 命令激活的常用方法

(1)单击【修改】工具栏中的图标按钮。

(2)从【修改】下拉菜单中选择【圆角】选项。

(3)在命令行直接键入:FILLET。

2. 命令的使用

激活以上 FILLET 命令后，命令行出现提示，用户可根据需要对 AutoCAD 作出响应，响应过程说明如下：

命令：FILLET

当前设置：模式 = 修剪，半径 = 0.0000（显示当前的模式以及半径等信息）

选择第一个对象或［放弃(U)/多段线(P)/半径(R)/修剪(T)/多个(M)］：

说明：

(1)用户此时可以直接指定选择第一个对象，它是用来定义二维圆角的两个对象之一，或是要加圆角的三维实体的边。此时 AutoCAD 提示如下：

选择第二个对象，或按住 shift 键选择要应用角点的对象：

再选择圆角的第二个对象，以前面的两个对象来定义圆角的特征边，作出圆角。

(2)如用户输入“U”，则恢复在命令中执行的上一操作。

(3)如用户输入“P”，以响应多段线，选择多段线对象后，AutoCAD 会自动在二维多段线中两条线段相交的每个顶点处插入圆角弧。

(4)如用户输入“R”，以响应半径，则 AutoCAD 提示如下：

指定圆角半径 <0.0000>：

此时用户指定需要的圆角半径即可返回上一级选项。

(5)如用户输入“T”，以响应修剪，则 AutoCAD 提示如下：

输入修剪模式选项［修剪(T)/不修剪(N)］<修剪>：

用户在此指定是否修剪选定的边使其延伸到圆角弧的端点。默认值为修剪，此时将修剪选定的边到圆角弧端点。如果选择不修剪，则不修剪选定边，即保留原有边。

(6)如用户输入“M”，以响应多个，则表示给多个对象集加圆角。AutoCAD 将重复显示主提示和“选择第二个对象”提示，直到用户按 ENTER 键结束命令。

注意：

①对于不平行的两个对象，当有一个对象的长度小于圆角半径时，不能倒圆角。

②可以为平行线倒圆角，此时以平行线之间的距离作为圆角直径。

③注意在选择对象时光标点击的位置。

④圆角命令可以适用于三维对象。

3. 实例

下面对一个斜拉桥塔柱横断面中外轮廓线进行倒圆角命令，如图 5-25 所示为横断面的原图，操作过程如下：

命令：FILLET

当前设置：模式 = 修剪，半径 = 0.0000

选择第一个对象或［放弃(U)/多段线(P)/半径(R)/修剪(T)/多个(M)］：r（选择指定半径方式）

指定圆角半径 <0.0000 >：15（指定倒角的半径）

选择第一个对象或［放弃(U)/多段线(P)/半径(R)/修剪(T)/多个(M)］：（选择外轮廓线一个角点的一条边）

选择第二个对象，或按住 shift 键选择要应用角点的对象：（指定外轮廓线的一个角点的另一条边，或按住 shift 键并选择对象，以创建一个锐角）

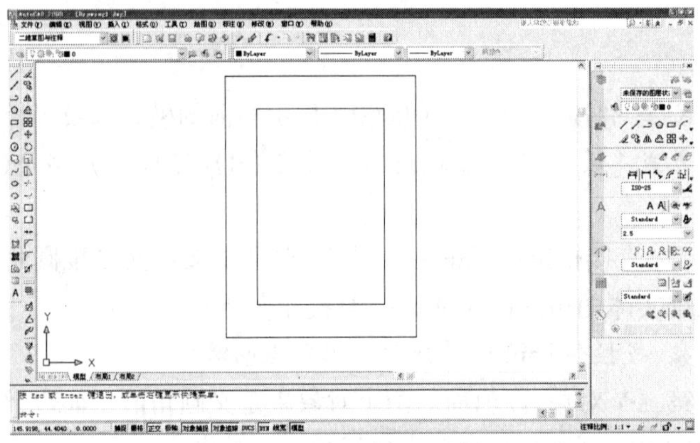

图 5-25 倒圆角之前的塔柱横断面图

重复执行命令直到将外轮廓线的四个倒角完成，结果如图 5-26 所示。

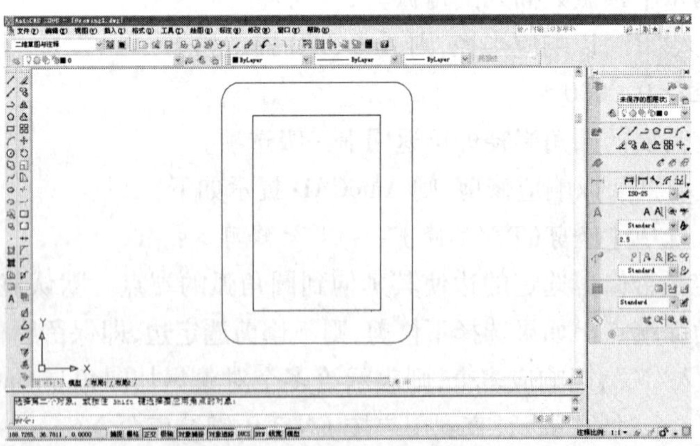

图 5-26 倒圆角之后的塔柱横断面图

5.5.5 为图形倒直角 CHAMFER

直角也是工程制图中经常出现的内容，我们可以使用专门的倒直角 CHAMFER 命令来实现，CHAMFER 命令以已知的直线来连接指定相交的两直线、两圆弧、两个圆，或多段线中的相邻两线段,对多余的线段自动修剪,不足的线段自动延伸,使其与连接直线相接。

1. 激活 CHAMFER 命令常用的方法

(1)单击【修改】工具栏中的图标按钮。

(2)从【修改】下拉菜单中选择【倒角】选项。

(3)在命令行直接键入:CHAMFER 或 CHA。

2. 命令的使用

激活以上 CHAMFER 命令后,命令行出现提示,用户可根据需要对 AutoCAD 作出响应,响应过程说明如下:

命令:CHAMFER

(“修剪”模式) 当前倒角距离 1 = 0.0000,距离 2 = 0.0000(显示当前的模式以及倒角的距离等信息)

选择第一条直线或 [放弃(U)/多段线(P)/距离(D)/角度(A)/修剪(T)/方式(E)/多个(M)]:

说明:

(1)用户此时可以直接指定选择第一个对象,它是用来定义二维倒角所需的两条边中的第一条边,或要倒角的三维实体边中的第一条边。此后 AutoCAD 提示如下:

选择第二条直线,或按住 shift 键选择要应用角点的直线:

再选择倒角的第二个对象,以前面的两个对象来定义直角的特征边,作出倒角。

(2)如用户输入“U”,则恢复在命令中执行的上一操作。

(3)如用户输入“P”,以响应多段线,选择多段线对象后,AutoCAD 将对多段线每个顶点处的相交直线段倒角。倒角成为多段线的新线段。如果多段线包含的线段过短以至于无法容纳倒角距离,则不对这些线段倒角。

(4)如用户输入“D”,以响应距离,则 AutoCAD 提示如下:

指定第一个倒角距离 <0.0000>:

指定第二个倒角距离 <0.0000>:

此时用户分别指定需要的直角距离,即可返回上一级选项。如果将两个距离都设置为零,AutoCAD 将延伸或修剪相应的两条线以使两者终止于同一点。

(5)如用户输入“A”,以响应角度,则 AutoCAD 提示如下:

指定第一条直线的倒角长度 <0.0000>:

指定第一条直线的倒角角度 <0>:

此时,用户可以用第一条线的倒角距离和第二条线的角度设置倒角距离。设置后自动返回上一级菜单。

(6)如用户输入“T”,以响应修剪,则 AutoCAD 提示如下:

输入修剪模式选项 [修剪(T)/不修剪(N)] <修剪>:

用户在此指定是否将选定边修剪到倒角线端点。默认值为修剪,此时将修剪选定的边到倒角端点。如果选择不修剪,则不修剪选定边,即保留原有边。

(7)如果用户输入“E”,以响应方式,用户在此控制 AutoCAD 使用两个距离还是一个距离和一个角度来创建倒角。

输入修剪方法 [距离(D)/角度(A)] <距离>:

用户可以在此选择倒角方式,用相应的字母来响应相应的倒角方式。

(8)如用户输入“M”,以响应多个,则表示给多个对象集加直倒角。AutoCAD 将重复显示主提示和“选择第二个对象”提示,直到用户按 ENTER 键结束命令。

3. 实例

下面以前面做完外轮廓线倒圆角的主塔横断面图形 5-26 为原图,进行倒直角命令,操作过程如下:

命令:CHAMFER

(“修剪”模式) 当前倒角距离 1 = 0.0000,距离 2 = 0.0000

选择第一条直线或[放弃(U)/多段线(P)/距离(D)/角度(A)/修剪(T)/方式(E)/多个(M)]: d(选择指定距离的方式)

指定第一个倒角距离 <0.0000>: 20 (指定第一倒角边的大小)

指定第二个倒角距离 <20.0000>:20 (指定第二倒角边的大小)

选择第一条直线或[放弃(U)/多段线(P)/距离(D)/角度(A)/修剪(T)/方式(E)/多个(M)]:(选择内轮廓线的一个角边)

选择第二条直线:(选择内轮廓线的另一个角边)

……

重复命令,直到将塔柱的四个内角倒成需要的直角形式,结果如图 5-27 所示。

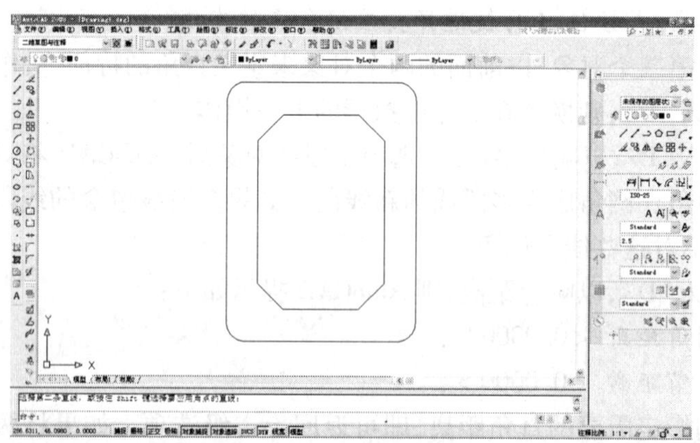

图 5-27 用 chamfer 命令对主塔横断面内轮廓线进行倒角

5.5.6 改变图形对象的长度或圆弧的包含角(LENGTHEN)

拉长(LENGTHEN)命令可以改变一个非封闭图形对象的总长度或者圆弧的圆心角。改变长度可以通过一个增量长度(DELTA)、相对于原长度的百分比数(PERCENT)、总长度值(TOTAL)或者动态拖动(DYNAMIC)等多种方式来实现。

1. 激活 LENGTHEN 命令常用的方法

(1)单击【修改】下拉菜单中选择【拉长】选项。

(2)在命令行直接键入:LENGTHEN 或 LEN。

2. 命令的使用

激活以上 LENGTHEN 命令后,命令提示行出现提示,用户可根据需要对 AutoCAD 作出响应,响应过程说明如下:

命令: LENGTHEN

选择对象或［增量(DE)/百分数(P)/全部(T)/动态(DY)］:

其中:

(1)“选择对象”用于显示对象的长度和包含角(如果对象有包含角)。用户选择一个对象后,命令行自动提示这个对象的长度以及包含的角度等。

(2)如用户输入“DE”,以响应“增量”,AutoCAD 提示如下:

输入长度增量或［角度(A)］ <0.0000>:

在此,AutoCAD 以用户指定的增量修改对象的长度,该增量从距离选择点最近的端点处开始测量。增量还以指定的增量修改弧的角度,该增量从距离选择点最近的端点处开始测量。正值扩展对象,负值修剪对象。用户输入新的增量后,程序提示如下:

选择要修改的对象或［放弃(U)］:

用户点选对象,就可以按照前面的设置来修改对象的长度或圆弧包含角。

(3)如用户输入“P”,以响应“百分数”,AutoCAD 提示如下:

输入长度百分数 <0.0000>:

在此,用户可以按照对象总长度的指定百分数设置对象长度。百分数也按照圆弧总包含角的指定百分比修改圆弧角度。输入后,点选对象,就可以按照以上的设置来修改对象了。

(4)如用户输入“T”,以响应“全部”,AutoCAD 提示如下:

指定总长度或［角度(A)］ <1.0000)>:

用户可以通过指定从固定端点测量的总长度的绝对值来设置选定对象的长度。“全部”选项也按照指定的总角度设置选定圆弧的包含角。设置后,点选对象,就可以按照以上的设置来修改对象了。

(5)如用户输入“DY”,以响应“动态”,AutoCAD 提示如下:

选择要修改的对象或［放弃(U)］:

此时,打开“动态拖动”模式,直接通过拖动选定对象的一个端点来改变其长度。其他端点保持不变。

例如:

通过拖动修改对象长度的步骤如下:

①输入拉长命令。

②输入 DY 进入动态拖动模式。

③单击 A 点选择要拉长的对象(A 点应靠近要拉长的端点)。

④拖动端点接近选择 B 点,或用任何点输入方法指定一个新端点(见图 5-28)。

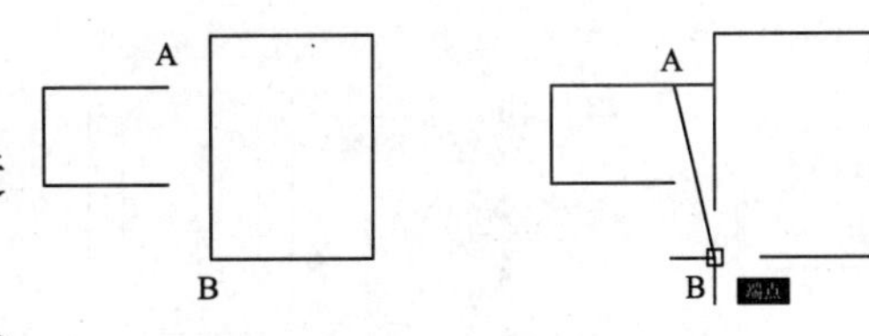

图 5-28　拉长对象

5.6　图形的夹点操作

AutoCAD2008 除了前面所说的几种图形基本操作方式以外,还提供了一种简便的操作方式——夹点操作。在工称图形的绘制过程中适时使用夹点操作能够有效提高绘图的效率。所谓的“夹点”为:在对象被选中后,其上将显示的一些小方块。

5.6.1　夹点操作方式的打开

要使用夹点操作,必须先打开夹点操作选项。

从【工具】主菜单中选择【选项】菜单，从而打开如图 5-29 所示的选项对话框，从中选择【选择集】选项卡，其中的右边部分就是设定夹点的各个选项的区域。

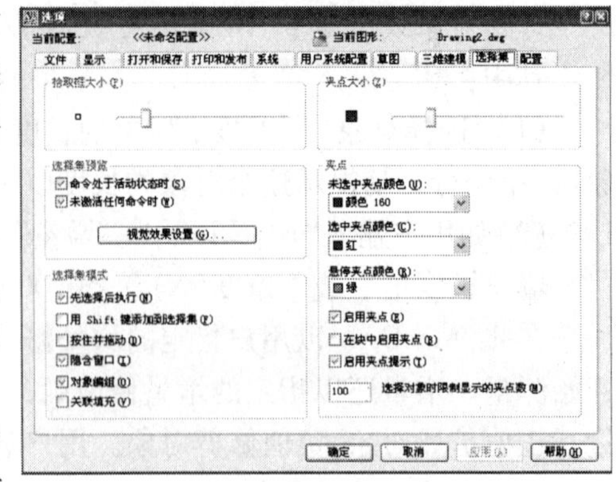

图 5-29 【选项】对话框中的【选择集】选项卡

其中：

(1)【夹点大小】用于设定夹点的显示大小，用户可以拖动其中的滑动条来选定夹点的大小，同时在左边的视图中可以看到相应的预览。

(2)在颜色设置区域中，用户可以为“未选中夹点”、“选中夹点”、“悬停夹点”等设置相应的颜色，其中默认颜色分别为：蓝、红、绿。

(3)【启用夹点】选项设置后，用户选择对象后会在对象上面显示夹点。通过选择夹点和使用快捷菜单，可以用夹点来编辑对象。在图形中显示夹点会明显降低性能。清除此选项可优化性能。

(4)【在块中启用夹点】选项用于控制在选中块后如何在块上显示夹点。如果选择此选项，AutoCAD 将显示块中每个对象的所有夹点。如果不选择此选项，AutoCAD 将在块的插入点位置显示一个夹点。通过选择夹点和使用快捷菜单，可以用夹点来编辑对象。

(5)【启用夹点提示】用于设置当光标悬停在支持夹点提示的自定义对象的夹点上时，显示夹点的特定提示。该选项在标准 AutoCAD 对象上无效。

(6)【选择对象时限制显示的夹点数】用于当初始选择集包括多于指定数目的对象时，抑制夹点的显示。有效值的范围为 1 ~ 32767。

在此，只需在【启用夹点】选项前打钩，其他按照默认即可启用夹点并进行夹点编辑。

当启用夹点后，在无命令状态，用户选择对象后，对象在特征点除将显示蓝色的夹点标志，如图 5-30 所示为典型的图形对象在未显示夹点时与显示夹点时的对比图：

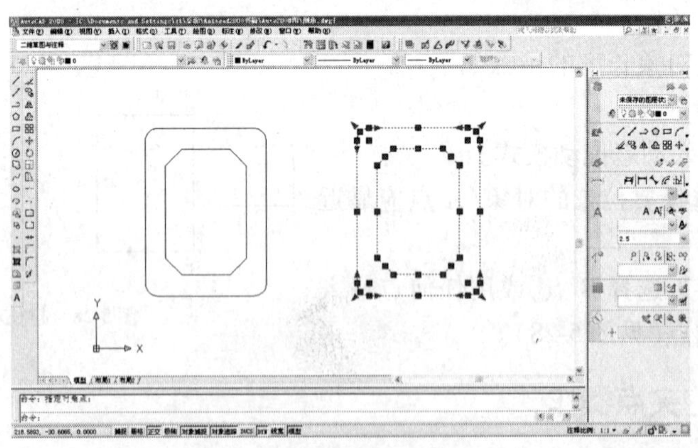
图 5-30 典型图形的夹点显示对比

在显示夹点状态，按 Esc 键或改变视图等其他命令操作，就可以取消夹点显示，即取消了选择。

5.6.2 利用夹点操作进行对象的修改

要利用夹点操作进行对象的修改，首先是在无命令的状态下选择修改对象，使之显示出夹点。然后在其中需要操作的特征夹点上点击，即选中相应的夹点，此时该夹点呈现出红色。如下面操作中不指定另外的夹点，此点将作为修改的基点，所以要尽量选择修改的基点作为选中夹点。此时命令行将提示如下：

＊＊ 拉伸 ＊＊

指定拉伸点或［基点(B)/复制(C)/放弃(U)/退出(X)］：

在此状态下，用户可以按照前面介绍的拉伸命令使用方法，进行选中对象的拉伸操作。利用此操作可以直接移动对象上的特征点至所需的位置。

如果用户要进行其他操作，只要在该状态下直接回车，将自动进入移动的操作，命令行提示如下：

＊＊ 移动 ＊＊

指定移动点或［基点(B)/复制(C)/放弃(U)/退出(X)］：

在此状态下，用户可以按照前面介绍的移动命令使用方法，进行选中对象的移动操作。

在上面状态下，用户直接回车，将自动进入旋转的操作状态，命令行提示如下：

＊＊ 旋转 ＊＊

指定旋转角度或［基点(B)/复制(C)/放弃(U)/参照(R)/退出(X)］：

在此状态下，用户可以按照前面介绍的旋转命令使用方法，进行选中对象的旋转操作。

在上面状态下，用户直接回车，将自动进入缩放的操作状态，命令行提示如下：

＊＊ 比例缩放 ＊＊

指定比例因子或［基点(B)/复制(C)/放弃(U)/参照(R)/退出(X)］：

在此状态下，用户可以按照前面介绍的比例缩放命令使用方法，进行选中对象的比例缩放操作。

在上面状态下，用户直接回车，将自动进入镜像的操作状态，命令行提示如下：

＊＊ 镜像 ＊＊

指定第二点或［基点(B)/复制(C)/放弃(U)/退出(X)］：

在此状态下，用户可以按照前面介绍的镜像命令使用方法，进行选中对象的镜像操作。

在上面状态下，用户直接回车，将自动循环进入拉伸的操作状态。直至用户按 Esc 键退出。

5.7 小结

本章主要内容总结如下：

- 图形对象的选择方式（包括 14 种，最常用的有直接点取方式和窗口方式），重点讲述了“快速选择”的运用及用 FILTER 打开【对象选择过滤器】进行选择的方法和应用。

- 删除图形对象的方法：ERASE、选择对象后直接用 Delect 键；剪切命令“Ctrl + X”；清理命令 PURGE。恢复删除误操作 UNDO 及 OOPS 命令。各项命令的激活、使用、举例说明及注意事项（OOPS 只能恢复最后一次执行的删除操作，如果要连续向前恢复所做的操作，就要使用撤销 UNDO 命令；OOPS 命令不能恢复 PURGE 命令删除的图层上的对象）。

- 改变图形的位置及大小的命令：MOVE（移动）、ROTATE（旋转）、SCALE（缩放）、ALIGN（对齐）、STRETCH（拉伸）。各项命令的激活、使用、举例说明及注意事项（使用 STRETCH 命令时，选取不同的拉伸窗口范围，可得到不同的拉伸结果。选择对象全部在窗口内时，拉伸命令相当于移动命令 MOVE；单击【拉伸】按钮后，命令行提示信息中有一个位移选项,可以用来设置相对距离和方向,且最后输入的位移值会被保留)。

• 图形的复制命令:COPY(简单复制)、MIRROR(镜像)、ARRAY(多重复制,即阵列)、OFFSET(偏移)。各项命令的激活、使用、举例说明及注意事项。

• 图形的边、角长度等编辑:BREAK(打断图形)、TRIM(修剪)、EXTEND(延伸)、FILLET(圆角)、CHAMFER(倒角)、LENGTHEN(拉长)。各项命令的激活、使用、举例说明及注意事项(由于不支持常用的 Window 和 Crossing 选取方式,用户一般需要依次点选需要修剪的对象。但是在有规则的图形中要修剪大量线,通过一个个的点选显然过于麻烦,此时可以结合前面图形选择说明中所说的方法来同时选取对象,从而提高绘图效率,如使用 Fence 选取方式。当 TRIM 命令提示选择要剪除的图形时,输入【F】,然后在屏幕上画出一条虚线,回车,这时被该虚线接触到的图形全部被剪切掉)。

• 夹点操作方式的打开(【工具】主菜单中选择【选项】菜单,打开如图 5-29 所示的选项对话框,从中选择【选择集】选项卡,其中的右边部分就是设定夹点的各个选项的区域)和设置及各选项的含义;使用夹点对对象进行编辑:拉伸、移动、旋转、比例缩放、镜像等。

第6章　文字和尺寸的标注

虽然使用 AutoCAD 绘制的建筑图形可以比较清楚地表达绘图者的思想和意图,但在图形中仍需要加注必要的文字和尺寸标注,来表达图形无法说明的内容和信息,我们可以使用文字来标明图形的各个部分,或是为图形加上必要的注解;另外,使用 AutoCAD 绘制的专业建筑工程图形是按一定比例和精度绘制出的,在图形上加上必要的尺寸标注,可以为看图者提供足够的图形尺寸信息。此外,文字标注还出现在工程图样中的标题行、明细表、技术要求、装配说明、加工要求等一些非图形信息的标注。通过图样的文字和尺寸标注,能够使看图者准确理解设计者的整体构思,以及需要实现的工程效果。因此,学习 AutoCAD2008 的文字和尺寸的标注是非常必要的。这一章我们将学习如何在图形中标注文字、设置尺寸、标注尺寸的方法及修改已标注的尺寸。

6.1　向图形中添加注释文本

文本标注包括单行文本标注和多行文本标注,文本编辑常常使用【文字】工具栏,AutoCAD2008 的【文字】工具栏如图 6-1 所示:

图 6-1　“文字”工具栏

其中:

MTEXT 创建多行文字对象;DTEXT 输入文字并在屏幕上显示(单行文字对象);

DDEDIT 编辑文字、标注文字和属性定义;

FIND 查找、替换、选择或缩放到指定的文字;

SPELL 拼写检查(AutoCAD2008 新增的一项功能);

STYLE 在图形中创建、修改或设置命名文字样式;

SCALETEXT 缩放选定的文字对象;

JUSTIFYTEXT 设置选定文字的对正方式;

SPACETRANS 将距离或高度在模型空间和图纸之间转换;

6.1.1　文字样式 STYLE

文字样式包括图形中文字对象的字体、大小和显示效果等,用户可以在图形中定义多个文字样式,然后在创建不同类型的文字对象时,使用不同的样式。

1. 激活 STYLE 命令的常用方法

(1)点击【文字】工具栏中的图标按钮。

(2)从【格式】下拉菜单中选择【文字样式】选项。

(3)在命令行直接键入:STYLE 或 ST。

2. 命令的使用

激活以上命令后, AutoCAD 弹出如图 6-2 所示的【文字样式】对话框:

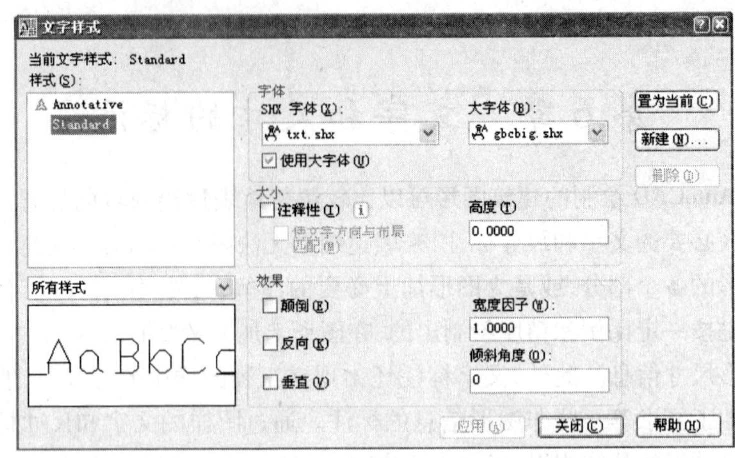

图 6-2 【文字样式】对话框

对话框中各个选项的含义如下：

(1)当前文字样式。列出当前文字样式。

(2)样式。显示图形中的样式列表。列表包括已定义的样式名并默认显示选择的当前样式。该选项区域用于显示文字样式的名字、创建新的文字样式、为已有的文字样式更名或者删除文字样式。要更改当前样式，请从列表中选择另一种样式或选择"新建"以创建新样式。样式名前的 ⚠ 图标指示样式是 annotative。

样式名称可长达 255 个字符，包括字母、数字以及特殊字符，例如，美元符号($)、下划线(_)和连字符(-)。

(3)样式列表过滤器。下拉列表指定所有样式还是仅使用中的样式显示在样式列表中。

(4)预览。【预览】选项区域用于预览所选择或者所设置的文字样式的效果，可以在文本框中输入要预览的字符，然后单击【预览】按钮，AutoCAD 将输入的字符按当前文字样式显示在预览框中。

(5)字体。列出所有注册的 TrueType 字体和 Fonts 文件夹中编译的形 (SHX) 字体的字体族名。该选项区域用于设置文字样式使用的字体的属性，用户可以通过【字体名】下拉列表框来选择字体，同时还可以通过【字体样式】下拉列表框选择文字的格式(如斜体、粗体、常规等)。【使用大字体】复选框：用于指明使用汉字。只有选中该复选框后，【字体样式】下拉框才有效。

注意：

如果改变现有文字样式的方向或字体文件，当图形重生成时所有具有该样式的文字对象都将使用新值。

(6)大小。更改文字的大小。

【注释性】复选框：选择则指定文字为 annotative。单击信息图标以了解有关注释性对象的详细信息。(该项是 AutoCAD2008 的新增功能)

【使文字方向与布局匹配】复选框：指定图纸空间视口中的文字方向与布局方向匹配。如果清除"注释性"选项，则该选项不可用。

【高度】编辑框：该选项用于设置键入文字的高度，如将其设置为 0，则用户在输入文本时将被提示指定文本高度。如果希望将该文本类型用作尺寸文本类型，则高度值必须设置为 0，否则，用户在设置尺寸文本类型时所设定的文本高度将不起作用。

(7)效果。该选项区域设置文字的显示特征，有颠倒、反向、垂直、宽度因子比例、倾斜角度等五项。

【颠倒】复选框：颠倒显示字符。

【反向】复选框：反向显示字符。

【垂直】复选框：显示垂直对齐的字符。只有在选定字体支持双向时“垂直”才可用。TrueType 字体的垂直定位不可用。

【宽度因子】编辑框：设置字符间距。输入小于 1.0 的值将压缩文字。输入大于 1.0 的值则扩大文字。

【倾斜角度】编辑框：该选项用于指定文字的倾斜角度，其范围为 -85°～85°。向右倾斜时，角度为正，反之角度为负。该选项与 TEXT 命令【旋转角度(R)：】的区别在于：【倾斜角】编辑框是指文本中每个字符的倾斜度，而 TEXT 命令【旋转角度(R)】是指文本的倾斜度。

注意：

使用这一节中所描述效果的 TrueType 字体在屏幕上可能显示为粗体。屏幕显示不影响打印输出。字体按指定的字符格式打印。

(8)置为当前。将在“样式”下选定的样式设置为当前。

(9)新建。该按钮用于创建新的文字样式。单击“新建”按钮，AutoCAD 弹出如图 6-3 所示的【新建文字样式】对话框，用户可通过【样式名】文本框输入新文字样式的名字。

若要修改已有文字样式名字，则在“样式”列表下要修改的文字样式处单击右键，选择重命名，如图 6-4 所示。

图 6-3 “新建文字样式”对话框

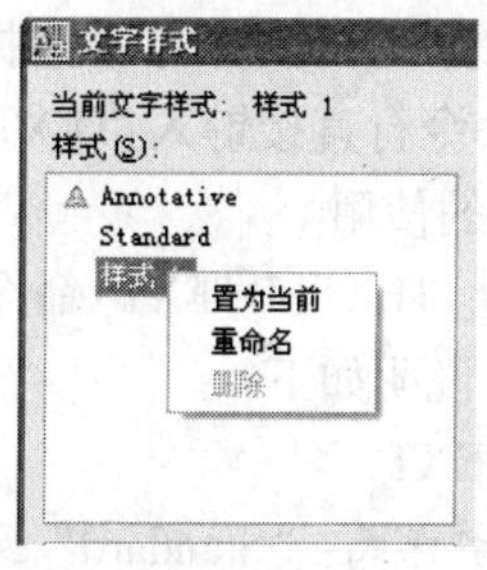

图 6-4 重命名文字样式

(10)删除。该按钮将某一已有的文字样式删除。从【样式名】下拉列表框中选择要删除的文字样式，点击【删除】按钮，AutoCAD 弹出对话框提示是否删除，确认删除后，选择的样式就删除。

注意：

已经被使用了的文字样式是不能被删除的，AutoCAD 为用户提供的名为 Standard 的默认文字样式也不能被删除。

(11)应用。单击【应用】按钮接受用户对文字样式的设置，将对文本类型所进行的调整应用于当前图形，例如，当用户已经创建了文本类型样式 1，且已经使用该类型输入了某些文字，如果用户希望将该类型的文本宽度因子由 1 改为 0. 7，则可在该对话框中进行修改，然后单击【应用】按钮。

在实际绘图时，为了使图形易于阅读，人们经常需要为图形增加一些注释性的说明，因此，用户必须知道如何在图中放置文字以及文本类型的选择和设置。

总的来讲，用户在使用 STYLE 命令时应该特别注意以下几点：

文本和文本类型的关系：对于画面上已有的和随后要输入的文本都有其对应的文本类

型，系统缺省的文本类型为STANDARD，所使用的字型为TXT. SHX，但用户可以通过【文字样式】对话框指定其他文本类型。

如果用户希望文字中中文指定不同的字体，可首先利用【字体名】下拉框选定一种英文字体，然后选中【使用大字体】复选框，并通过【字体样式】下拉框为汉字选择合适的字体。如果不希望对中英文字体加以区分的话，可直接在【字体名】下拉框中指定一种中文字体。

对于TEXT文本类型而言，其字体是唯一的，即所有使用该类型的文本都使用该字体，但是对于MTEXT而言，即使使用同一种文本类型，用户也可以为不同的段落设置不同的字体。当用户更改了文本类型的【颠倒】和【反向】特性后，已使用该文本类型创建的文本将受其影响，而宽度比例、倾斜角度设置仅对新输入的文字有影响。

AutoCAD提供了三个命令（TEXT、DTEXT和MTEXT）用于在图中修改、放置文本，下面分别详细的介绍这几种命令。

6.1.2 创建单行文字TEXT（DTEXT）

利用TEXT命令可创建一行或多行文字，在每行结束处都需要按ENTER键。其中，每行文字都是独立的对象，用户可以调整格式、重新定位或修改其内容。

1. 激活TEXT（DTEXT）命令的常用方法

（1）点击【文字】工具栏中的A图标按钮。

（2）从【绘图】下拉菜单中选择【文字】子菜单中的【单行文字】选项。

（3）在命令行直接键入：TEXT或DTEXT或DT。

2. 命令的使用

激活以上TEXT（DTEXT）命令后，命令行出现提示，用户可根据需要对AutoCAD作出响应，响应过程说明如下：

命令：TEXT

当前文字样式："Standard" 文字高度：2.5000 注释性：否

（提示当前默认的文字样式及大小、注释性等信息）

指定文字的起点或［对正（J）/样式（S）］：

说明：

（1）用户可以在此时直接指定文字的基线的起始点位置。此后AutoCAD将提示如下：

指定高度 <2.5000>：

（显示当前默认的文字高度，在此用户可以为所需的文字指定高度）

指定文字的旋转角度 <0>：

（显示当前文字的旋转的角度，用户在此可以为所需创建的文字指定其旋转角度）

输入文字：（直接输入的文字）

输入文字：（输入下一行的文字或直接回车以表明输入完成）

（2）如在"指定文字的起点"提示下回车将跳过高度和旋转角度的提示，此时用户可以在屏幕上显示的文字输入框内直接键入文字。该处的文字输入结束后，可以点击绘图区域内的任何位置重新输入文字。

（3）如用户输入"J"，以响应对正选项，则AutoCAD提示如下：

输入选项

［对齐(A)/调整(F)/中心(C)/中间(M)/右(R)/左上(TL)/中上(TC)/右上(TR)/左中(ML)/正中(MC)/右中(MR)/左下(BL)/中下(BC)/右下(BR)］:

其中:

①A(对齐):可确定文本串的起点和终点,AutoCAD 调整文本高度以使文本放在两点之间。

②F(调整):确定文本串的起点、终点。不改变高度,AutoCAD 调整宽度系数以使文本适于放在两点之间。

③C(中心):确定文本串基线的水平中点。

④M(中间):确定文本串基线的水平和竖直中点。

⑤R(右):确定文本串基线右端点。

⑥TL(左上):文本对齐在第一个字符的文本单元的左上角。

⑦TC(中上):文本对齐在文本单元串的顶部,文本串向中间对齐。

⑧TR(右上):文本对齐在文本串最后一个文本单元的右上角。

⑨ML(左中):文本对齐在第一个文本单元左侧的垂直中点。

⑩MC(正中):文本对齐在文本串的垂直中点和水平中点。

⑪MR(右中):文本对齐在右侧文本单元的垂直中点。

⑫BL(左下):文本对齐在第一个文字单元的左角点。

⑬BC(中下):文本对齐在基线中点。

⑭BR(右下):文本对齐在基线的最右侧。

(4)如果用户输入“S”,以响应样式选项,则 AutoCAD 提示如下:

输入样式名或［?］ <Standard>:

说明:

(1)显示当前的文字样式名称,同时用户在此可以指定文字样式,文字样式决定文字字符的外观。创建的文字使用当前文字样式。

(2)此时用户可以输入“?”以查询当前存在的文字样式,此时 AutoCAD 提示如下:

输入要列出的文字样式 < * >:

用户如回车确认,则 AutoCAD 自动弹出命令【文本窗口】,如图 6-5 所示。

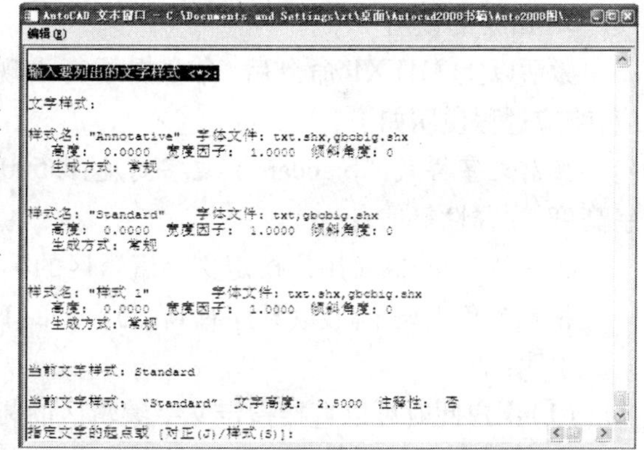

图 6-5 【AutoCAD 文本窗口】显示当前文字样式

在输入文字的过程中,可以随时改变文字的位置。如果在输入文字的过程中想改变后面输入的文字位置,将光标移到新位置并按左键,原标注行结束,标注出现在新确定的位置,然后用户即可在此继续输入文字。

6.1.3 单行文字控制符

在实际设计绘图中,往往需要标住一些特殊的字符,如希望在一段文字的上方或下方加下划线;标注“°”、“ ± ”、“Φ”等符号。由于这些特殊字符既不能从键盘上直接输入,又不能像输入多行文字时从快捷菜单中直接插入符号,只能通过 AutoCAD 提供的控制符来实现这些标注要求。

AutoCAD 常用控制符的含义及功能见表 6-1。

AutoCAD 常用控制符 表 6-1

%%O	打开或关闭文字上划线	\U+2238	标注约等于(≈)符号
%%U	打开或关闭文字下划线	\U+2220	标注角度(∠)符号
%%D	标注度(°)符号	\U+2126	标注欧姆(Ω)符号
%%P	标注正负公差(±)符号	\U+2260	标注不等于(≠)符号
%%C	标注直径(Φ)符号	\U+2082	标注下标 2 符号
%%%	标注%	\U+00B2	平方
		\U+00B3	立方

当在输入控制符时,这些控制符将临时显示在屏幕上,当结束 TEXT 命令时,这些控制符即从屏幕中消失,转换成相应的特殊符号。

6.1.4 创建多行文字 MTEXT

用户可用 MTEXT 命令在图中放置一段文本,可以使用【文字格式】编辑器来设置多行文字的样式、字体、大小等属性。MTEXT 具有很大的灵活性,它比 DTEXT 和 TEXT 更为实用。

1. 激活 MTEXT 命令的常用方法

(1)点击【文字】工具栏或【绘图】工具栏中的 A 图标按钮。

(2)从【绘图】下拉菜单中选择【文字】子菜单中的【多行文字】选项。

(3)在命令行直接键入:MTEXT 或 MT。

2. 命令的使用

激活以上 MTEXT 命令后,命令提示行出现提示,用户可根据需要对 AutoCAD 作出响应,响应过程说明如下:

当前文字样式:"Standard" 文字高度:2.5000 注释性:否(显示当前的文字样式以及文字高度、注释性等信息)

指定第一角点:(用户指定文字编辑区的第一个角点)

指定对角点或[高度(H)/对正(J)/行距(L)/旋转(R)/样式(S)/宽度(W)/栏(C)]:

说明:

(1)用户此时可以直接指定文字编辑区的相对于第一点的对角点,此时就可以打开如图 6-6 所示的【文字格式】编辑器,在其中的文字输入窗口中输入所需的文字,再利用其中的各种属性设置后,就可以得到所需的文字,确认退出。

(2)如果用户输入"H",以响应【高度】选项,此时 AutoCAD 提示如下:

指定高度 <2.5000>:

用户在此可以指定用于多行文字字符的文字高度。

(3)如果用户输入"J",以响应【对正】选项,此时 AutoCAD 提示如下:

输入对正方式

[左上(TL)/中上(TC)/右上(TR)/左中(ML)/正中(MC)/右中(MR)/左下(BL)/中下(BC)/右下(BR)] <左上(TL)>:

用户在此输入相应文字的对正方式,具体各个选项的意义见前面的单行文字中的相应选项的说明。

(4)如果用户输入“L”,以响应【行距】选项,此时 AutoCAD 提示如下:

输入行距类型［至少(A)/精确(E)］<至少(A)>:

在此用户可以指定多行文字对象的行距。行距是一行文字的底部(或基线)与下一行文字底部之间的垂直距离。其中的“至少”指根据行中最大字符的高度自动调整文字行。当选定“至少”时,包含更高字符的文字行会在行之间加大间距。“精确”指强制多行文字对象中所有文字行之间的行距相等。间距由对象的文字高度或文字样式决定。

(5)如果用户输入“R”,以响应【旋转】选项,此时 AutoCAD 提示如下:

指定旋转角度 <0>:

用户在此指定文字边界的旋转角度。

(6)如果用户输入“S”,以响应【样式】选项,此时 AutoCAD 提示如下:

输入样式名或［?］<Standard>:

用户在此可以指定用于多行文字的文字样式。用法类似于前面单行文字输入选项的介绍。

(7)如果用户输入“W”,以响应【宽度】选项,此时 AutoCAD 提示如下:

指定宽度:

用户在此可以指定文字边界的宽度。

(8)如果用户输入“C”,以响应【栏】选项,此时 AutoCAD 提示如下:

输入栏类型[动态(D)/静态(S)/不分栏(N)]<动态(D)>:

用户在此可以将多行文字对象的格式设置为多栏。可以指定栏和栏间距的宽度、高度及栏数。可以使用夹点编辑栏宽和栏高。

3.【文字格式】编辑的说明

当绘图窗口中指定一个用来放置多行文字的矩形区域后,便可以打开图 6-6 所示的【文字格式】编辑器,编辑器由工具栏和文字输入窗口等组成,在文字输入窗口可以输入所需的文字,在工具栏中可以对输入文字进行编辑等操作。编辑器的基本说明如图 6-6 所示:

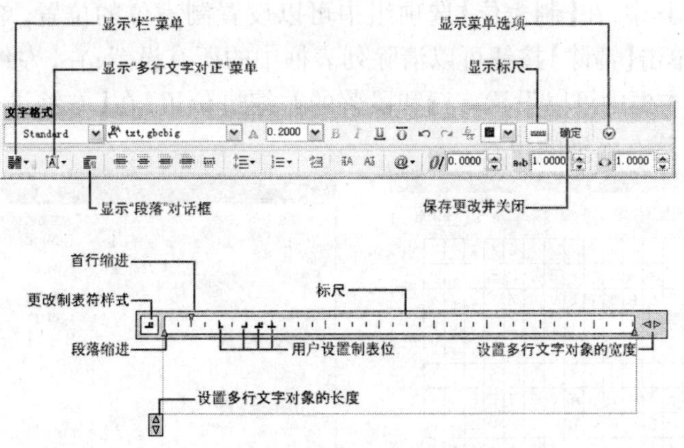

图 6-6 【文字格式】编辑器及其说明

在编辑文字属性的时候,要注意如果当前的文字必须在选中的状态下,再进行属性编辑。当然也可以利用在文字编辑之前先将需要的属性设置好,再写入文字,此时文字将自动套用设置的属性。

在文字输入窗口中右键单击将出现快捷菜单,如图 6-7 所示:

其中:

(1)【插入字段】:执行该命令,将打开【字段】对话框,可以选择需要插入的字段,如图

6-8所示。

(2)【符号】可以在实际绘图中插入一些特殊的字符,例如度数、正负号、直径等,当然用户可以点击其中的【其他】自选项,此时 AutoCAD 弹出符号映射表对话框,如图 6-9 所示。从中选择需要的字符后,点击【选择】后点击【复制】并关闭对话框,在文字输入窗口粘贴就可以了。

(3)【段落对齐】:选择该菜单中的选项,可以设置段落的对齐方式。

图 6-7　文字编辑器快捷菜单

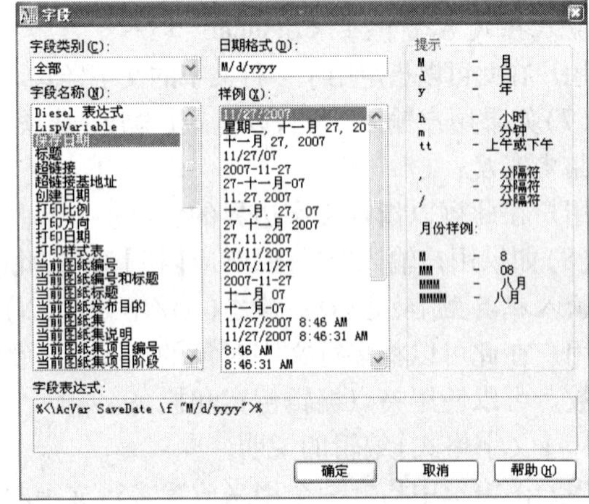

图 6-8　【字段】对话框

(4)【段落】:选择该命令,打开段落对话框,如图 6-10 所示。在此对话框中可以设置缩进和制表位位置。其中,在【制表位】选项组中可以设置制表位的位置,单击【添加】按钮可以设置新制表位,单击【清除】按钮可以清除列表框中的所有设置;在【左缩进】选项组的【第一行】和【悬挂】文本框中可以设置首行和段落的左缩进位置;在【右缩进】选项组的【右】文本框中可以设置段落右缩进的位置。

图 6-9　【字符映射表】对话框

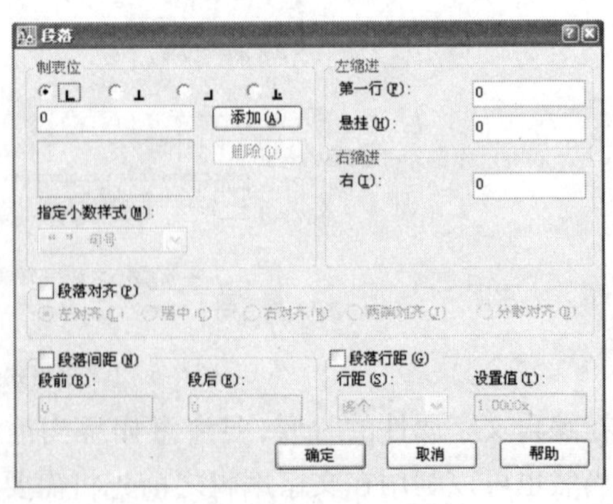

图 6-10　【段落】对话框

(5)【项目符号和列表】:执行该命令,可以使用字母(包括大小写)、数字作为段落文字的项目符号。

(6)【查找和替换】:用于搜索或替换指定的字符串,也可以设置查找条件,例如是否全

字匹配、是否区分大小写等,其使用类似与一般常用的查找和替换工具的使用。

(7)【全部选择】可以直接选择当前窗口中的文字,以便后面的属性修改。

(8)【改变大小写】可以使选中的输入窗口中的文字改变为大写或小写。

(9)【自动大写】可以使后面输入的文字自动为大写,但不改变选中的前面的文字的大小写。

(10)【删除格式】可以删除文字中应用的格式。

(11)【合并段落】可以合并选中文字的段落,并用空格代替每段的回车符。

(12)【背景遮罩】可以设置是否使用背景遮罩、边界偏移因子(1 ~5),以及背景遮罩的填充颜色。

(13)【输入文字】可以导入其他程序中已经编辑好的文本文件,默认为“. txt”文件,也可以是“. rtf”文件。

另外,在文字输入窗口中的标尺上单击右键可以出现【段落】和【设置多行文字宽度】和【设置多行文字高度】的快捷键。其中【段落】同前面的快捷键,而当点击【设置多行文字宽度】选项时,弹出如图 6-11 所示的对话框,从中可以设置多行文字的宽度。

图 6-11 【设置多行文字宽度】对话框

在多行文字(Mtext)命令中还可以直接使用 Word 等文本编辑软件进行编辑。Mtext 多行文字编辑器是 AutoCAD 有用的功能,它提供了 Windows 文字处理软件所具备的界面和工作方式,它甚至可以利用 Word 的强大功能编辑文本,这一功能可以用如下方法实现:

打开【工具】菜单选【选项】命令,【选项】对话框弹出后,打开【文本编辑器、词典和字体文件名】,点击其中的【文本编辑器应用程序】,此时出现默认的【Internal】程序名,双击此文件名,出现【选择文件】对话框,接着找到需要设置的应用程序文件,如【Winword. exe】,单击【打开】按钮,返回【选项】对话框,确认后设置完毕。完成以上设置后,用户如再使用 Mtext 命令时系统将自动调用我们熟悉的应用程序:如 Word,从而为 AutoCAD 中的文本锦上添花。

技巧:如果在输入分数(如 1/4)后按回车键,将打开【自动堆叠特性】对话框,可以设置是否需要在输入类似于 X/Y、X#Y、和 X^Y 的表达式时自动堆叠,还可以设置堆叠的其他属性。

6.1.5 文本编辑 DDEDIT 或 PROPERTIES

一般来讲,文本编辑应涉及两个方面,即修改文本内容和文本特性,用户可以像修改其他对象一样修改文本内容、高度、旋转角度等,其中字体改变可以通过修改文本类型来完成。

1. 用 DDEDIT 来修改文本

该命令用于修改文本,也可以用于修改 ATTDEF(属性定义),并根据不同对象显示不同的对话框。

(1)激活 DDEDIT 命令的常用方法有以下三种:

①点击【文字】工具栏的 A/ 图标按钮。

②从【修改】下拉菜单中选择【对象】子菜单进入【文字】下一级子菜单从中选择【编辑】选项。

③在命令行直接键入:DDEDIT 或 ED。

(2)命令的使用:

激活以上 DDEDIT 命令后,命令提示行出现提示,用户可根据需要对 AutoCAD 作出响应,响应过程说明如下:

命令:DDEDIT

选择注释对象或［放弃(U)］:

用户在此状态下,可以点选需要修改的文字对象,如果要修改的文字是用单行文字输入方式输入的,此时就会直接对文字进行修改,如图 6-12 所示编辑文字窗口。

边主梁钢束曲线要素及锚端坐标表

束　号	1	2	3	4
弯起角度(°)	2.94	5.01	6.54	6.14
弯起半径(cm)	5000,00	5000,00	5000,00	5000,00

图 6-12　【编辑文字】对话框

如果需要修改的文字是在创建多行文字的方法输入的,则会弹出图 6-6 所示的【文字格式】编辑器。用相应的方法就可以按照用户的需要修改。

2. 使用 PROPERTIES 命令修改文本

用户可以象修改其他对象一样使用 PROPERTIES 命令进行属性的直接修改。

(1)激活 PROPERTIES 命令常用方法有以下三种:

①点击【标准】工具栏的图标按钮。

②从【修改】下拉菜单中选择【特性】选项。

③在命令行直接键入:PROPERTIES 或 DDMODIFY 或 MO。

(2)命令的使用:

激活以上 DDEDIT 命令后,AutoCAD 弹出相应的属性对话框。

如果编辑的文字对象是在单行文字创建中输入的,则点击相应需要编辑的文字对象后弹出的属性对话框如图 6-13 所示。

图 6-13　对于单行文字的属性对话框

其中:

①标题栏中可以看到已经选择对象的属性,这里是“文字”。

②下面显示的各个选项表明了这个对象文字对象的一些属性,点击其中的值就可以改变对象的相应属性。

③基本栏中表明了线型、颜色、样式等特性。

④三维效果栏表明图形的材质。

⑤文字栏列出了关于文字本身的一些属性,如内容、样式、注释性等。

⑥几何图形表明了对象所在的图纸空间中的位置等信息。

⑦其他栏表明了文字的其他属性,如颠倒、反向。

⑧在标题栏的右侧有几个图标,其中:是快速选择图标,点击此图标,AutoCAD 自动弹出如图 6-15 所示的快速选择窗口,其使用与前面选择图形介绍相同;是选择对象图标,点击此图标,鼠标指标变为选择状态,作用相当于“Select”命令;是切换 PICKADD 系统变量的值图标,打开(1)或关闭(0)PICKADD 系统变量。PICKADD 打开时,每个选定对象(单独选择或通过窗口选择的)都将添加到当前选择集中。PICKADD 关闭时,选定对象将替换当前的选择集。

如果编辑的文字对象是在多行文字创建中输入的,则点击相应需要编辑的文字对象后弹出的属性对话框如图 6-14 所示。多行文字的属性菜单类似于单行文字的属性菜单,但多了几个行间距选项,没有【其他】选项。

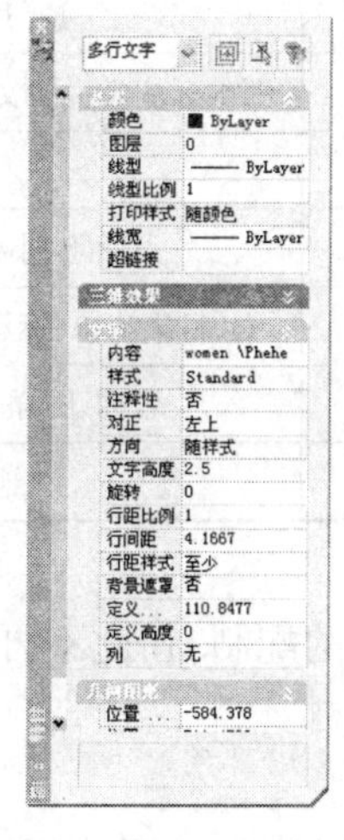

图 6-14　对于多行文字的属性对话框

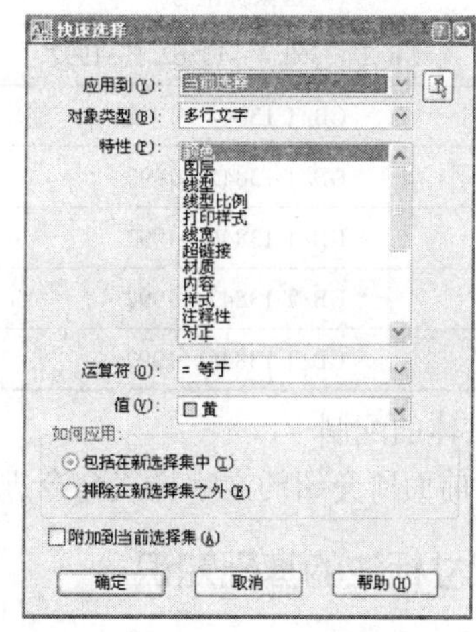

图 6-15　【快速选择】对话框

6.1.6　国标中关于字体的要求与配置

1. 国标中字体的要求

CAD 工程图中所用的字体应该按国家标准的要求书写,应作到字体端正、笔画清楚。排列整齐、间隔均匀。CAD 工程图的字体与图纸之间的大小关系,见表 6-2:

工程图的字体与图纸的幅面之间的大小关系(GB/T 18229 - 2000)　　表 6-2 (单位:mm)

图幅 / 字体	A_0	A_1	A_2	A_3	A_4
字母数字	3.5				
汉 字	5				

CAD 工程图的字体的最小(词)距、行距以及间隔或基准线与书写之间的最小距离,如表 6-3 所示:

工程图的字体与最小距离(GB/T 18229 - 2000)　　表 6-3

字　　体	最 小 距 离	
汉字	字距	1.5
	行距	2
	间隔线或基准线与汉字的间距	1
拉丁字母、阿拉伯数、希腊字母、罗马数字	字距	0.5
	词距	1.5
	行距	1
	间隔线或基准线与汉字的间距	1
注:当汉字与字母、数字混合使用时,字体的最小字距、行距等应根据汉字的规定使用		

CAD 工程图的字体选用范围见表 6-4：

工程图的字体选用范围（GB/T 18229－2000）　　表 6-4

汉字字型	国家标准号	字体文件名	应 用 范 围
长仿宋体	GB/T 13362.4～13362.5—1992	HZCF.＊	图中标注及说明文字、标题栏、明细栏等
单线宋体	GB/T 13844—1992	HZDX.＊	
宋体	GB/T 13845—1992	HAST.＊	大标题、小标题、画册封面
仿宋体	GB/T 13846—1992	HZFS.＊	目录清单、标题栏中的设计单位
楷体	GB/T 13847—1992	HZKT.＊	名称、图样名称、工程名称
黑体	GB/T 13848—1992	HZHT.＊	地形图

2. 国标字体的配制

可以利用前面所介绍的文字样式命令进行国标字体的配制，在此不再赘述。

6.2 尺寸标注的基础知识

尺寸标注是 AutoCAD 的一项重要的功能，使用尺寸标注能够明确图形各部分的大小以及相互关系，AutoCAD2008 提供了各种类型的尺寸标注样式，对尺寸标注方面的功能进行了很多的增强。它不仅包含了直径、半径、线性、圆弧、公差等标注命令，在此基础上又增加了尺寸标注的注释性、标注间距、折弯线性和标注打断等功能。

6.2.1 尺寸的组成

通常，一个完整的尺寸是由尺寸线、尺寸界线、箭头、尺寸文字四个部分组成，如图 6-16 所示。通常 AutoCAD 将这四个部分作为一个块来处理，所以，一个尺寸标注一般为一个对象。下面简单介绍一下。

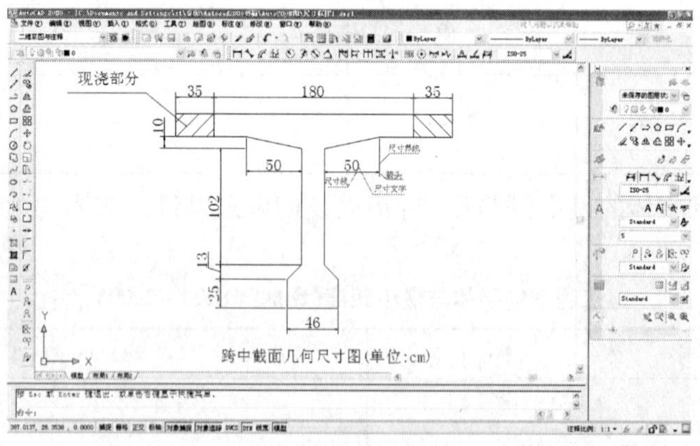

图 6-16　尺寸的组成

1. 尺寸线

在图纸中使用尺寸线来表明距离或角度。缺省状态下，尺寸线位于两个尺寸界线之间，尺寸线的两端有两个箭头，尺寸文本沿着尺寸线书写。

2. 尺寸界线

尺寸界线是由测量点引出的延伸线。通常用于直线型和角度型尺寸的标注。缺省状态下，尺寸界线和尺寸线是相互垂直的，我们可以将它设置为想要的角度，还可以把尺寸界线设置为不显示。

3. 尺寸箭头

箭头在尺寸线与尺寸界线的相交处，表示尺寸线的终止端。在不同的情况下可以使用不同的箭头符号。

4. 尺寸文本

尺寸文本是用来说明图纸中的距离或角度等数值以及说明文字的。标注时 AutoCAD 会自动给出尺寸文本，我们也可以自己输入新的文本。尺寸文本的大小和采用的字体可以改变。

6.2.2 国家标准中关于尺寸标注的规定

1. 基本规则

(1)物体的真实大小应以图样上所标注的尺寸数值为依据，与图形的大小及绘图的准确度无关。

(2)图样中的尺寸以毫米(mm)为单位时，不需要标注计量单位的代号或名称。如采用其他的单位，则必须注明相应的计量单位的代号或名称。

(3)图样中所标注的尺寸为该图样所表示的物体的最后完工尺寸，否则应另加说明。

(4)物体的每一尺寸，一般只标注一次，并应标注在反映该结构最清晰的图形上。

2. 尺寸标注的组成元素的规定

(1)图样上一个完整的尺寸应由尺寸界线、尺寸线、箭头及尺寸文字组成。

(2)尺寸界线用实线绘制，从图形的轮廓线、轴线、中心线引出，并超出尺寸线 2mm 左右。轮廓线、轴线、中心线本身也可以作尺寸界线。

(3)尺寸线必须用细实线单独绘出，不能与任何图线重合。

(4)箭头位于尺寸线的两端，指向尺寸界线。用于标记标注的起始、终止位置。箭头是一个广义的概念，可以有不同的样式，详见尺寸样式设置中，箭头形式的下拉列表。

(5)尺寸文字在同一张图中应该大小一致。除角度以外的尺寸文字，一般应该填写在尺寸线的上方，也允许填写在尺寸线的中断处，但同一张图中应该保持一致；文字的方向应与尺寸线平行。尺寸文字不能被任何图形线通过，偶有重叠，其他图线均应断开。

3. 尺寸标注的基本要求

(1)互相平行的尺寸线之间，应该保持适当的距离。为避免尺寸线与尺寸界线相交，应按大尺寸注在小尺寸外面的原则布置尺寸。

(2)圆及大于半个圆的圆弧应注直径尺寸，半圆或小于半圆的圆弧应注半径尺寸。

(3)角度尺寸的标注，无论哪一种位置的角度，其尺寸文字的方向一律水平注写，文字的位置，一般填写在尺寸线的中间断开处。

6.2.3 AutoCAD 尺寸标注的类型

AutoCAD 提供了七种尺寸标注类型，分别是：

(1)线性标注：标注直线的长度或被测对象的距离。

(2)对齐标注:标注与指定对象平行的尺寸。

(3)弧长标注:标注圆弧或多段线弧线段上的距离。

(4)坐标标注:以坐标的形式标注图形中对象的尺寸。

(5)半径和直径标注:标注圆和圆弧的半径或直径的尺寸。当圆弧或圆的中心位于布局外并且无法在其实际位置显示时,可以用折弯半径标注,可以在更方便的位置指定标注的原点(这称为中心位置替代)。

(6)角度标注:标注两条线之间的夹角或圆弧的圆心角。

(7)基线标注与连续标注:快速标注出线型尺寸的尺寸值。

(8)标注形位公差:形位公差表示特征的形状、轮廓、方向、位置和跳动的允许偏差。在标注的过程中,用户可以把形位公差作为标注文字添加到当前图形中。

(9)圆心标记和中心线:用圆心标记或中心线指出圆或圆弧的圆心。

各个标注的详细使用方法将在这一章的后续部分介绍。

6.2.4 AutoCAD 的尺寸标注命令

使用以下三种方式可以进入尺寸标注模式:

1. 使用命令行

在命令行键入“DIM”,就可以进入尺寸标注模式。

2. 使用菜单

AutoCAD 尺寸标注的命令很多,掌握起来很困难,所以 AutoCAD 另外提供了专门的【标注】主菜单,如图 6-17 所示为【标注】主菜单。

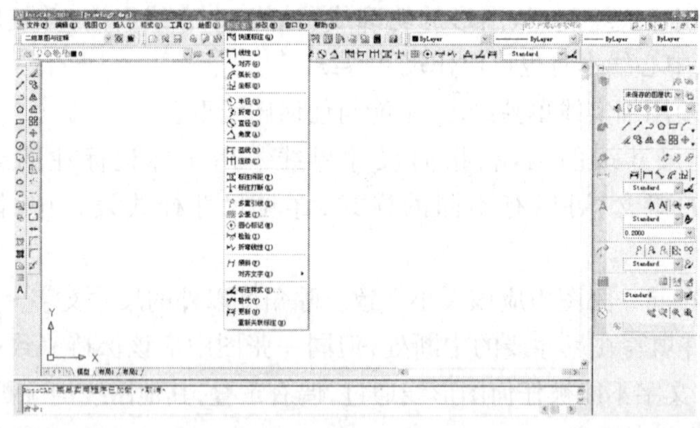

图 6-17 【标注】主菜单选项

3. 使用工具栏

从【视图】菜单选择【工具栏】项可以选择打开【标注】工具栏,如图 6-18 所示。

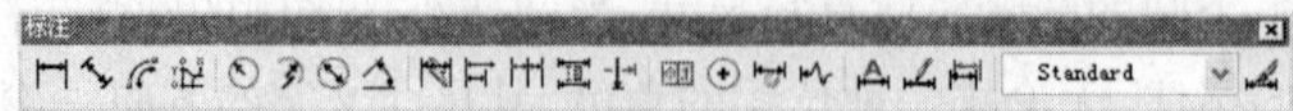

图 6-18 【标注】工具栏

各个图标的意义见第一章 1.3 节中的介绍,在此不再赘述。

6.3 设置尺寸标注的样式

标注的样式是保存的一组标注设置,它确定标注的外观。通过创建标注样式,可以设置有关的标注系统变量,并且控制任意一个标注的布局和外观。在设置标注样式时,AutoCAD使用的是当前标注样式。在没有另一种样式替换当前样式之前,Standard 样式基本上都是根据美国国家标准协会标注标准设计的。如果开始绘制新图形时选择了公制单位,则默认样式为 ISO-25。但有时它并不能满足我们的要求,我们可以利用"标注样式"命令(DDIM)进行修改和编辑。

6.3.1 尺寸标注样式设置的开始

1. 标注样式 DDIM 命令的三种激活方式

(1)单击【标注】工具栏下的按钮。

(2)从【标注】下拉菜单选择【标注样式】或从【格式】下拉菜单中选择【标注样式】选项。

(3)直接在命令行中输入命令:DDIM 或 DIMSTYLE。

2. 命令激活后,AutoCAD 自动弹出【标注样式管理器】对话框,如图 6-19 所示。

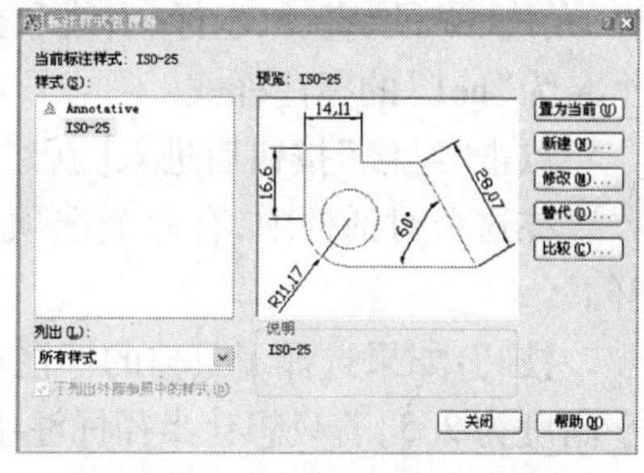

图 6-19 【标注样式管理器】对话框

其中:

【置为当前】按钮:表示将选择的尺寸标注类型设置为当前的标注类型,返回绘图环境后将使用所选择的标注类型。

【新建】按钮:用于创建新样式。

【修改】按钮:表示将对选择的尺寸标注类型进行修改,单击它会打开【修改标注样式】对话框,如图 6-20 所示,它的内容与【替代当前样式】、【新建标注样式】相同。

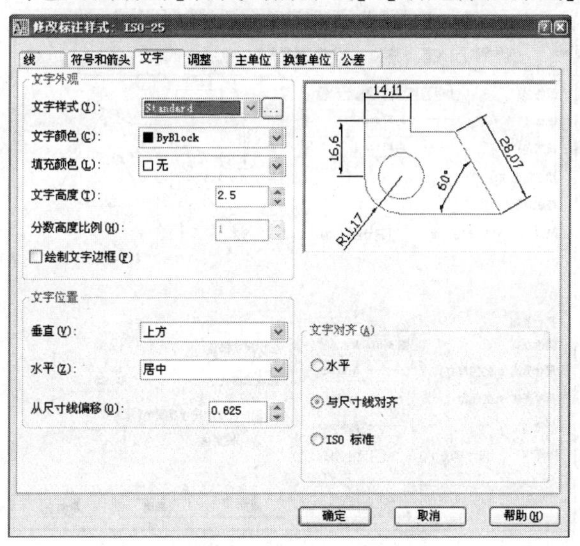

图 6-20 【修改标注样式】对话框

【替代】按钮:设置当前样式的代替样式。

【比较】按钮:设置好一种尺寸类型后,可以与其他的尺寸标注类型进行比较。

6.3.2 定义尺寸标注样式

1. 创建新的标注样式

（1）【标注样式管理器】对话框中，单击【新建】，出现【创建新标注样式】对话框，如图 6-21 所示。

（2）在【创建新标注样式】对话框中，通过下拉菜单可以选择要用为新样式的【基础样式】，默认为“ISO－25”。

（3）【注释性】复选框：如果启用，则新建的标注样式具有注释性功能，这样标注的尺寸可以自动调整其显示比例，以适合于当前图形的显示。

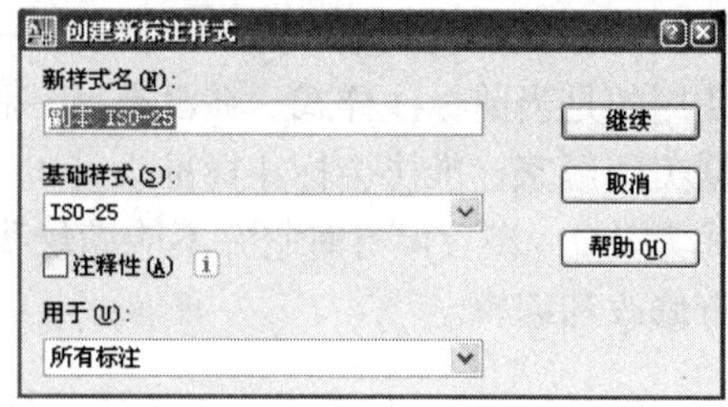

图 6-21 【创建新标注样式】对话框

（4）指出新样式应用的范围。在【用于】下拉列表中，可以选择的范围有：所有标注、线性、角度、半径、直径、坐标、引线和公差，可以根据自己的需要来选择。这里，我们新建了一个名为“he1”的标注样式。

点击“继续”按钮后进入【新建标注样式】对话框，如图 6-22 所示。

在这个对话框中，有七个选项卡，使用这些选项卡可以分别设置这个尺寸标注的各种样式。

技巧：如果选择了具体的标注类型，将创建基础样式的子样式。比如 ISO－25 样式的文字高度为 2.5，若只想让半径标注中的文字高度为 3.0，其余保持不变。只需在【基础样式】下拉列表框中选择 ISO－25，在【用于】下拉列表框中选择“线性标注”。此时定义的新样式是 ISO－25 的子样式。

2. 设置尺寸线和箭头

图 6-22 显示了【线】选项卡，使用此选项卡可以设置尺寸线、尺寸界线的颜色、线宽、外观样式和大小。

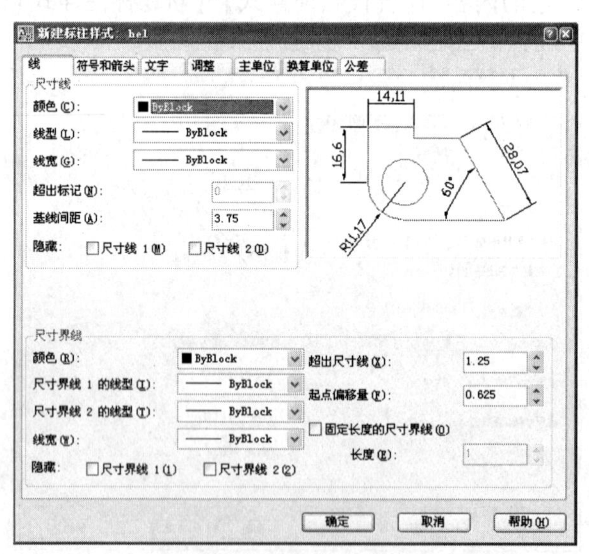

图 6-22 【新建标注样式】对话框中的【线】选项卡

1)【尺寸线】区。

（1）设置尺寸线的颜色：单击【颜色】下拉列表框的右边的向下箭头，可以从列出的颜色中选择一种作为尺寸线的颜色，也可以选用【随层】或【随块】，使尺寸线的颜色随图层或图块而定。相应的系统变量为 DIMCLRD。

(2)设置尺寸线的宽度:单击【线宽】下拉式列表框右侧的向下箭头,可以选择尺寸线的宽度,相应的系统变量为 DIMLWD。

(3)设置尺寸线的延伸量:如果选择了斜线等记号作为尺寸线的终止记号而不是箭头,就会激活如图 6-22 所示的灰色部分【超出标记】文本框,它可以设置尺寸线超出尺寸界线的长度,如图 6-23 中的 a 值,其系统变量为 DIMDLE。

(4)设置尺寸线基线间距:如果使用基线型标注时,改变【基线间距】的数值可以控制各尺寸线间的间隔,如图 6-23 中的 b 值,相应的系统变量为 DIMDLI。

(5)隐藏尺寸线:选择【隐藏】选项的【尺寸线 1】和【尺寸线 2】可以控制将尺寸线的前端和后端隐藏起来。相应的系统变量为 DIMSD1 和 DIMSD2。

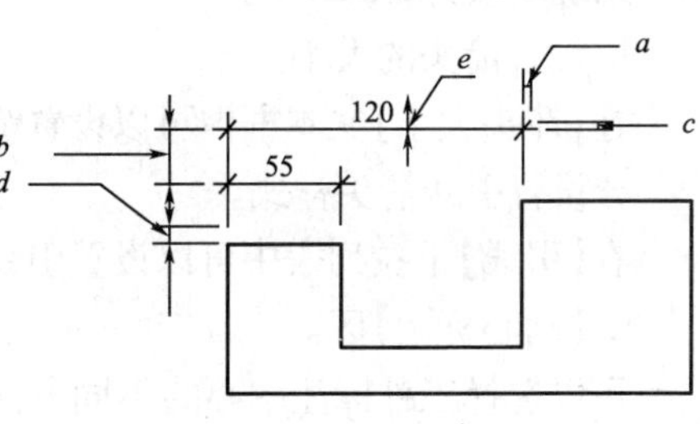

图 6-23 尺寸标注示意图

2)【尺寸界线】区。

(1)设置超出尺寸线:设置尺寸界线超出尺寸线的长度在标注时,尺寸界线都要超出尺寸线一定的长度,在【超出尺寸线】编辑框内设置,如图 6-23 中的 c 值,相应的系统变量为 DIMCLRE。

(2)设置起点偏移量:在【起点偏移量】编辑框输入的值,表示尺寸界线起点与标注对象之间的间隙,如图 6-23 中的 d 值。

图 6-24 显示了【符号和箭头】选项卡,使用此选项卡可以设置箭头格式和特性、圆心标记的大小和外观样式,设置弧长符号的样式及折弯标注的格式。其主要选项如下:

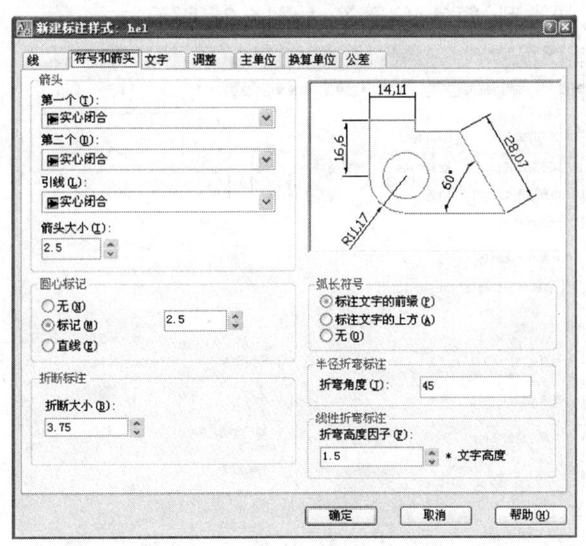

图 6-24 【新建标注样式】对话框中的【符号和箭头】选项卡

①【箭头】区。

a. 设置箭头样式。

通过【第一个】、【第二个】可以选择箭头的样式。AutoCAD 提供了 20 多种箭头样式,不同专业有一些规定的箭头样式,如建筑设计采用【建筑标记】,为短斜线形式。机械设计可采用【实心闭合】。其中用户可以选择使用自定义的箭头,方法是在箭头列表框中选择【用户箭头...】选项,则 AutoCAD 弹出【选择自定义箭头块】对话框,如图 6-25 所示,在对话框中的输入当前图形中已有的块名称,然后单击“确定”按钮,AutoCAD 将以该块作为尺寸线的箭头样式。此时块的插入基点与尺寸线的端点重合。其用户系统变量为 DIMASZ。

图 6-25 【选择自定义箭头块】对话框

b. 设置箭头的大小。

在【箭头大小】文本框内可以设置箭头的大小。

c. 设置引线箭头样式。

在【引线】下拉列表中可以设置引线标注时引线起点的箭头样式。

②【圆心标记】区。

可以选择三种标注中心的不同方法:【无】表示不标注圆心;【标记】表示在圆心位置以短十字标记圆心,该十字线的长度可以在文本框中设定;【直线】选项表示圆心标记的标记线将延伸到圆外,其后的文本框用于设定中间小十字标记和长标记线延伸到圆外的尺寸。

③【弧长符号】区。

该选项组由三个单选按钮,用于控制圆弧符号对应的标注文字的位置,分别是“标注文字的前缘”、“标注文字的上方”、“无”。选择不同的单选按钮有不同的效果。

④【半径折弯标注】区。

该选项用于控制折线角度的大小。

3. 设置标注文字

在【新建标注样式】对话框中,用户点击其中的【文字】选项卡,可以在其中设定各种与标注文字有关的属性,如类型、颜色、位置等,如图 6-26 所示。

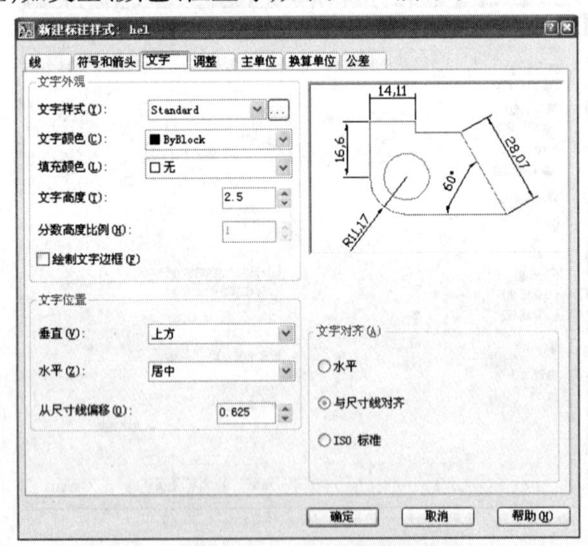

图 6-26 【文字】选项卡

(1)【文字外观】区。

①设置尺寸文本的类型。

在【文字样式】下拉式列表框中可以选取尺寸标注的文字样式,单击右边的【...】按钮,打开【文字样式】对话框,可以新建一种文字类型作为尺寸文本的内容,其相应的系统变量为 DIMTXSTY。

②设置文本的颜色。

单击【文字颜色】下拉列表框的右边的向下箭头，可以从列出的颜色中选择一种作为文字的颜色，也可以选用【随层】或【随块】，使文字的颜色随图层或图块而定。相应的系统变量为 DIMCLRT。

③设置尺寸文本的高度。

在【文字高度】编辑框内输入数值可以指定文字的高度，相应的系统变量为 DIMTXT。

④在尺寸文本周围画边框。

选中【绘制文字边框】复选项，那么图形中的尺寸文本周围就会画上一个方框，通常在表示基准尺寸时采用。

⑤设置分数或公差高度比例因子。

在图形中使用公差或分数来标注时，通常要使公差或分数文本的高度与尺寸文本的高度保持一定的比例关系，这个比例关系是由它们之间的比例因子决定的。在【分数高度比例】文本框中可以设置这个比例因子。

(2)【文字位置】区。

①设置垂直与水平方向上尺寸文本的相对位置。

在【垂直】下拉式列表框中可以选择尺寸文本在垂直方向上相对于尺寸线的位置，共有四个选项：上方、居中、外部、JIS。

在【水平】下拉式列表框中可以选择尺寸文本在水平方向上相对于尺寸界线的位置，共有五个选项：居中、第一条尺寸界线、第二条尺寸界线、第一条尺寸界线上方、第二条尺寸界线上方。

②设置从尺寸线偏移的距离。

为了清楚的表示文本，图形中尺寸文本要与尺寸线保持一定的距离。【从尺寸线偏移】文本框中的数值就是这个距离，如图 6-23 所示中的 e 值。

(3)【文字对齐】区。

在 AutoCAD 中，给出了以下三种尺寸文本的对齐方式：

①【水平】：表示所有文本在水平方向书写。

②【与尺寸线对齐】：表示尺寸文本与尺寸线平行书写。

③【ISO 标准】：表示在尺寸界线内的文字与尺寸线对齐，在尺寸界线外的文字总是水平。

4. 使用【调整】选项卡【调整】选项卡用于控制尺寸界线

内放不下尺寸文字和箭头时出现的问题，它同时还定义全局标注比例，如图 6-27 所示。

(1)【调整选项】区：当两尺寸界线之间没有足够空间同时放置文字与箭头时，确定如何在两尺寸界线间进行标注。

(2)【文字位置】区：当空间不足引起文字不在默认的位置时，确定尺寸文字放置位置。

(3)【标注特征比例】选项区。

①设置总体比例。

通过改变【使用全局比例】文本框中的数

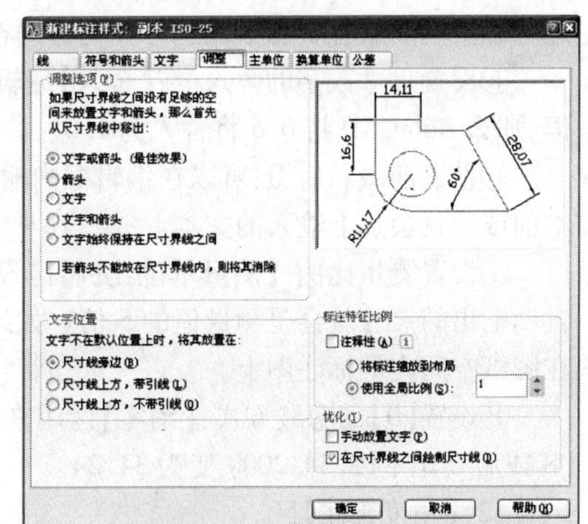

图 6-27 【调整】选项卡

值,可以将图形中尺寸进行放大或缩小。尺寸文本、尺寸箭头、两尺寸界线超出尺寸线及起点间距等都会按比例值进行改变。但是对所标注图形的实际尺寸或被标注距离等值都没有影响。

②设置用于布局(图纸空间)的比例。

当我们给浮动窗口内的图形进行尺寸标注时,如果选中【将标注缩放到布局(图纸空间)】复选框,AutoCAD将把尺寸标注元素的大小比例调整为图纸空间与模型空间的比例,使尺寸标注元素在各浮动视窗内都具有相同的大小,而不受各浮动窗口缩放比例因子的影响。

(4)【优化】区。

①手动放置文字:如果选择了【手动放置文字】复选框,那么在尺寸标注时,系统会提示尺寸文本的放置位置。

②在尺寸线之间绘制尺寸线:如果选择了【在尺寸界线之间绘制尺寸线】复选框,标注尺寸时,任何时候都会在尺寸界线之间绘制尺寸线。

5. 设置主单位

【主单位】选项卡可以设置尺寸标注的数字单位及标注形式、精度、比例、控制尺寸数字的处理方式,如图6-28所示。

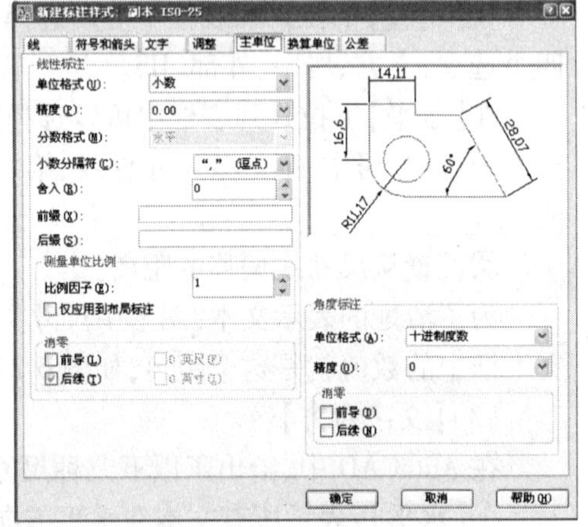

图6-28 【主单位】选项卡

(1)【线性标注】区。

①设置单位格式:在【单位格式】下拉列表框中,可以设置线性尺寸的单位,我国采用十进制单位。

②设置精度:在【精度】下拉列表框中可以设置线性尺寸单位的精度,不同的单位其精度的样式也不一样。在十进制下,精度值越高,小数点位数就越多。

③设置分数格式:只有选择了以分数表示的单位后【分数格式】项才能被激活。

④设置小数分隔符:在【小数分隔符】下可以选择小数的分隔符号,可选的符号有:句点、逗号和空格。缺省状态下以逗号作为分隔符。

⑤设置尺寸数字的舍入:在【舍入】编辑框内可以设置舍入的数值,如输入0.5作为舍入值,那么AutoCAD将0.6将舍入为1.0。

⑥设置前缀和后缀:可以在编辑框内输入需要的前缀或后缀,在自动标注输出的尺寸文本前或后就会加上输入的文本。

⑦设置测量比例:【测量单位比例】区设置线性尺寸的全局比例系数。如输入【5】,那么自动输出的尺寸就会是测量值的5倍。如果选中了【仅用于布局标注】复选框,则将比例用在图纸空间内的标注图上。

⑧设置【0】的隐藏方式:【消零】区用来控制是否显示尺寸数据的前导0(例如0.8变为.8或后续0(例如34.2000变为34.2)。

(2)【角度标注】区。

与【线型标注区】设置基本一致,不再详细叙述。

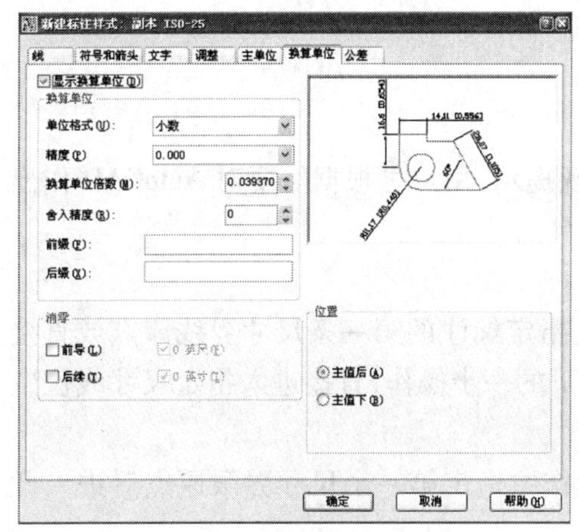

图 6-29 【换算单位】选项卡

6. 设置换算单位

在【新建尺寸标注】对话框的【换算单位】选项卡中,可以设置如何在同一个尺寸中以两套尺寸文本单位来显示。【换算单位】选项卡如图 6-29 所示。其中内容大部分与【主单位】含义相同,不再详细介绍,只将它的特有部分介绍如下:

(1)打开【换算单位】选项:选中【显示换算单位】复选框后可以激活【换算单位】选项卡的其他部分,同时在显示尺寸标注数据(主数据)时,也标注出换算单位表示的尺寸数据值。

(2)设置交替单位放置的位置:在【位置】区有两个选项,如果选中【主值后】,则换算数据放在主数据之后;如果选中【主值下】,则换算单位数据放在主数据的下面。

7. 设置公差格式

【公差】选项卡控制是否标注尺寸公差,及设置公差的值和精度,如图 6-30 所示。当要标注带有公差的尺寸时,要先利用此选项卡定义公差值。

(1)【公差格式】区。

【方式】中可以设置选择公差的标注形式:【无】、【对称】、【极限偏差】、【极限尺寸】、【基本尺寸】等;

【精度】设置公差精度;

【上偏差】、【下偏差】内定义正负偏差(其中系统默认的下偏差为负值,并自动在数值前加“-”号,如果下偏差为正值,则需要在输入的数值前面加上“-”号);

图 6-30 【公差】选项卡

【高度比例】用于设置公差文字的高度比例系数,如果输入 0.9 表示公差数字的字高是尺寸数字高的 0.9 倍;

【垂直位置】设置公差数字相对于主尺寸数字的位置关系。

(2)其他区:功能与前边选项卡介绍的类似,不再详细叙述。

用户在使用 AutoCAD 绘制尺寸线时,可以使用自定义箭头块(BLOCK)来绘制尺寸线。经常用一段 45°首尾等宽的粗线条来代替 AutoCAD 本身提供的箭头与斜杠。

6.4 尺寸标注方法

6.4.1 线性尺寸标注 DIMLINEAR

线性标注命令可以标注图形上水平、垂直和指定角度的长度尺寸。

(1)激活 DIMLINEAR 命令常用方法有以下三种:

①点击【标注】工具栏的图标按钮。

②从【标注】下拉菜单中选择【线性】选项。

③在命令行直接键入:DIMLINEAR 或 DLI。

(2)命令的使用。

激活以上 DIMLINEAR 命令后,命令提示行出现提示,用户可根据需要对 AutoCAD 作出响应,响应过程说明如下:

命令: DIMLINEAR

指定第一条尺寸界线原点或 <选择对象>:(指定标注的第一条尺寸界线原点或直接回车表明要使用选择对象的方式标注,此时跳过以下的一步操作,直接进入指定尺寸线位置步)

指定第二条尺寸界线原点:(在前面的一步操作中指定第一个尺寸界限原点后进入此步骤,此时用于指定尺寸界线的第二个界线原点)

指定尺寸线位置或

[多行文字(M)/文字(T)/角度(A)/水平(H)/垂直(V)/旋转(R)]:

说明:

①此时用户可以指定点来定位尺寸线并且确定绘制尺寸界线的方向。指定尺寸线位置之后,AutoCAD 绘制标注。

②如果用户输入"M",以响应多行文字,此时 AutoCAD 将显示多行文字编辑器,可用它来编辑标注文字。AutoCAD 用尖括号 (< >) 表示生成的测量值。要给生成的测量值添加前缀或后缀,请在尖括号前后输入前缀或后缀。可以用控制代码和 Unicode 字符串来输入特殊字符或符号。另外,要编辑或替换生成的测量值,请删除尖括号,输入新的标注文字然后选择"确定"。如果标注样式中未打开换算单位,可以通过输入方括号 ([ ]) 来显示它们。

③如果用户输入"T",以响应文字,此时 AutoCAD 提示如下:

输入标注文字 <112.58>:

此时用户可以在命令行自定义标注文字。AutoCAD 在尖括号中显示生成的标注尺寸。输入标注文字或按回车接受生成的测量值。要包括生成的测量值,请使用尖括号 (< >) 表示生成的测量值。

④如果用户输入"A",以响应角度,此时 AutoCAD 提示如下:

指定标注文字的角度:

此时用户可以修改标注文字的角度,直接输入需要修改文字的角度,例如,要将文字旋转 90 度,请输入 90。

⑤如果用户输入"H",以响应水平,此时表示用户接受创建水平线性标注。此时,AutoCAD 提示:

指定尺寸线位置或 [多行文字(M)/文字(T)/角度(A)]

选项的意义同前面的选项说明。

⑥如果用户输入"V",以响应垂直,表示用户接受创建垂直线性标注。提示同前面的说明。

⑦如果用户输入"R",以响应旋转,表示创建旋转线性标注,AutoCAD 提示如下:

指定尺寸线的角度 <0>:

用户可以输入需要使尺寸线旋转的角度,此角度是沿基线逆时针方向默认为正。

技巧:如果用户要将系统测量的标注文字变为自己指定的标注文字,可以在指定尺寸线位置之前,根据命令行提示输入“T”,然后在【输入标注文字】提示后面,输入指定的标注文字;也可以在指定尺寸线位置后,通过双击系统的标注文字,从弹出的【特性】对话框的【文字替代】文本框中直接输入要指定的标注文字。

(3)图6-31为线性标注在某座桥梁主视图中的标注示例:

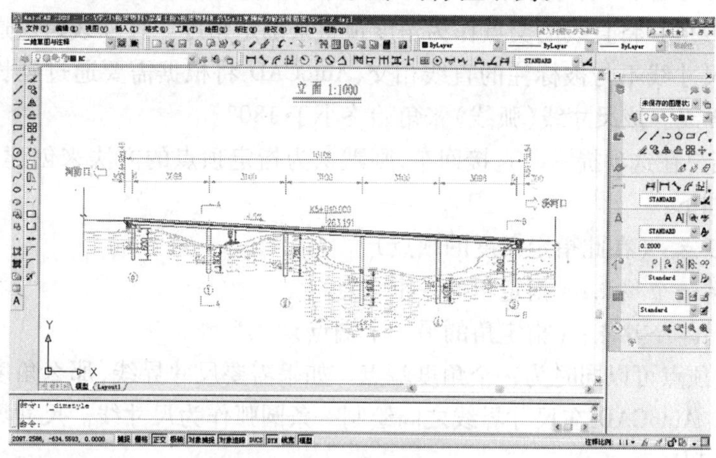

图6-31　线性标注示例

6.4.2　角度标注 DIMANGULAR

使用角度标注命令可以标注圆和圆弧的圆心角、两条直线间的角度、或者三点间的角度。

1)激活 DIMANGULAR 命令常用方法有以下三种:

(1)点击【标注】工具栏的△图标按钮。

(2)从【标注】下拉菜单中选择【角度】选项。

(3)在命令行直接键入:DIMANGULAR 或 DAN。

2)命令的使用。

激活以上 DIMANGULAR 命令后,命令提示行出现提示,用户可根据需要对 AutoCAD 作出响应,响应过程说明如下:

命令: DIMANGULAR

选择圆弧、圆、直线或 <指定顶点>:

说明:

(1)此时用户可以直接在图形中选择需要标注的对象,AutoCAD 自动根据选择对象的不同提示不同的选项:

- 如果用户选择的是圆弧,AutoCAD 将使用选定圆弧上的点作为三点角度标注的定义点。圆弧的圆心是角度的顶点。圆弧端点成为尺寸界线的原点。AutoCAD 在尺寸界线之间绘制一条圆弧作为尺寸线。AutoCAD 从角度端点到与尺寸线的交点绘制尺寸界线。

- 如果用户选择的圆,此时 AutoCAD 将选择点(1)作为第一条尺寸界线的原点。圆的圆心是角度的顶点。同时提示：

指定角的第二个端点：

用户此时在对象圆上指定第二条尺寸界线的原点，但并非一定位于圆上。

- 如果选择的对象是直线，则提示如下

选择第二条直线：

用户在此时指定第二条直线，并用这两条直线来定义角度，AutoCAD 通过将每条直线作为角度的矢量（边）并将直线的交点作为角度顶点来确定角度。尺寸线跨越这两条直线之间的角度。如果尺寸线不与被标注的直线相交，AutoCAD 将根据需要通过延长一条或两条直线来添加尺寸界线。该尺寸线（弧线）张角始终小于 180°。

（2）如果用户在选项提示时直接回车，则默认为指定顶点的方法来创建角度标注，此时 AutoCAD 提示如下：

指定角的顶点：（在此指定角度的顶点）

指定角的第一个端点：（指定角的一个端点）

指定角的第二个端点：（指定角的另一个端点）

其中：角度顶点可以同时为一个角度端点。如果需要尺寸界线，那么角度端点可用作尺寸界线的起点。AutoCAD 在尺寸界线之间绘制一条圆弧作为尺寸线。尺寸界线从角度端点绘制到尺寸线交点。

（3）在选择对象的第（1）步之后，AutoCAD 提示如下：

指定标注弧线位置或［多行文字（M）/文字（T）/角度（A）/象限点（Q）］：

其中：

- 标注弧线位置表明指定尺寸线的位置并确定绘制尺寸界线的方向。指定位置之后，结束 DIMANGULAR 命令。
- 多行文字指显示多行文字编辑器，可用它来编辑标注文字，其基本用法同线性尺寸标注的相关介绍。
- 文字指在命令行自定义标注文字。用法同线性标注的相关介绍。
- 角度指修改标注文字的角度，例如，要将文字旋转 45 °，请在相关的提示下输入 45。
- 象限指定标注应锁定到的象限。打开象限行为后，将标注文字放置在角度标注外时，尺寸线会延伸超过尺寸界线。

注意：

在对圆上的一段圆弧，两直线组成的角进行角度或三点组成的角度标注时，若确定弧形尺寸线的位置不同，则 AutoCAD 计算出的角度也不相同。

6.4.3 半径和直径的标注 DIMRADIUS 和 DIMDIAMETER

使用半径和直径标注命令可以标注圆或圆弧的半径或直径。其中直径标注常用于标注圆或大于半个圆的圆弧，半径标注常用于标注半圆或小于半圆的圆弧。

（1）激活 DIMRADIUS 命令常用方法有以下三种：

①点击【标注】工具栏的图标按钮。

②从【标注】下拉菜单中选择【半径】选项。

③在命令行直接键入:DIMRADIUS 或 DRA。

(2)激活 DIMDIAMETER 命令常用方法有以下三种:

①点击【标注】工具栏的图标按钮。

②从【标注】下拉菜单中选择【直径】选项。

③在命令行直接键入:DIMDIAMETER 或 DDI。

(3)命令的使用。

激活以上 DIMRADIUS 或 DIMDIAMETER 命令后,命令提示行出现提示,用户可根据需要对 AutoCAD 作出响应,响应过程说明如下:

选择圆弧或圆:(选择需要表标注的圆或圆弧)

标注文字 =385(提示当前默认的标注文字属性)

指定尺寸线位置或[多行文字(M)/文字(T)/角度(A)]:

用户此时使用指定点来定位尺寸线。指定尺寸线位置之后,AutoCAD 绘制标注。其他的各个选项同前面的角度尺寸标注的介绍,在此就不再赘述。

(4)图 6-32 为半径和直径标注的示例。

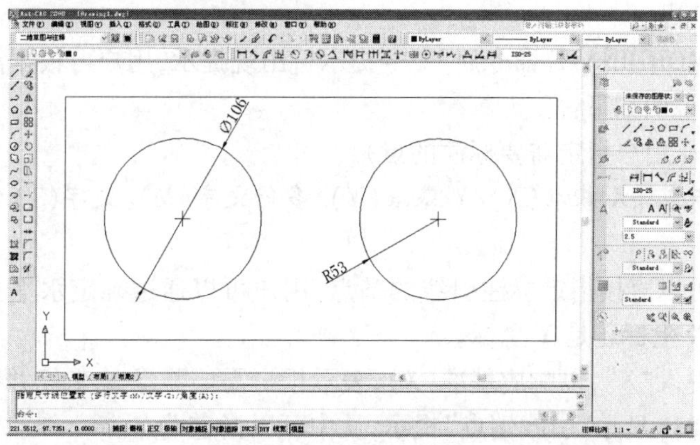

图 6-32　半径、直径标注示例(图中的十字为圆心标注)

6.4.4　圆心的标注 DIMCENTER

使用圆心标记可以给圆或圆弧添加圆心标志或中心线。

(1)激活 DIMCENTER 命令常用方法有以下三种:

①点击【标注】工具栏的图标按钮。

②从【标注】下拉菜单中选择【圆心标记】选项。

③在命令行直接键入:DIMCENTER 或 DCE。

(2)命令的使用。

激活以上 DIMCENTER 命令后,命令提示行出现提示,用户可根据需要对 AutoCAD 作出响应,响应过程说明如下:

选择圆弧或圆:

用户直接在此状态下,选择需要标注的圆或圆弧,AutoCAD 随即对对象进行标注。

注意:

用户可以选择圆心标记或中心线作为圆心标注形式,并在设置标注样式时指定它们的大小。可以使用 DIMCEN 系统变量,修改中心标记的设置。如果其值设置为 0,表示不绘制圆心标记中心线;<0 绘制中心线;>0 绘制圆心标记。本系统变量的绝对值指定了中心标记的大小。

图 6-32　中的十字标记就是圆心标注。

6.4.5　坐标型尺寸标注 DIMORDINATE

对于图纸上需要用坐标值确定位置的尺寸,可以使用坐标标注命令。它用于标注从当前坐标系原点处开始的 x,y 方向上的距离,也称为基准标注。AutoCAD 使用当前用户坐标系（UCS）确定测量的 X 或 Y 坐标,并且沿与当前 UCS 轴正交的方向绘制引线。按照通行的坐标标注标准,采用绝对坐标值。

(1)激活 DIMORDINATE 命令常用方法有以下三种:

①点击【标注】工具栏的图标按钮。

②从【标注】下拉菜单中选择【坐标】选项。

③在命令行直接键入:DIMORDINATE 或 DOR。

(2)命令的使用。

激活以上 DIMORDINATE 命令后,命令提示行出现提示,用户可根据需要对 AutoCAD 作出响应,响应过程说明如下:

指定点坐标:(用户指定需要标注的点)

指定引线端点或［X 基准(X)/Y 基准(Y)/多行文字(M)/文字(T)/角度(A)］:

说明:

①用户此时可以直接指定标注引线的基点,用户可以通过确定水平方向线还是垂直方向线来确认标注 X 坐标还是 Y 坐标。

②如果用户输入“X”,以响应基准(X),表示用户需要测量 X 坐标并确定引线和标注文字的方向。AutoCAD 显示“引线端点”提示,从中可以指定端点。

③如果用户输入“Y”,以响应基准(Y),表示用户需要测量 Y 坐标并确定引线和标注文字的方向。AutoCAD 显示“引线端点”提示,从中可以指定端点。

④其他各个选项同前面的标注说明,在此不再赘述。

(3)如图 6-33 所示为坐标型尺寸标注在标识桩基土层标高中的示例。

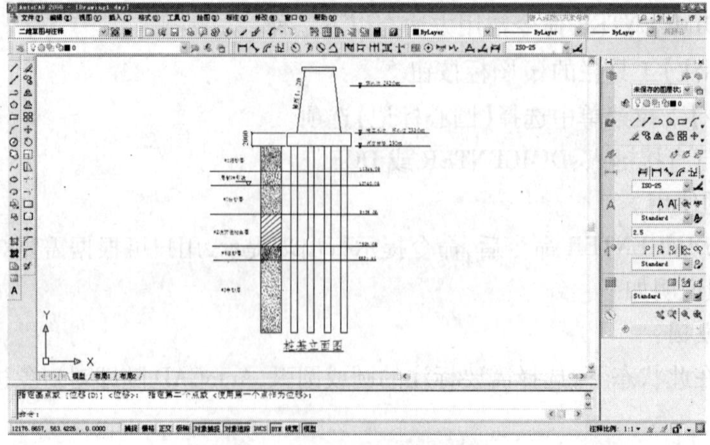

图 6-33　坐标型尺寸标注示例

6.4.6 折弯半径标注 DIMJOGGED

当圆弧或圆的中心位于布局外并且无法在其实际位置显示时,可以利用折弯半径标注,也称为“缩放的半径标注”,在更方便的位置指定标注的原点。

(1)激活 DIMJOGGED 命令常用方法有以下三种:

①点击【标注】工具栏的图标按钮。

②从【标注】下拉菜单中选择【折弯】选项。

③在命令行直接键入:DIMJOGGED 或 DJO。

(2)命令的使用。

激活以上 DIMJOGGED 命令后,命令提示行出现提示,用户可根据需要对 AutoCAD 作出响应,响应过程说明如下:

选择圆弧或圆:(用户指定需要标注的圆弧或圆)

指定图示中心位置:(用户选择输入需要标注的中心位置)

标注文字 =25

指定尺寸线位置或[多行文字(M)/文字(T)/角度(A)]:(用户根据需要输入)

指定折弯位置:

(3)折弯半径标注示例如图 6-34 所示:

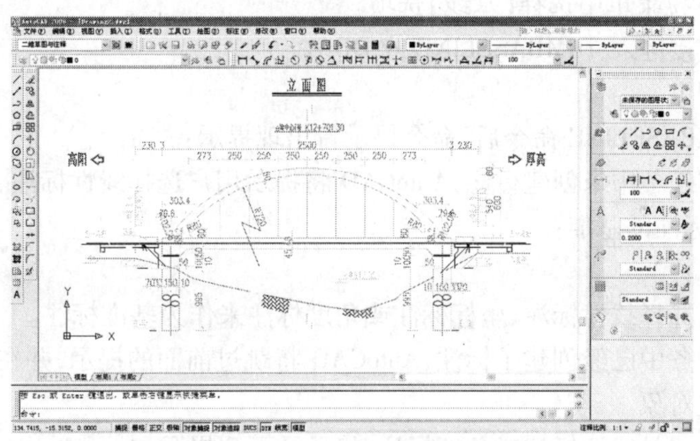

图 6-34　折弯标注示例

6.4.7 弧长尺寸标注 DIMARC

弧长标注用于测量圆弧或多段线弧线段的长度。

(1)激活 DIMJOGGED 命令常用方法有以下三种:

①点击【标注】工具栏的图标按钮。

②从【标注】下拉菜单中选择【弧长】选项。

③在命令行直接键入:DIMARC 或 DAR。

(2)命令的使用。

与半径标注类似,激活命令后,选择圆弧或多段线弧线段。再根据命令行提示指定尺寸线的位置。

(3)弧长标注示例如图 6-35 所示:

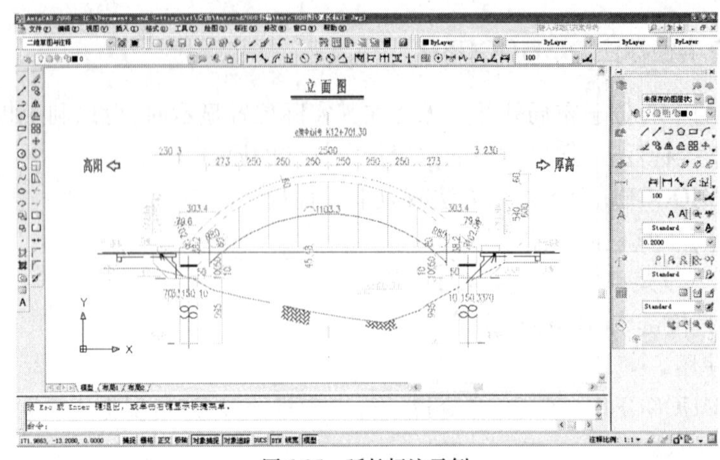

图 6-35　弧长标注示例

6.4.8　基线型尺寸标注 DIMBASELINE

在标注时,可能需要进行一系列标注,这些标注都从同一个基准面或基准线引出。可以使用基线标注来完成。在进行基线标注之前,必须先进行线性、对齐和角度等标注。

(1)激活 DIMBASELINE 命令常用方法有以下三种:

①点击【标注】工具栏的图标按钮。

②从【标注】下拉菜单中选择【基线】选项。

③在命令行直接键入:DIMBASELINE 或 DBA。

(2)命令的使用:

激活以上 DIMBASELINE 命令后,命令提示行出现提示:

①如果在当前任务中未创建标注,AutoCAD 将提示用户选择线性标注、坐标标注或角度标注,以用作基线标注的基准:

选择基准标注:

用户此时可以选择线性标注、坐标标注或角度标注来作为基准标注。

②如果当前任务中已经创建了标注,AutoCAD 将跳过前面的提示,并在当前任务中使用上一次创建的标注对象。

③如果基准标注是线性标注或角度标注,将显示下列提示:

指定第二条尺寸界线原点或[放弃(U)/选择(S)] <选择>:

- 用户此时可以按照默认的使用基准标注的第一条尺寸界线作为基线标注的尺寸界线原点,直接指定基线标注的第二个尺寸界限原点。选择第二点后,AutoCAD 绘制基线标注并重新显示"指定第二条尺寸界线原点"提示。要结束此命令,请按 Esc 键。
- 要选择其他线性标注、坐标标注或角度标注作为基线标注的基准,可直接回车,此时作为基准的尺寸界线是离选择拾取点最近的基准标注的尺寸界线。
- 输入"U"表明放弃在命令任务期间上一个输入的基线标注。
- 输入"S"表明选择一个线性标注、坐标标注或角度标注作为基线标注的基准。选择基准标注后,AutoCAD 将重新显示"指定第二条尺寸界线原点"或"指定点坐标"提示。

④如果基准标注是坐标标注,将显示下列提示:

指定点坐标或[放弃(U)/选择(S)] <选择>:

- 此时默认将基准标注的端点用作基线标注的端点,系统将提示指定下一个点坐标。选择点坐标时，AutoCAD 绘制基线标注并重新显示“指定点坐标”提示。要结束此命令，按 Esc 键。

- 要选择其他线性标注、坐标标注或角度标注作为基线标注的基准，直接按回车。

(3)基线型尺寸标注示例可如图 6-36 所示：

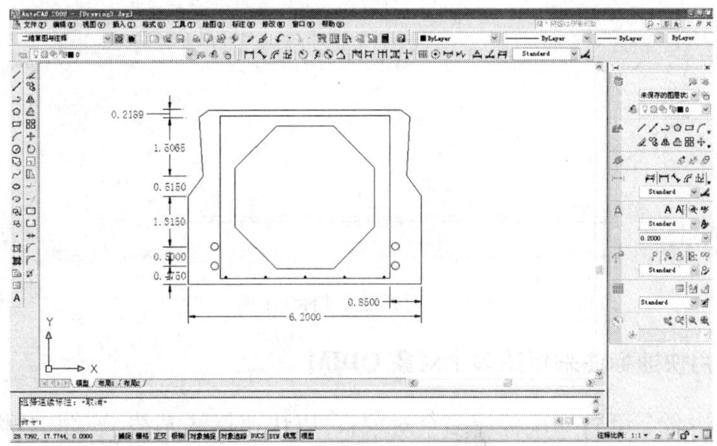

图 6-36　基线标注和连续型标注示例

6.4.9　连续型尺寸标注 DIMCONTINUE

对于那些首尾连续的连续尺寸，可以使用连续型尺寸标注来完成，连续型标注也称为链式标注。

(1)激活 DIMCONTINUE 命令常用方法有以下三种：

①点击【标注】工具栏的图标按钮。

②从【标注】下拉菜单中选择【连续】选项。

③在命令行直接键入：DIMCONTINUE 或 DCO。

(2)命令的使用。

命令的基本使用同前面所介绍的基线型尺寸标注，所不同的是连续型尺寸标注是从上一个标注或选定标注的第二条尺寸界线处创建线性标注、角度标注或坐标标注，而基线型尺寸标注是从上一个标注或选定标注的基线处创建标注。在此不再赘述其使用方法。

(3)连续型尺寸标注示例如图 6-36 所示。

6.4.10　对齐型尺寸标注 DIMALIGNED

使用线型标注可以标注图形中水平或垂直方向的所有尺寸，而对于图形中的倾斜部分我们可以使用“对齐标注”命令来标注。使用步骤与“线性标注”基本相同。

(1)激活 DIMALIGNED 命令常用方法有以下三种：

①点击【标注】工具栏的图标按钮。

②从【标注】下拉菜单中选择【对齐】选项。

③在命令行直接键入：DIMALIGNED 或 DAL。

(2)命令的使用。

因为使用方法基本与线性标注相同，在此不再赘述，读者可以参考前面的线性标注的介绍。

(3)如图 6-37 所示为对齐型尺寸标注示例。

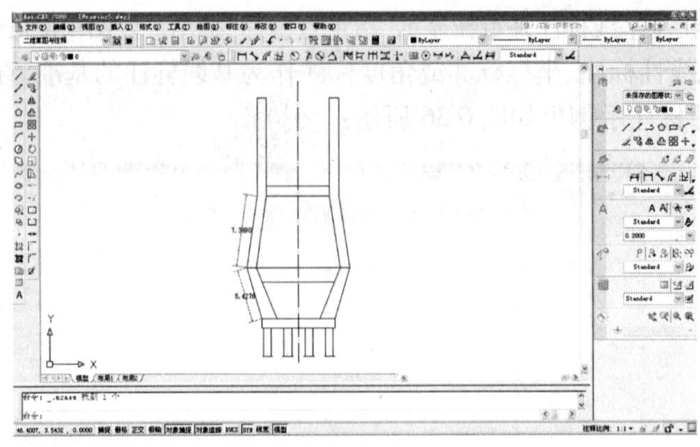

图 6-37　对齐型尺寸标注示例

6.4.11　使用快速标注来标注多个对象 QDIM

使用快速标注命令可以一次标注多个对象，可以快速标注基线、连续、对称和坐标标注，也可以标注多个圆和圆弧。

(1)激活 QDIM 命令常用方法有以下三种：

①点击【标注】工具栏的图标按钮。

②从【标注】下拉菜单中选择【快速标注】选项。

③在命令行直接键入：QDIM。

(2)命令的使用。

激活以上 QDIM 命令后，命令提示行出现提示，用户可根据需要对 AutoCAD 作出响应，响应过程说明如下：

关联标注优先级 = 端点

选择要标注的几何图形：(选择需要快速标注的对象图形)

选择要标注的几何图形：(继续选择对象图形或回车确认选择完成)

指定尺寸线位置或［连续(C)/并列(S)/基线(B)/坐标(O)/半径(R)/直径(D)/基准点(P)/编辑(E)/设置(T)］<连续>：

说明：

①用户可以按照默认的标注方式直接指定尺寸线位置。

②如果用户输入“C”，表示用户将创建一系列连续标注。

③如果用户输入“S”，表示用户将创建一系列交错标注。

④如果用户输入“B”，表示用户将创建一系列基线标注。

⑤如果用户输入“O”，表示用户将创建一系列坐标标注。

⑥如果用户输入“R”，表示用户将创建一系列半径标注。

⑦如果用户输入“D”，表示用户将创建一系列直径标注。

⑧如果用户输入“P”，表示用户将为基线和坐标标注设置新的基准点。输入后，提示如下：

选择新的基准点：

用户指定新的基准点后，AutoCAD 返回到上一个提示。

⑨如果用户输入“E”，表示用户将编辑一系列标注。AutoCAD 提示在现有标注中添加或删除点。提示为：

指定要删除的标注点或［添加(A)/退出(X)］<退出>：

用户可以直接指定标注点以删除，输入“A”来添加标注点，或直接回车返回到上一个提示。

⑩如果用户输入“T”，表示用户为指定尺寸界线原点设置默认对象捕捉。系统将显示下列提示：

关联标注优先级［端点(E)/交点(I)］<端点>：

指定后，AutoCAD 回到上一个提示。

6.4.12　快速创建引线和引线注释 QLEADER

引线是连接注释和图形对象的线，我们在表示图形中的倒角、材料等文本信息时，常用到引线标注。与尺寸标注命令不同，引线标注并不测量对象的尺寸。

1. 激活 QLEADER 命令的常用方法

在命令行直接键入：QLEADER。

2. 命令的使用

激活以上 QLEADER 命令后，命令提示行出现提示，用户可根据需要对 AutoCAD 作出响应，响应过程说明如下：

指定第一个引线点或［设置(S)］<设置>：

说明：

(1)用户可以直接指定标注引线的引线点来确定引线标注，过程说明如下：

指定下一点：(指定引线的第二点)

指定下一点：(指定引线的第三点或回车确认引线完毕)

指定文字宽度 <0.0000>：(指定引线文字，如果文字的宽度值设置为 0.00，则多行文字的宽度不受限制)

输入注释文字的第一行 <多行文字(M)>：(输入标注文字的第一行)

输入注释文字的下一行 <多行文字(M)>：(继续输入标注文字或回车确认输入)

(2)用户可以输入“S”或直接回车，可以响应设置选项，则 AutoCAD 弹出如图 6-38 所示的对话框。

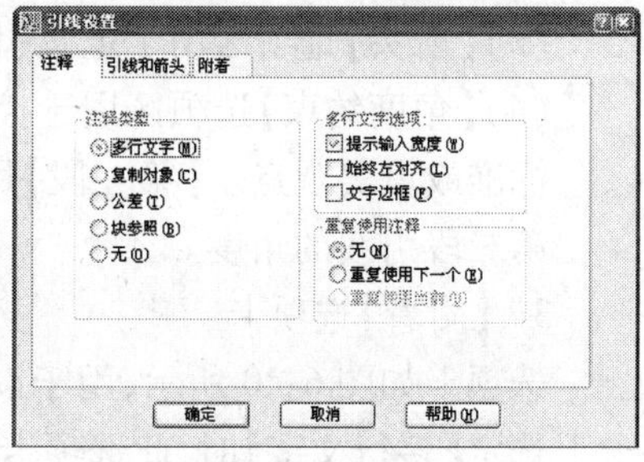

图 6-38　【引线设置】对话框的【注释】选项卡

用户可以在【引线设置】对话框中定制引线，当创建后，引线会按要求自动显示。这些设置决定在制定了引线起始点后看到的提示。用户在快速引线命令的提示后总可以修改这些设置。【引线设置】对话框中主要包括以下的几个方面的部分：

1）注释选项卡

用户在此选项卡中设置引线注释类型，指定多行文字选项，并指明是否需要重复使用注释。

(1)【注释类型】选区：用于设置引线注释类型。选择的类型将改变 QLEADER 引线注释提示。

- 缺省为【多行文字】，表示将提示创建多行文字注释；
- 选择【复制对象】将提示复制多行文字、单行文字、公差或块参照对象；
- 选择【公差】将显示【公差】对话框，用于创建将要附加到引线上的特征控制框，其具体用法将在下一节中作详细介绍；

• 选择【块参照】将提示选择一个已有的块(一组当作一个整体对待的对象)来注释。可能有一些由文字和特殊字符组成的块,每次重新创建很困难。一些使用者将表面、公差或其他符号放在引线后面;

• 选择【无】表示创建无注释的引线。

(2)【多行文字选项】选区:用于指定多行文字样式,只有选定了多行文字注释类型时该选项才可用。其中:

• 选择【提示输入宽度】,快速引线要用户制定一个边框或单位值,这种选项的优点在于:当缺省时,在输入长文字时,快速引线约束文字,使其不会太长;

• 选择【始终左对齐】,不设置宽度,快速引线总是使文字左对齐;

• 选择【文字边框】,可使文字四周出现边框。

(3)【重复使用注释】选项区:用于设置重复使用引线注释的选项。AutoCAD 允许用户复制引线注释,要重复使用将要创建的文字,选择重复使用下一个,快速引线自动在以后的引线中使用它(当用这个选项时,AutoCAD 自动设置为重复使用当前值)。

• 选择【无】,表示不重复使用引线注释;

• 选择【重复使用下一个】,表示重复使用为后续引线创建的下一个注释;

• 选择【重复使用当前】,表示重复使用当前注释。选择"重复使用下一个"之后重复使用注释时,则 AutoCAD 自动选择此选项。

2)【引线和箭头】选项卡

选项卡如图 6-39 所示,用于设置引线和箭头格式。具体选项说明如下:

(1)【引线】选项区用于设置引线格式,【直线】表示在指定点之间创建直线段,【样条曲线】表示用指定的引线点作为控制点创建样条曲线对象。

(2)【点数】选项区用于设置引线点的数目,即提示输入引线注释前所需指定的点的数目,当勾选其中的【无限制】复选框,可使创建引线过程流畅,避免出现有很多分段的引线,当然,不能设置小于 2 的最大值。

(3)【箭头】选项区用于定义引线箭头形式,使用下拉菜单来选择一种箭头样式。

(4)【角度约束】选项区用于控制第一段和第二段引线的角度,使其符合工业标准或审美观点。【第一段】用于设置第一段引线的角度,【第二段】用于设置第二段引线的角度。

3.【附着】选项卡

选项卡如图 6-40 所示,用于设置引线和多行文字注释的附加位置。只有在【注释】选项卡上选定【多行文字】时,此选项卡才可用。

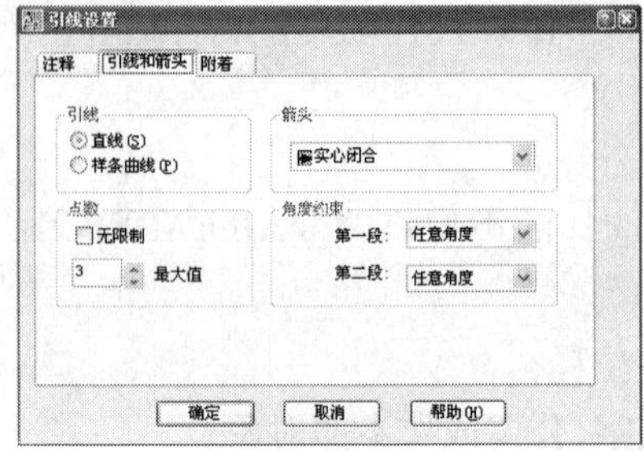

图 6-39 【引线设置】对话框的【引线和箭头】选项卡

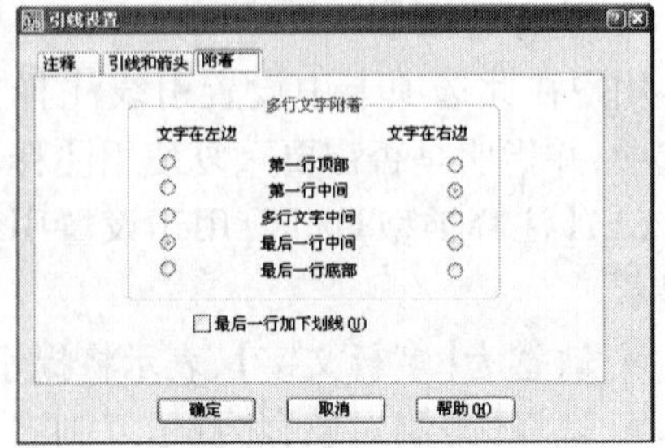

图 6-40 【引线设置】对话框的【附着】选项卡

附件标签有两栏按钮,左边一栏用来设置从右向左画的引线,箭头向右,文字在左,缺省时,引线指向文字行的底部中央,即文字最后一个字符的中间。

右边一栏用来设置从左向右画的引线。箭头向左,文字在右,缺省时,引线指向文字行的顶部中央,即文字第一个字符的中间。

下面是左边和右边均有的文字选项:

(1)【第一行顶部】:引线与文字在文字的第一行顶部相交,指向一个大写字母的顶部。

(2)【第一行中间】:引线与文字在文字的第一行中间相交,指向一个大写字母的中间。

(3)【多行文字中间】:引线与文字在文字框中间相交。

(4)【最后一行中间】:引线与文字在文字的底部中间相交。

(5)【最后一行底部】:引线与文字在文字最下一行的底部相交。

(6)【最后一行加下划线】复选框:给多行文字的最后一行加下划线。当在引线设置对话框完成设置后,点确定后 AutoCAD 继续快速引线命令。

6.5 多重引线标注

6.5.1 创建多重引线标注样式 MLEADERSTYLE

多重引线样式可以控制引线的外观。用户可以使用默认多重引线样式 STANDARD,也可以创建自己的多重引线样式。多重引线样式可以指定基线、引线、箭头和内容的格式。例如,STANDARD 多重引线样式使用带有实心闭合箭头和多行文字内容的直线引线。多重引线样式定义后,在调用 MLEADER 命令时,可以将其设置为当前多重引线样式。

1. 创建多重引线标注样式的常用方法

(1)点击【多重引线】工具栏的图标按钮,打开【多重引线样式管理器】对话框(如图 6-38 所示),单击【新建】按钮。

(2)在命令行直接键入:MLEADERSTYLE。

2. 创建新的多重引线样式

在打开【多重引线样式管理器】对话框后,单击【新建】按钮,打开【创建新的多重引线样式】对话框,如图 6-41 所示,指定新的多重引线样式的名称。接着单击【继续】按钮后,打开【修改多重引线样式】对话框,在该对话框中,共包含三个选项卡,如图 6-42 所示。

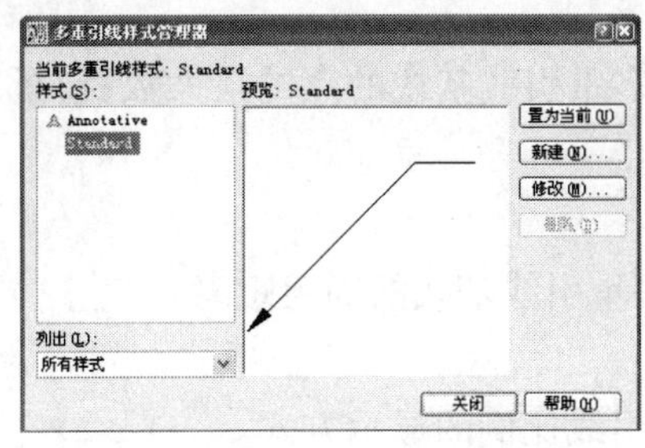

图 6-41 【多重引线样式管理器】对话框

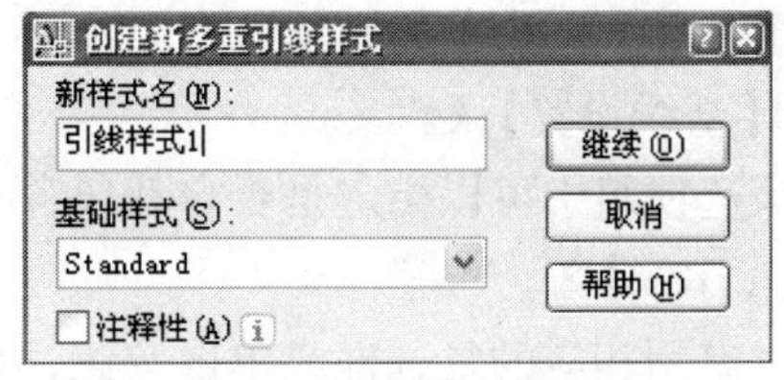

图 6-42 【创建新的多重引线样式】对话框

3. 设置引线格式

图 6-43 显示了【引线格式】选项卡,使用此选项卡可以设置引线的类型、颜色、线型、线宽及箭头的形状。

(1)【基本】区。

①设置引线的类型。

单击【类型】下拉列表框的右边的向下箭头，可以从列出的类型中选择一种作为引线的类型，包括直线、样条曲线或无。

②设置引线的颜色。

单击【颜色】下拉列表框的右边的向下箭头，可以从列出的颜色中选择一种作为引线的颜色，也可以选用【随层】或【随块】，使引线的颜色随图层或图块而定。

③设置引线的线型、线宽。

单击【线型】下拉式列表框右侧的向下箭头，可以选择引线的线型。

单击【线宽】下拉式列表框右侧的向下箭头，可以选择引线的线宽。

(2)【箭头】区。

用来设置箭头的形状和大小。

(3)【引线打断】区。

用来设置引线打断大小的参数。

当在此对话框中设置好引线的外观后，在对话框右侧即可见其效果。

4. 设置引线结构

图 6-44 显示了【引线结构】选项卡，使用此选项卡可以设置引线的段数、引线每一段的倾斜角度及引线的显示属性。其主要选项如下：

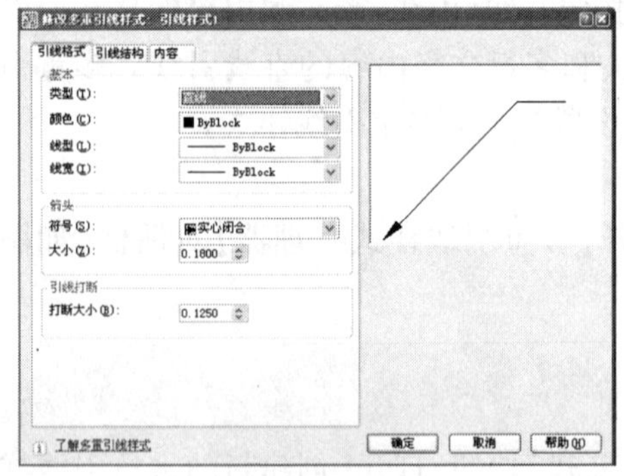

图 6-43 【修改多重引线样式】对话框中的【引线格式】选项卡

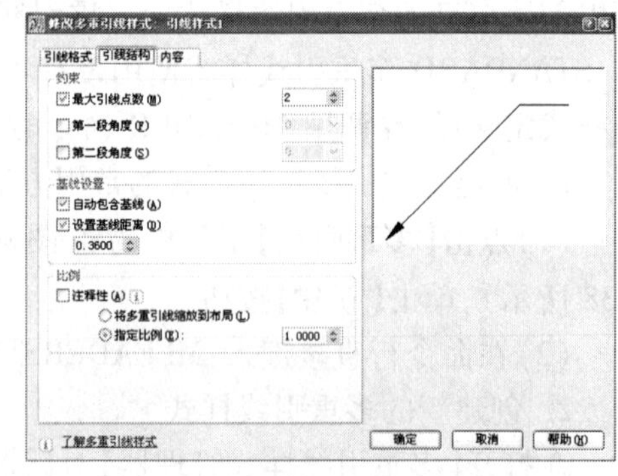

图 6-44 【修改多重引线样式】对话框中的【引线结构】选项卡

(1)【约束】区。

通过该选项组中启用相应的复选框，可以指定多重引线基线的点的最大数目，指定基线中第一个点和第二个点的倾斜角度。

(2)【基线设置】区。

在该选项组中可以指定是否自动包含基线及多重引线基线的固定距离。

(3)【比例】区。

通过启用相应的复选框或单选按钮，可以确定引线比例的显示方式。

5. 设置内容

图 6-45 显示了【内容】选项卡，使用此选项卡可以设置引线标注的文字属性。在 AutoCAD 2008 中创建多重引线时，既可以在引线中标注多行文字，也可以在其中加入块。这两个类型的内容主要通过【多重引线类型】选项下拉列表来选择。当选择“多行文字”选项后，如图 6-45a)所示，则选项卡中各个选项用来设置文字的属性，这与【文字样式】对话框基本

类似,在此不再赘述。当选择“块”选项后,如图 6-45b)所示。其中各选项区的含义如下:

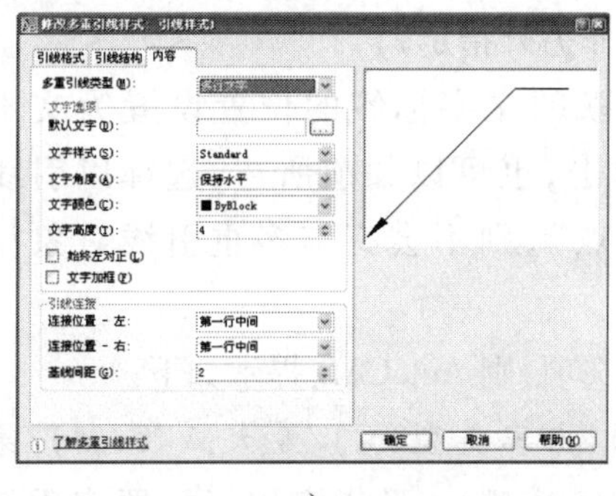

a)

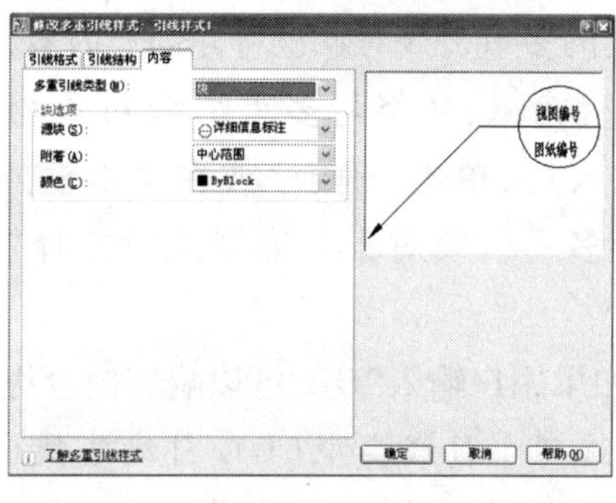

b)

图 6-45 【修改多重引线样式】对话框中的【内容】选项卡

【块选项】区:

(1)【源块】:指定用于多重引线内容的块。

(2)【附着】:指定将块附着到多重引线对象的方式,可以通过指定块的中心范围或插入点附着块。

(3)【颜色】:指定多重引线块内容的颜色。默认情况下,选择“随块”选项。

6.5.2 创建多重引线标注 MLEADER

引线是连接注释和图形对象的线,我们在表示图形中的倒角、材料等文本信息时,常用到引线标注。与尺寸标注命令不同,引线标注并不测量对象的尺寸。

1. 激活 MLEADER 命令的常用方法

(1)点击【多重引线】工具栏的 图标按钮。

(2)从【标注】下拉菜单中选择【多重引线】选项。

(3)在命令行直接键入:MLEADER。

2. 命令的使用

激活以上 MLEADER 命令后,命令提示行出现提示,用户可根据需要对 AutoCAD 作出响应,响应过程说明如下:

指定引线箭头的位置或[引线基线优先(L)/内容优先(C)/选项(O)] <选项>:(指定多重引线对象箭头的位置)

指定引线基线的位置:(设置新的多重引线对象的引线基线位置)

如果此时退出命令,则不会有与多重引线相关联的文字。

说明:

(1)如果用户输入“L”,可以响应引线基线优先选项,则 AutoCAD 提示如下:

指定多重引线基线的位置或[引线箭头优先(H)/内容优先(C)/选项(O)] <选项>:(指定多重引线对象的基线位置。注意如果先前绘制的多重引线对象是基线优先,则后续的多重引线也将先创建基线(除非另外指定))

指定引线箭头的位置:(设置新的多重引线对象的箭头位置)

如果此时退出命令,则不会有与多重引线相关联的文字。

(2)如果用户输入“C”,可以响应内容优先选项,则 AutoCAD 提示如下:

指定文字的第一个角点或[引线箭头优先(H)/引线基线优先(L)/选项(O)] <选项>:

(指定与多重引线对象相关联的文字或块的位置。如果先前绘制的多重引线对象是内容优先,则后续的多重引线对象也将先创建内容(除非另外指定))

指定对角点:(将与多重引线对象相关联的文字标签的位置设置为文本框。完成文字输入后,单击“确定”或在文本框外单击,也可以如前所述,选择以引线优先的方式放置多重引线对象。如果此时选择“端点”,则不会有与多重引线对象相关联的基线。)

(3)如果用户输入“O”,可以响应内容优先选项,则 AutoCAD 提示如下:

输入选项[引线类型(L)/引线基线(A)/内容类型(C)/最大点数(M)/第一个角度(F)/第二个角度(S)/退出选项(X)]<引线类型>:(指定用于放置多重引线对象的选项)

①如果用户输入“L”,可以响应引线类型选项,则 AutoCAD 提示如下:

选择引线类型[直线(S)/样条曲线(P)/无(N)]:(指定要使用的引线类型或指定直线、样条曲线或无引线)

②如果用户输入“A”,可以响应引线基线选项,则 AutoCAD 提示如下:

使用基线[是(Y)/否(N)]:(更改水平基线的距离,如果此时选择“否”,则不会有与多重引线对象相关联的基线)

③如果用户输入“C”,可以响应内容类型选项,则 AutoCAD 提示如下:

输入内容类型[块(B)/无(N)]:

(指定要使用的内容类型;块——指定图形中的块,以与新的多重引线相关联)

④如果用户输入“M”,可以响应最大点数选项,则 AutoCAD 提示如下:

输入引线的最大点数或 <无>:(指定新引线的最大点数)

⑤如果用户输入“F”,可以响应第一个角度选项,则 AutoCAD 提示如下:

输入第一个角度约束或 <无>:(约束新引线中的第一个点的角度)

⑥如果用户输入“S”,可以响应第二个角度选项,则 AutoCAD 提示如下:

输入第二个角度约束或 <无>:(约束新引线中的第二个角度)

技巧:

在【多重引线】工具栏中单击【添加引线】按钮,可以为图形添加多个引线和注释。通过在工具栏中单击按钮,可执行删除引线;单击按钮,可执行对齐引线操作;单击按钮,可执行合并引线操作。

3. 多重引线标注示例,如图 6-46 所示。

6.5.3 创建注释性多重引线

使用引线和多重引线向图形添加标注,可以通过注释性标注样式创建注释性引线,还可以通过注释性多重引线创建多重引线。

如果多重引线的样式为注释性样式,则无论文字样式或公差是否设置为注释性,其关联的文字或公差都将为注释性。与注释性引线一起使用的块必须为注释性快;与注释性多重引线一起使用的块可以为非注释性块。在【特性】选项板中,用户还可以更改引线和多重引线的注释性特性，如图 6-47 所示。

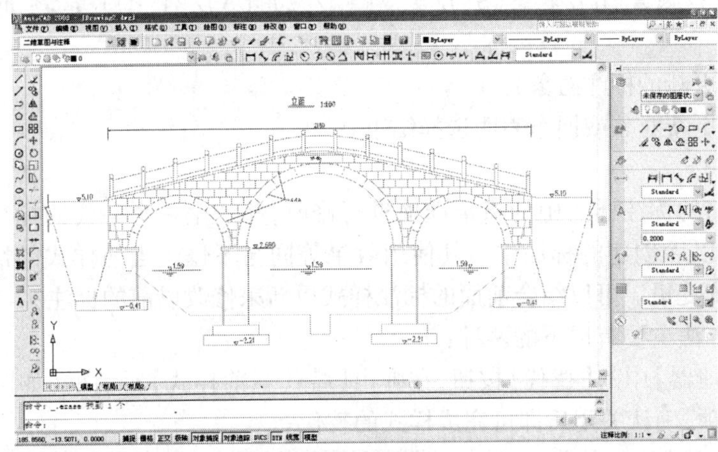

图 6-46　多重引线标注示例

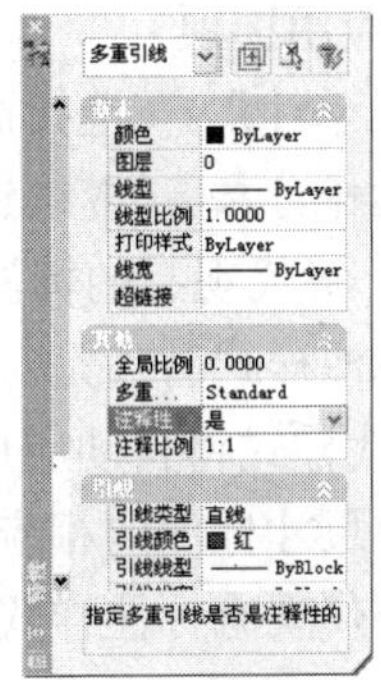

图 6-47　【特性】面板中的【注释性】选项

6.6　对图形的标注进行编辑

尺寸图形具有关联性，当标注对象发生变化时，尺寸将自动发生变化。用户可以对标注进行关联性方面的修改。另外，对于已经完成的标注，我们可以用尺寸编辑命令对它们进行修改。

6.6.1　使用尺寸样式编辑标注样式

如前面的介绍，在进行尺寸标注前，我们将新的尺寸标注样式创建好，并设置为当前。以后创建的标注都与之相关联，并使标注自动设置为此标注样式，如果用户对此标注样式不满意，可以对其进行标注样式进行修改替代或应用新的标注样式。

1．更新现有标注的样式为当前的样式

通过此命令可以应用其他的标注样式，并更新以前的标注。

(1)激活样式更新命令常用方法有以下三种：

①点击【标注】工具栏的 图标按钮。

②从【标注】下拉菜单中选择【更新】选项。

③在命令行直接键入：DIMSTYLE。

(2)命令的使用。

首先应该将需要使用的样式设置为当前，设置方法有两种。

①在【标注样式管理器】对话框（如图 6-48 所示）中在样式列表中选中需要使用的样式，点击【置为当前】按钮，关闭即可。

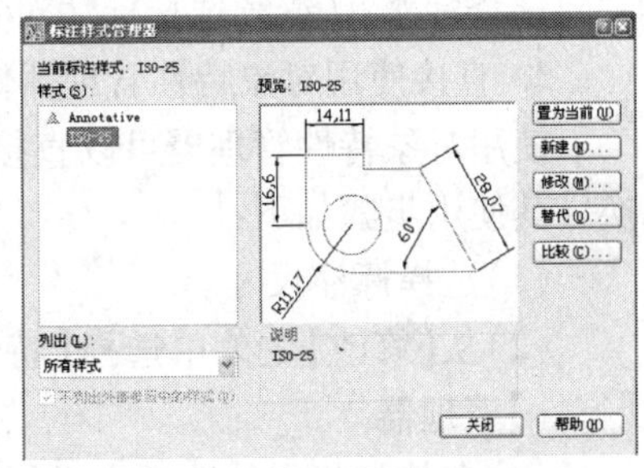

图 6-48　【标注样式管理器】对话框

②直接在【标注】工具栏中选择【标注样式控制】选框中相应的标注样式即可。

设置完新的标注样式后，就可以使用前面所说的标注更新输入方法激活命令，其命令相应如下：

命令：DIMSTYLE（输入标注更新命令）

当前标注样式：ISO－25　注释性：否（显示当前默认的标注样式名称和注释性）

输入标注样式选项

[注释性(AN)/保存(S)/恢复(R)/状态(ST)/变量(V)/应用(A)/?] <恢复>: apply (选择应用选项)

选择对象:(选择需要更新的标注对象)

选择对象:(继续选择更新对象或回车表明选择结束)

2. 替代现有的标注样式

标注样式替代是对当前的标注样式中的指定选项进行修改,并产生一个替代的标注样式,替代样式将自动应用到以后创建的标注中。其使用效果等同与不修改当前样式的情况下修改尺寸标注的相应系统变量。可以结合前面的标注样式更新来修改以前的标注。

替代现有标注样式的方法主要有以下的两种:

(1)利用【标注样式管理器】中的【替代】按钮,在弹出【替代当前样式】对话框(如图6-49所示)中,修改相应的选项,确认关闭后即可完成样式的替代。

(2)直接以命令输入的方式进行替代。

激活命令方式有:

①命令行直接输入:DIMOVERRIDE 或 DOV。

②从【标注】主菜单中选择【替代】选项。

命令的使用方法说明如下:

命令: DIMOVERRIDE

输入要替代的标注变量名或[清除替代(C)]:(输入需要修改的系统变量名称)

输入标注变量的新值 < >:(提示当前系统变量的值,用户可以重新指定新的值)

输入要替代的标注变量名:(继续输入需要修改的变量名称或回车确认指定完成)

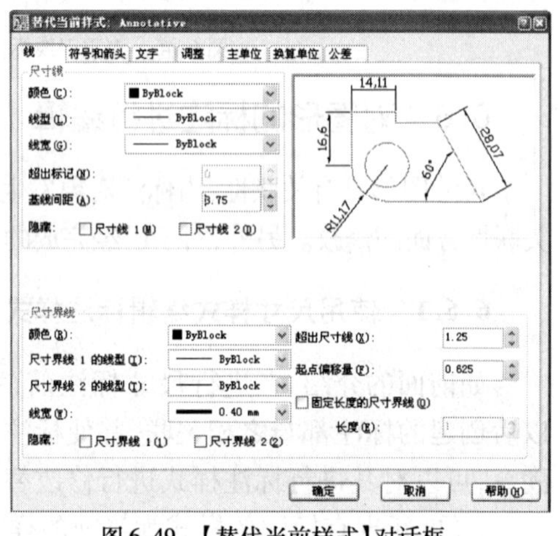

图6-49 【替代当前样式】对话框

选择对象:(选择需要修改的标注对象)

选择对象:(继续选择标注对象或回车确认完成)

3. 直接使用对象特性管理器修改尺寸标注特性

使用对象特性管理器可以直接修改所选择的尺寸标注特性及对尺寸文字进行编辑与替换。其使用步骤如下:

(1)选择标注尺寸。

(2)从【修改】主菜单选择【特性】选项或在命令行直接输入 MO 或 PROPERTIES,打开【特性】管理器。

(3)在其中相应的选项中进行修改即可。

6.6.2 编辑标注尺寸的命令

编辑标注尺寸的命令有 DIMEDIT 和 DIMTEDIT,以及通过移动夹点调整标注的位置。

1) Dimedit 命令具有修改尺寸数字、使尺寸文字位置复原以及旋转尺寸文字和倾斜尺寸界线的功能。

(1)激活 DIMEDIT 命令常用方法有以下三种:

①点击【标注】工具栏的图标按钮。

②从【标注】主菜单中选择【倾斜】选项。

③在命令行直接键入:DIMEDIT 或 DED。

(2)命令的使用

激活以上 DIMEDIT 命令后,命令提示行出现提示,说明如下:

输入标注编辑类型［默认(H)/新建(N)/旋转(R)/倾斜(O)］<默认>:O

说明:

- 用户此时需要输入相应的编辑类型或直接回车以确认以默认的方式来进行标注编辑。
- 如果用户输入"H"或直接回车以响应默认选项,则表示将旋转标注文字移回默认位置。
- 如果用户输入"N"以响应新建选项,表示将使用多行文字编辑器修改标注文字。示例如图 6-50b)(以 a)为原图)所示。
- 如果用户输入"R"以响应旋转选项,表示将旋转标注文字,程序将提示输入的角度。示例如图 6-50c)所示(此时输入的角度是 90°)。
- 如果用户输入"D"以响应旋转选项,表示将调整线性标注尺寸界线的倾斜角度。AutoCAD 将创建一种尺寸界线与尺寸线方向垂直的线性标注。当尺寸界线与图形的其他部件冲突时,"倾斜"选项将很有用处,示例如图 6-50d)所示(此时输入的角度为 -30°)。

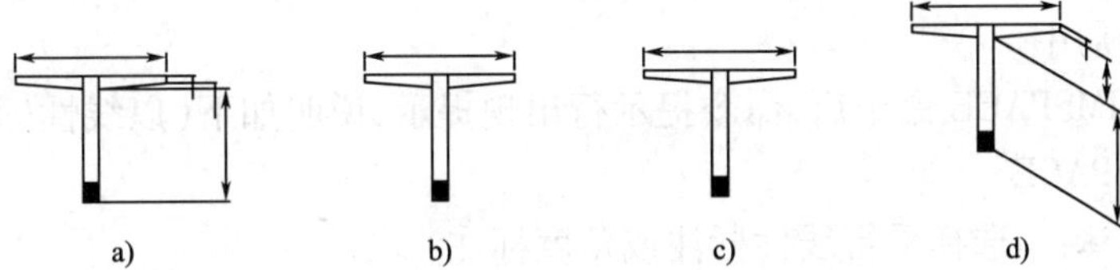

图 6-50 使用 Dimedit 编辑标注示例

2) DIMTEDIT 命令可以用来编辑和替换尺寸文字以及调整尺寸文字的角度和位置。

(1)激活 DIMTEDIT 命令常用方法有以下三种:

①点击【标注】工具栏的图标按钮。

②从【标注】主菜单中选择【对齐文字】选项,从中选择需要的选项。

③在命令行直接键入:DIMTEDIT。

(2)命令的使用。

激活以上 DIMTEDIT 命令后,命令提示行出现提示,说明如下:

选择标注:(选择需要修改的标注的对象)

指定标注文字的新位置或［左(L)/右(R)/中心(C)/默认(H)/角度(A)］:

说明:

- 此时用户可以直接拖曳时动态更新标注文字的位置,示例如图 6-51b)(以 a)为原图)所示。
- 可以输入"L"响应左选项,表示沿尺寸线靠左对齐标注文字。本选项只适用于线性、直径和半径标注,示例如图 6-51c)所示。
- 可以输入"R"响应右选项,表示沿尺寸线右对正标注文字。同样只适用于线性、直径和半径标注,示例如图 6-51d)所示。
- 可以输入"C"响应中心选项,表示将标注文字放在尺寸线的中间。
- 可以输入"H"响应默认选项,表示将标注文字移回默认位置。
- 可以输入"A"响应角度选项,表示修改标注文字的角度。程序将提示标注文字的角度，示例如图 6-51e）所示（此时输入的角度是 90°）。

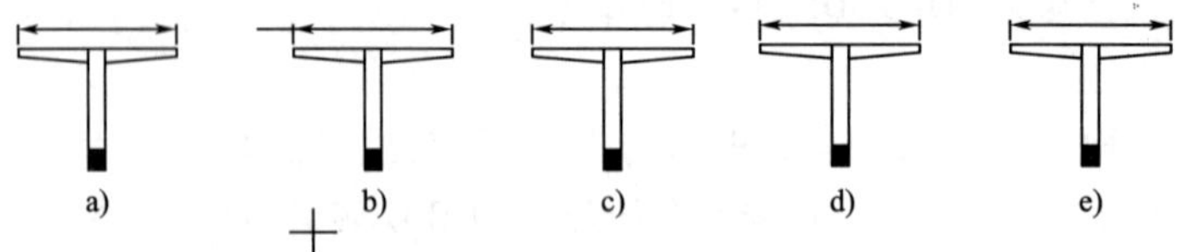

图 6-51　使用 Dimtedit 编辑标注示例

3）通过移动夹点调整标注的位置，先选中要调整的标注，按住夹点直接拖动光标进行移动。

6.6.3　标注间距

在 AutoCAD2008 中，利用【标注间距】功能，可以自动调整图形中现有的平行线性标注和角度标注，以使其间距相等或在尺寸线处相互对齐。设置标注间距的命令为 DIMSPACE。

（1）激活 DIMSPACE 命令常用方法有以下三种：

①从【标注】主菜单中选择【标注间距】选项。

②从【标注】工具栏中单击【标注间距】按钮。

③在命令行直接键入：DIMSPACE。

（2）命令的使用

激活以上 DIMSPACE 命令后，命令提示行出现提示，说明如下（以线性标注为例）：

命令：DIMSPACE

选择基准标注：（选择平行线性标注或角度标注）

选择要产生间距的标注：（选择平行线性标注或角度标注以从基准标注均匀隔开，并按回车键）

输入值或［自动（A）］<自动>：

说明：

①用户可以直接指定从基准标注均匀隔开选定标注的间距值。例如，如果输入值 0.5，则所有选定标注将以 0.5 的距离隔开。选择的标注必须是线性标注或角度标注并属于同一类型（旋转或对齐标注）、相互平行或同心并且在彼此的尺寸延伸线上，也可以使用间距值 0（零）将对齐选定的线性标注和角度标注的末端对齐。如图 6-52 所示标注间距的应用。

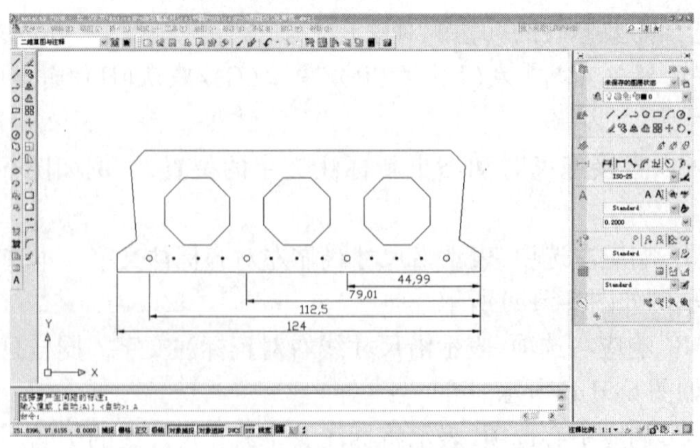

图 6-52　设置标注间距

②用户可以直接回车，表示基于在选定基准标注的标注样式中指定的文字高度自动计

算间距。所得的间距值是标注文字高度的两倍。

6.6.4 标注打断

利用【标注打断】功能,可以使标注、尺寸延伸线或引线不显示,在标注线和图形之间产生一个隔断。用户可以自动或手动将折断标注添加到标注或多重引线。根据与标注或多重引线的对象数量选择放置折断标准的方法。设置标注打断的命令为 DIMBREAK。

(1)激活 DIMBREAK 命令常用方法有以下三种:

①从【标注】主菜单中选择【标注打断】选项。

②从【标注】工具栏中单击【标注打断】按钮。

③在命令行直接键入:DIMBREAK。

(2)命令的使用

激活以上 DIMBREAK 命令后,命令提示行出现提示,说明如下(以线性标注为例):

命令:DIMBREAK

选择标注或[多个(M)]:(选择标注或输入 m,并按回车键)

说明:

①用户若选择标注,则命令行提示如下:

选择要打断标注的对象或[自动(A)/恢复(R)/手动(M)] <自动>:(选择与标注相交或与选定标注的尺寸界线相交的对象,或输入选项,或按回车键)

- 用户若选择打断标注的对象,则将显示以下提示:

选择要打断标注的对象:(选择通过标注的对象或按回车键以结束命令)

- 用户若输入"A",则响应自动选项,自动将折断标注放置在与选定标注相交的对象的所有交点处。修改标注或相交对象时,会自动更新使用此选项创建的所有折断标注。

在具有任何折断标注的标注上方绘制新对象后,在交点处不会沿标注对象自动应用任何新的折断标注。要添加新的折断标注,必须再次运行此命令。

- 用户若输入"R",则响应恢复选项,将从选定的标注中删除所有折断标注。
- 用户若输入"M",则响应手动选项,将手动放置折断标注,显示以下提示:

指定第一个打断点:(指定点)

指定第二个打断点:(指定点)

②用户若输入"M",则响应多个选项,命令行提示如下:

选择标注:(使用对象选择方法,并按回车键)

输入选项[打断(B)/恢复(R)] <打断>:

(输入选项,其中打断是指自动将折断标注放置在与选定标注相交的对象的所有交点处;或按回车键)

注意:

遇到以下情况时,不能使用打断标注。

(1)外部参照或块中没有打断。在外部参照和块中不支持标注或多重引线上的折断标注。

(2)箭头和标注文字上没有打断。折断标注不能放置在箭头或标注文字上。如果用户希望打断显示在标注文字上,建议使用背景遮罩选项。

(3)跨空间标注上没有打断。不同空间中的对象以及标注或多重引线不支持自动打断,但可以使用标注打断命令中的【手动】选项。

6.6.5 修改尺寸的关联性质

尺寸关联是指所标注的尺寸与被标注对象之间的关联性，如果标注的尺寸是按照自动测量值标注的，且标注按照尺寸关联规则，则在改变尺寸界线或改变被标注对象时，相应的标注尺寸也会发生变化。

尺寸关联的系统变量为 DIMASSOC，用户可以设置尺寸关联的相应的变量值，2 为默认值，表示尺寸与被标注对象有关联关系；1 值代表尺寸与对象无关联关系；0 代表单个尺寸标注对象不是块，相当于对一个尺寸对象执行了 EXPLODE 命令，此时的标注会出现在进行其他的修改时可能不能被程序认作标注的情况。

修改以前已经创建的标注的命令为 DIMREASSOCIATE，此命令可将无关联标注与几何对象相关联，或者修改关联标注中的现有关联。

(1)激活 DIMREASSOCIATE 命令常用方法有以下两种：

①从【标注】主菜单中选择【重新关联标注】选项。

②在命令行直接键入：DIMREASSOCIATE 或 DRE。

(2)命令的使用

激活以上 DIMREASSOCIATE 命令后，命令提示行出现提示，说明如下(以线型标注为例)：

命令：DIMREASSOCIATE

选择要重新关联的标注 ...

选择对象：(选择需要重新关联的对象)

选择对象：(继续选择对象或直接回车确认选择完成)

指定第一个尺寸界线原点或[选择对象(S)] <下一个>：

说明：

①用户可以直接指定第一条尺寸界线的起始位置，此时原来标注的第一条尺寸界线原点出现小叉标，如图 6-53 所示。

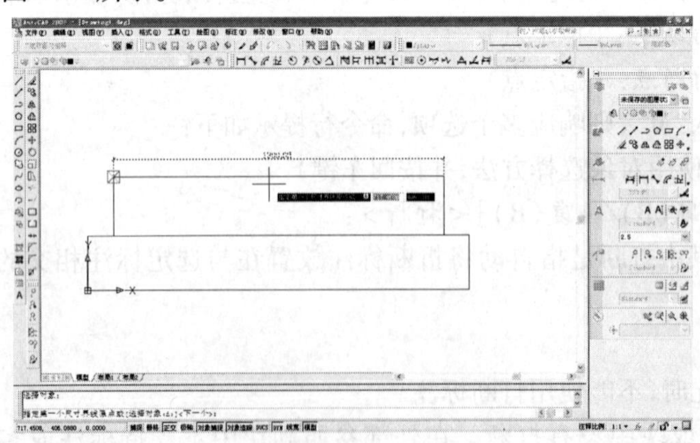

图 6-53 重新关联线型标注

②用户可以直接回车，表示默认原来的第一界线原点作为新起点。

③用户可以输入“S”，表示要重新确定要关联的图形对象。

指定第二个尺寸界线原点 <下一个>：(此时用户可以指定第二条尺寸界线的起始点

位置,回车表示默认原来的界线原点位置)

6.7 公差的标注

在 AutoCAD 工程制图中,公差在图纸的标注中占有很大比例,公差通常分为尺寸公差和几何公差两种。尺寸公差可以在【标注样式管理器】的【公差】选项卡来设定,前面已经作介绍,这里不再详细介绍。下面介绍几何公差(形位公差)的设置、标注方法。

几何公差就是反映物体的形状、位置、方向和跳动的允许偏差。公差(TOLERANCE)命令可以生成几何尺寸公差的标注。它通过一系列对话框来定义几何公差的符号、公差值、基准等信息。

(1)激活 TOLERANCE 命令常用方法有以下三种:

①点击【标注】工具栏中的【公差】图标按钮⊞。

②从【标注】主菜单中选择【公差】选项。

③在命令行直接键入:TOLERRANCE。

(2)命令的使用:

激活以上 TOLERANCE 命令后,AutoCAD 打开【形位公差】对话框,如图 6-54 所示,说明如下:

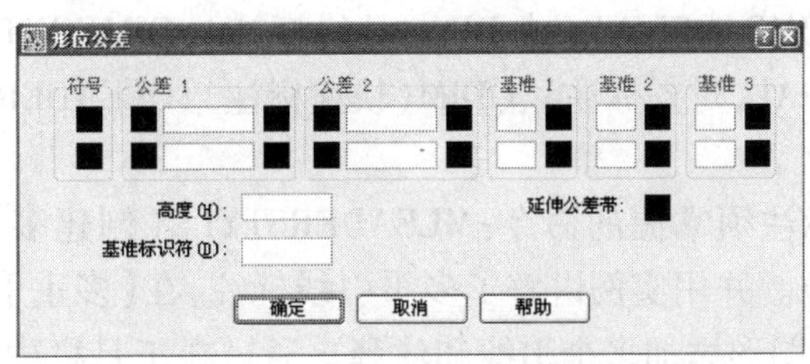

图 6-54 【形位公差】对话框

①【符号】选区用于选择几何特征符号。单击该列的■框,将弹出如图 6-55 所示的【特征符号】对话框,从中用户可以选择所需的特征符号。

②【公差 1】和【公差 2】选区用于设置公差值等信息,用户可以在对话框中设置数值,单击对话框前面■框,将显示为φ,表示将在相应的公差值前加上 Φ 符号。如果单击对话框后面的■框,将打开如图 6-56 所示的【附加符号】对话框,其中Ⓜ是指材料的一般中等状况;Ⓛ是指材料的最大状况;Ⓢ是指材料的最小状况。从中选择所需的附加符号即可,默认为空。

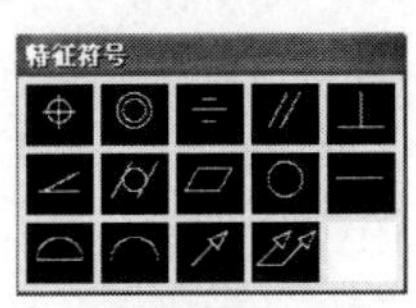

图 6-55 【特征符号】对话框　　图 6-56 【附加符号】对话框

③【基准 1】、【基准 2】和【基准 3】用于相应级别的基准参照,基准参照由值和修饰符号组成。基准是理论上精确的几何参照,用于建立特征的公差带。其中前面的对话框用于输入相应的基准参照值,后面的■框用于设置包容条件,其用法基本同前面。

④【高度】选区用于设置投影公差带值，投影公差带控制固定垂直部分延伸区的高度变化，并以位置公差控制公差精度。在框中输入值。

⑤【基准标识符】用于确定基准标识符号，一般由参照字母组成。用户可以在其中输入相应的字母。

在以上的【形位公差】对话框中设置好需要的符号后，确认关闭对话框后，CAD 将提示输入公差位置。输入或选择后，形位公差标注完成。

6.8 小结

本章主要内容总结如下：

- 图形中添加注释文本所需掌握的命令：STYLE（创建文字样式）、TEXT（或 DTEXT，创建单行文字）、MTEXT（创建多行文字）、DDEDIT（文本编辑）。以及了解国标中关于字体的要求，应作到字体端正、笔画清楚。
- 尺寸标注的基本知识学习。运用尺寸标注要熟悉的常用命令：DDIM（设置尺寸标注样式）、DIMLINEAR（或 DLI，线性标注）、DIMANGULAR（或 DAN，角度标注）、DIMRADIUS（或 DRA，半径标注）、DIMDIAMETER（或 DDI，直径标注）、DIMCENTER（或 DCE，圆心标注）、DIMORDINATE（或 DOR，坐标标注）、DIMJOGGED（或 DJO，折弯半径标注）、DIMARC（或 DAR，弧长标注）、DIMBASELINE（或 DBA，基线标注）、DIMCONTINUE（或 DCO，连续标注）、DIMALIGNED（或 DAL，对齐标注）、QDIM（快速标注）、QLEADER（快速创建引线和引线注释）。
- 运用多重引线标注须掌握的命令：MLEADERSTYLE（创建多重引线样式）、MLEADER（创建多重引线标注）。并用实例讲解了多重引线标注，在【多重引线】工具栏中单击【添加引线】按钮，可以为图形添加多个引线和注释。通过在工具栏中单击按钮，可执行删除引线；单击按钮，可执行对齐引线操作；单击按钮，可执行合并引线操作。
- 编辑尺寸标注的命令：DIMSTYLE（更新现有标注样式为当前样式）、DIMEDIT 和 DIMTEDIT（尺寸位置的调整）、DIMSPACE（标注间距）、DIMBREAK（标注打断）、DIMREASSOCIATE（或 DRE，修改尺寸的关联性质）。以及公差的标注命令 TOLERRANCE（定义形位公差的信息）。

第 7 章　图形的缩放和平移

在 AutoCAD 中，观察图形有许多方法，掌握好这些方法，将能提高绘图的效率。AutoCAD 提供了许多显示命令来改变视图，使得用户可以从不同角度观看图形，从而使用户在绘图和读图时非常方便。

当 AutoCAD 执行绘图或编辑命令时，用户可以透明地使用 PAN(平移)和 ZOOM(缩放)命令去改变视图，以方便绘图。使用显示命令，可以选择要显示的部分图形或创建三维透视图，使绘图工作更快、更容易、更准确。

需要注意和说明的是，对图形的视图操作只是改变图形在屏幕上的显示，而图形本身没有发生实际大小和位置的改变。

7.1　ZOOM 缩放命令的使用

ZOOM 命令如同摄像机的变焦镜头，它可以增加或减少视图区域，但对象的真实尺寸保持不变，当增加对象的视图尺寸时，就只能看到图形的一个较小区域，但能看见更详细的绘图区域；当减小对象的视图尺寸时，就可以看到更大的区域，这为更准确和更详细地绘图提供了手段。为了便于调用，AutoCAD2008 将基本的 ZOOM 命令放置在【缩放】工具栏中，如图 7-1 所示。另外面板中【二维导航】工具栏中还提供了图标用于实时缩放、用于窗口缩放、用于范围缩放。当然也可以在工具栏的任何地方单击右键，打开标准工具栏，也提供了缩放命令，如图 7-2 所示。

图 7-1　【缩放】工具栏　　　　图 7-2　标准工具栏中的【缩放】命令

1. 激活 ZOOM 命令的常用方法

(1) 点击【标准】工具栏中的相应图标按钮或【缩放】工具栏中相应图标按钮。

(2) 从【视图】主菜单中进入【缩放】子选项，在其中选择相应选项。

(3) 在命令行直接键入：ZOOM 或 Z。

2. 命令的使用

命令行中输入 ZOOM 命令后，AutoCAD 作出如下提示，说明如下：

命令：ZOOM

指定窗口角点，输入比例因子 (nX 或 nXP)，或者[全部(A)/中心(C)/动态(D)/范围(E)/上一个(P)/比例(S)/窗口(W)/对象(O)] <实时>：

说明：

(1)默认的方式是窗口角点,此时用户可以直接指定窗口的对角点,AutoCAD 放大显示以指定对角点形成的矩形区域,即矩形区域将满屏显示,此功能相当于窗口缩放命令,即可以在以上状态输入“W”,响应窗口选项,或直接点击工具按钮 。注意在使用窗口缩放工具时,应尽量使用来确定放大区域的的矩形形状和屏幕窗口成一定比例,这样才能让放大区域得到最好的效果。

如图 7-3 所示为缩放前的三维斜拉桥的图形,图中的线窗口为指定的窗口矩形区域,缩放后的图形如图 7-4 所示:

图 7-3 缩放前的原图

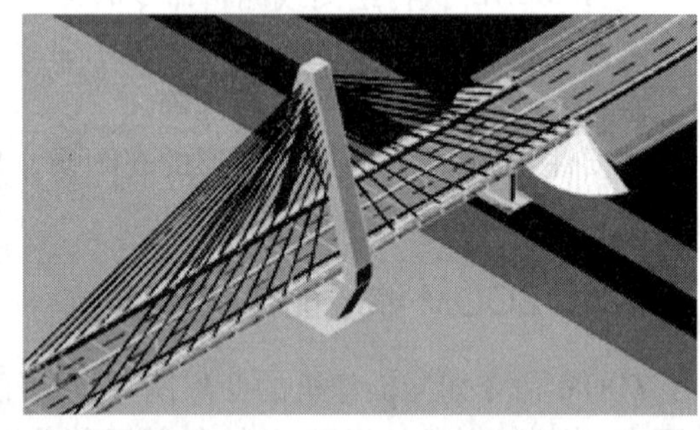

图 7-4 窗口缩放后的图形

(2)用户此时也可输入一个缩放的比例因子来实现缩放,等同于比例缩放,即可以输入“S”响应比例选项或直接点击 图标,此时 AutoCAD 将提示:输入比例因子 (nX 或 nXP):

用户可以指定缩放比例值,如果输入的比例因子是一个数值而不带任何符号,则表示新视图输入值是相对于图形界限的比例。如果用户输入的数值后带“X”,则表示指定新的视图相对于当前视图的比例。如果指定数值后带“XP”,则表示指定的新视图相对于图纸空间单位的比例,可以用来为多个视图中的每一个视口指定不同的显示。

此外,工具栏中还有两个常用的固定两个缩放图标 和 ,前者的缩放比例为 2X,后者为 0.5X。

例如使用图 7-3 作为缩放前的原图,下面的图 7-5 和图 7-6 分别是用 2X 和 0.5X 的缩放比例缩放后的图形显示:

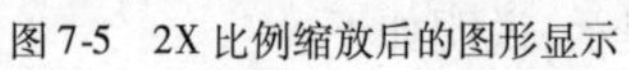

图 7-5 2X 比例缩放后的图形显示

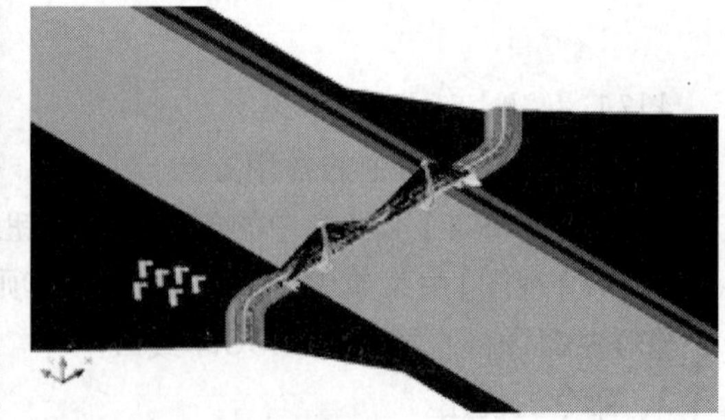

图 7-6 0.5X 比例缩放后的图形显示

(3)用户如果直接回车,则进入实时缩放状态,此时屏幕上的光标就变成了放大镜符号。此时,按住鼠标左键向上移动,可以放大图形;按住鼠标左键向下移动可以缩小图形,松开鼠标左键即停止缩放。

当前绘图窗口的大小决定了缩放的比例因子,如果按住鼠标左键从窗口的中点向上或向下移动光标,则相应的缩放比例因子为100%;如果从窗口的底部垂直向下移动光标到窗口的底部(按住鼠标左键),则相应的缩小比例因子为200%。

当放大到最大程度时,屏幕光标就变为"+"符号,表示不能再进行放大;相反,当缩小到最小时,屏幕光标就变为"-"符号,表示不能再进行缩小。

点击【标准】工具栏中的按钮就可以激活前面所说的实时缩放命令,另外还有一种更为简单的实时缩放方式,即使用现在常用的3D鼠标中的中间滚轮实现实时缩放。

(4)如果用户在直接输入"A"来响应全部选项,则可以使整个图形都显示在屏幕上,在平面视图中,它将图形缩放到图形界限和当前图形范围中较大的一个,如果图形延伸到图形界限之外,则将显示图形中的所有对象。该命令在作图时经常使用,用户应熟记在心。其相应的按钮为。

(5)如果用户直接输入"C"来响应中心选项,此时用户可以通过在图形中选择一个点,然后指定一个比例缩放因子或者指定新视图的高度值来显示一个新视图,这个点作为新视图的中心点。该选项命令的工具图标为。

例如,对前面如图7-3所示的斜拉桥模型进行中心缩放操作,步骤与说明如下:

命令:ZOOM

指定窗口角点,输入比例因子(nX或nXP),或[全部(A)/中心(C)/动态(D)/范围(E)/上一个(P)/比例(S)/窗口(W)/对象(O)] <实时>:C

指定中心点:(指定左下主塔顶中心点作为缩放的中心点)

输入比例或高度 <281.0558>:2X(显示了当前的窗口高度,在此另外指定了缩放的比例)

中心缩放后的图形如图7-7所示。

图7-7　中心缩放后的图形显示

(6)如果用户直接输入"D"来响应动态选项,此时用户可以改变视口的位置和大小,可以使其中的图像平移或缩放。该命令相应的工具按钮为。

使用说明:调用动态缩放方式后,首先将显示平移视图框。将其拖动到所需位置并单击,继而显示缩放视图框。调整其大小然后按回车进行缩放,或单击以返回平移视图框。调整好视图框并回车后,用当前视图框中的区域布满当前视口。

(7)如果用户直接输入"E"来响应范围选项,则可以在屏幕上尽可能见到整个图形的所有对象,与全部缩放选项不同的是,范围缩放使用的只是图形范围而不是图形界限,它们显示了全部缩放和范围缩放的区别。

(8)如果用户直接输入"P"来响应上一个选项,则将显示上一次显示的视图。在绘制图形过程中,对小范围和全视图的处理通常是这样的:将图形缩小到一个显示较大范围的区域,进行整体操作,然后放大某一个小区域,进行细节处理,然后使用【上一个】缩放模式,返回到上一次所显示的视图。

说明:上一个缩放方式可以保存前10幅视图,AutoCAD2008的上一个缩放方式可以从【视图】主菜单进入【缩放】子选项调用或者【标准】工具栏和命令行中调用,【缩放】工具栏中不再提供该缩放方式的按钮。

(9)如果用户直接输入“O”来响应对象选项，则缩放将尽可能大地显示所选定的一个或多个对象，并使其位于绘图区域的中心。激活该命令相应的工具按钮为🔍，也可从下拉菜单或者命令行中调用。

7.2 图像视图平移 PAN

PAN 命令对图形是一种平移操作，它不改变视图的大小，只是在绘图区中显示图形的不同部分，它相当于在一个镜框套住一幅比较大的图画，移动图画，使得在镜框中显示出图画的不同部分。平移前的图形显示可以使用前面介绍的显示上一个视图命令来恢复。

1. 激活 PAN 命令的常用方法

(1)单击【标准】工具栏中的图标。

(2)单击面板中【二维导航】工具栏中的图标。

(3)从【视图】主菜单中进入【平移】子选项，在其中选择相应选项。

(4)在命令行直接键入：PAN 或 P。

2. 命令的使用

平移视图有两种模式：实时模式和定点模式，如图 7-8 所示的是【视图】主菜单中的【平移】子菜单，在【标准】工具栏上按钮是实时平移按钮。

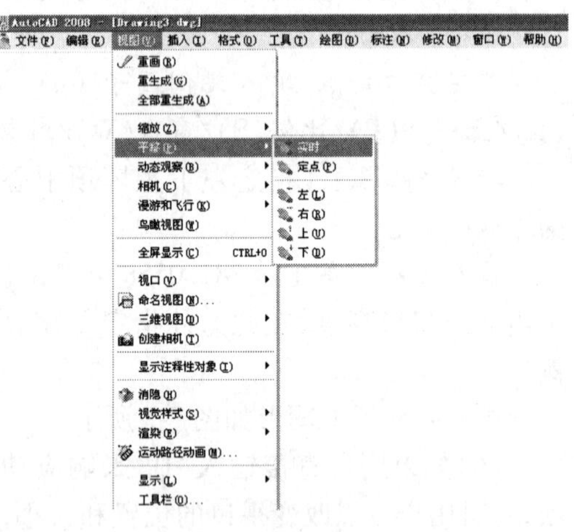

图 7-8 【平移】子菜单

(1)定点平移是通过指定基点和位移值来移动视图的。调用方法为如图 7-8 所示的【平移】子菜单中选择【定点】选项。

调用了定点平移方式后，AutoCAD 将提示：

命令：_-PAN 指定基点或位移：

在该提示下指定一点或者位移后，程序接着提示：

指定第二点：

用户再为平移指定第二点，AutoCAD 将计算从第一点到第二点的位移，并以第一点到第二点的方向为视图的平移方向。图 7-9 为某景观拱桥进行定点平移的过程图，图 7-10 为完成定点平移后的视图显示。

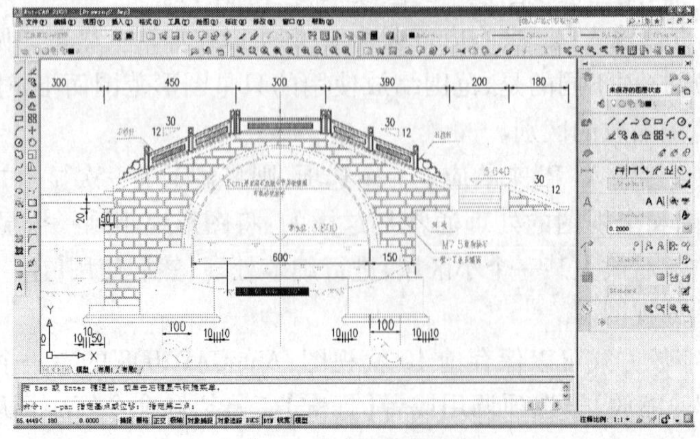

图 7-9 定点平移过程图

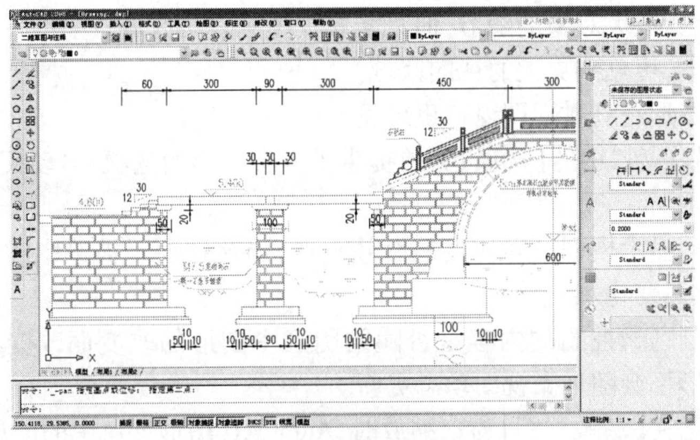

图 7-10　定点平移后的视图显示

(2)实时平移方式更能形象说明平移的意义,它就像一只手放置在图纸上,拉动图纸来拖动它。

从【视图】主菜单进入【平移】子菜单中选择【实时】选项或者单击【标准】工具栏上按钮,或者单击面板中【二维导航】工具栏中的图标,或者在命令提示行输入 PAN 命令后,进入实时平移状态,这时光标变成一只小手。按下鼠标左键,往需要的方向移动光标,窗口内的图形就可以按光标移动的方向移动,松开鼠标的左键,可返回到平移的等待状态。

如果要退出实时平移状态,可以按 Esc 键或 Enter 键,或者单击鼠标右键,激活一个快捷菜单,从中选择【退出】项退出实时平移状态。

7.3　鸟瞰视图 DSVIEWER

鸟瞰视图是一种可视化平移和缩放视图的方法,即可以缩放视图,也可以平移视图。通过该命令可快速地定位到图像的特定区域视图,可对其缩放观看。

1. 激活 DSVIEWER 命令的常用方法

(1)从【视图】主菜单中选择【鸟瞰视图】选项。

(2)在命令行直接键入:DSVIEWER 或 AV。

2. 命令的使用

调用 DSVIEWER 命令后 ,AutoCAD 将弹出【鸟瞰视图】窗口,如图 7-11 所示。

(1)【鸟瞰视图】窗口中的【视图】菜单提供了三个选项:放大、缩小和全局,如图 7-12 所示。它们是和菜单栏下面相对应的按钮功能相同的。

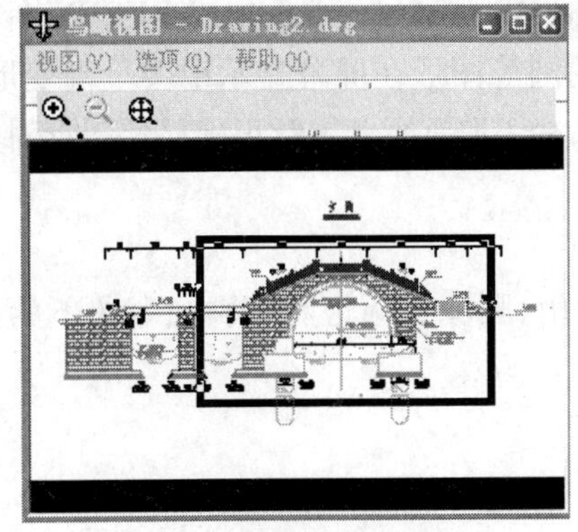

图 7-11　出现【鸟瞰视图】窗口

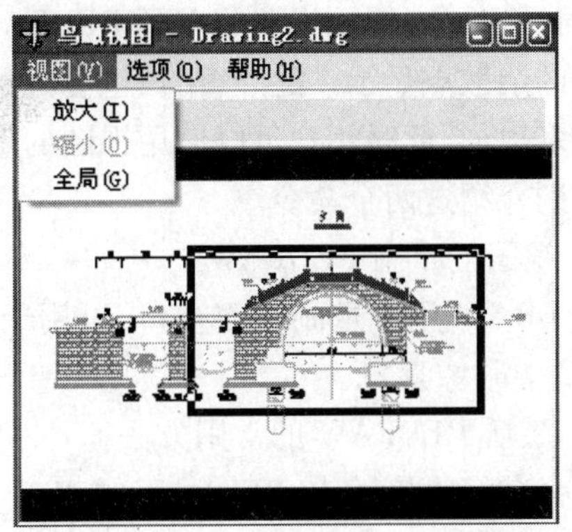

图 7-12　【鸟瞰视图】窗口的【视图】菜单

放大:拉近视图,放大对象的细节,但只能看视图到较小区域。

缩小:拉远视图,可见到更大的视图区域。

全局:使整个图形在鸟瞰视图窗口里可见。

(2)【鸟瞰视图】窗口中的【选项】菜单提供了三个可用的选项:自动视口、动态更新和实时缩放,如图 7-13 所示。

自动视口:自动显示模型空间的当前有效视口,当该选项不被选中时,鸟瞰视图不会随着有效视口的变化而变化。

动态更新:控制鸟瞰视图的内容是否随绘图区中图形的改变而改变,该选项不被选中时,绘图区中的图形不会随鸟瞰视图动态更新。

实时缩放:控制在【鸟瞰视图】窗口缩放时,AutoCAD 图形窗口中的图形显示是否实时变化,该选项不被选中时,绘图区中的图形显示不随鸟瞰视图实时变化。

(3)使用鸟瞰视图。【鸟瞰视图】窗口实际上是把实时平移和动态缩放综合起来,使得用户的操作更方便。把光标放置在【鸟瞰视图】窗口的视图框中,出现一个带“X”号的缩放框,这时移动光标,AutoCAD 绘图区的视图也随之平移,如图 7-14 所示。

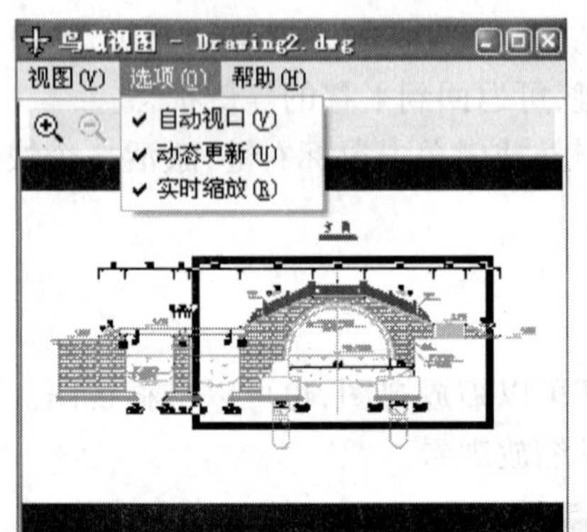

图 7-13 【鸟瞰视图】窗口的【选项】菜单

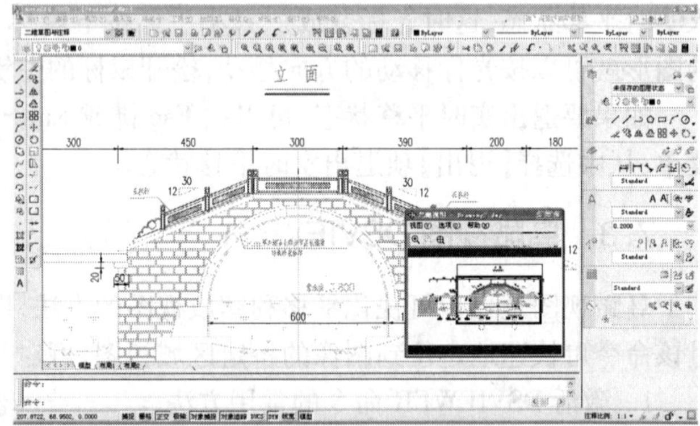

图 7-14 使用【鸟瞰视图】平移视图

单击鼠标,“X”号消失,缩放框的右边出现一个箭头,这时就可以调整缩放框的大小,以缩放视图,同时 AutoCAD 绘图区的视图也随之缩放。

7.4 视图的重画和重生成

有时,在用户绘图过程中会出现杂散的像素点,如点标记和编辑命令留下的杂乱显示内容,此时用户可以使用视图的重画 REDRAW(或 REDRAWALL)或重生成 REGEN 命令来消除这样的杂散点显示。此外,用户也会碰到绘出的圆等图形在屏幕显示中会呈现变形,如圆显示为多边形,此时用户可以使用视图的重生成命令 REGEN 来重新正确显示图形对象。下面来分别介绍这两个命令。

1. 视图的重画 REDRAW

REDRAW 用于重画当前视口,可用于透明使用、删除点标记和编辑命令留下的杂乱显示内容(杂散像素)。

1)激活 REDRAW 的常用方法

在命令行直接键入:REDRAW 或 R。

2)命令说明

利用重画命令依次可以清除一个视口，如果要同时清理多个视口，可以使用全部重画命令，REDRAWALL（或RA，或从【视图】下拉菜单中选择重画命令）。重画命令不改变其他变形的图形显示。

重画命令举例如图7-15所示，其中图7-15a）为重画之前的图形显示，图7-15b）为重画之后的图形显示。

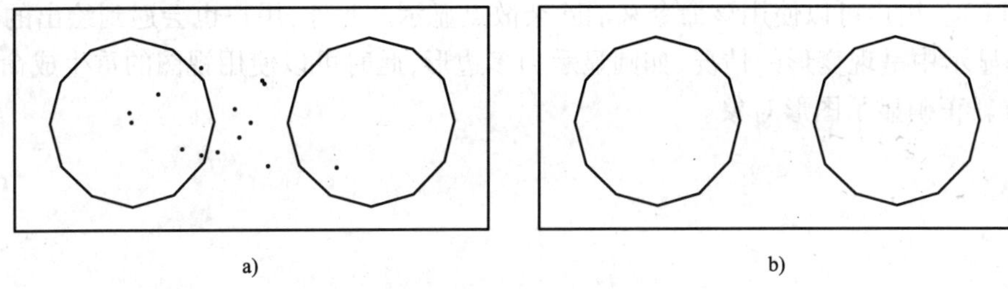

a) b)

图7-15 使用重画命令的前后对比图

2. 视图的重生成REGEN

使用视图重生成命令将在当前视口中重生成整个图形并重新计算所有对象的屏幕坐标。它还将重新创建图形数据库索引，从而优化显示和对象选择的性能。

1）激活REGEN命令的常用方法

（1）从【视图】主菜单中选择【重生成】选项。

（2）在命令行直接键入：REGEN或RE。

2）命令说明

利用重生成命令依次可以清除一个视口，如果要同时清理多个视口，可以使用全部重生成命令，REGENALL（REA，或在【视图】主菜单中选择【全部重生成】选项）。重画命令除将错误的图形显示转变为正确图形外，还可以清除显示中的杂散点像素。

重生成命令举例如图7-16所示，其中图7-16a）为重生成之前的图形显示，图7-16b）为重生成之后的图形显示。

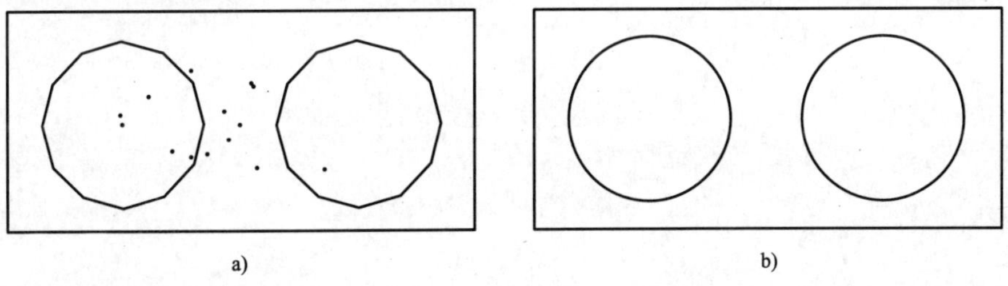

a) b)

图7-16 使用重生成命令的前后对比图

7.5 小结

本章主要内容总结如下：

- 缩放命令ZOOM（或Z）的使用，包括窗口缩放、动态缩放、比例缩放、中心缩放、全部缩放、范围缩放等。AutoCAD2008将基本的ZOOM命令放置在【缩放】工具栏中。此外，面板中【二维导航】工具栏中还提供了图标用于实时缩放、用于窗口缩放、用于范围缩放。当然也可以在工具栏的任何地方单击右键，打开标准工具栏，其中也提供了缩放命令。
- 平移工具的使用：PAN（实时平移）、_-PAN（定点平移）。如果要退出实时平移状态，可以按 Esc 键或 Enter 键，或者单击鼠标右键，激活一个快捷菜单，从中选择【退出】项来退出实时平移状态。

- 鸟瞰视图的应用：DSVIEWER（或 AV）。【鸟瞰视图】窗口中的【视图】菜单提供了 3 个选项：放大、缩小和全局，可以根据需要选择。
- 重画与重生成图形：重画图形 REDRAW（和 REDRAWALL）、重生成图形 REGEN（和 REGENALL）。用户可以使用该命令来消除杂散点显示。此外，用户也会遇到绘出的圆等图形在屏幕显示中呈现变形的情况，如圆显示为多边形，此时可以使用视图的重生成命令 REGEN 来重新正确显示图形对象。

第 8 章　图形的打印和输出

在 AutoCAD 中完成绘图后，常常需要把它打印出来，或者把图形信息传送给其他应用程序或者软件进行其他处理。此外，有时又需要将其他程序或者软件处理好的数据传送给 AutoCAD，以显示图形。AutoCAD 提供了图形输入输出的接口。如果打印草图，直接选择【文件】菜单中的【打印】项就可以完成。如果希望对图形进行适当的处理后再打印，如在一张图纸中增加标题等，或者要输出多个视图，这就要在图纸空间来完成，并使用布局。

8.1　模型空间和图纸空间

AutoCAD 有两种绘图空间，模型空间和图纸空间。

1. 模型空间

模型空间是用户用于完成绘图和设计工作的工作空间。用户可以在模型空间中创建物体的视图模型，以完成二维或者三维造型，并且根据用户需求用多个二维或三维视图来表达物体，同时配有必要的尺寸标注和注释等图形对象。

在模型空间中，用户可以创建多个不重叠的（平铺）视口以展示图形的不同视图。模型空间和图纸空间都可以通过如图 8-1 所示的标签来切换。

▶ ▶| 模型 / 布局1 / 布局2 /

图 8-1　模型与布局状态标签

2. 图纸空间

AutoCAD 2008 重要功能之一就是布局（Layout）功能，它可以模拟一张图纸并提供预制的打印设置。在布局中，用户可以创建和定位视口并增添标题块或者其他几何对象。可以将图纸空间看作一张图纸，通常在模型空间绘好图后，将图形以一定的比例放置在图纸空间中，在图纸空间中不能进行绘图，但可以标注尺寸和文字。

3. 模型空间和图形空间的切换

用户既可以在模型空间中工作，也可以在图纸空间中工作，用户可以在模型空间和图纸空间切换。切换方法除了使用前面提到的点击状态标签切换外，还可以右键单击【模型】模式或者【布局】模式，选择【隐藏布局和模型选项卡】，则在状态栏中显示两个图标：和，单击打开模型空间，单击打开图纸空间。

此外，工作空间由系统变量 TILEMODE 控制。当其值设置为 1 时，工作空间为模型空间；当系统变量 TILEMODE 设置为 0 时，工作空间变为图纸空间。所以，也可以通过直接设置 TILEMODE 的值来控制工作空间，使之在模型空间和图形空间之间切换。

4. 布局

一个布局包括模型空间和图纸空间，它不仅具有 AutoCAD 老版本中图纸空间所具有的特点，而且可以设置页面和打印风格等。在图 8-2 中的最外侧虚线为图纸空间的布局。

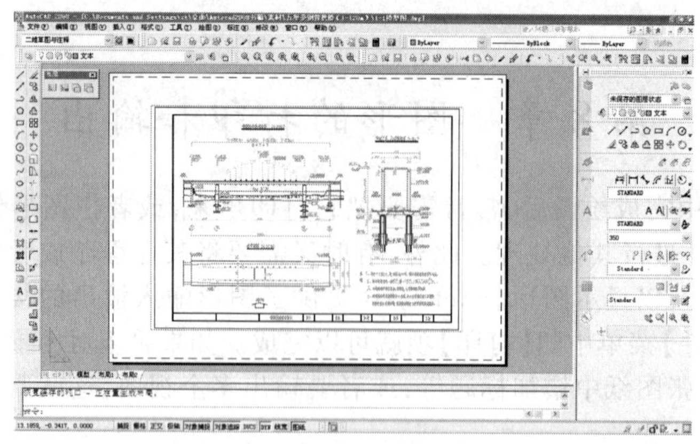

图 8-2 图纸空间的布局

8.2 创建布局

在使用布局之前,必须先创建一个布局。我们可以使用以下几种方法:

(1)使用布局向导创建。

(2)使用【来自样板的布局(LAYOUT)】命令插入基于现有布局样板的新布局。

(3)单击布局标签,利用【页面设置】对话框创建一个新布局。

(4)通过设计中心,从图形文件或样板文件中把建好的布局拖到当前的图形文件。

(5)使用【Layout】命令中的【新建】选项。

(6)单击【布局】工具栏中对应按钮新建布局。

因为布局是一个新增的概念,在对它的使用方法不太了解时可以使用布局向导来快速创建符合要求的布局。

8.2.1 用布局向导创建布局

1. 激活布局向导命令的常用方法

(1)从【插入】主菜单中进入【布局】子菜单选择其中的【创建布局向导】选项。

(2)从【工具】主菜单中进入【向导】子菜单选择其中的【创建布局】选项。

(3)在命令行直接键入:LAYOUTWIZARD。

2. 使用布局向导创建布局的过程

(1)激活命令,打开【创建布局—开始】对话框,如图 8-3 所示。在对话框的左边列出了创建布局的步骤。

(2)创建布局的步骤。

①开始:输入新布局的名称。

②配置打印机:为布局选择一种配置好的打印设备。

③选定图纸尺寸:设置图纸所用单位,选择图纸大小,设置图纸的打印方向。

④选定标题栏:选择该布局中使用标题图块。

⑤定义视口:设置视口的类型。

⑥拾取位置:确定视口在布局中的位置。

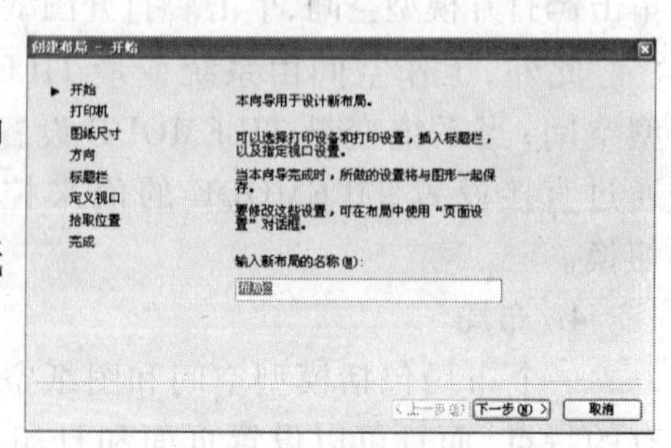

图 8-3 【创建布局—开始】对话框

⑦结束创建:单击【完成】后将进入新建的布局空间。

如图 8-4 所示就是以向导建立的一个布局。

在使用布局向导前,应首先检查所配置打印机的权限。要添加或配置新的打印机,可以在 Windows 控制面板中选择【打印机】,然后选择【添加打印机】。

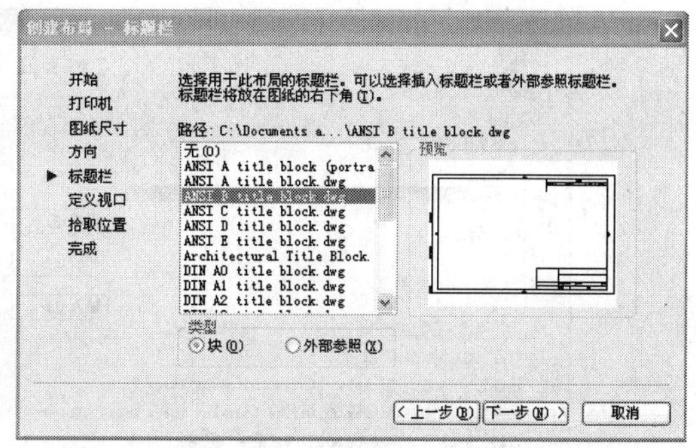

图 8-4　用布局向导建立的布局

选择标题栏时,建议选择一种与图纸尺寸匹配的标题栏,否则标题栏可能不适合指定的图纸尺寸。ANSI 标题栏是以英寸为单位的,而 ISO、DIN 和 JIS 标题栏是以毫米为单位绘制的。例如 ANSI 标题栏大小约为 10 ×8 个单位,如果将这个标题栏插入到 A4 图纸(它的单位是毫米)的布局中,那么图纸尺寸就是 297 ×210 个单位。这样,标题栏就显得太小了。

8.2.2　使用布局模板

我们可以将创建好的布局做成模板,在以后的图形文件中,随时可以使用该布局模板创建新的模板。

使用下列方法可以借助已有的模板创建一个布局:

(1)在【插入】菜单中选择【布局】选项子菜单的【来自样板的布局】。

(2)单击【布局】工具栏中的【来自样板的布局】按钮(工具栏如图 8-5 所示)。

(3)在命令行中输入:LAYOUT,选择提示行中的“样板(T)”项。

执行操作后,会出现【从文件中选择样板】对话框,如图 8-6 所示。从列表中可以选择一个已有的布局模板来创建新的布局。

图 8-5　【布局】工具栏

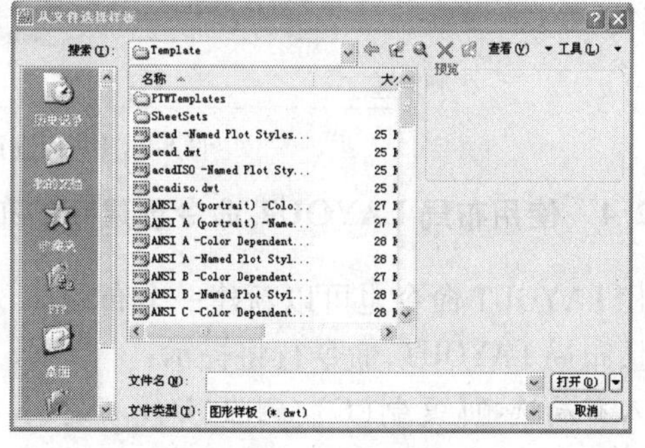

图 8-6　【选择文件】对话框

8.2.3　使用【页面设置管理器】对话框创建布局

选中状态栏中的模型或布局选项卡,单击鼠标右键,从出现的菜单中选择“页面设置管理器”,屏幕上会出现【页面设置管理器】对话框,如图 8-7 所示。使用这个对话框,可以显示当前页面设置,将另一个不同的页面设置为当前,创建新的页面设置和修改现有页面设置,以及从其他图纸中输入页面设置。

使用【页面设置管理器】对话框的【新建】按钮,则出现【新建页面设置】对话框,如图 8-8 所示。

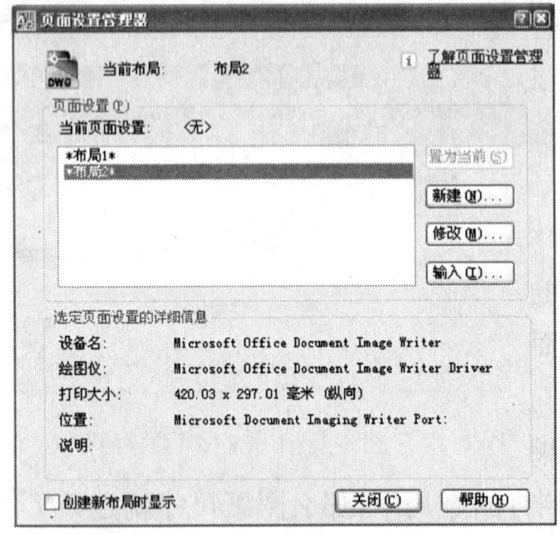

图 8-7 【页面设置管理器】对话框

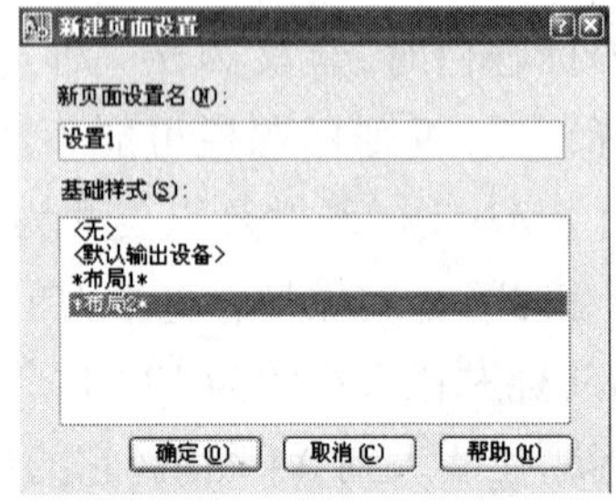

图 8-8 【新建页面设置】对话框

使用【页面设置管理器】对话框的【修改】按钮,则出现【页面设置 -(当前修改的布局名称)】对话框,如图 8-9 所示。

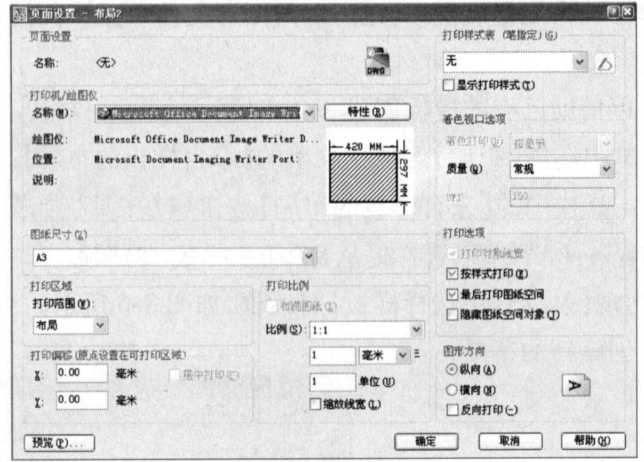

图 8-9 【页面设置】对话框

8.2.4 使用布局 LAYOUT 命令创建新的布局

使用 LAYOUT 命令也可以新建一个布局。

激活布局 LAYOUT,命令行将提示:

输入布局选项[复制(C)/删除(D)/新建(N)/样板(T)/重命名(R)/另存为(SA)/设置(S)/?] <设置>:

在此提示下,输入"N"以响应新建命令,AutoCAD 将提示:

输入新布局名 <布局 1>:

输入要创建布局的名称,确认后会在绘图区下面的选项卡栏上出现这个布局的选项卡,双击该布局可以修改该布局的名称。

创建布局后,可以像操作图形对象那样对它进行复制、删除等操作。

下面介绍 LAYOUT 其他选项的使用。

(1)复制(C):使用此选项可以复制指定的布局。

(2)删除(D):使用此选项可以将不再使用的布局删除掉。

(3)样板(T):使用此选项可以从模板创建布局。

(4)重命名(R):使用此选项可以修改已有布局的名称。

(5)另存为(SA):使用此选项可以将某个布局保存为布局模板。输入布局名称后,激活【创建图形文件】对话框,如图 8-10 所示。

(6)设置(S):使用此选项可以将当前图形文件的一个布局设定为当前布局。

(7)?:如果在提示下输入【?】,系统将列出当前图形文件中所有定义过的布局名称。

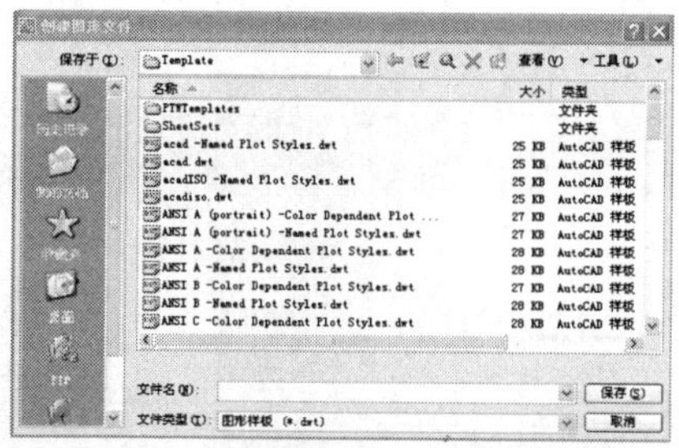

图 8-10 【创建图形文件】对话框

在布局选项卡上单击右键,从弹出的快捷菜单中,也可以实现以上介绍的各项功能。

8.3 浮动视口的使用

在实际的绘图中,我们经常要表示图形的多个局部视图或各个角度的视图,这就需要在模型空间或图纸空间中使用视口来实现。视口“VPORTS”命令可以创建视口。

8.3.1 建立浮动视口

激活视口 VPORTS 命令的常用方法有以下几种:

(1)在【视口】工具栏中单击“显示视口对话框”选项图标。视口工具栏如图 8-11 所示。

图 8-11 【视口】工具栏

(2)在【视图】主菜单中进入【视口】子菜单选择其中【新建视口】选项,如图 8-12 所示。

(3)在命令行直接输入:VPORTS。

执行命令后将激活如图 8-13 所示的【视口】对话框。使用该对话框中的【新建视口】选项卡可以在布局中创建各种类型的视口。

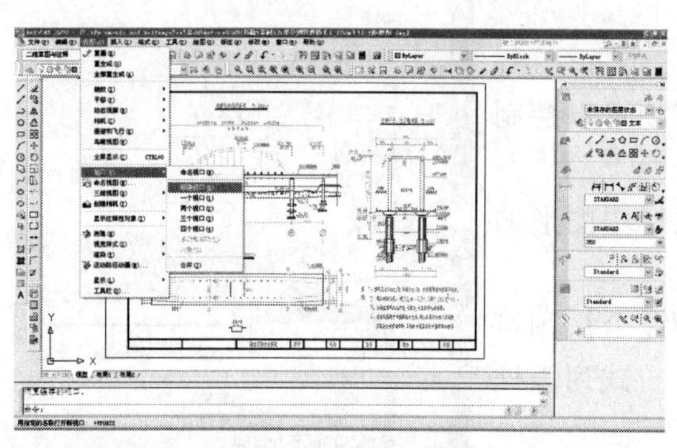

图 8-12 用菜单命令激活【显示视口】对话框

图 8-13 【视口】对话框

选取所需的视口类型后,系统会提示输入第一个、第二个角点来确定视口的位置和大小,然后重新生成布局和模型。

如图 8-14 所示为【单视口】类型创建的视口。

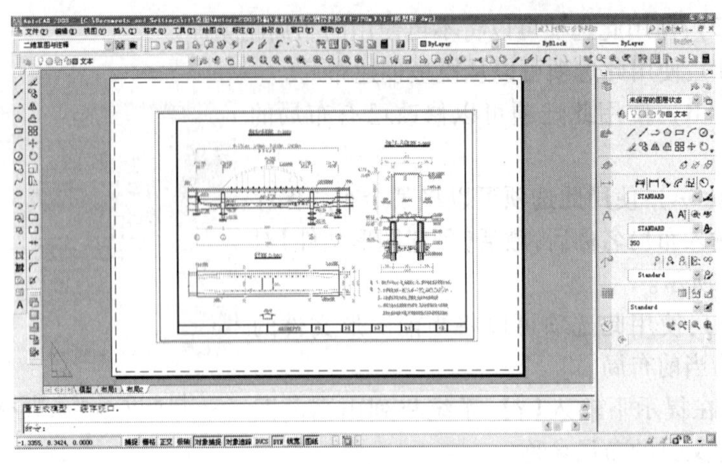

图 8-14　单视口图形示例

8.3.2　视口的编辑

视口的编辑包括改变视口的形状、控制视口的显示、修改视口的属性、修改视口图层等。

1. 使用夹持点改变视口的形状

视口是一个单独的图形对象，可以像编辑其他图形一样来编辑视口。选取视口后，它的夹持点会出现在视口的四个角上，用鼠标拖动夹持点可以像编辑其他图形那样改变视口的大小。

2. 控制视口的显示

如果窗口中打开了许多视口，在重新生成视口时会影响系统的性能。为了节省时间，可以将一些视口关掉。一个视口在缺省状态下是打开的。

(1)打开/关闭视口。

使用对象特征管理器打开或关闭视口的步骤如下：

①在布局中选取要打开或关闭的视口。

②从【修改】菜单中选取【特性】选项打开【特性】对话框。

③在【特征】对话框中选取【开】选项，然后通过选择【是】或【否】选项来决定打开或关闭选项，如图 8-15 所示。

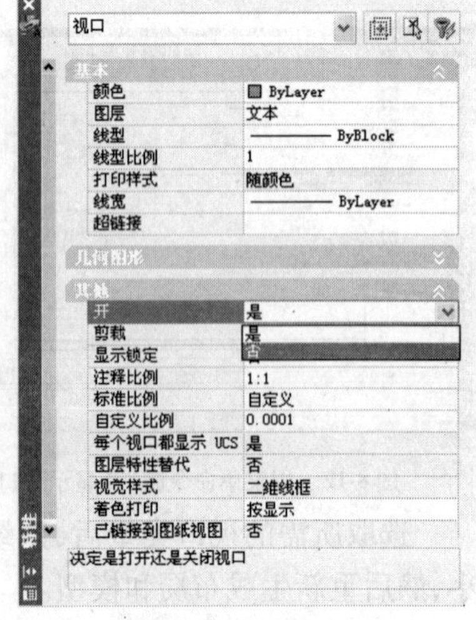

图 8-15　使用特性窗口打开或关闭视口

(2)其他的显示特征。

【特征】对话框中的【其他】类中的其他选项可以控制视口显示的其他一些特性。

【显示锁定】此选项可以决定是否锁定视口中图形的显示比例。

【标准比例】选项：如果【显示锁定】设置为【否】，则可以用该选项来设置视口中图形的显示比例，下拉式列表框中列出了标准的比例值。

【自定义比例】选项：如果标准比例中没有需要的比例值，可以在此选项下输入一个自定义的比例值，在【标准比例】选项中设置为【自定义】可以使用自定义的比例值。

【每个视口都显示 UCS】选项：此选项控制在每个视口

中是否显示坐标系统的图标。

3. 修改视口的属性

视口的颜色、线型、线宽等属性也可以进行修改。在【特性】对话框中的【基本】选区中，选择有关的选项进行修改。

4. 编辑视口中的图形

在布局中建立视口后，不用回到模型空间也可以绘制和编辑视口中的图形。在视口中进入模型空间的方法为在视口中双击鼠标左键，这时视口的边框会变成粗线条。

5. 建立不规则的视口

AutoCAD 支持不规则(非矩形)的视口，这给我们带来很多方便。将一个矩形视口变为不规则视口的命令是 VPCLIP。

1) 激活此命令的常用方法

(1)在一个视口上单击鼠标右键，在快捷菜单上选择【视口剪裁】选项。

(2)单击【视口】工具栏中的按钮。

(3)在命令行中直接输入:VPCLIP。

2) 命令的使用

激活 VPCLIP 命令后，AutoCAD 提示，说明如下：

选择要剪裁的视口：(在此提示下选择一个规则的视口)

选择剪裁对象或［多边形(P)/删除(D)］ <多边形>:(在此提示下可以直接选取封闭的图形对象作为视口的形状，则可以立刻完成命令。如果没有选择的多边形，则可以输入“P”)

指定起点:(在此提示下指定一点作为多边形视口的起始点)

指定下一点或［圆弧(A)/长度(L)/放弃(U)］:(在此提示下指定另一个点或者选取一个选项绘制多边形)

指定下一点或［圆弧(A)/闭合(C)/长度(L)/放弃(U)］:(在此提示下指定另一个点或者选取一个选项绘制多边形。该提示会反复出现，直到最后以“C”闭合选项将多边形闭合)

应当注意的是，建立不规则视口时必须将多边形闭合。

6. 重新定义不规则形状的视口

先激活 VPCLIP 命令。

在提示下输入“D”将不规则的浮动窗口恢复为矩形。输入“P”可以重新定义不规则视口的形状。

7. 对齐视口中的图形对象

使用 MVSETUP 命令可以通过调整一个浮动窗口中的视图与另一个视口中的视图来安排图形对象的位置。

对齐两个视口中图形对象的步骤如下：

命令行输入“MVSETUP”，有如下提示：

输入选项［对齐(A)/创建(C)/缩放视口(S)/选项(O)/标题栏(T)/放弃(U)］:

输入“a”以选择对齐选项，AutoCAD 提示如下：

输入选项［角度(A)/水平(H)/垂直对齐(V)/旋转视图(R)/放弃(U)］:

各选项含义如下：

【角度(A)】:在视口中按指定的方向移动视图。

【水平(H)】:在视口中水平移动视图,直至与另一个视口中指定的基点对齐。只有当两个视图区水平放置时才使用此选项。

【垂直对齐(V)】:在视口中垂直移动视图,直至与另一个视口中指定的基点对齐,只有当两个视图区垂直放置时才使用此选项。

【旋转视图(R)】:在视口中所有的视图围绕一个指定的基点进行旋转。

【放弃(U)】:取消前一步操作。

8. 修改视口图层

图形对象在图纸空间的各个视口中以不同的方式显示,同时保留图层在模型空间的原始特性。当布局视口为当前视口时,可以将特性替代指定给一个或多个图层,从而将新设置应用于该视口。

将视口替代图层特性是 AutoCAD 2008 的新增功能之一,单击【图层】工具栏中的【图层特性管理器】按钮,系统弹出【图层特性管理器】对话框,如图 8-16 所示。在该对话框中的图层特性列表中增加了【视口颜色】、【视口线型】、【视口线宽】、【视口打印样式】四列,这可以用来设置当前视口的图层特性替代。

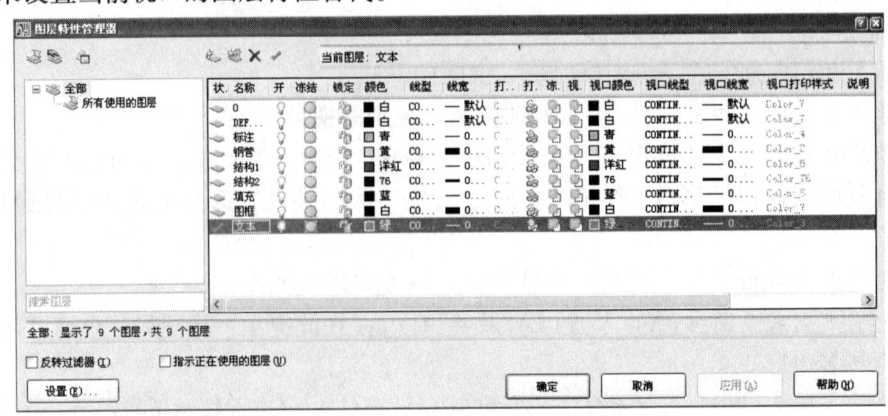

图 8-16 【图层特性管理器】对话框

8.4 图纸的打印输出

将布局中的视图编辑好后,我们就可以使用打印(PLOT)命令打印输出图纸了。

1. PLOT 命令的激活方式

(1)单击【标准】工具栏中的图标。

(2)从【文件】主菜单中选择【打印】选项或使用组合键【Ctrl】+【P】。

(3)命令:PLOT。

2. 打印输出过程

(1)激活 PLOT 命令后,弹出【打印】对话框,如图 8-17 所示。

(2)在【打印】对话框中,可以看到打印的布局名。如果在【页面设置】对话框中进行设置,则通过【页面设置】区域【名称】下拉列表就可以选用,否则要进行输出页面的设置。

①检查已经配置的打印机名称是否正确,或者从当前配置打印机的列表中选择。

②在【打印范围】选区可以确定打印的布局选项卡和打印份数。

③如果要将图形文件输出到文件,选中【打印到文件】复选项。

④点击【特性】按钮,出现【绘图仪配置编辑器】对话框,可以在其中指定图纸尺寸、打印

区域、打印比例、纸张单位、图形方向等选项，如图 8-18 所示。

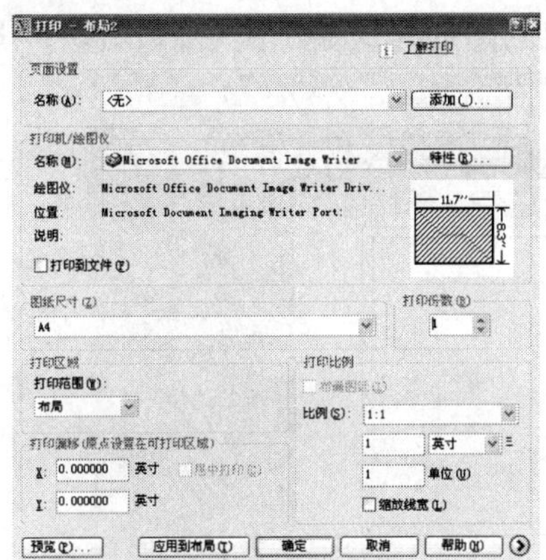

图 8-17 【打印】对话框

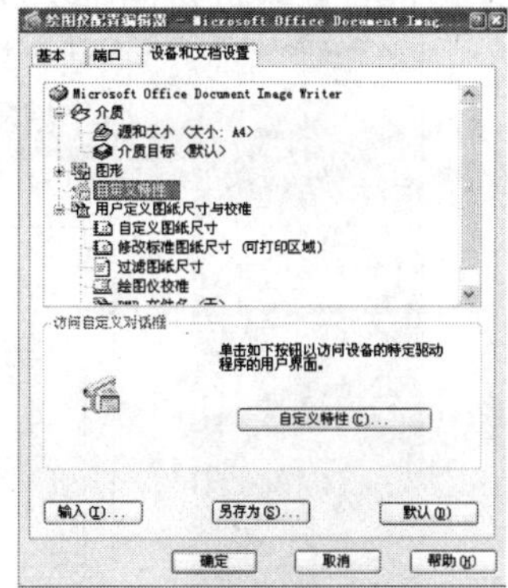

图 8-18 【绘图仪配置编辑器】对话框中【设备和文档设置】选项卡

⑤【图纸尺寸】选区中，用户可以选定打印图纸的尺寸，单击【图纸尺寸】的下拉列表框，用户可以选择合适的打印尺寸，图纸尺寸旁边的图标指明了图纸的长、宽，其中的阴影范围表明了基于当前配置的图纸尺寸显示图纸上能打印的实际区域。有两种打印单位可以选择：【英寸】和【毫米】。

⑥【打印区域】选区用于指定打印的区域。

- 【布局】选项：将打印指定图纸尺寸的页边距内的所有内容，其原点从布局中的 0,0 点计算得出。
- 【范围】选项：打印包含对象的图形的部分当前空间。
- 【显示】选项：打印选定的【模型】选项卡当前视口中的视图或布局中的当前图纸空间视图。
- 【窗口】选项：打印指定的图形的任何部分。如果选择“窗口”选项，则“窗口”按钮成为可用按钮。选择“窗口”按钮，使用定点设备指定要打印区域的两个角点或输入坐标值。提示如下：

指定第一个角点：（指定第一个对角点）
指定另一个角点：（指定第二个对角点）

该命令在非按比例出图时经常使用。

⑦【打印比例】选区用于控制图形单位对于打印单位的相对尺寸。打印布局时，默认缩放比例设置为 1:1。打印【模型】选项卡时默认的比例设置为“按图纸空间缩放”。如果选择标准比例，比例值将显示在“自定义”中，如果在【打印区域】选区中指定【布局】选项，AutoCAD 将按布局的实际尺寸打印而忽略在【比例】中指定的设置。其中的【缩放线宽】复选框用于设置与打印比例成正比缩放线宽。通常，线宽用于指定打印对象的线的宽度并按线宽尺寸进行打印，而与打印比例无关。

⑧【打印偏移】选区用于指定打印区域相对于图纸左下角的偏移量。在布局中，指定打印区域的左下角位于图纸的左下页边距。可输入正值或负值以偏离打印原点。图纸中的打印单位为英寸或毫米。

【居中打印】复选框：自动计算 X 和 Y 偏移值，将打印图形置于图纸正中间。

【X】和【Y】对话框:用于指定打印原点在 X 和 Y 方向的偏移量。

⑨选择【预览】,就可以按图纸中即将打印出的图形样式显示图形,如图 8-19 所示。

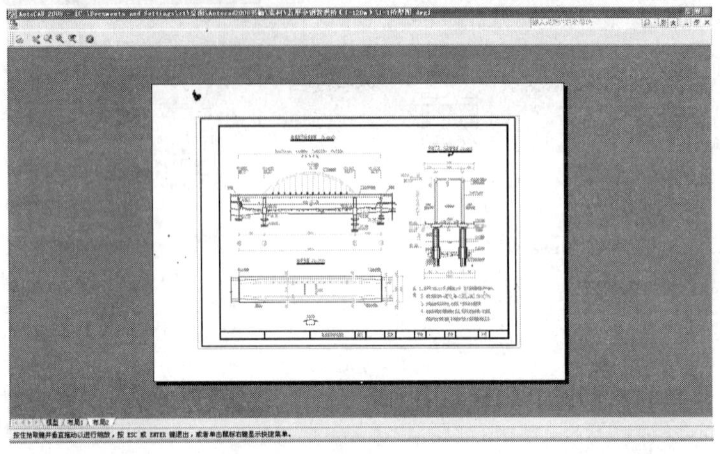

图 8-19　预览

⑩单击【确定】按钮,AutoCAD 2008 将开始输出图形并动态显示绘图进度。如果图形输出时出现错误或要中断绘图,可以按 Esc 键以结束图形的输出。

8.5　小结

本章主要内容总结如下:

- 模型空间(用户用于完成绘图和设计工作的工作空间)与图纸空间的基本概念与应用,以及相互转换的方法:除了使用点击状态标签切换外,还可以右键单击【模型】模式或者【布局】模式,选择【隐藏布局和模型选项卡】。
- 创建布局的方法:LAYOUTWIZARD(利用布局向导创建)、LAYOUT→T(使用布局样板)、用【页面设置管理器】对话框创建、LAYOUT→N(用 LAYOUT 创建新布局)、通过设计中心从图形文件或样板文件中把建好的布局拖到当前的图形文件、单击【布局】工具栏中对应按钮新建布局。
- 浮动视口的使用,VPORTS(建立浮动视口);编辑视口的方法:在【特性】对话框中修改视口的属性、VPCLIP 建立不规则的视口、MVSETUP 对齐视口中的图形对象、利用【图层特性管理器】修改视口图层。应当注意的是,建立不规则视口时必须将多边形闭合。
- 图纸的打印输出办法及其设置,可用 PLOT 命令。【打印】对话框中各选项的含义,尤其要注意打印比例的设置。

第9章　AutoCAD设计中心的使用

AutoCAD 2008 的设计中心就像一个控制中心，可以管理的图形资源包括块、外部参照、渲染的图像、字体、线型、图层等。而且除了当地计算机系统内部的资源外，还包括从 Internet 上下载的有关数据信息。

重复利用和共享图形内容是有效管理绘图项目的基础。创建块参照和附着外部参照有助于重复利用图形内容。使用 AutoCAD 设计中心，可以管理块参照、外部参照、光栅图像以及来自其他源文件或应用程序的内容。不仅如此，如果同时打开多个图形，就可以在图形之间复制和粘贴内容（如图层定义）来简化绘图过程。

AutoCAD 设计中心也提供了查看和重复利用图形的强大工具。用户可以浏览本地系统、网络驱动器，甚至从 Internet 下载文件。

使用 AutoDesk 收藏夹（AutoCAD 设计中心的缺省文件夹），不用一次次寻找经常使用的图形、文件夹和 Internet 地址，从而节省了时间。收藏夹汇集了指向不同位置的图形内容的快捷方式。例如，可以创建一个快捷方式，指向经常访问的网络文件夹。

使用 AutoCAD 设计中心可以完成：

（1）浏览不同的图形内容。从经常打开的图形文件到网页上的符号库。

（2）查看图形文件中的对象（例如块和图层）的定义，将对象插入、附着、复制和粘贴到当前图形中。

（3）创建指向常用图形、文件夹和 Internet 地址的快捷方式。

（4）在本地和网络驱动器上查找图形内容。例如，可以按照特定图层名称或上次保存图形的日期搜索图形。找到图形后，可以将其加载到 AutoCAD 设计中心，或直接拖放到当前图形中。

（5）将图形文件（DWG）从控制板拖放到绘图区域中即可打开图形。

（6）将光栅文件从控制板拖放到绘图区域中即可查看和附着光栅图像。

（7）通过在大图标、小图标、列表和详细资料视图之间切换控制板的内容显示。也可以在控制板中显示预览图像和图形内容的说明文字。

9.1　设计中心的基本操作

9.1.1　设计中心的启动方法

使用 AutoCAD 设计中心，无论定位和组织内容还是将其拖放到图形中都能够轻松自如。

可以使用 AutoCAD 设计中心窗口中的窗格查看源文件中的内容项目。这个窗格就称为控制板。导航窗格（又称为树状视图）显示内容源的层次结构。

1. 激活设计中心的常用方法

（1）点击【标准】工具栏中的▦图标。

（2）从【工具】主菜单中选择【设计中心】选项。

（3）在命令行直接键入：ADCenter 或 ADC。

2. 命令的使用

命令激活后,将打开【设计中心】对话框,如图 9-1 所示,首次打开 AutoCAD 设计中心时,它将显示在缺省位置上,即绘图区域左边的固定区域。

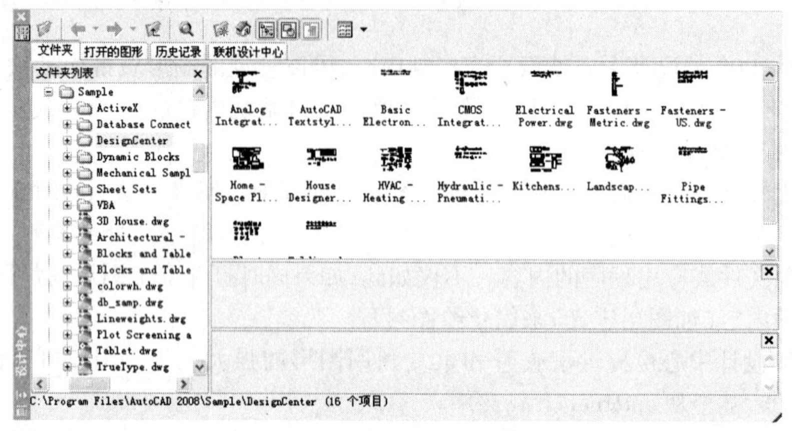

图 9-1　设计中心对话框

【设计中心】对话框主要包括了以下几个部分:

(1)树状视图:在对话框左侧的树状视图区,也叫导航窗格,用于显示计算机或网络驱动器中文件和文件夹的层次关系、打开的图形内容及自定义内容,还可以查看历史记录。

(2)顶部工具栏按钮:使用设计中心顶部的工具栏按钮可以访问树状图选项。

文件夹:显示计算机或网络驱动器(包括"我的电脑"和"网上邻居")中文件和文件夹的层次结构。

打开的图形:显示 AutoCAD 任务中当前打开的所有图形,包括最小化的图形。

历史记录:显示最近在设计中心打开的文件列表。

联机设计中心:访问联机设计中心网页。

(3)内容区域:右边有显示树状视图区中当前选项中的内容的就是内容区域,显示内容包括文件夹、文件图形、图形中的命名对象(块、外部参照、布局、图层、标注样式和文字格式)、图像、基于 WEB 的内容、由第三方开发的自定义内容等。

在内容区域中通过拖动、双击或单击右键并选择"插入为块"、"附着为外部参照"或"复制",可以在图形中插入块、填充图案或附着外部参照。可以通过拖动或单击右键向图形中添加其他内容(例如图层、标注样式和布局)。可以从设计中心将块和填充图案拖放到工具选项板中。

(4)浏览与说明窗口:位于内容窗口下面,可以显示在内容区域中选中单个图形、块、填充图案或外部参照的图形和说明信息。

(5)窗口顶部工具栏控制着树状图和内容区域的信息浏览和显示,各按钮说明如下:

加载:单击图标,将显示【加载】对话框标准文件选择对话框,如图 9-2 所示。使用【加载】浏览本地和网络驱动器或 Web 上的文件,然后选择内容加载到内容区域中。

后退:返回到历史记录列表中最近一次的位置,也可以点击右侧向下的小三角,选择返回的位置。

前进:返回到历史记录列表中下一次的位置,也可以点击右侧向下的小三角,选择前进的位置。

上一级:显示当前容器的上一级容器的内容。

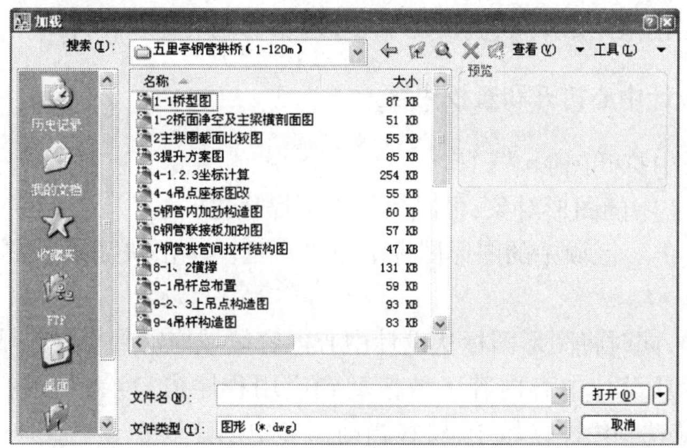

图 9-2 【加载】对话框

搜索:点击搜索图标将显示搜索对话框,如图 9-3 所示,从中可以指定搜索条件以便在图形中查找图形、块和非图形对象,详见下面的介绍。

图 9-3 【搜索】对话框

收藏夹:点击后将在内容区域中显示“收藏夹”文件夹的内容。“收藏夹”文件夹包含经常访问项目的快捷键。要为“收藏夹”添加项目,可以在内容区域或树状图中的项目上单击右键,然后单击“添加到收藏夹”。要删除“收藏夹”中的项目,可以使用快捷菜单中的“组织收藏夹”选项,然后使用快捷菜单中的“刷新”选项。

默认,点击此按钮,设计中心将自动返回到默认文件夹。安装时,默认文件夹被设置为 ...\Sample\DesignCenter。可以使用树状图中的快捷菜单更改默认文件夹。

树状图切换:显示和隐藏树状图。如果绘图区域需要更多的空间,请隐藏树状图。

预览:显示和隐藏内容区域窗格中选定项目的预览。如果选定项目没有保存的预览图像,“预览”区域将为空。

说明:显示和隐藏内容区域窗口中选定项目的文字说明。如果同时显示预览图像,文字说明将位于预览图像的下面。如果选定项目没有保存的说明,“说明”区域将为空。

视图:为加载到内容区域中的内容提供不同的显示格式。可以从【视图】列表中选择一种视图,包括大图标、小图标、列表和详细信息等几种视图。

停止:停止当前传输(仅限【联机设计中心】选项卡)。

刷新:重载当前页(仅限【联机设计中心】选项卡)。

9.1.2 利用设计中心打开和查找内容

1. 在设计中心中打开图形

要打开设计中心中的图形对象,可以执行以下操作之一:

- 在设计中心内容区域中的图形图标上单击右键。单击快捷菜单中的【在应用程序窗口中打开】选项。
- 按住 Ctrl 键,同时将图形图标从设计中心内容区域拖动到绘图区域。
- 将图形图标从设计中心内容区域拖动到应用程序窗口绘图区域以外的任何位置。(如果将图形图标拖动到绘图区域中,将在当前图形中创建块)

2. 查找文件

用 AutoCAD 设计中心中的【搜索】功能不仅可以浏览【桌面】树状视图以定位文件,还可以搜索图形和其他内容(例如块和图层定义以及任意自定义内容)。在【查找】对话框中可以设置条件(如上次修改时间)来缩小搜索范围,或者搜索块定义说明中的文字和其他任何【图形属性】对话框中指定的字段。例如,如果不知道图形文件的名称,可以搜索在【模式】中输入的关键字。如果不记得将块保存在图形中还是保存为单独的图形,则可以搜索图形和块。

查找本地或网络驱动器上内容的步骤:

(1)选择 AutoCAD 设计中心中的按钮。

(2)在【搜索】对话框的【搜索】列表中选择要查找的内容类型(选项卡搜索字段随选择而变化)。

(3)选择【浏览】或输入搜索路径,指定开始搜索的位置。如果要搜索指定位置的所有层次,选择【包含子文件夹】复选框。

(4)如果在【搜索】对象下拉框中选择【图形】,则【搜索】对话框中包含三个选项卡。每个选项卡中包含不同的搜索条件,如图 9-4 所示:

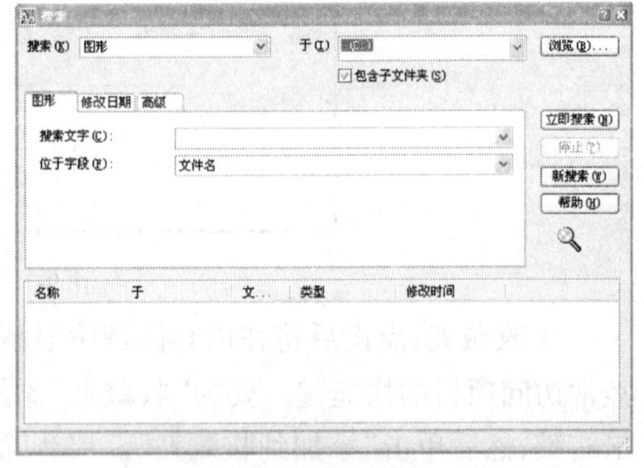

图 9-4 搜索图形对象时的【搜索】对话框

【图形】:指定要搜索的名称或文字,并选择可用的字段。选项卡的名称表示在【名称】列表中指定的内容类型。例如,如果选择【图形】,则选项卡名称为【图形】,选择文件名或作者名参数有助于定位文件。

【修改日期】:指定文件创建或上一次修改的日期,或指定日期范围。缺省情况下 AutoCAD 不指定日期。

【高级】:指定其他搜索参数。例如,可以输入文字进行搜索,查找包含特定文字的块定义名称、属性或图形说明。还可以在该选项卡中指定搜索文件的大小范围。例如,如果选择【至少】并在【KB】框中输入 100,则 AutoCAD 查找大小为 100KB 以上的文件。

定义查找时可以输入查找单词的全部或部分,也可以使用 * 和 ? 等标准通配符。请参见使用通配符。

(5)如果在【名称】对话框中指定的不是图形文件，则【搜索】对话框显示下列选项卡中的一个：

- 块：搜索块的名称。
- 标注样式：搜索标注样式的名称。
- 图形和块：搜索图形和块的名称。
- 图层：搜索图层的名称。
- 布局：搜索布局的名称。
- 线型：搜索线型的名称。
- 填充图案：搜索填充图案的名称。
- 填充图案文件：【填充图案文件】(搜索填充图案文件的名称)、【修改日期】、【高级】。
- 文字样式：搜索文字样式的名称。
- 外部参照：搜索外部参照的名称。
- 表格样式：搜索表格样式名称。

(6)选择【立即搜索】开始搜索。【搜索】对话框显示搜索结果。如果在搜索完成以前已经找到了所需的内容，可选择【停止】停止搜索，以节省时间。

(7)选择【新搜索】可以清除当前搜索，使用新条件进行新搜索。

(8)要重新使用搜索条件，单击搜索框旁边的箭头按钮显示搜索名称列表。可以从中选择以前定义的搜索条件。

快捷菜单：在树状视图或内容区域背景上单击右键，然后选择【搜索】。

在搜索结果列表中找到所需项目后，可以将其添加到打开的图形或内容区域中。方法可以选择以下的任意一种：

- 将搜索结果列表中的项目拖动到内容区域中。
- 双击搜索结果列表中的项目。
- 在搜索结果列表中的项目上单击右键，然后选择【加载到内容区中】选项。

9.2 利用设计中心组织新图形

在 AutoCAD 2008 设计中心中，可以将内容区域中或【搜索】对话框中的内容直接拖放到打开的图形中，还可以将内容复制到剪贴板上，然后粘贴到图形中，从而更方便地完成组织新图形的任务。

9.2.1 以图块形式插入图形文件

可以利用设计中心将块定义插入到图形中，比如将一个图形文件以块的形式插入到当前的图形中，块定义被复制到图形数据库中，以后在该图形中插入的块实例都将参照该定义。在使用其他命令的过程中，不能向图形中添加块。每次只能插入或附着一个块。例如，当命令行上有处于活动状态的命令时，如果试图插入一个块，则图标会变为【禁止】，说明操作无效。

在 AutoCAD 设计中心中可以使用以下两种方法插入块：

(1)按缺省缩放比例和旋转角度插入：通过自动缩放比较图形和块使用的单位，根据两者之间的比率来缩放块的实例。插入对象时，AutoCAD 根据【图形单位】对话框中设定的【设计中心块的图形单位】值进行比例缩放。

需要注意的是，将 AutoCAD 设计中心中的块或图形拖放到当前图形时，如果自动进行比例缩放,则块中的标注值可能会失真。

按指定坐标、缩放比例和旋转角度插入:使用【插入】对话框指定选定块的插入参数,如图 9-5 所示。

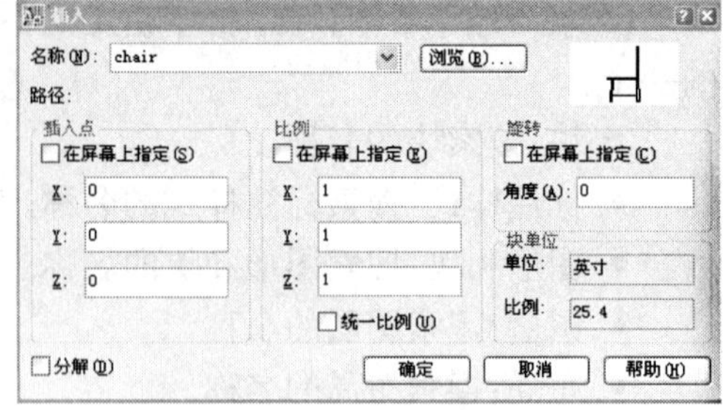

图 9-5 【插入】对话框

按照缺省缩放比例和旋转插入块的步骤:

- 在内容区域或【搜索】对话框中,用定点设备的右键把块拖到当前打开图形中。
- 定点设备在图形上移动时,对象自动按比例缩放和显示。同时还显示用户的运行对象捕捉设置点,以便根据现有几何图形确定块的位置。
- 在要放置块的位置松开定点设备按钮,按照缺省的缩放比例和旋转插入块。

(2)按照指定坐标、缩放比例和旋转插入块的步骤:

- 在内容区域或【搜索】对话框中选择要插入的块,并用右键拖到当前打开图形中。
- 松开定点设备按钮,然后从快捷菜单中选择【插入块】。
- 在【插入】对话框中,输入【插入点】、【比例】、【旋转】的值,或选择【在屏幕上指定】。
- 要将块分解为组成对象,请选择【分解】。
- 选择【确定】按指定的参数插入块。也可以通过双击一个块或从快捷菜单中选择【插入块】把块插入图形中。

9.2.2 在图形之间复制块

使用设计中心浏览定位要复制的块,单击右键,在弹出的菜单内选择【复制】就可以将块复制到剪贴板,然后粘贴到图形中。

9.2.3 插入自定义的内容

与块和图形一样,也可以通过把选定的内容从内容区域拖到 AutoCAD 绘图区域将线型、标注样式、文字样式、布局和自定义内容添加到打开的图形中。根据生成自定义内容的应用程序的不同,随自定义内容产生的情况(例如 AutoCAD 提示)也有所不同。

9.2.4 在图形之间复制图层

用 AutoCAD 设计中心可以通过拖放操作在所有图形之间复制图层。例如,如果一个图形中包含了项目所需的所有标准图层,则可以创建一个新图形,通过 AutoCAD 设计中心将预定义图层拖动到新图形。这样不仅节省了时间,也保证了图形之间的一致性。

需要注意的是,在拖放图层到 AutoCAD 设计中心之前,要保证复制图层名称的唯一性。

1. 将图层拖动到打开图形的步骤

- 确认包含要复制的图层的图形已经打开并置为当前。
- 在内容区域或【搜索】对话框中选择一个或多个要复制的图层。
- 将图层拖放到打开的图形中,然后松开定点设备按钮。

2. 将图层复制并粘贴到打开图形的步骤

- 确认包含要复制的图层的图形已经打开并置为当前。
- 在内容区域或【搜索】对话框中选择一个或多个要复制的图层。
- 单击右键,然后选择【复制】。

● 粘贴层时,请确认当前图形是粘贴的目标,然后单击右键,选择【粘贴】。

9.2.5 附着光栅图像

AutoCAD 除了可以打开 AutoCADDWG 格式图形文件外,其他格式的图形图像也可以显示。JPG 格式的光栅图像就是其中的一种。用户可以使用设计中心把这种图像附着到当前图形中。可以在图形中插入光栅图像。光栅图像和外部参照类似,在插入时,可以指定坐标、缩放比例和旋转。

使用 AutoCAD 设计中心附着光栅图像的步骤:

(1) 从内容区域中将要附着的光栅图像文件的图标拖放到绘图区域中。

(2) 输入插入点、缩放比例和旋转角度值。

快捷菜单为在图像文件上单击右键然后选择【附着图像】。

可以参照图像并将它们放在图形文件中,但与外部参照一样,它们不是图形文件的组成部分。图像通过路径名链接到图形文件,可随时修改或删除链接图像的路径。通过链接图像路径或使用 AutoCAD 设计中心拖动图像附着图像可将图像放入图形。

一旦附着了图像,可以像块一样将它多次附着。每个插入的图像都有自己的剪裁边界、亮度、对比度、褪色度和透明度。附着图像时,可以指定光栅图像的比例因子,以使图像几何比例与 AutoCAD 图形的几何比例一致。AutoCAD 会按指定的比例因子缩放图形。缺省图像比例因子为 1,并且所有图像的缺省单位都是【无单位】。图像文件可包含用于定义 DPI (点/英寸)的分辨率信息,其与图像扫描有关。

如果图像有分辨率信息,AutoCAD 将它与比例因子和图形测量单位组合起来缩放图形中的图像。例如,如果光栅图像是扫描的蓝图,其比例为 1 英寸:50 英尺或 1:600,而且 AutoCAD 图形设置为 1 个单位代表 1 英寸,然后在【图像】对话框的【比例】下,选择【在屏幕上指定】。如果要比例缩放图像,清除【在屏幕上指定】选项,然后在【比例】中输入 600。AutoCAD 于是按比例附着图像,这个比例将使图像中的几何图形与图形中的几何图形比较相称。

如果附着图像文件中没有分辨率信息定义,AutoCAD 将计算图像的原始宽度,把它作为一个单位。附着图像之后,以 AutoCAD 单位测量的图像宽度将用作比例因子。

9.2.6 以动态块形式插入图形文件

要以动态块形式在当前图形中插入外部图形文件,可以在设计中心内容区域单击右键,通过快捷菜单,执行【块编辑器】命令即可,此时系统将打开【块编辑器】窗口,如图 9-6 所

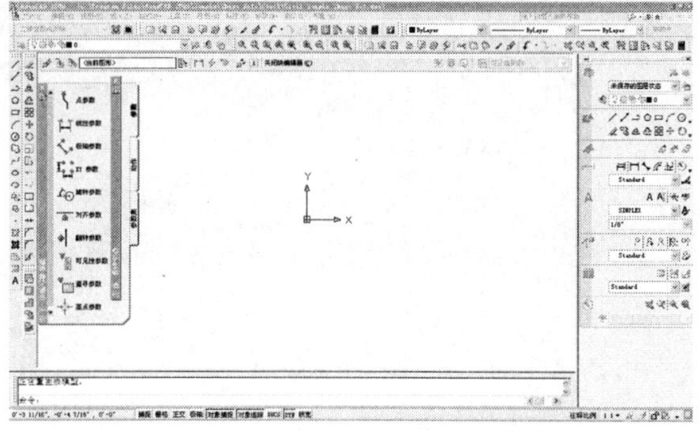

图 9-6 【块编辑器】窗口

示,用户可以通过该窗口将选中的图形创建为动态图块。

9.3 小结

本章主要内容总结如下。

- AutoCAD 设计中心的基本操作:ADCENTER(或 ADC,启动设计中心)以及设计中心窗口各图标的含义;利用设计中心打开内容(在设计中心内容区域中的图形图标上单击右键。单击快捷菜单中的【在应用程序窗口中打开】选项,或者按住 CTRL 键,同时将图形图标从设计中心内容区域拖动到绘图区域,或者将图形图标从设计中心内容区域拖动到应用程序窗口绘图区域以外的任何位置)和搜索内容(先选择 AutoCAD 设计中心中的 按钮;再在【搜索】对话框的【搜索】列表中选择要查找的内容类型(选项卡搜索字段随选择而变化),然后选择【浏览】或输入搜索路径,指定开始搜索的位置。如果想搜索指定位置的所有层次,请选择【包含子文件夹】复选框;如果在【搜索】对象下拉框中选择了【图形】,则【搜索】对话框中包含三个选项卡,每个选项卡中包含不同的搜索条件)。
- 利用 AutoCAD 设计中心组织新图形的应用,包括以图块形式插入图形文件、在图形之间复制块、插入自定义内容、在图形之间复制图层、附着光栅图像步骤(从内容区域中将要附着的光栅图像文件的图标拖放到绘图区域中;输入插入点、缩放比例和旋转角度值)及以动态块形式插入图形文件(在设计中心内容区域单击右键,通过快捷菜单,执行【块编辑器】命令即可,此时系统将打开【块编辑器】窗口)。

第 10 章　斜拉桥桥型布置图绘制实例

结合前面所说的各种绘图以及修改编辑命令，我们已经能够熟练掌握各种复杂 CAD 桥梁道路图形的绘制方法，但仍需要不断积累绘图实战经验，同时融会贯通。为了使读者能够更快地投入实际工程绘图工作，下面介绍一个双塔斜拉桥桥型布置图（如图 10-1）的绘制，希望读者能将本书的基本平面绘图内容复习一遍，同时熟悉工程绘图的基本思路。

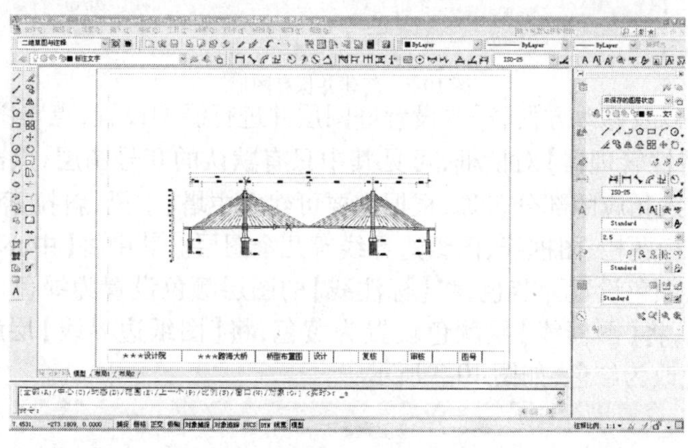

图 10-1　双塔斜拉桥桥型布置图图例

10.1　前期准备以及绘图设置

在绘图之前，首先需要在大脑中形成对对图形对象一个比较清晰的认识，能够基本知道其基本的形态，当然，如果有现成的图纸，应首先读懂其中各部分的含义。这一步在绘图中非常重要，而且有助于在后面绘图中减少错误以及加快绘图速度。

然后，考虑好采用多大比例绘图，协调绘图对象与出图的图纸的大小，并计算好各部分尺寸在缩放后的值，当然在很多的情况下，我们往往喜欢以 1∶1 的比例绘图，然后在出图时再考虑将图形缩放，不过此时要特别注意标注中数值的变化。

其次，要考虑好坐标轴的放置位置，尽量将坐标原点放置于绘图的关键部位以方便绘图。

接着需要思考从何处开始入手、各部分的画法以及图层的设置情况等信息。

最后就可以打开 CAD 开始绘图了。

结合本次绘图的对象，我们考虑采用 1∶1 绘图，首先绘制单个斜拉桥的图形即单塔桥型，然后通过镜像的方式完成整个桥型的绘制。最后采用缩放的方式来符合用 A1 图纸图框的尺寸要求，最后用按比例出图方式进行打印出图。

绘图采用分部分绘图的方式进行，大致上包含了主塔、主梁、斜拉索、边墩、水准标尺、地平线及地质说明、标注及文字说明等几大部分。

下面开始进行绘图的实际操作：

打开 AutoCAD 应用程序，按默认的模板进入程序的缺省图样，此时图名为默认的 Drawing1. dwg。为了方便以后的保存，将图形以自己的名称保存于一个文件夹，如图 10-2 所示：

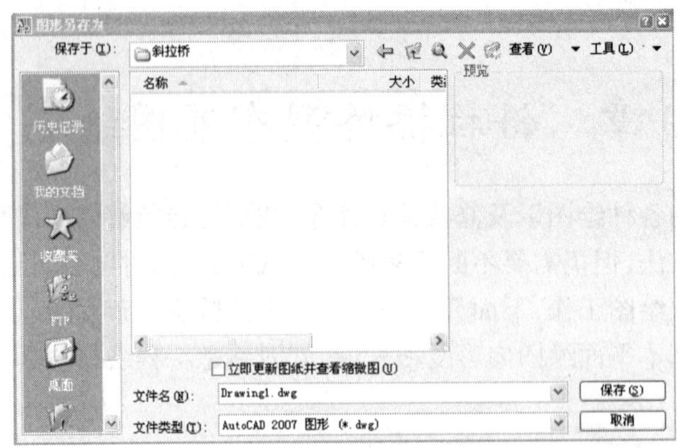

图 10-2　新建并保存图形

为了以后绘图以及修改方便，需要设置好图层并进行线型设置，点击图层特性管理器按钮，打开【图层特性管理器】对话框，可见其中只有默认的 0 号图层，点击【新建】命令，在其中的名称栏中输入相应的部分名称，根据需要可建立主塔、主梁、斜拉索、边墩、标注文字、标注线、中心线、图标题栏、图框线、图纸边界线等几个图层。其中将【中心线】图层的线型修改为【center】线型，颜色设置为蓝色，将【标注线】的图层颜色设置为绿色，将【图标题栏】图层颜色设置为红色，将【图框线】层颜色设置为黄色，将【图纸边界线】层颜色设置为绿色，【斜拉索】层的颜色改为红色，如图 10-3 所示：

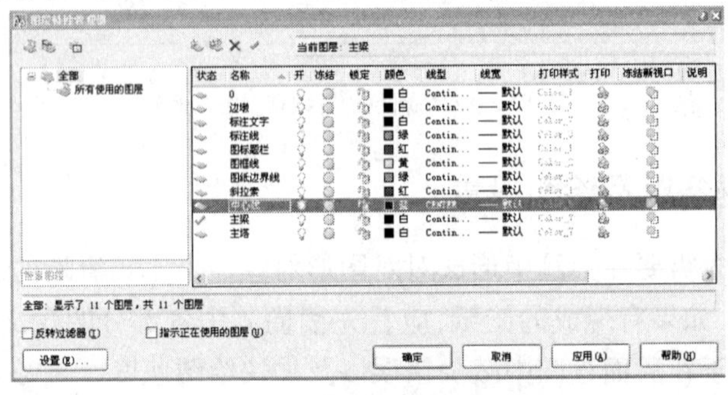

图 10-3　图层的设置

10.2　主梁的绘制

设置好图层以后，就可以进行实际的绘图工作了，根据实际图形对象的特点，先绘制半桥的主梁，考虑将坐标原点放在左主塔中心线与桥面线的交点 O 上。以顺桥向为 X 轴，竖向为 Y 轴，采用米制单位进行绘图。

首先绘制主塔的中心线，用直线命令进行绘制，命令流如下：

命令：LINE

指定第一点：0,77（指定中心线上界）

指定下一点或［放弃(U)］：0,0（塔中心线与主梁顶部线的交点）

指定下一点或［放弃(U)］：0，-29（指定中心线的下界）

指定下一点或［闭合(C)/放弃(U)］：（回车确认绘制完成）

绘制完直线后，将直线定义为【中心线】图层，方法为选中绘制好的直线，在图层工具栏的下拉框中选中【中心线】层即可。完成后的图形如图 10-4 所示：

然后在【主梁】图层中绘制主梁的桥面线，先绘制半中跨线，后绘制边跨的部分。命令流如下：

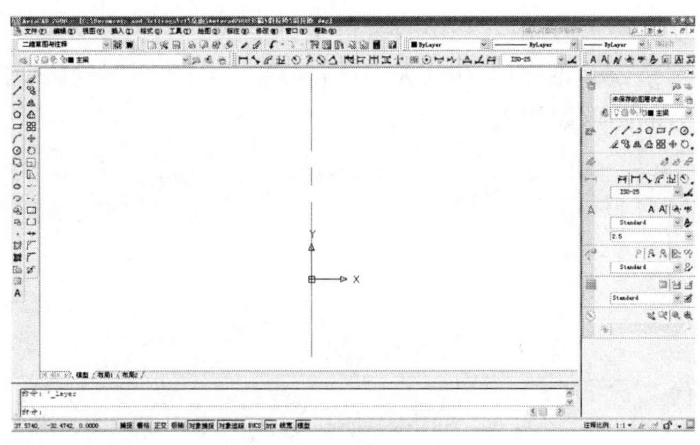

图 10-4　绘制完中心线

命令：LINE

指定第一点：END 于（点击坐标原点）

指定下一点或［放弃（U）］：@130，1.95（指定桥梁中心点）

指定下一点或［放弃（U）］：（回车确认）

命令：LINE

指定第一点：END 于（点击坐标原点）

指定下一点或［放弃（U）］：@－112，－1.68（边墩中心线位置）

指定下一点或［放弃（U）］：@－0.3，－0.0045（引桥主梁与边跨主梁交线位置）

指定下一点或［放弃（U）］：@－14，－0.21（左侧引桥主梁截断线位置）

指定下一点或［放弃（U）］：（回车确认）

绘制后图形如图 10-5 所示：

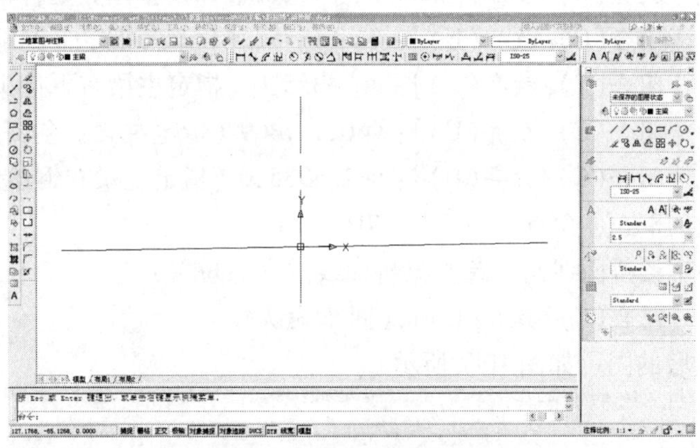

图 10-5　主梁顶面线的绘制

绘制主梁的底面线，采用偏移命令 OFFSET，因为主梁梁高为 2.9m，设置偏移为 2.9m，先将主梁部分进行偏移（不将边主梁与引桥短直线以及引桥主梁偏移，以利于后面边墩处的细部绘制）。命令流及说明如下：

命令：OFFSET

指定偏移距离或［通过（T）/删除（E）/图层（L）］ <通过>：2.9

选择要偏移的对象，或［退出（E）/放弃（U）］<退出>：（选择中主梁上顶面线）

指定要偏移的那一侧上的点，或［退出（E）/多个（M）/放弃（U）］<退出>：（在该直线的下部点击）

选择要偏移的对象，或［退出（E）/放弃（U）］<退出>：（选择边主梁上顶面线）

指定要偏移的那一侧上的点：(在该直线的下部点击)
选择要偏移的对象，或[退出(E)/放弃(U)]<退出>：(回车确认退出)
完成以上步骤后的图形如图 10-6 所示：

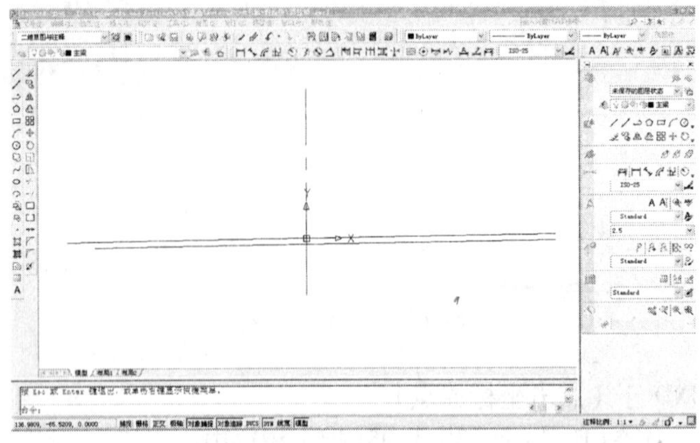

图 10-6　绘制主梁下底板边线

再对边主梁与连接线主梁接头构造作细部的绘制，命令流与说明如下：
命令：LINE
指定第一点：FROM
基点：(指定边跨主梁的端点)
<偏移>：@4，0.06 (指定边跨的外侧斜拉索拉索点)
指定下一点或[放弃(U)]：@0，-2.9(作辅助线到下底面相应点)
指定下一点或[放弃(U)]：@-0.5435，-0.0081525 (指定其延伸部分)
指定下一点或[闭合(C)/放弃(U)]：@-1.75，-1.22 (指定下倒角点)
指定下一点或[闭合(C)/放弃(U)]：@-3.5，0 (指定主梁右下接头位)
指定下一点或[闭合(C)/放弃(U)]：@0，1.1409 (指定主梁上左倒角位)
指定下一点或[闭合(C)/放弃(U)]：@1.4935，0 (指定主梁右倒角位)
指定下一点或[闭合(C)/放弃(U)]：END
于 (指定引桥主梁桥面线与边跨主梁桥面线的交点位置)
指定下一点或[闭合(C)/放弃(U)]：(回车确认)
作完细部构造后的图示如图 10-7 所示：

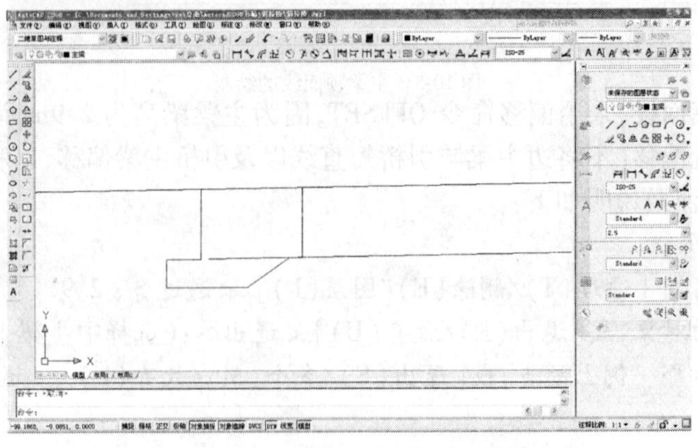

图 10-7　作完部分边跨主梁与连接线主梁的细部构造

在接着作出引桥主梁其余部分的梁底线，命令说明如下：

命令：LINE

指定第一点：END 于（点击指定主梁上左倒角位）

指定下一点或［放弃(U)］：@ a -12.5065，-0.1875975（指定右侧的主梁底线）

指定下一点或［放弃(U)］：（回车确认）

完成后的图示见图 10-8：

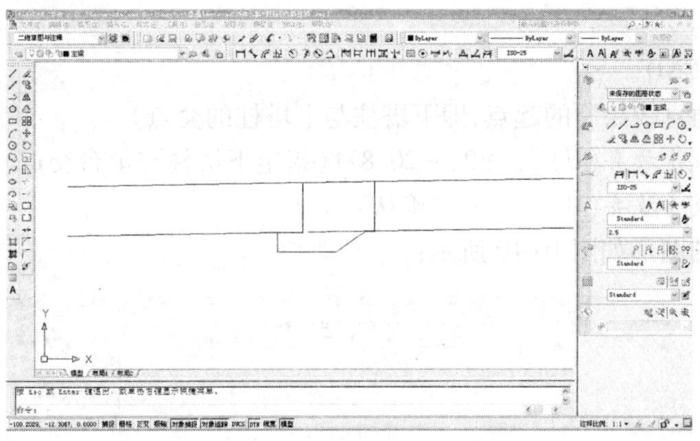

图 10-8　完成连接线主梁的下底板线

作完以上的边跨主梁与连接线的接头细部绘制以后，可以将其中的辅助线以及多余线段都删去，先运用剪切命令，将主梁的多余部分截去，再将前面所作的辅助线删去即可，完成后的图形如图 10-9 所示。

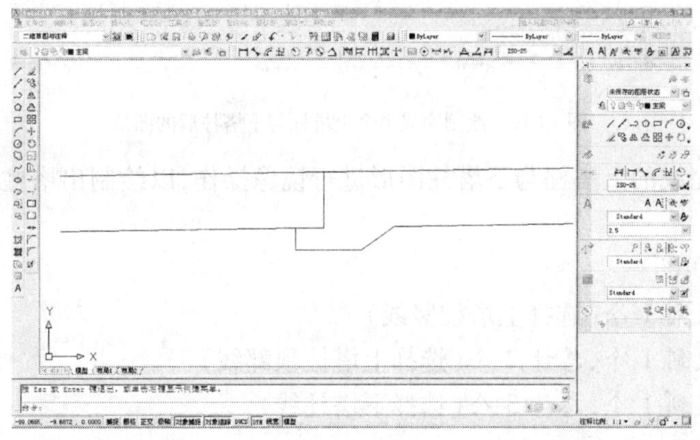

图 10-9　完成边主梁与连接线主梁的接头部位

完成整半个桥主梁的绘制后，将部分的线段都设置为【主梁】图层，颜色以及属性按默认的随层。

10.3　主塔的绘制

下面开始绘制主塔部分，先作上塔柱垂直部分，考虑作一半，再用镜像命令，命令流及说明如下：

命令：LINE

指定第一点：FROM

基点：0,0（指定原点为基点）
<偏移>：@3，-1.4437（指定上塔柱的下起点作为直线起点）
指定下一点或［放弃(U)］：@0,72.5（指定塔顶的右角）
指定下一点或［放弃(U)］：@ -3,0（指定塔顶的中心）
指定下一点或［闭合(C)/放弃(U)］：(回车确认)
再接着进行下塔柱的绘制，同样只进行右半个的绘制，命令与说明如下：
命令：LINE
指定第一点：END
于（指定前面直线绘制的起点，即下塔柱与上塔柱的交点）
指定下一点或［放弃(U)］：@2，-20.871（指定下塔柱与承台交点）
指定下一点或［放弃(U)］：(回车确认)
绘制完成后的图形如图10-10所示：

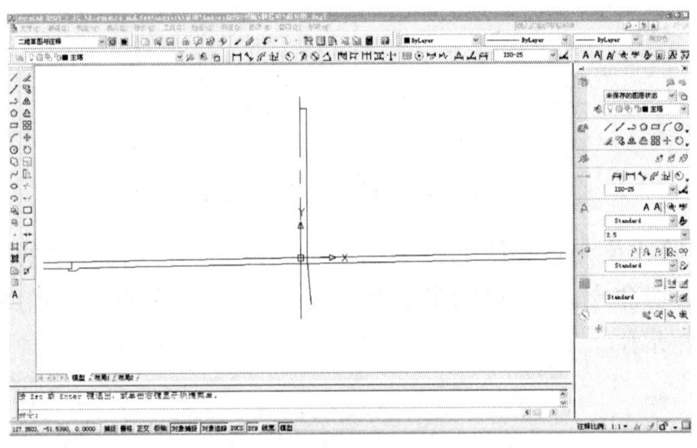

图10-10　绘制完成半个上塔柱与下塔柱后的图形

将以上绘制完成的上塔柱与下塔柱图形进行镜像操作，以绘制出塔柱的轮廓线，操作命令及说明如下：

命令：MIRROR
选择对象：找到 1 个(选择上塔柱竖线)
选择对象：找到 1 个，总计 2 个(选择上塔柱顶部线)
选择对象：找到 1 个，总计 3 个(选择下塔柱线)
选择对象：(回车确认)
指定镜像线的第一点：END
于（选择中心线的上端点）
指定镜像线的第二点：END
于（选择中心线的下端点）
要删除源对象吗？［是(Y)/否(N)］ <N>：(回车以确认不删除源对象)
完成后图形如图10-11所示：
下面进行承台的绘制，采用矩形绘制命令，命令流以及说明如下：
命令：RECTANG
指定第一个角点或［倒角(C)/标高(E)/圆角(F)/厚度(T)/宽度(W)］：FROM

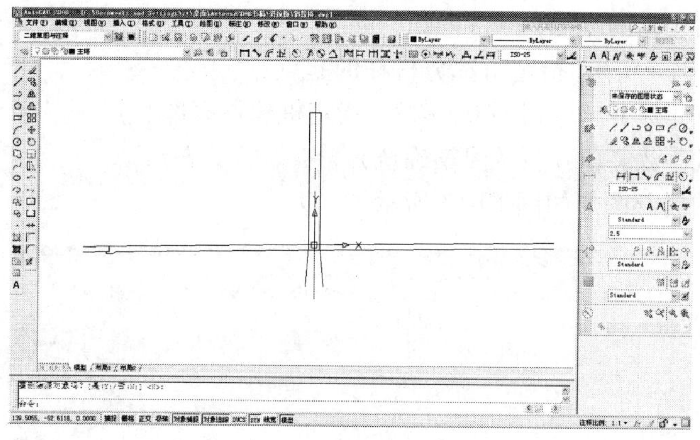

图 10-11　完成半塔柱的镜像操作

基点：END

于（选择下塔柱与承台左交点）

<偏移>：@ -3,0

指定另一个角点或［面积(A)/尺寸(D)/旋转(R)］：@16，-6

绘制完成后的承台图形如图 10-12 所示：

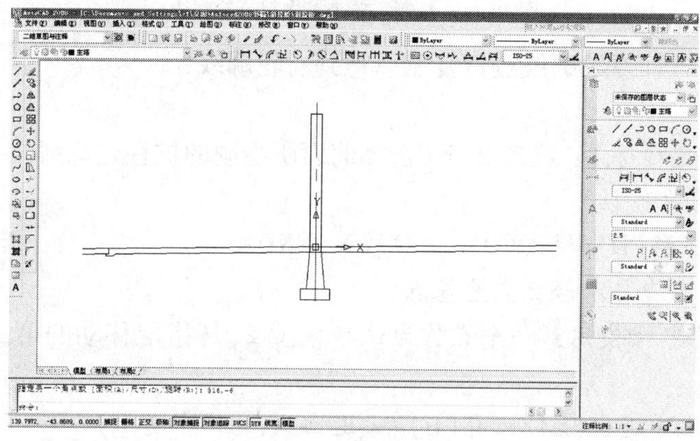

图 10-12　绘制完承台以后的图形

下面开始桩柱的绘制，考虑采用先绘制单根桩柱，再采用阵列命令完成整个桩柱的绘制，下面先进行单个桩柱的绘制：

命令：LINE

指定第一点：FROM

基点：END

于（指定基点为承台的左下角）

<偏移>：@1,0（绘制桩柱的上起点位置）

指定下一点或［放弃(U)］：@0，-15（指定上端点位置）

指定下一点或［放弃(U)］：(回车确认)

下面进行端点底下部分桩柱的绘制，同样只进行单线绘制：

命令：LINE

指定第一点：FROM

基点：END

于（指定前面绘制的端点）
<偏移>：@0，-0.6（指定下部分桩柱的起点）
指定下一点或［放弃(U)］：@0，-12（指定桩柱左底部点）
指定下一点或［放弃(U)］：（回车确认）
绘制完成后的局部图形如图10-13所示：

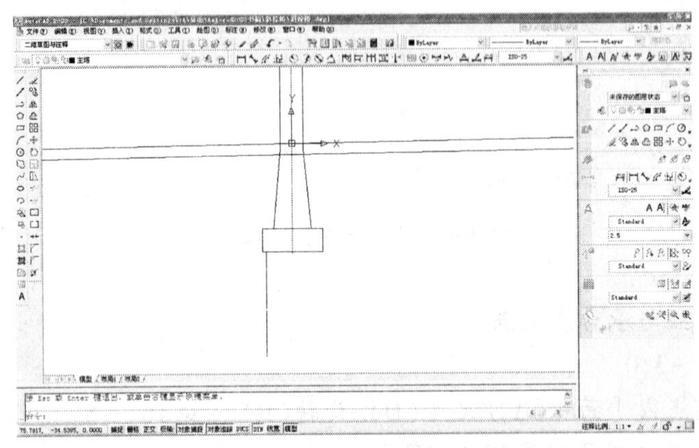

图10-13　绘制完单个桩柱部分轮廓线

对前面绘制的桩柱左轮廓线进行复制以得到右轮廓线：
命令:COPY
选择对象：指定对角点：找到2个（选择前面所绘制的桩柱轮廓线）
选择对象：（回车确认）
指定基点或[位移(D)/模式(O)]<位移>:END
于（指定桩柱本身与承台交点为基点）
指定第二个点或 <使用第一个点作为位移>:@2,0(指定移动的第二点即桩柱的右上端点)
指定第二个点或[退出(E)/放弃(U)]<退出>:（回车退出）
再用直线命令对桩柱底部两端点进行连线，命令略，结果图形如图10-14所示：

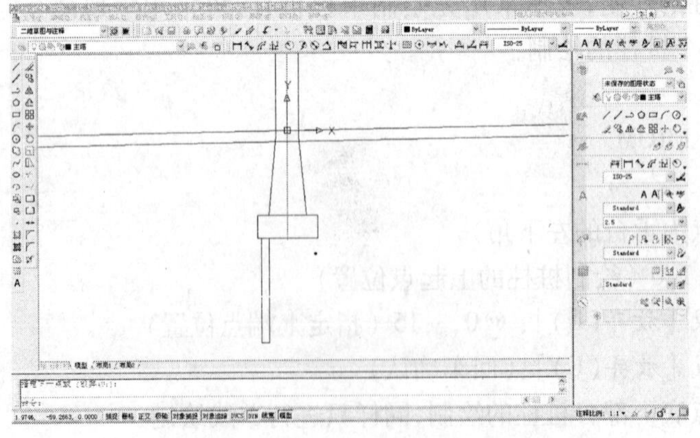

图10-14　绘制完基本的外轮廓线

接着进行桩柱截断线的绘制，因为比较细致，所以建议将图形放大以方便绘图。使用圆弧分段进行绘制（当然也可以用样条曲线拟合多段线的方法进行粗略绘制），绘制过程如下：

命令：ARC

指定圆弧的起点或［圆心(C)］：C

指定圆弧的圆心：FROM

基点：END

于（指定上左截段点为基点）

<偏移>：@0.5,0.65（指定圆弧的圆心）

指定圆弧的起点：END

于（指定上左截段点）

指定圆弧的端点或［角度(A)/弦长(L)］：FROM

基点：（指定上左截段点为基点）

<偏移>：@1,0（指定圆弧的第二个端点，即为桩柱截断截面的中心点）

绘制完成后的局部图形如图 10-15 所示：

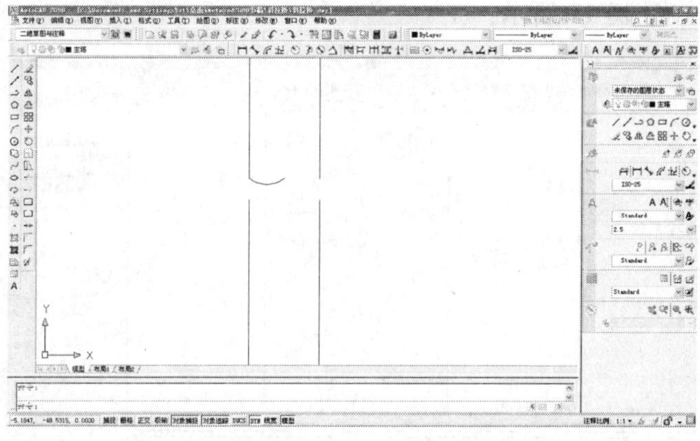

图 10-15　绘制好部分截断线

再对以上的部分截断线进行复制操作就可以得到右半部分的一条截断线：

命令：COPY

选择对象：找到 1 个（选择绘制好的左半部分截断圆弧线）

选择对象：（回车确认）

当前设置：复制模式 = 多个

指定基点或［位移(D)/模式(O)］< 位移 >：END

于（指定圆弧的右端点为基点）

指定第二个点或 <使用第一个点作为位移>：END

于（指定右端上截段点）

指定第二个点或［退出(E)/放弃(U)］<退出>：（回车退出）

完成后的图形如图 10-16 所示：

再进行右半个截断线圆弧的绘制，采用镜像操作：

命令：MIRROR

选择对象：找到 1 个（选择右半个截断线圆弧）

选择对象：（回车确认）

指定镜像线的第一点：END 于（选择右半圆弧的右端点）

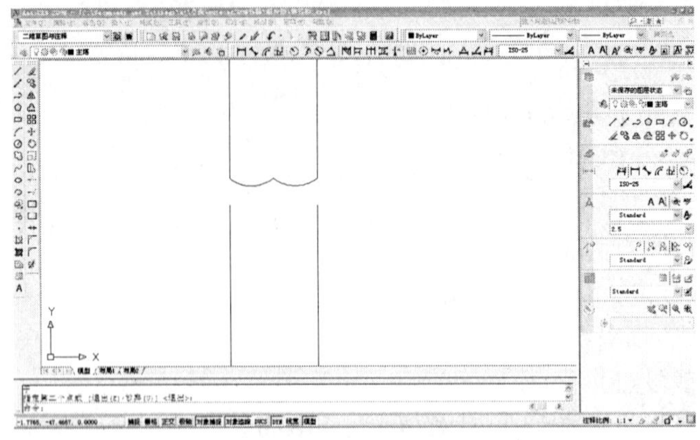

图 10-16　复制完成右半圆弧的绘制

指定镜像线的第二点：END 于（选择右半圆弧的左端点）

要删除源对象吗？[是(Y)/否(N)] <N>：（回车确认不删除源对象）

完成后的图形如图 10-17 所示：

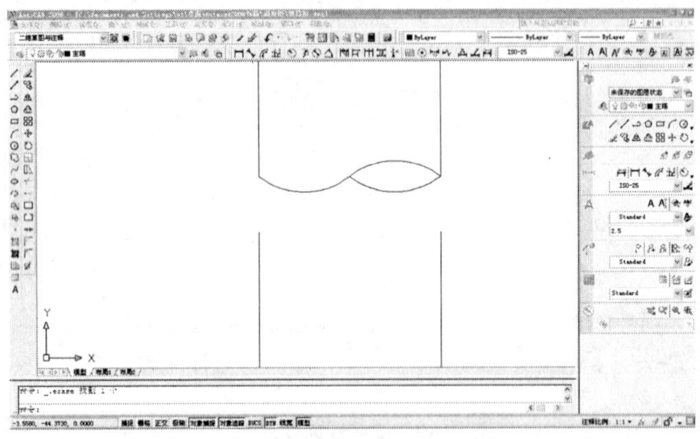

图 10-17　完成上半个截断面线

下半截断线的绘制，基本方法同以上的绘制过程，当然还可以分部分复制前面已作完的上部分的截断线，即将上截面右边的圆弧截断面线复制到下边的左半边，将上截面的左半截面复制到下右半截面，完成后的图形如图 10-18 所示：

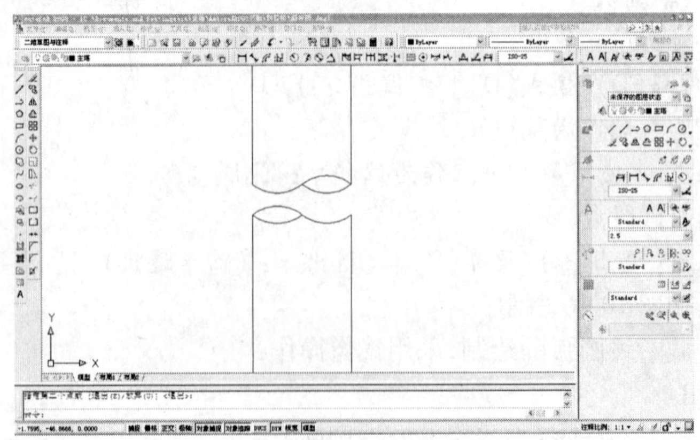

图 10-18　完成上下两个截断面线

以上绘制完成单个桩柱的绘制，再进行阵列 ARRAY 命令，完成这个塔柱四个桩柱的绘

制,过程如下:

激活 ARRAY 命令,弹出【阵列】对话框,如图 10-19 所示:

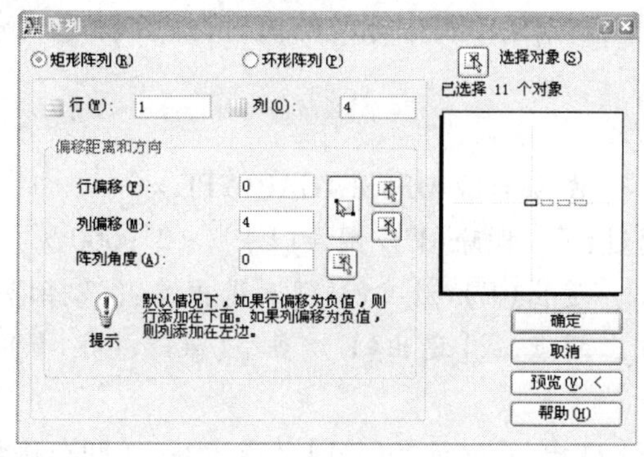

图 10-19 【阵列】对话框

点击对话框右侧的【选择对象】按钮,在屏幕上框选前面绘制完成的单个桩柱,返回对话框,设置其中的参数值如图 10-19 所示,点击确认,完成阵列命令。完成后的图形如图 10-20 所示:

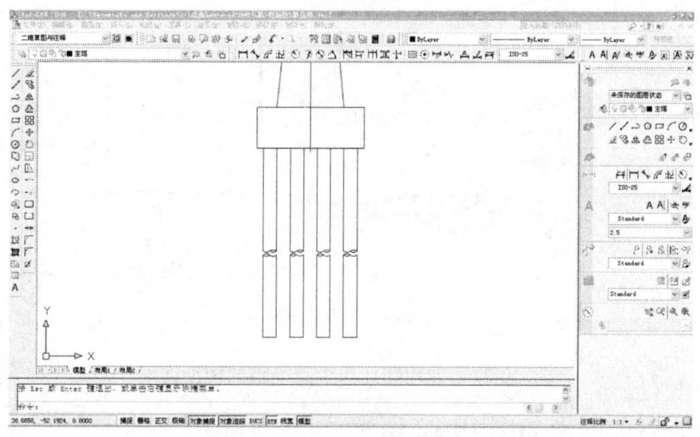

图 10-20 完成整个单塔桩柱的绘制

接着绘制完成整个主塔,其图层的属性设置为【主塔】层,方法同前。

10.4 斜拉索的绘制

下面进行斜拉索的绘制,因为此斜拉桥的中跨与边跨的斜拉桥的拉索是不同的,所以还不能直接用镜像命令简化绘图过程,为了方便作图,考虑采用作辅助线的方法来确定拉索点的位置。

先确定主梁上的拉索点位置,用绘制辅助线的方法,先通过坐标原点 O 绘制一条辅助线,可以参考下面的示例:

命令: LINE

指定第一点: FROM

基点: END

于(指定坐标原点为基点)

<偏移>: @0,5(指定辅助线上端点)

指定下一点或[放弃(U)]: @0, -13(指定辅助线下端点)

指定下一点或［放弃(U)］:(回车确认)

完成塔中心处的辅助线后，再进行偏移命令 OFFSET，将画出的辅助线进行偏移，以得到拉索点的位置，偏移的位置根据图 10-1 中标注的值进行选取，对中跨，第一拉索点离塔柱中心的距离为 16m，绘制如下：

命令：OFFSET

当前设置：删除源 = 否 图层 = 源 OFFSETGAPTYPE = 0

指定偏移距离或［通过(T)/删除(E)/图层(L)］ <2.9000>：16(指定偏移的数量)

选择要偏移的对象，或[退出(E)/放弃(U)]<退出>:(选择塔中心绘制的辅助线)

指定要偏移的那一侧上的点，或[退出(E)/多个(M)/放弃(U)]<退出>：(在中跨处任意点击)

选择要偏移的对象或[退出(E)/放弃(U)]<退出>：(回车确认退出)

以后主梁上拉索点之间的间距都是 8m，为方便操作，后面可以用阵列 ARRAY 命令：

激活 ARRAY 命令，出现【阵列】对话框，选择刚才偏移好的辅助线作为阵列对象，偏移设置参数如图 10-21 所示：

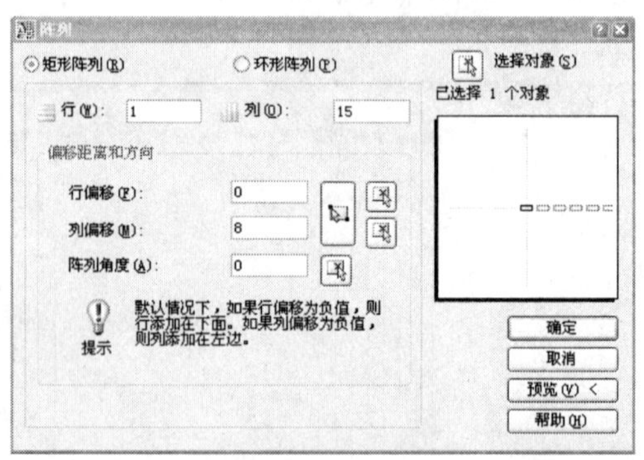

图 10-21 使用阵列作中跨等距的辅助线

完成中跨辅助线后的图形如图 10-22 所示：

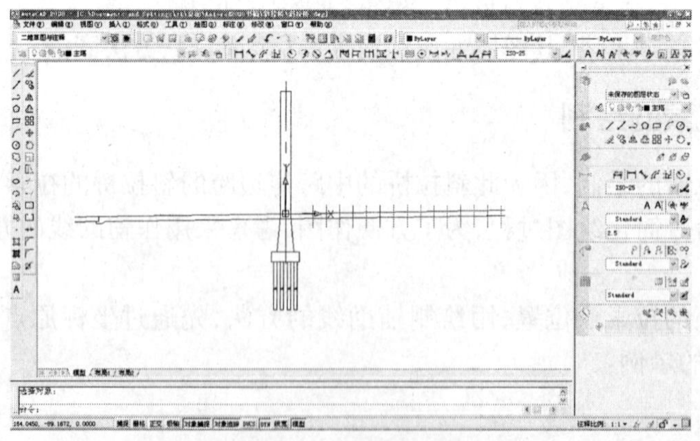

图 10-22 完成中跨上的拉索点辅助线的绘制

接下来进行边跨的拉索点辅助线的绘制，方法同前，只是间距不同而已，其中靠近主塔拉索点的间距为 16m，向外分别是 9 个 8m 间距的拉索和 5 个 4m 间距的拉索，在此不详细介绍其绘制过程，完成后的图形如图 10-23 所示：

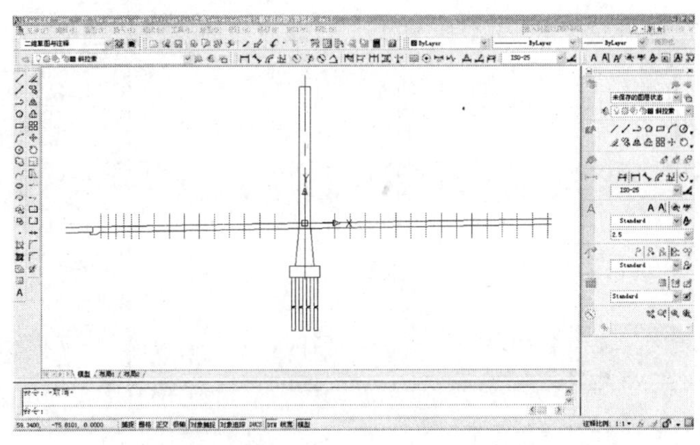

图 10-23　绘制完成整个主梁吊索辅助线

接着开始进行主塔上拉索点辅助线的绘制，首先作通过塔顶平面的一条辅助线，可参考以下作法：

命令：LINE

指定第一点：FROM

基点：END

于（选择塔顶左端点）

<偏移>：@ -5,0（指定辅助线左端点）

指定下一点或［放弃(U)］：@16,0（指定辅助线右端点）

指定下一点或［放弃(U)］：(回车确认)

接着就可以对这条辅助线进行偏移命令了，以达到得到拉索点定位的目的，因为上下拉索点间距不同，所以不能运用阵列 ARRAY 命令，只能直接用偏移命令得到这些拉索点的位置：

命令：OFFSET

当前设置：删除源 = 否 图层 = 源 OFFSETGAPTYPE = 0

指定偏移距离或［通过(T)/删除(E)/图层(L)］<16.0000>：3.8889(指定第一个拉索点与塔顶的间距)

选择要偏移的对象，或[退出(E)/放弃(U)]<退出>：(选择塔顶的辅助线)

指定要偏移的那一侧上的点，或[退出(E)/多个(M)/放弃(U)]<退出>：(在塔顶往下任意处点击即可)

选择要偏移的对象，或[退出(E)/放弃(U)]<退出>：(回车确认)

后面辅助线的绘制同前所述，只是拉索点间距作相应的修改即可，往下的拉索点间距分别为 1.5294、1.5317、1.5344、1.5374、1.6390、2.1485、2.1834、2.2324、2.3038、2.4143、3.0568、3.3750、4.4075、6.1750(m)，绘制完成后的图形如图 10-24 所示：

经过以上的辅助线绘制，主梁上以及主塔上的拉索点已经全部绘制完成，所以可以进行斜拉索的绘制工作，我们所需做的只是将主塔的拉索点与主梁上的相应拉索点连接起来，以中跨为例，先用直线将中跨主梁跨中位置的拉索点(辅助线与主梁上顶面的交点)与主塔上的相应拉索点(主塔右轮廓线与靠近塔顶的第一根辅助线的交点)连接就可以了。过程如下：

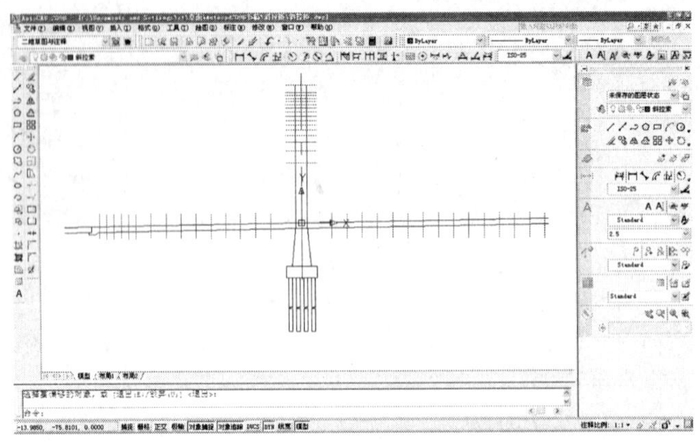

图 10-24　绘制完成主塔上的拉索点辅助线

命令：LINE

指定第一点：INT 于（选择塔柱右侧的第一个拉索点）

指定下一点或［放弃(U)］：INT 于（选择中跨主梁的跨中的拉索点）

指定下一点或［放弃(U)］：（回车确认）

绘制完成的图形如图 10-25 所示：

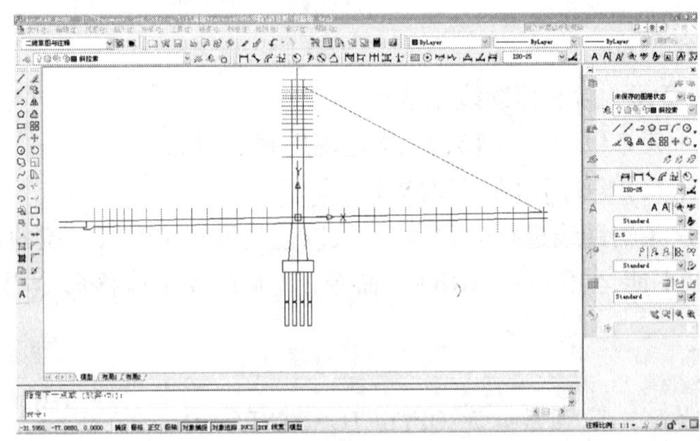

图 10-25　绘制完中跨最外侧的斜拉索

其他斜拉索的绘制同前所述，读者只需注意不要连接错误就可以了。当然为绘图方便，可将对象捕捉设置为只捕捉交点的模式。绘制完成后的图形如图 10-26 所示：

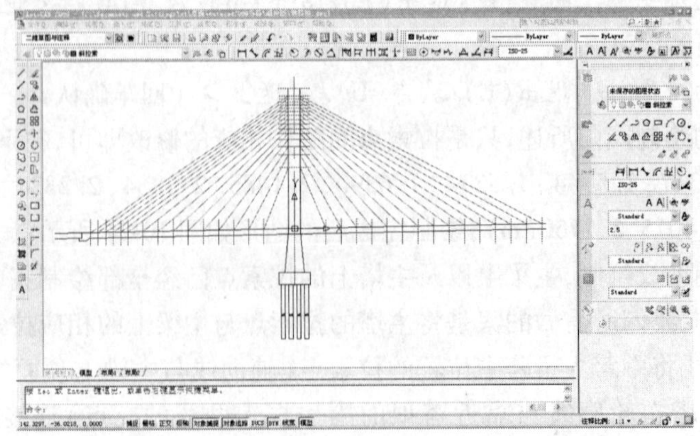

图 10-26　利用辅助线绘制完成所有斜拉索的绘制

再将前面所作的辅助线删除即可，并将绘制好的斜拉索设置为【斜拉索】图层，完成后的图形如图 10-27 所示：

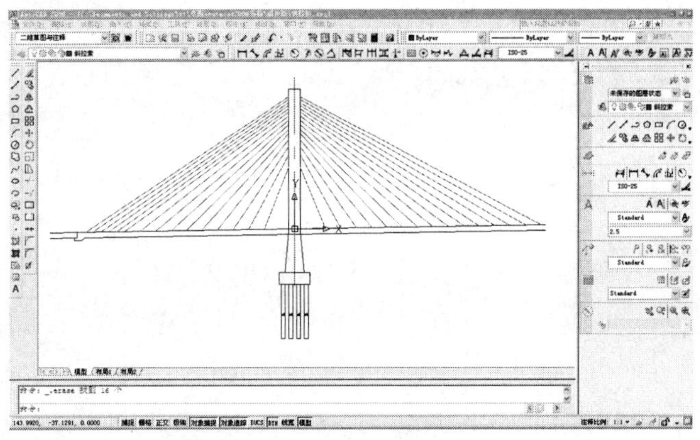

图 10-27　绘制完斜拉索后的图形

10.5　边墩的绘制

绘制完以上的图形后，就可以进行边墩的绘制，此时为了方便绘图，就需要将边墩处的主梁局部位置放大，考虑边墩形态，多采用矩形命令绘制各部分。

先绘制支座，使用矩形命令，以边墩处主梁的下底面中心为基点进行绘图：

命令：RECTANG

指定第一个角点或［倒角(C)/标高(E)/圆角(F)/厚度(T)/宽度(W)］：FROM

基点：MID

于（指定边墩处主梁的下底面中心）

<偏移>：@ -0.6，-0.1437（指定支座上左对角点）

指定另一个角点或［面积(A)/尺寸(D)/旋转(R)］：@1.2，-0.46（指定支座下右对角点）

绘制完成的局部图形如图 10-28 所示：

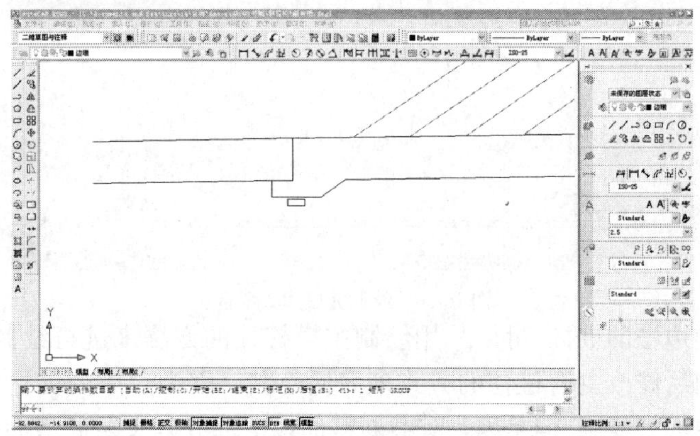

图 10-28　绘制完成边墩的支座

再用矩形命令绘制边墩的墩身，绘制完成的部分图形如图 10-29 所示，命令如下：

命令：RECTANG

指定第一个角点或［倒角(C)/标高(E)/圆角(F)/厚度(T)/宽度(W)］：FROM

基点：END

于（选择支座左下角点）

＜偏移＞：@ -1.15,0（指定墩柱的左上端点）

指定另一个角点或[面积(A)/尺寸(D)/旋转(R)]：@3.5，-18.8（指定墩柱的右下端点）

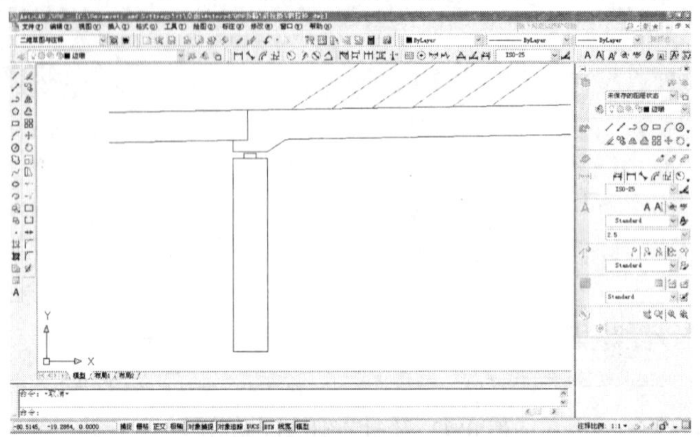

图 10-29　绘制完成边墩的墩柱

再继续用矩形命令绘制承台，绘制完成的图形如图 10-30 所示，命令如下：

命令：RECTANG

指定第一个角点或［倒角(C)/标高(E)/圆角(F)/厚度(T)/宽度(W)］:FROM

基点：END

于（选择墩柱左下角点）

＜偏移＞：@ -2.75,0（指定承台的左上端点）

指定另一个角点或［面积(A)/尺寸(D)/旋转(R)］：@9，-3.5（指定承台的右下端点）

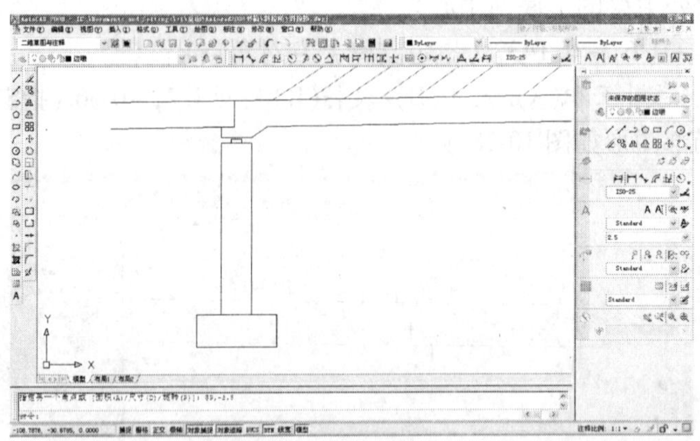

图 10-30　绘制完成边墩承台

下面开始绘制边墩的桩柱，可以采用绘制主塔桩柱的方法来进行绘制，但是比较烦琐，所以在此考虑复制后修改主塔桩柱的方式来简便绘制。因为边墩的桩柱比主塔的桩柱短，所以不能直接从主塔处复制，但是因为其截断截面以下部分以及截断截面完全一致，所以只要修改上部的尺寸就可以了，方便的方法就是采用指定特定复制的基点就可以了。过程如下：

命令：COPY

选择对象：指定对角点：找到 11 个（框选单根主塔桩柱）

选择对象：（回车确认）

当前设置：复制模式 = 多个

指定基点或[位移(D)/ 模式(O)] <位移>：FROM

基点：END 于（选择该桩柱的左上顶点，即左侧边线与承台的交点作为选择基点）

<偏移>：@0，-3（选择桩柱顶面以下 3m 处的边线点作为复制的基点）

指定第二个点或 <使用第一个点作为位移>：FROM

基点：END

于（选择边墩承台的左下角点作为基点）

<偏移>：@1,0（指定边墩的左桩柱的左上顶点）

指定第二个点或[退出(E)/放弃(U)] <退出>：(回车确认退出)

绘制完成后的图形如图 10-31 所示：

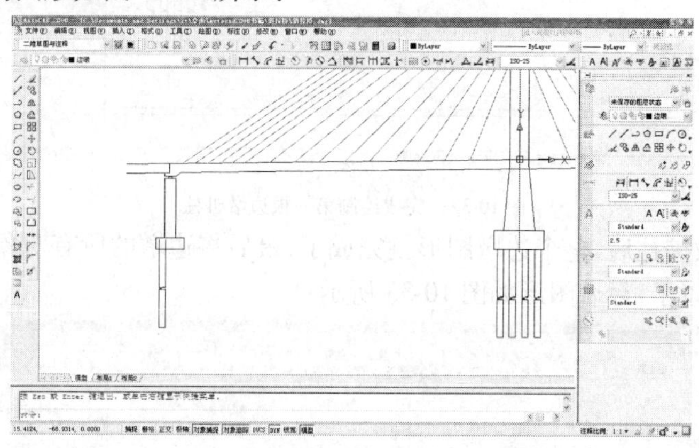

图 10-31 复制完第一根边墩桩柱

绘制完成后运用剪切命令进行修改，就可以达到边墩桩柱的绘制：

命令：TRIM

当前设置：投影 = UCS，边 = 无

选择剪切边...

选择对象或 <全部选择>：找到 1 个(选择边墩承台)

选择对象：(回车确认)

选择要修剪的对象，或按住 Shift 键选择要延伸的对象，或 [栏选(F)/窗交(C)/投影(P)/边(E)/删除(R)/放弃(U)]：(选择桩柱上伸入承台的左轮廓线)

选择要修剪的对象，或按住 Shift 键选择要延伸的对象，或 [栏选(F)/窗交(C)/投影(P)/边(E)/删除(R)/放弃(U)]：(选择桩柱上伸入承台的右轮廓线)

选择要修剪的对象，或按住 Shift 键选择要延伸的对象，或 [栏选(F)/窗交(C)/投影(P)/边(E)/删除(R)/放弃(U)]：(回车确认)

完成绘制的第一根边墩桩柱后的图形如图 10-32 所示：

边墩的第二根桩柱的绘制可以采用以承台中心线为基线的镜像命令进行：

命令：MIRROR

选择对象：指定对角点：找到 11 个(选择绘制好的第一根边墩桩柱)

选择对象：(回车确认)

指定镜像线的第一点：MID

于（选择承台顶面线的中点）

指定镜像线的第二点：MID

于（选择承台底面线的中点）

要删除源对象吗？［是(Y)/否(N)］<N>：（回车确认不删除源对象）

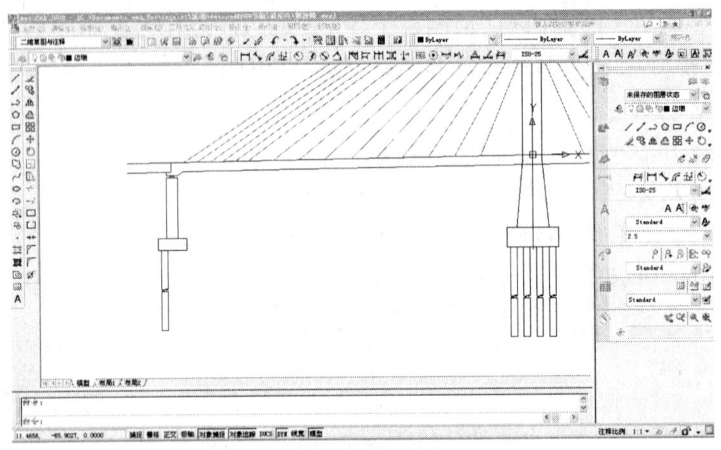

图 10-32　完成绘制第一根边墩桩柱

绘制完成边墩桩柱后，整个边墩图形就完成了，最后将边墩的所有对象设置为【边墩】图层，性质随层就可以了，最后图形如图 10-33 所示：

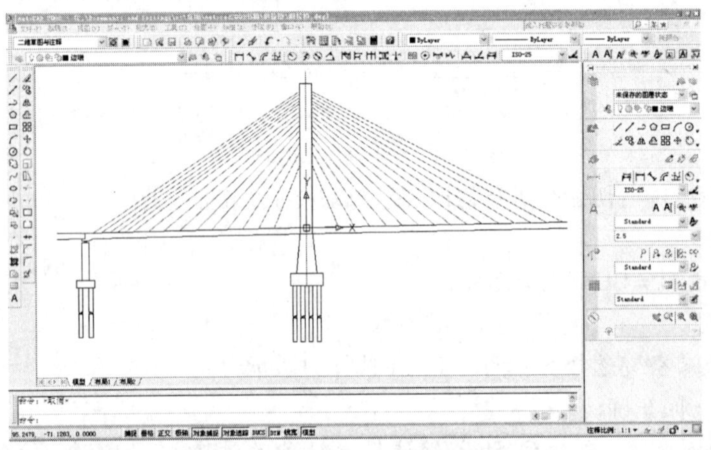

图 10-33　完成边墩绘制后的整个图形

10.6　整桥的绘制与标注

绘制完成半个桥型的绘制后，只要对半桥进行镜像操作，就可以得到整个桥型的图形，当然还需要对局部的图形进行修改。

下面先进行半桥镜像以得到整桥的草图，操作如下：

命令：MIRROR

选择对象：指定对角点：找到 121 个（框选前面绘制完成的所有图形对象）

选择对象：（回车确认）

指定镜像线的第一点：END

于（选择跨中的上顶面点）

指定镜像线的第二点：@0,1（任意指定与镜像第一点同在纵标上的点）

要删除源对象吗？［是(Y)/否(N)］<N>：（回车确认不删除源对象）

绘制完成的图形如图 10-34 所示：

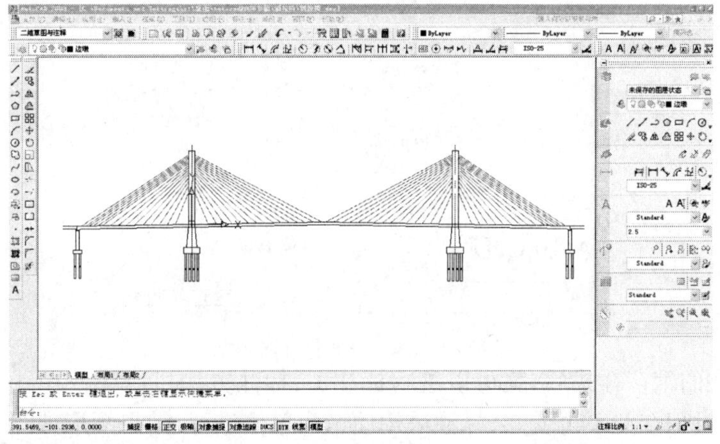

图 10-34　镜像复制绘制整桥

绘制完以上图形后，要进行必要的检查，特别是要注意镜像部位附近的图形是否合适，接下来就可以进行图形的标注工作。

首先建立标注的样式或直接在默认的标注样式上进行修改，在此考虑直接采用修改默认标注样式的方式进行，修改标注样式各选项卡如图 10-35 ~ 图 10-38 所示：

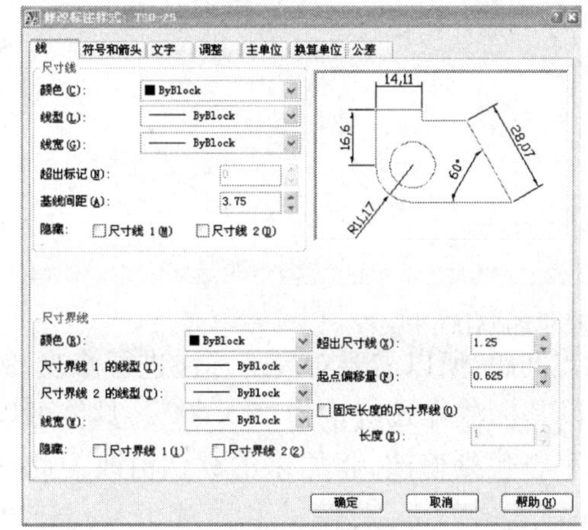

图 10-35　修改样式中的【线】选项卡设置

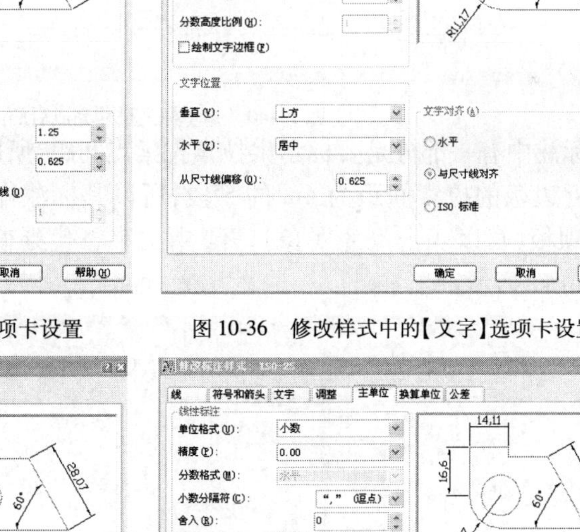

图 10-36　修改样式中的【文字】选项卡设置

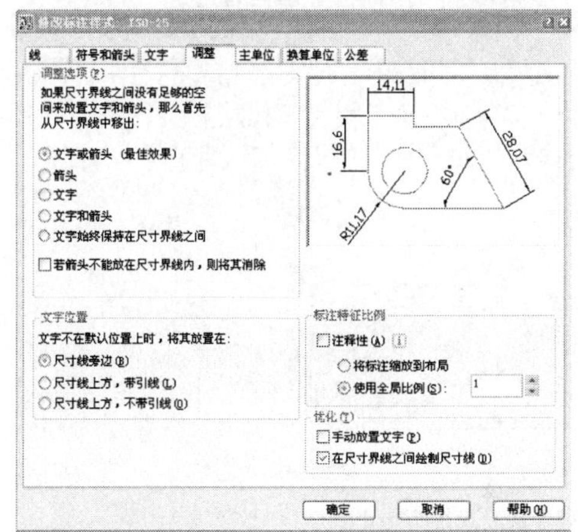

图 10-37　修改样式中的【调整】选项卡设置

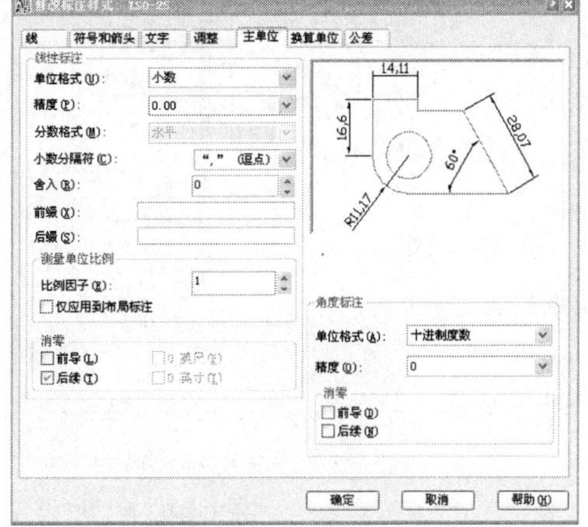

图 10-38　修改样式中的【主单位】选项卡设置

其中设置【文字】选项卡中的文字样式如图 10-39 所示：

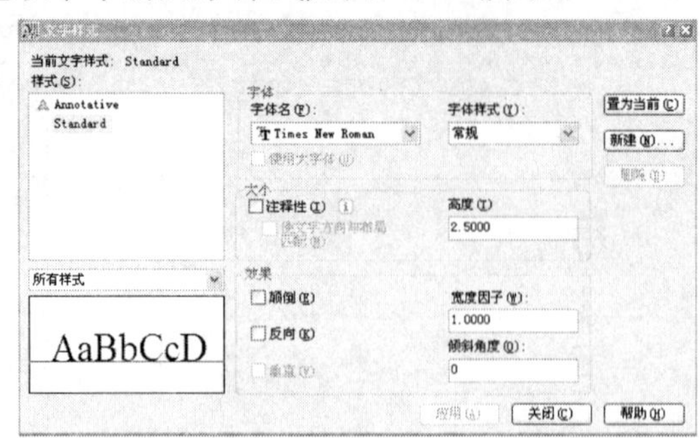

图 10-39 【文字样式】对话框设置

修改完标注的默认样式后，就可以进行标注了，标注方法可以先使用线性标注，后使用连续标注，标注过程在此不再赘述，标注采用厘米为单位进行，结果图形如图 10-40 所示：

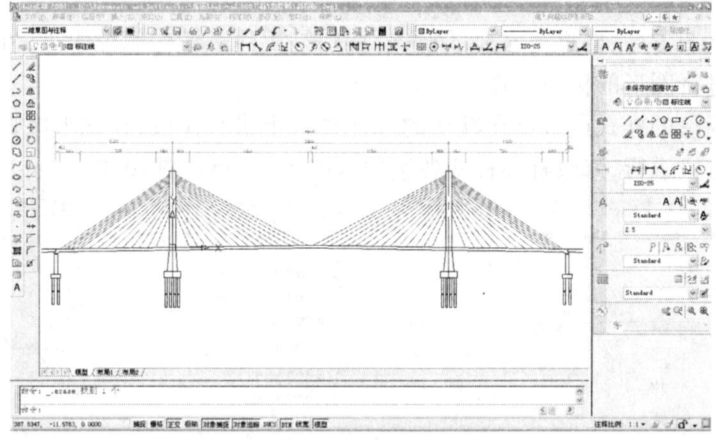

图 10-40 初步标注尺寸完成后的图形

因为标注中有一部分是要标示出拉索拉索点间距，所以需要对局部标注进行修改，例如边跨的靠近边墩的拉索间距为 4m 的 5 段，所以其标注样式应该为“5 ×400”，具体可以在【特性】选项板（可以双击尺寸对象打开）中文字替代处修改，将原来的默认值改为此种形式，如图 10-41 所示：

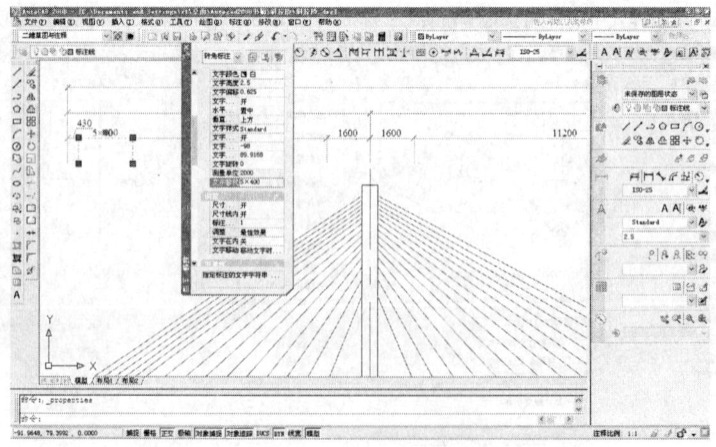

图 10-41 在【特性】选项板中修改默认的尺寸值

其他的标注依据同样的方法进行修改，结果如图 10-42 所示：

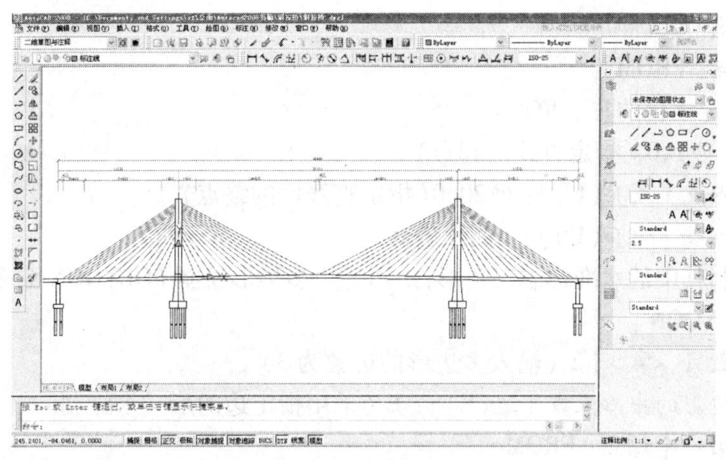

图 10-42 修改完标注后的图形

接着进行主梁截断线的绘制，运用多段线命令 PLINE，命令流如下：

命令：PLINE

指定起点：FROM

基点：（选择连接线左上顶面外侧点）

<偏移>：@0,10.28（指定截断线的各个特征点，以下各点也同样）

当前线宽为 0.0000

指定下一个点或［圆弧(A)/半宽(H)/长度(L)/放弃(U)/宽度(W)］：@0，-22.35

指定下一点或［圆弧(A)/闭合(C)/半宽(H)/长度(L)/放弃(U)/宽度(W)］：@2.25,0

指定下一点或［圆弧(A)/闭合(C)/半宽(H)/长度(L)/放弃(U)/宽度(W)］：@ -4.5，-4.5

指定下一点或［圆弧(A)/闭合(C)/半宽(H)/长度(L)/放弃(U)/宽度(W)］：@2.5,0

指定下一点或［圆弧(A)/闭合(C)/半宽(H)/长度(L)/放弃(U)/宽度(W)］：@0，-19.5

指定下一点或［圆弧(A)/闭合(C)/半宽(H)/长度(L)/放弃(U)/宽度(W)］：(回车确认)

在对以上绘制的截断线进行以中跨中心线位镜像轴来进行镜像命令，就可以得到另外的一条截断线。结果如图 10-43 所示：

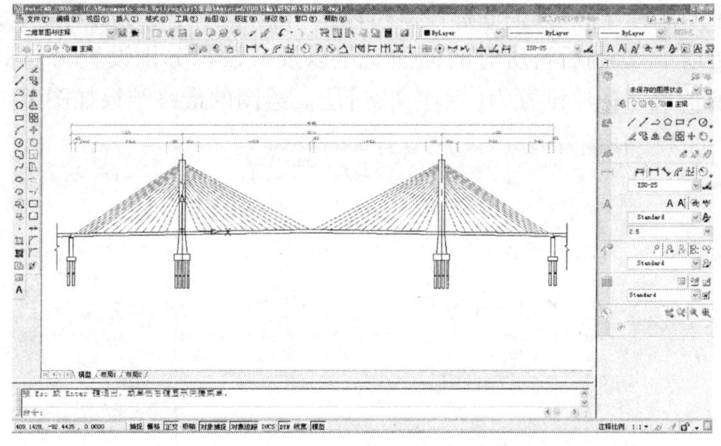

图 10-43 完成主梁截断线的绘制

接着再进行局部水准标高绘制，以边墩承台底部的标高绘制为例，先绘制其中的直线部分：

命令：LINE

指定第一点：FROM

基点：(指定承台的右下角点)

<偏移>：@1,0 (指定直线的起点)

指定下一点或［放弃(U)］：@20,0(指定直线段的终点)

指定下一点或［放弃(U)］：(回车确认)

再接着绘制其中的水准标志三角形，采用等边多边形绘制 POLYGON 命令：

命令：POLYGON

输入边的数目 <4>：3 (输入多边形的边数为 3)

指定正多边形的中心点或［边(E)］：E (采用指定边的形式来绘制)

指定边的第一个端点：FROM

基点：(指定前面绘制的直线的左端点)

<偏移>：@1.75,0 (指定三角形边的第一个端点)

指定边的第二个端点：@3.8 <60 (指定三角形边的另外一个端点)

最后在直线上面放置水准线的高度标志文字，用单行文字输入命令 TEXT，在此输入“39.000”，再进行必要的位置挪动就可以了，绘制完成的标注如图 10-44 所示。

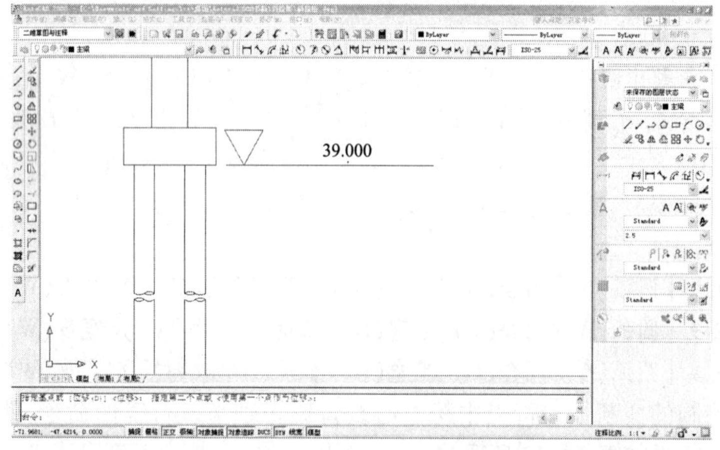

图 10-44　完成的单个水准高度的标注

绘制完一个水准标注后，其他的标注就可以采用基点复制的方法来完成，复制后修改其标注的文字就可以了，绘制后将所有的标注文字以及线段都分别设置为【标注文字】与【标注线】图层，所有的尺寸标注设置为【标注文字】层。绘图的最终结果如图 10-45 所示：

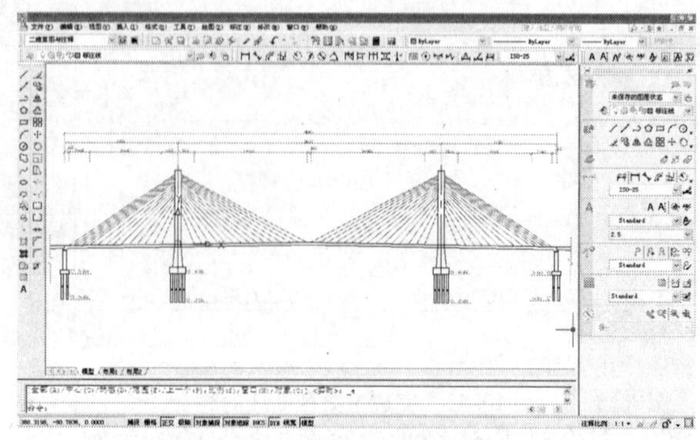

图 10-45　完成标注后的图形

10.7 高程标尺的绘制

以上已经将主桥的纵向图形以及其标注绘制完成，下面进行最后的高程标尺绘制。

高程标尺的绘制先采用绘制单个标段（包括文字），再进行阵列复制，最后进行文字的修改即可。

首先采用矩形命令作单个标段，再采用填充的方式来完成绘制：

命令：RECTANG

指定第一个角点或［倒角(C)/标高(E)/圆角(F)/厚度(T)/宽度(W)］：FROM

基点：（指定左侧引桥主梁上截断点作为基点）

＜偏移＞：@ －23.11,73.58（指定矩形的一个角点）

指定另一个角点或［面积(A)/尺寸(D)/旋转(R)］：@3.86，－20（指定矩形的另一个角点）

然后，将两段形成的矩形用直线分成四个矩形，再对左上矩形和右下矩形进行填充，使用的填充形式如图 10-46 所示。

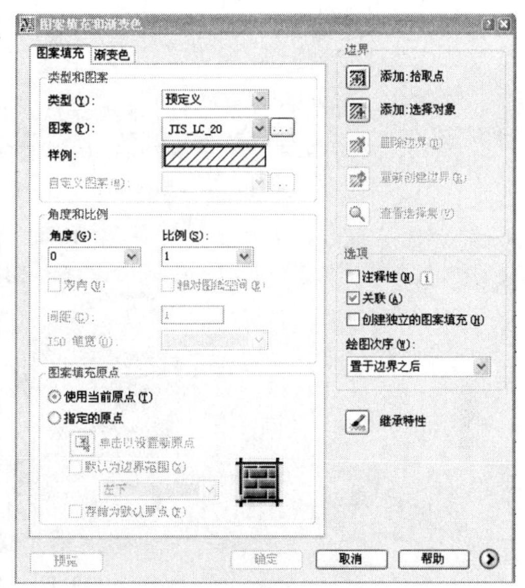

图 10-46 【图案填充和渐变色】对话框设置

填充后的图如图 10-47 所示。

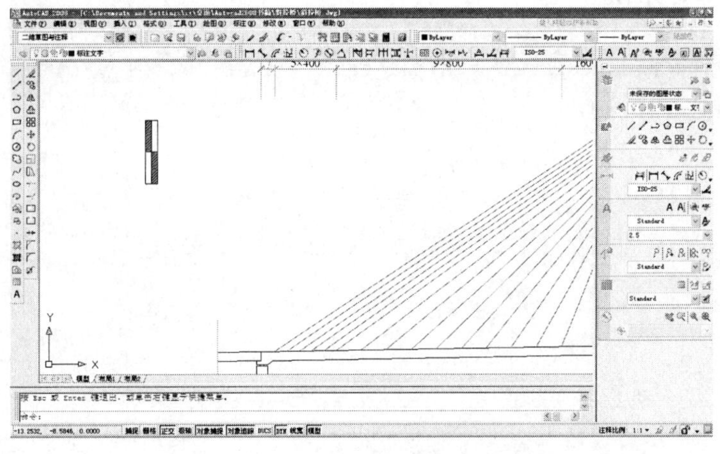

图 10-47 填充后的部分水准标尺图形

接着就可以进行标尺的文字输入，采用单行文字输入命令，字体样式采用默认样式进行，上部文字为“140”，总部文字为“130”，下部文字为“120”。输完后，适当调整文字的位置，使其形式美观，结果如图 10-48 所示。

再进行阵列命令，选择其中的所有标尺对象和底下的“130”和“120”文字作为阵列的对象，阵列对话框的设置如图 10-49 所示。

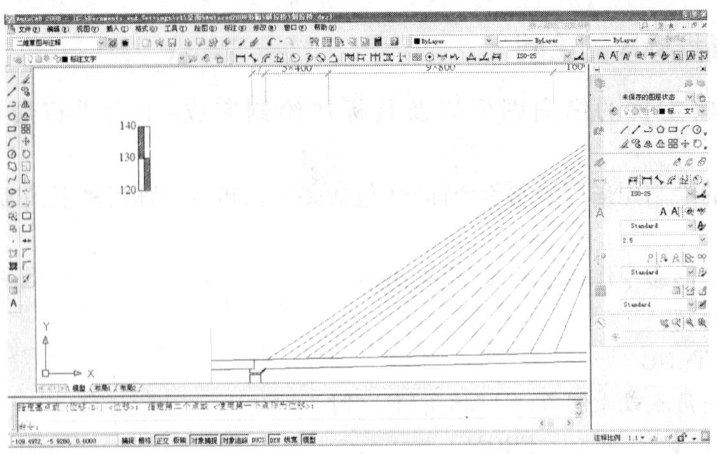

图 10-48　部分标尺标注文字

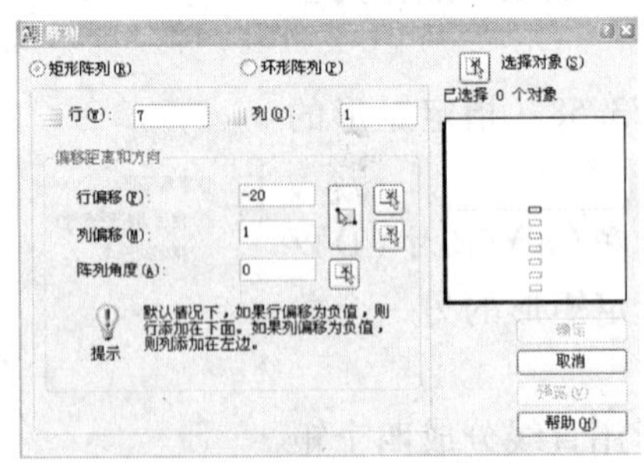

图 10-49　【阵列】对话框的设置

确认后，可以得到全部的标尺的草图，再对其中的文字进行必要的编辑，就可以完成标尺的绘制，将绘制好的标尺图形设置为【标注线】图层，将标尺的文字设置为【标注文字】图层，结果如图 10-50 所示。

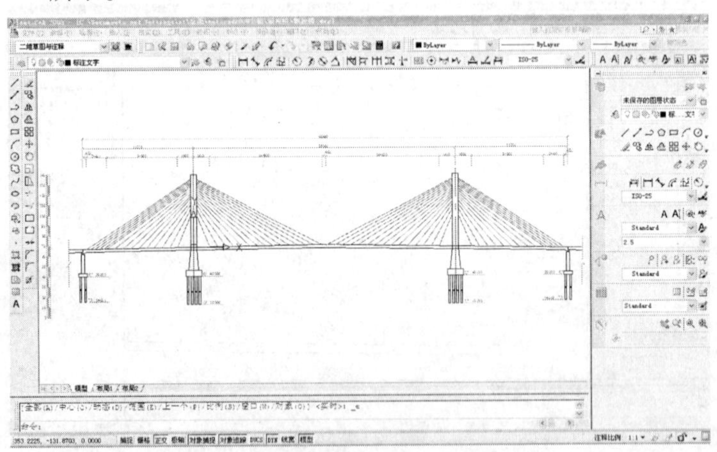

图 10-50　完成标尺绘制后的整图

10.8　图框的绘制与设定以及图形的后处理

完成以上的绘制工作后，图形的整体已经绘制完成，下面就进行图框的绘制与设定工作，在实际中采用 A1 纸打印，所以需要将图形放到 A1 的标准图框中。

可以采用直接在布局中创建新的布局形式，在其中添加图框块的形式达到创建图框的目的，具体做法可参见第 9 章中的相应介绍。但是这样创建的图形有一个缺点，就是不是符合工程中常见的图纸图框的布局形式，在布局空间中修改又相对困难，所以可以直接采用创建图框的方式。因为采用的是 A1 图纸，并采用横向放置图纸，所以其尺寸为 841 ×594，可以直接绘制此图框，方法是使用最简便的矩形命令，需要说明的是在此不直接在前面绘制的图形对象上绘制图框，而是先在和图形不相关的地方创建图框，以便于不影响图形本身，最后移动图框到图形的合适位置。

命令：RECTANG

指定第一个角点或［倒角(C)/标高(E)/圆角(F)/厚度(T)/宽度(W)］:(在图形的右侧合适的地方指定矩形的起点)

指定另一个角点或［尺寸(D)］：@841，-594（指定矩形的另外一个角点）

以上就绘制好图纸的纸边界线，下面进行图纸图框线的绘制，采用 GB/T 14689 中有关规定的带装订线的图纸幅面样式，其中左边的距离两者为 25，上面和右面以及下面的距离都是 10，绘制过程如下：

命令：RECTANG

指定第一个角点或［倒角(C)/标高(E)/圆角(F)/厚度(T)/宽度(W)］：FROM

基点：(指定纸边界线的左上角为基点)

<偏移>：@25，-10（指定图框线的一个角点）

指定另一个角点或［尺寸(D)］：FROM

基点：(指定纸边界线的右下角为基点)

<偏移>：@ -10,10(指定图框线的另一个角点)

绘制完成的图形如图 10-51 所示：

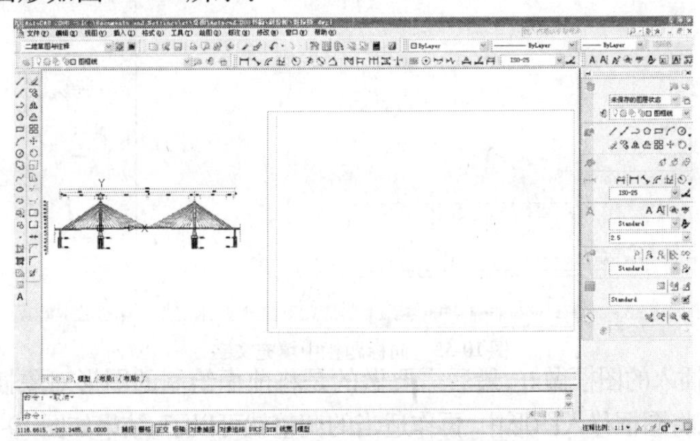

图 10-51　绘制完图纸边界线和图框线

接着进行标题栏的绘制，虽然标题栏的尺寸与内容有规定，但也不是强制的，所以在此采用比较合适的值来选取，采用高度为 25，横向间距从左至右依次采用 150、150、110、50 等值，具体采用直线，绘制过程略，最后将图框线以及标题栏线条都设置为 0.5 的粗线，采用 PEDIT 命令：

命令：PEDIT

选择多段线或［多条(M)］：M

选择对象：指定对角点：找到 14 个（选择图纸边界线中的线段对象）

选择对象：(回车确认)

是否将直线和圆弧转换为多段线？［是(Y)/否(N)］？ <Y> Y(将对象转换成多段线)

输入选项［闭合(C)/打开(O)/合并(J)/宽度(W)/拟合(F)/样条曲线(S)/非曲线化(D)/线型生成(L)/放弃(U)］：W（响应宽度选项）

指定所有线段的新宽度：0.5（输入新宽度值）

输入选项[闭合(C)/打开(O)/合并(J)/宽度(W)/拟合(F)/样条曲线(S)/非曲线化(D)/线型生成(L)/放弃(U)]：(回车确认)

绘制完成的图框如图 10-52 所示：

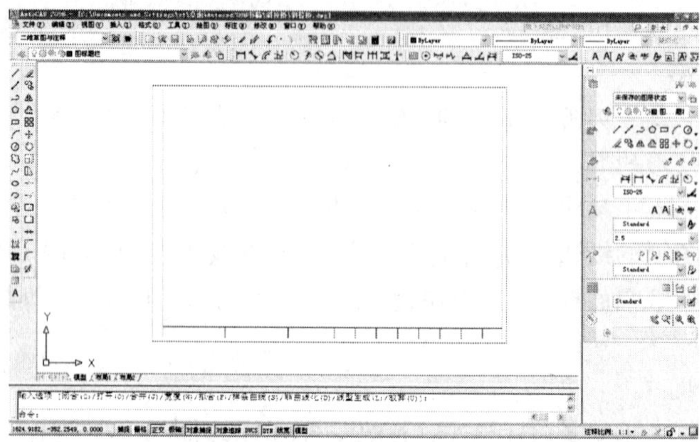

图 10-52　绘制完成标题栏

接着向标题栏中填充必要的文字，并将图纸边界线设置为【图纸边界线】图层，将图框线设置为【图框线】图层，将标题栏的线条设置为【图标题栏】图层，将标题栏设置为【标注文字】图层。结果如图 10-53 所示：

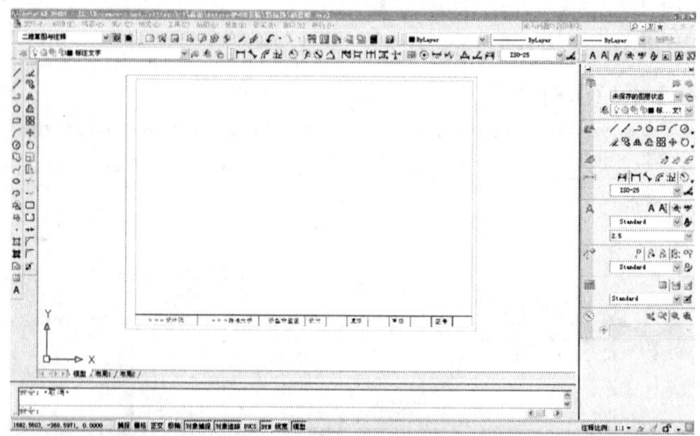

图 10-53　向标题栏中填充文字

以上就将需要插入的图框做好，最后需要做的是将前面绘制的图形对象插入到绘制好的空图框中，当然也可以将图框移入图形中，再作适当的调整就可以了，结果如图 10-54 所示：

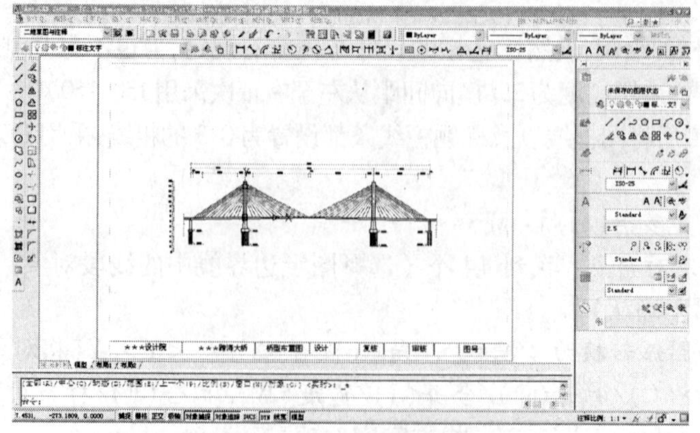

图 10-54　插入图框后的图形

最后如果要进行图纸的打印输出，可按如图 10-55 所示的打印参数进行打印设置：

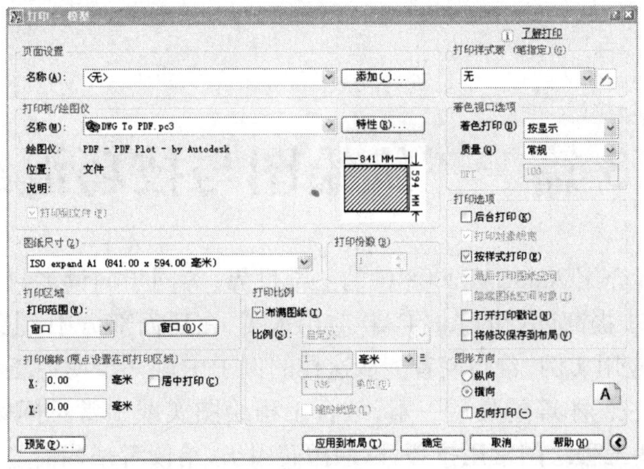

图 10-55　打印时【打印设置】选项卡的设置

按照以上的设置，并采用窗口方式选定打印的边界，可以直接指定纸边界线为窗口区域，此时按【预览】按钮可以看到如图 10-56 所示的预览图形：

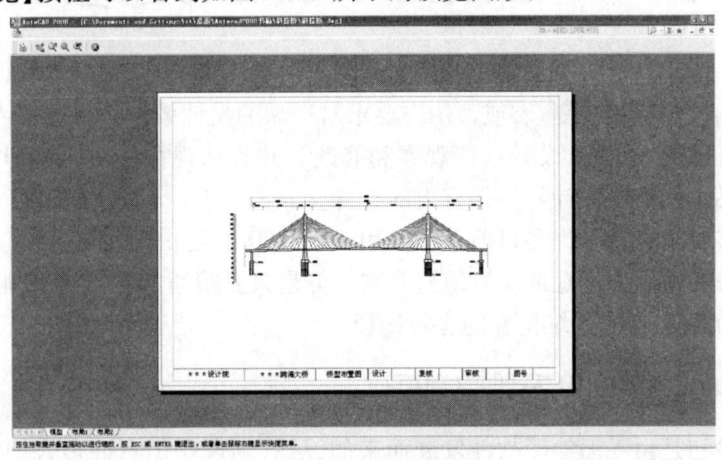

图 10-56　完全预览时的图形显示

以上就完成了一个斜拉桥桥型布置图的绘制，应该指出的是：在绘制过程中，本例采用的方法只是笔者习惯的方式，其他的方法还有很多，读者可以按照自己的思维习惯来绘制图形，只要绘出的图形能有足够的精度就可以了。实际上真实的斜拉桥方案布置图中还包括整桥的俯视图、地质状况、纵向坡度示意图以及主塔的各种图示等，在此篇幅有限，不作介绍，也希望读者能从以上的例子中举一反三，从而能够从容地绘制出其他各种合格的工程图形。

第3篇　三维绘图与技巧汇编

本篇主要向读者介绍 AutoCAD2008 中的三维世界，等同于向读者打开一扇通向三维绘图的大门，从而进一步提高读者的 AutoCAD 应用水平，在后面部分中，主要向读者介绍了几个精彩的 AutoCAD 应用实例，希望读者能从这样的例子中进一步明白三维桥梁与道路模型的建立，并能举一反三。本篇的最后一章，结合工程绘图实践中常见问题，讲述了 Auto lisp 语言的应用以及一些工程绘图常用技巧，以期抛砖引玉，给读者一些借鉴与思考。

第 11 章　AutoCAD 2008 三维造型入门

虽然 AutoCAD2008 用户可以通过分别绘制多个平面视图来反映自己的设计意图，但当绘制对象在空间结构上相当复杂，或者用户要求对产品的设计效果进行全局考察时，就需要创建相应的三维图形，以便对设计进行观察和修改。并且从现在的情况看即使是一件制作粗糙的三维作品也能够给设计者以强有力的支持。

而对于很多初学者乃至许多目前正在使用 AutoCAD 的用户而言，三维世界是如此的神秘以至于在学习和使用中有意或无意地避开它。但是只要精通 AutoCAD 三维制作的人都会明白掌握 UCS 是通向奇妙三维世界的有效途径。

11.1　AutoCAD2008 三维空间基础

AutoCAD 最初是由平面绘图软件发展而来的，尽管到现在仍有许多人把它当作一个平面绘图软件来使用，但是现在 AutoCAD 实际上已经将三维功能和二维功能和谐的结合在一起，可以说三维设计已经成为 AutoCAD 的核心设计手段。

开始绘制三维图形前，需要明确一些非常重要的概念，如坐标系、视点、绘图模式等。了解这些概念，并掌握在 AutoCAD2008 中设置的相应参数的方法，是进行三维图形绘制的基础。

在介绍具体内容之前，我们先对一些常用的术语作一个初步的介绍：

XY 平面：在三维直角坐标空间中，它即是 Z = 0 的那个平面。

Z 轴：在三维坐标系中垂直于 XY 平面的坐标轴。

平面视图：当视线与 Z 轴平行时，用户看到的 XY 平面上的视图

高度：某点的高度是指该对象在 Z 轴方向上延伸的长度。

视点：假设我们在观察图形时，眼睛在空间坐标系中所处的位置。

相机位置：用照相机比喻，观察者通过照相机观察三维模型时，照相机的位置相当于视点。

目标点：我们在观察时，目光聚集的那一点。在 AutoCAD2008 中，坐标系的原点被作为目标点。

视线：视点与目标点的连线所确定的直线。它的方向即为我们观察图形的方向。

视线与 XY 平面的夹角：指视线与其在 XY 平面上投影线之间的夹角。

视线在 XY 平面上的角度：指视线在 XY 平面上的投影线与 X 轴之间的夹角。

在以后的绘制中，我们会逐渐加深对这些概念的理解。

(1)世界坐标系。

我们知道，任何坐标系都是相对而言的。因此，每种三维图形系统必须具有一个基准坐标系，通常称之为"世界坐标系"(World Coordinate System，简称 WCS)。WCS 是一个固定不变的笛卡儿坐标系(Cartesian coordinate system)，而且一般采用右手系(right-handed system)。也就是说，以屏幕表面作为 XY 平面，其左下角为原点，Z 轴正方向从该点指向用户一侧。如图 11-1 所示，左下角图标给出了世界坐标系的各轴方向。

图 11-1　世界坐标系

由此可知，习惯二维作图的用户其实只是使用了世界坐标系的 XY 平面罢了。

(2)用户坐标系。

在进行三维空间图形的绘制时，因为图形对象上各点的位置在一个固定的世界坐标系中是各不相同的，所以只在一个固定的坐标系中创建各种形状各异的三维图形是非常不便和困难的。(例如在一个倾斜的屋顶面上开一个圆形天窗时)。为此，AutoCAD2008 允许用户根据绘图时的实际需要，建立自己专用的坐标系，即"用户坐标系"(User Coordinate System，简称 UCS)。其图标与世界坐标系基本上是一致的，只是图标中没有一个定义在 XY 平面中以原点为中心的方框，如图 11-2 所示。

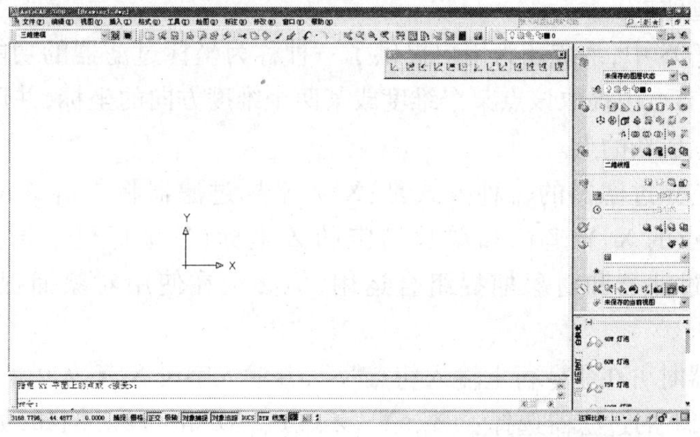

图 11-2　用户坐标系

用户坐标系是一种强有力的工具。在同一场景中允许定义多个 UCS,并可随时随地保存或恢复它们。不论是定义一个新的 UCS 或是恢复一个已保存的 UCS,这种 UCS 的改变不会影响当前的三维图形显示,而只对以后的绘图操作生效。因此,利用 UCS 可以使三维模型的构造过程得以简化。

需要说明的是在任何时候当前坐标系只有一个,输入与显示的所有坐标都是相对于当前坐标系的。除了笛卡儿(正交)坐标系外,有时也可采用柱面或球面坐标系来描述圆锥曲线和二次曲面。

(3)在三维空间中精确定位。

在实际的绘图工作中,很多时候需要对点进行选择和定位,对此 AutoCAD2008 提供了多种方法,以满足不同情况下的不同需要。

需要说明的是在精确绘图时,不能仅仅依靠观察,用鼠标来对点进行选择和定位。因为这样做,不仅不易保证点与其他对象之间的相对距离,而且通常只能选择那些在缺省高度的平面内的点,无法区别点在 Z 方向上的坐标差异。

下面将分别介绍这些方法。

①直接输入点的坐标。

AutoCAD2008 利用一个数据库来记录所有点的坐标信息。所以在三维空间中,对点进行选择和定位的第一个方法就是在命令中直接输入点的坐标。其输入方式多种多样,如直角坐标,柱坐标,球坐标,极坐标。具体的坐标值又可采用相对坐标和绝对坐标。用这种方式可得到准确的图形。但该方法的缺点同样也是显而易见的,即对所有点都必须计算出其坐标,这对于复杂对象是极不现实的。

②使用对象捕捉。

在绘图过程中,许多对象上点的位置比较特殊,比如圆的圆心,直线的始点和终点等。事实上,这些点不仅在几何位置上特殊,而且往往在图形的连接方面有着重要作用,用户在制图时,常需要捕捉这样的点。

AutoCAD2008 为帮助用户完成捕捉操作,提供了一套对象捕捉工具。这实际上是一个用来选择图形上特殊点的几何过滤器,它辅助用户选取指定点。在前面的章节里对对象捕捉已经作了详细的介绍,可以参考使用。在这里需要说明的一点是,虽然经常设置对象捕捉需要花费一点时间,但是它是保持图形几何结构精确的最好方法。

③使用坐标过滤器。

在 AutoCAD2008 中,系统还为用户提供了一种称为坐标过滤器的功能,使用 XYZ 坐标过滤器,可以从现有点中提取该点某个维度或某两个维度方向的坐标,并用这些坐标和新的另外维度的坐标生成新的点。

比如,XYZ 坐标过滤器的一种方式是:XYZ 坐标过滤器将告诉 AutoCAD2008 系统,新坐标将由选择点的 X、Y 坐标和单独给定的 Z 坐标(Z 坐标可以通过输入来确定)。用户甚至可以把过滤器和对象捕捉组合运用,但必须在使用对象捕捉模式前激活点过滤器。

使用点过滤器时可在命令行上输入句点“.”,并输入字母 X、Y、Z 中的一个或两个。AutoCAD2008 接受如下的过滤器选择:. X、. Y、. Z、XY、. XZ 和. YZ。例如,如果输入. X,将提示输入 Y 和 Z 的值。

11.2 三维基本造型技巧的使用

正确的了解和应用用户坐标系,是跨入 AutoCAD2008 三维空间的一道关卡。只有全面的掌握它,才能得心应手的绘制三维图形,如果用户能够熟练的使用 UCS,那么您已经迈入了三维世界的殿堂,相当于成功了一半。

(1)UCS 的相关操作。

UCS 是 AutoCAD2008 中的一个比较复杂的命令,它的相关操作涉及:

①UCS 图标的显示控制。

②UCS 的建立与设置。

③UCS 的使用与管理。

(2)使用 UCS。

在这里给出了涉及 UCS 操作的工具栏以及其各自对应的操作含义以及命令输入的方法。如图 11-3 以及表 11-1 所示,具体应用方法请参照本书地后续章节进行参考使用。

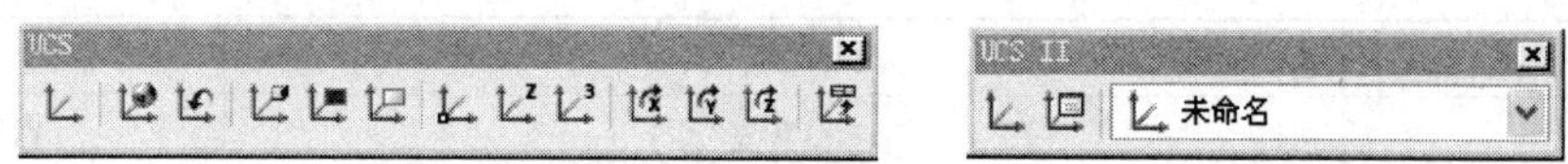

图 11-3 UCS 及 UCSⅡ工具栏

UCS 及 UCSⅡ工具栏含义及对应命令 表 11-1

工具栏	操作含义	命令输入
	UCS	
	管理用户坐标系	UCS
	恢复上一个 UCS	UCS→P
	把 UCS 设为世界坐标系	UCS→W
	基于选择对象定义新的坐标系	UCS→OB
	基于选定的面定义新的坐标系	UCS→FA
	建立其 XY 平面平行屏幕的坐标系	UCS→V
	移动原点定义新的坐标系	UCS→O
	延伸正 Z 轴的方法定义坐标系	UCS→AXIS
	指定坐标系的原点和 X、Y 轴的方向	UCS→3
	绕 X 轴旋转当前的 UCS	UCS→X
	绕 Y 轴旋转当前的 UCS	UCS→Y
	绕 Z 轴旋转当前的 UCS	UCS→Z
	向选定的视口应用当前的 UCS	UCS→A
	UCSⅡ	
	管理已定义的用户坐标系	+ UCSMAN
	管理用户坐标系	UCS

11.3 三维视图观察

在三维图形创建中以及在创建完成以后，在屏幕上显示的只是从其中一个视点观察到得模型外观形态。如果想对所绘制的模型有一个全面的了解，必须改变视点进行观察。在必要时，还可打开多个视口，同时从不同的方向来进行观察。AutoCAD2008 提供了静态、动态观察模型的方法，可以获得从任意视点观察到得模型视图。

(1)视点设置及多视口观察。

在三维空间作图时，形体的区分和捕捉是较困难的。因为从某个方向上看起来是重合的，而实际上相差甚远。这就需要改变观察角度，从不同的方向来观察图形，或者同时从几个方向来进行观察，以得到图形的真实形状和位置。如图 11-4 和表 11-2 所示。

图 11-4 【视图】工具栏

视图工具栏含义及对应命令 表 11-2

工 具 栏	操 作 含 义	命 令 输 入
	创建和恢复视图	VIEW
	将视点设置为上面	- VIEW→TOP
	将视点设置为下面	- VIEW→BOTTOM
	将视点设置为左面	- VIEW→LEFT
	将视点设置为右面	- VIEW→RIGHT
	将视点设置为前面	- VIEW→FRONT
	将视点设置为后面	- VIEW→BACK
	将视点设置为西南等轴测	- VIEW→SWISO
	将视点设置为东南等轴测	- VIEW→SEISO
	将视点设置为东北等轴测	- VIEW→NEISO
	将视点设置为西北等轴测	- VIEW→NWISO
	设置不同的相机和目标位置	CAMARA

以上所介绍的是由 AutoCAD2008 预先定义的几个特殊视点。AutoCAD2008 把它们单独做成了一个视图工具栏。在本章的开始已经介绍过 AutoCAD2008 中定义的目标点为世界坐标系的原点。

注意：

在视图命令中，各视点对应的目标点为世界坐标系的原点，即(0,0,0)。

在本节的开始时我们得知在 AutoCAD2008 中可以从任意视点进行观察，在这里我们要介绍几个用于视点设置的常用命令，通过这些命令我们可以设置任意视点和观察方向。

VPOINT - 3D 视点：

操作命令	VPOINT	快捷键	- VP
操作含义	设置视点(设定图面三维空间观看方向)		
菜单操作	视 图→三维视图→视 点		
选项功能	视点：依据 X、Y、Z 轴的比例值来设定视点 旋转(R)：依据 XY 平面内自 X 轴角度与自 XY 平面角度来设置视点		

DDVPOINT - 观察角度：

操作命令	DDVPOINT	快捷键	VP
操作含义	对话框视点控制		
菜单操作	视 图→三维视图→视点预置		

PLAN - 平面视图：

操作命令	PLAN	快捷键	无
操作含义	平面视图观察		
菜单操作	视 图→三维视图→平面视图		
选项功能	当前 UCS(C)：将在当前视口中生成相对于当前 UCS 的平面视图 UCS(U)：表示恢复命名存储的 UCS 的平面视图 世界(W)：表示生成相对于 WCS 的平面视图		

在多视口观察，我们还可以在屏幕上同时打开多个视口同时从不同的视点对模型进行观察，如图 11-5 和表 11-3 所示。

图 11-5 视口工具栏

视口工具栏含义及对应命令 表 11-3

工 具 栏	操 作 含 义	命 令 输 入
	显示视口对话框	VPORTS
	创建单个图纸空间视口	-VPORTS→SI
	在图纸空间创建不规则形状视口	-VPORTS→P
	将对象转为图纸空间视口	-VPORTS→O
	裁剪图纸空间视口	VPCLIP

下面我们以一个天桥为例说明三维视图观察的具体操作及应用效果。

①主视图，如图 11-6 所示。

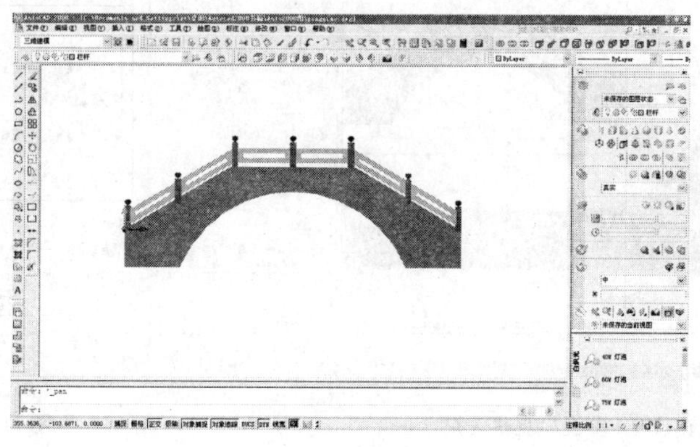

图 11-6 主视图

命令：_-VIEW

输入选项［?/删除(D)/正交(O)/恢复(R)/保存(S)/设置(S)/窗口(W)］：

_FRONT 正在重生成模型。

②西南等轴测(按钮)视图,如图 11-7 所示。

命令: _ - VIEW 输入选项 [? /删除(D)/正交(O)/恢复(R)/保存(S)/设置(E)/窗口(W)]:

_SWISO 正在重生成模型。

- Vports 命令执行后系统将不弹出对话框,而在命令行提示用户进行操作。其实还有很多命令也是采用这种前面加" - "来控制对话框的出现,以方便旧版本的用户。

注意:

用 - Vports 命令可以将窗口最多分为 48 个,而用 Vports 只能分割成几种给定的形式,将右边视口分为沿水平方向的两个,运用不同的视点设置方法将四个视口的视点分别设置为如图 11-8 所示。

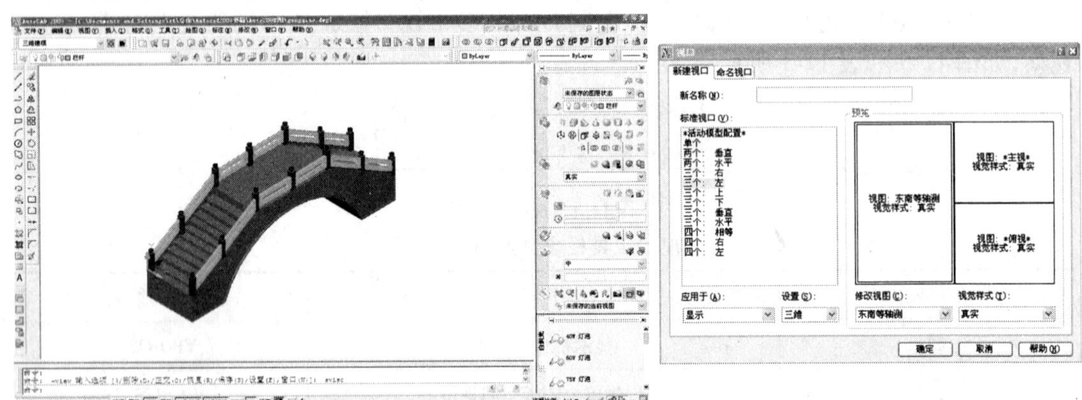

图 11-7 西南等轴测视图　　　　图 11-8 视口设置

设置完毕视口对话框后,图形显示如图 11-9 所示。

命令: DDVPOINT (或 vp)(设定视线和 XOY 平面的关系,如图 11-10 所示设置)

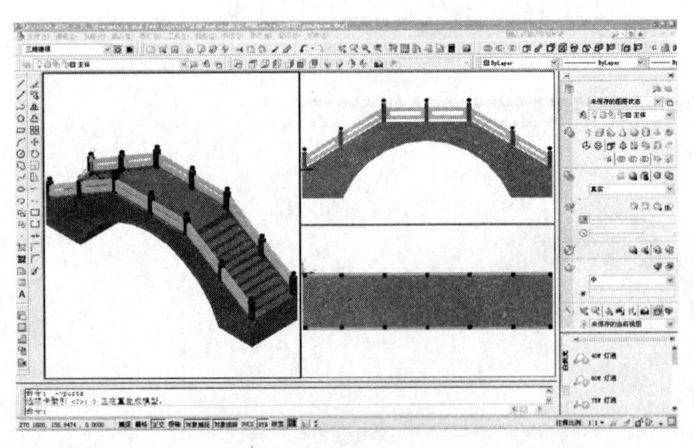

图 11-9 多视口观察效果　　　　图 11-10 视点预置

命令: VPOINT (激活视点设置命令)

当前视图方向: VIEWDIR = -1.0000, -1.0000,1.0000

指定视点或 [旋转(R)] <显示坐标球和三轴架>:(回车)

出现如图 11-11 所示的图形，要求用户干预视点位置。

图 11-11 左视口中右上角的罗盘是一个以 2D 方式表示，用来定义视口中观看的方向，中心点是北极(0,0,n)，内环是赤道(n,n,0)，外环是南极(0,0,$-n$)，罗盘中的小十字光标是用来任意定义于地球上的位置。三向轴会跟随罗盘上所指定的观看方向旋转，当指定完成后单击鼠标左键即可选择观看方向。

正在重生成模型。(出现如图 11-12 所示的图形。)

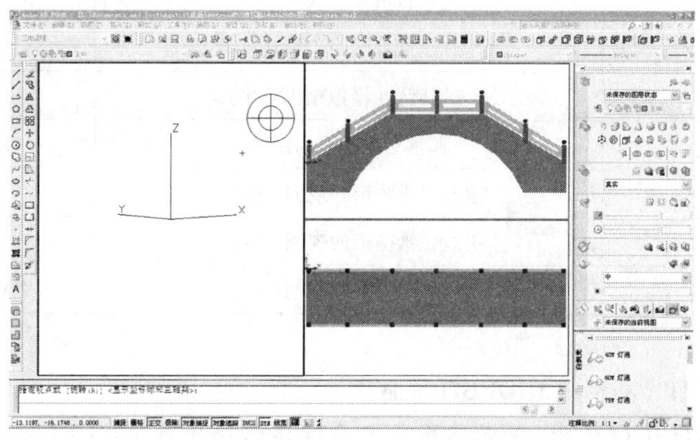

图 11-11　指定视点位置

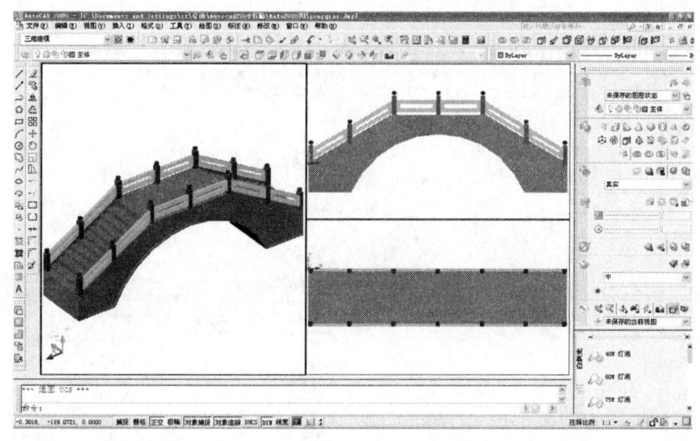

图 11-12　改变视点位置重新显示图形

(2)利用三维导航工具进行观察。

在 AutoCAD2008 中还提供了一个观察模型的工具：三维导航工具，如图 11-13 所示。通过它既围绕三维模型进行动态观察、回旋、漫游和飞行，也可以为指定的图形设置相机以及创建动画等。三维导航工具栏相关说明见表 11-4。

三维动态观察总的看来，AutoCAD2008 保留了三维轨道的特色，以及三维轨道中最酷的特色连续轨道。连续轨道允许用户选择一个旋转的方向让模型拱桥旋转。三维轨道自动以同样的方向连续旋转模型，直到用户改变或停止。可以这么说，有了连续轨道，再也不需要屏幕保护程序。

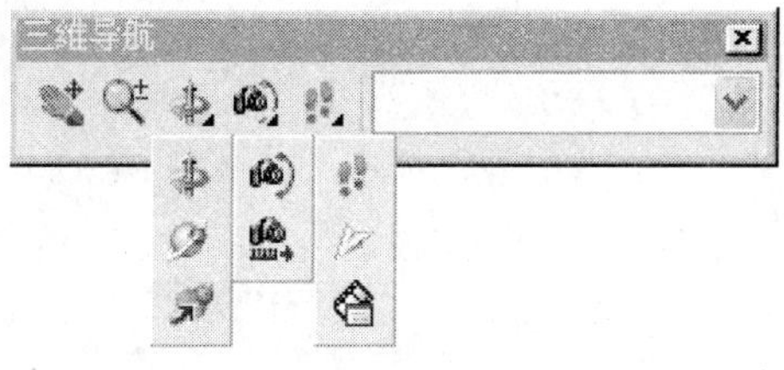

图 11-13　三维导航工具栏

连续轨道是观察模型的一种三维轨道，用户可以观察到三维实体的运动效果。

三维导航工具栏含义及对应命令　　表 11-4

工具栏	操作含义	命令输入
	水平或垂直平移视图	3DPAN
	缩放视图	3DZOOM
	受约束的动态观察	3DORBIT
	自由动态观察	3DFORBIT
	在三维视图中连续观察	3DCORBIT
	三维旋转(模拟相机效果)	3DSWIVEL
	调整对象的显示距离	3DDISTACE
	更改三维图形的视图(漫游)	3DWALK
	更改三维图形的视图(飞行)	3DFLY
	漫游和飞行设置	WALKFLYSETTINGS

操作步骤如下：

命令：3DORBIT（激活 <3DORBIT> 命令）

按 Esc 或 ENTER 键退出，或者单击鼠标右键显示快捷菜单。(结果如图 11-14 所示)

单击鼠标右键，在弹出菜单中选取【其他导航模式】子菜单中的【自由动态观察】（进入 3DFORBIT 状态）

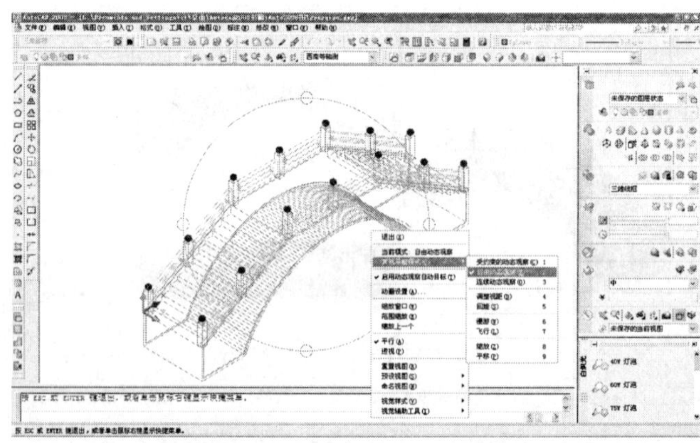

图 11-14　激活三维自由动态观察

如图 11-15 所示为激活指南针：

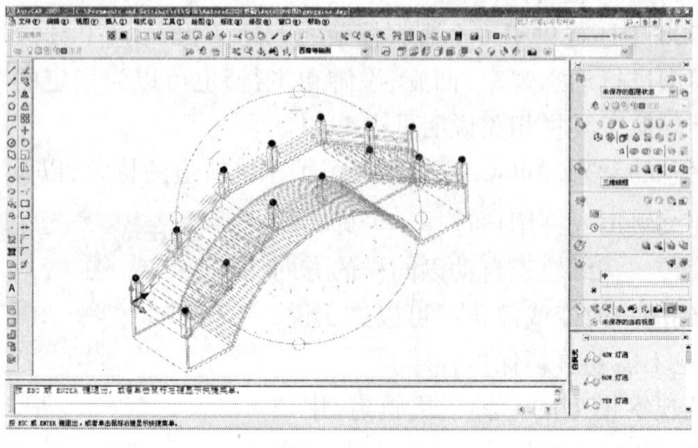

图 11-15　激活指南针

选择部分物体(拱桥的栏杆)作三维自由动态观察如图 11-16 所示。

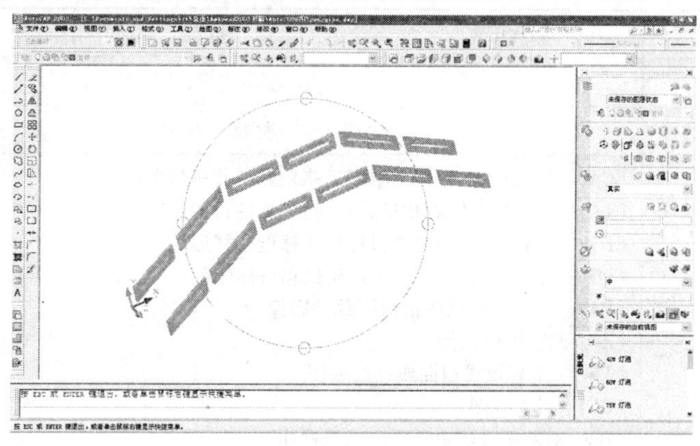

图 11-16　选择部分物体作为三维自由动态观察

注意:

(1)当光标位于轨迹圆外时,用户单击并拖动鼠标,模型将绕着过轨迹球中心向外延伸并且垂直于屏幕的假想轴转动。

(2)当光标位于轨迹圆内时,假想模型处于一个透明的球体中,当拖动鼠标时实际上是在绕着球的中心点旋转该球体。用户可沿任意轴线移动轨迹圆和图形。

(3)沿着任意方向直线的拖动鼠标比绕圈移动鼠标所得到的视图效果更佳,您可以自己尝试着去做,掌握它的变化规律。

(4)当光标位于轨迹圆上的上下两点上时,用户只能沿水平方向轴线转动轨迹圆和图形;当光标位于轨迹圆上的左右两点上时,用户只能沿竖直方向轴线转动轨迹圆和图形。

AutoCAD2008 的透视观察功能,在三维空间图形观察中是一个较为实用和有力的观察工具,这种功能的使用与日常生活中的相机使用有点类似。在现实中当用眼睛观察事物时,近处的物体总是显得大些,远处的物体显得小些,因此而产生距离感。跟平行投影图相比,透视图显得更为逼真。

AutoCAD2008 是通过 < Dview > 命令来生成三维模型的透视图的。与 < Vpoint > 命令相比, < Dview > 命令不仅得到的视图更真实,而且用户还可以通过把相机设置在模型的内部或通过设置剪切平面观察三维模型的内部结构。

用户不能在透视图下建立和编辑三维模型,因此透视图适合用来显示模型的最终效果。对用 < DVIEW > 命令生成的透视图,可以进行消隐、渲染等操作,但却不能在透视图中建立和编辑三维模型。

系统初始状态下, < DVIEW > 命令的各个参数设置都是相对于世界坐标系的,如果当前的坐标系是用户坐标系,则执行 < DVIEW > 命令时,系统将自动切换至世界坐标系,命令执行完后再自动切换到当前的用户坐标系。(Worldview)系统变量可以设置 < DVIEW > 命令是相对于世界坐标系还是相对于当前的用户坐标系。如果要相对于用户坐标系来设置 < DVIEW > 命令,只须把该系统变量的值设为 0。动态观察相关说明见表 11-5。

3D 动态观察 表 11-5

操作命令	DVIEW	快捷键	DV
操作含义	3D 动态观察,透视图		
菜单操作	视 图→视 图		
选项功能	(CA):将相机绕着目标点旋转,指定新的相机位置 (TA):将目标点绕着相机旋转,指定新的目标位置 (D):将相机沿着相对于目标视线移近或移远 (PO):使用 X、Y、Z 坐标设定相机和目标位置 (PA):在不改变倍率情况下移动影像 (Z):调整缩放比例 (TW):绕着视线扭曲或摇摆视图 (CL):裁剪视图 (H):对所选取的对象作隐藏线操作 (O):关透视 (U):取消上一个 < DVIEW > 选项效果		

命令:DVIEW(激活相机命令)

选择对象或 <使用 DVIEWBLOCK >:ALL(全选要观察的实体)

找到 41 个

选择对象或 <使用 DVIEWBLOCK >:(回车)

* 切换到 WCS *

输入选项[相机(CA)/目标(TA)/距离(D)/点(PO)/平移(PA)/缩放(Z)/扭曲(TW)/剪裁(CL)/隐藏(H)/关(O)/放弃(U)]:CA(相机观察)

指定相机位置,输入与 XY 平面的角度,或[切换角度单位(T)] <35.5080 >:90

指定相机位置,输入在 XY 平面上与 X 轴的角度,或[切换角度起点(T)] <35.50804 >:(回车)

输入选项[相机(CA)/目标(TA)/距离(D)/点(PO)/平移(PA)/缩放(Z)/扭曲(TW)/剪裁(CL)/隐藏(H)/关(O)/放弃(U)]:(回车)

* 返回 UCS *

操作上述命令后得到的效果图如图 11-17 所示。

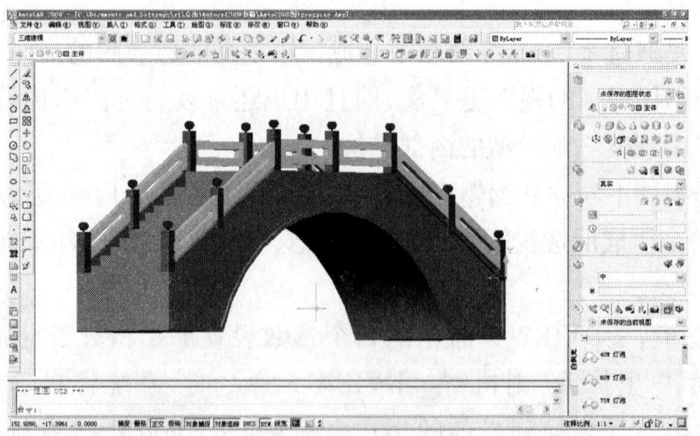

图 11-17 透视(相机)观察

AutoCAD2008 中的漫游和飞行功能也是比较有用的,用户在制作三维模型时,预览图形中的细节部位。其操作比较简单,此处详细介绍漫游和飞行的设置,漫游和飞行动作的制作。

通过选择【视图】→【漫游和飞行】→【漫游】或【飞行】,系统在屏幕上会弹出【漫游和飞行导航映射】对话框,再次对话框中列出了在图形中执行漫游或者飞行操作的快捷方式,如图 11-18 所示。当进入漫游或飞行模式时,系统将会把视图设定为透视视图。

单击【漫游和飞行导航映射】对话框中的【关闭】按钮,系统将弹出【定位器】控制面板,如图 11-19 所示。

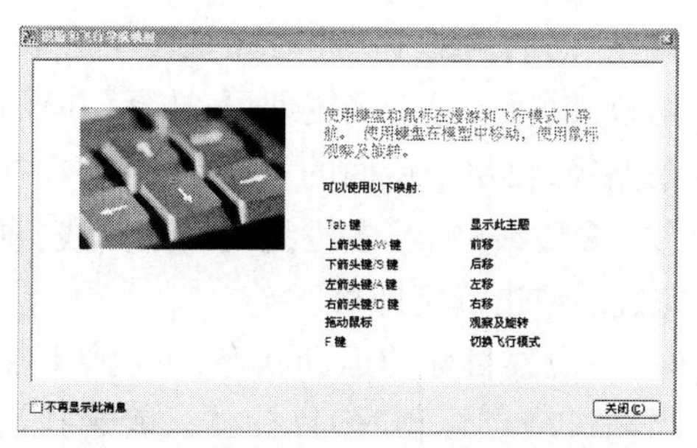

图 11-18 【漫游和飞行导航映射】对话框

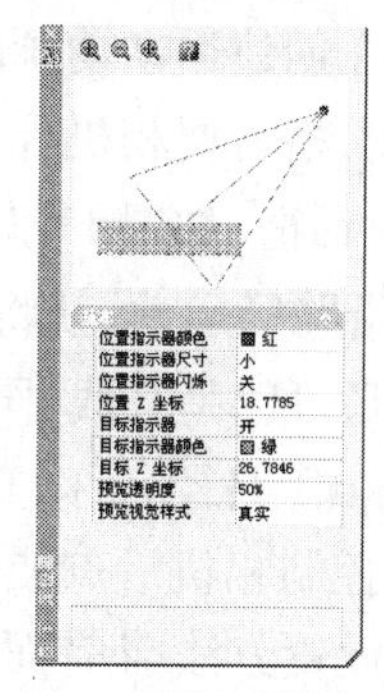

图 11-19 【定位器】面板

在开始漫游或飞行模式之前或在模型中移动时,可以通过【视图】→【漫游和飞行】→【漫游和飞行设置】(工具栏:【三维导航】→【漫游和飞行设置】)打开【漫游和飞行设置】对话框,对漫游或飞行参数进行详细设置,如图 11-20 所示。也可以通过面板中【三维导航】控制台中的滑块或在其后的文本框中进行设置,如图 11-21 所示。

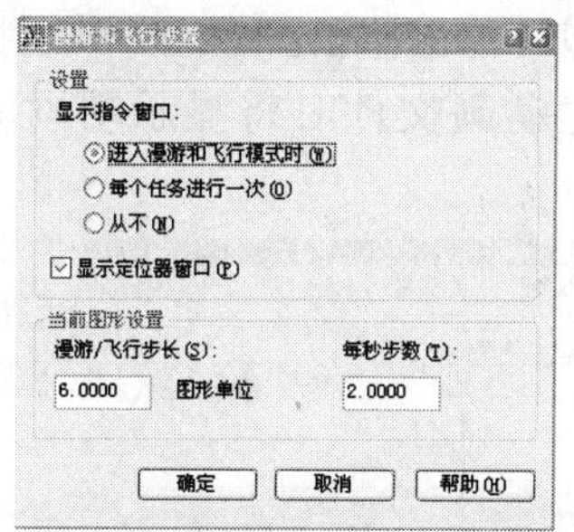

图 11-20 【漫游和飞行设置】对话框

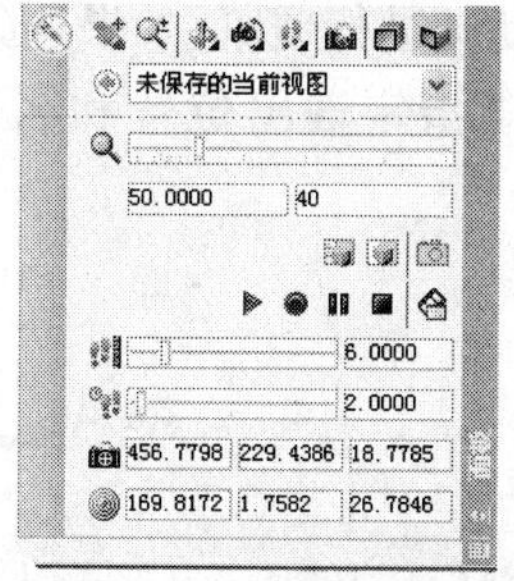

图 11-21 【三维导航】控制台

设置好漫游和飞行参数后,就可以用键盘和鼠标交互在图形中漫游和飞行。使用键盘上的四个箭头或 W、A、S、D 来向上、向下、向左或向右移动;使用 F 键,可以实现在漫游模式或飞行模式之间切换。

如图 11-22 所示为漫游或飞行过程图。

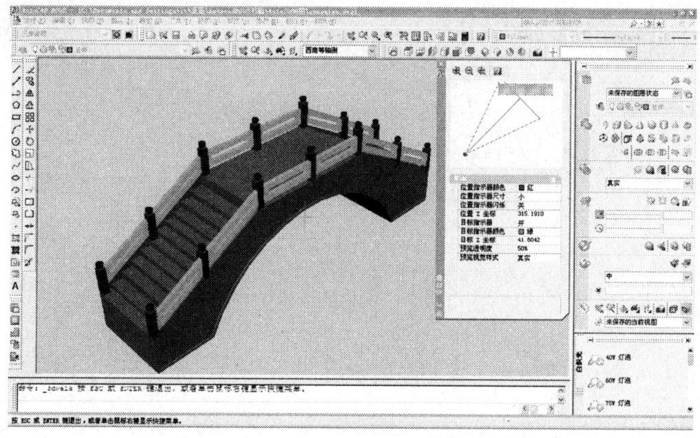

图 11-22 漫游或飞行过程

(3)创建运动路径动画。

利用该功能，可以将视图创建为沿所指定的路径而运动的动态视图。要启用此功能，可以选择【视图】→【运动路径动画】选项，弹出如图 11-23 所示的对话框，可以进行设置。下面介绍各选项区的含义及用途。

【相机】区：在创建运动动画时，控制相机运动的状态，包括【点】和【路径】两个选项。选择【点】单选按钮，指需要相机保持原样，再单击后面的按钮，此时在视图中选取一点，将弹出【点名称】对话框，如图 11-23 所示，可以修改其名称，单击确定即可；选择【路径】单选按钮，指需要相机沿路径运动，就将其链接到某条路径，再单击后面的按钮，此时在视图中拾取路径对象（路径可以是直线、圆弧、椭圆弧、圆、多段线、三维多段线或样条曲线，事先应该已经创建），将弹出【路径名称】对话框，设置完成后单击确定即可。

【目标】区：控制相机沿点或者路径运动时，所观察目标的运动状态，也包括【点】和【路径】两个选项。设置方法与前面相同。但是当相机绕点运动时，目标就只能选择沿路径运动；而当相机沿路径运动时，目标既可以沿点运动，又可以沿路径运动。此外，如果要使目标与相机路径一致，就使用同一路径，即在【运动路径动画】对话框中的【目标】下拉列表框中，将目标路径设置为【无】。

【动画设置】区：设置动画的帧率、帧数、持续时间、视觉样式、文件格式和分辨率等参数。

通过如图 11-23 所示对话框设置好参数后，单击【预览】按钮，将弹出【动画预览】窗口，可以对所设置的动画进行预览，如果达到预期效果即可单击【确定】按钮，系统将弹出【另存为】对话框，为动画指定输出位置和名称后，在创建动画文件时将显示动画的预览，如图 11-24所示。

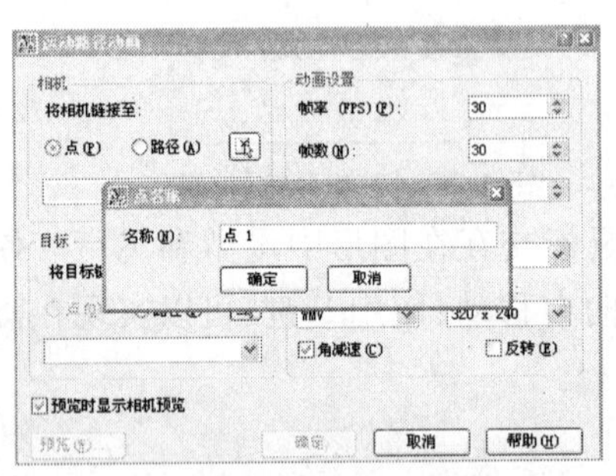

图 11-23 【运动路径动画】对话框

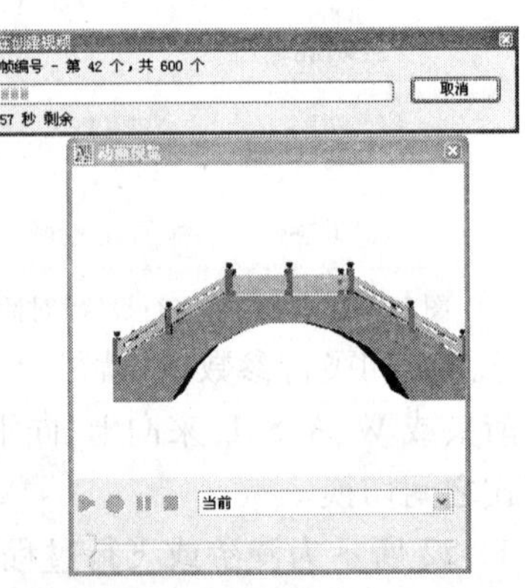

图 11-24 动画预览

第 12 章　古桥的绘制

在江南许多地方有很多美丽的拱桥，其小巧、灵秀，充分地融进了江南水乡美丽的风景，当你看到这些有着古典特色的桥梁时，心中自然而然地充满着对这个城市的热爱，勤劳的中国人民在神州大地创造了一个又一个靓丽的风景，身为一个设计者怎能不对目睹的一切感到自豪和欣慰？下面我们用一章的篇幅介绍如何绘制如图 12-1 所示的景观古桥。

图 12-1　古桥的三维模型图（3dsmax 渲染结果）

12.1　绘制拱桥的立面图形

1. 绘制拱桥主体轮廓线

为了使接下来的绘制更加方便，在绘图前，我们先将对象捕捉和极轴打开，如图 12-2 和图 12-3 所示设置如下：

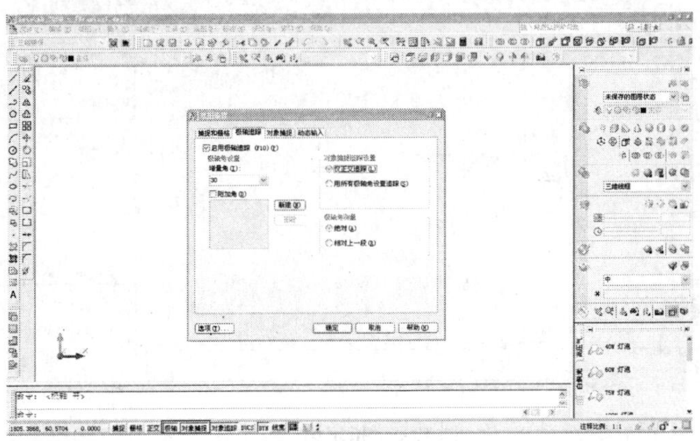

图 12-2　极轴设置

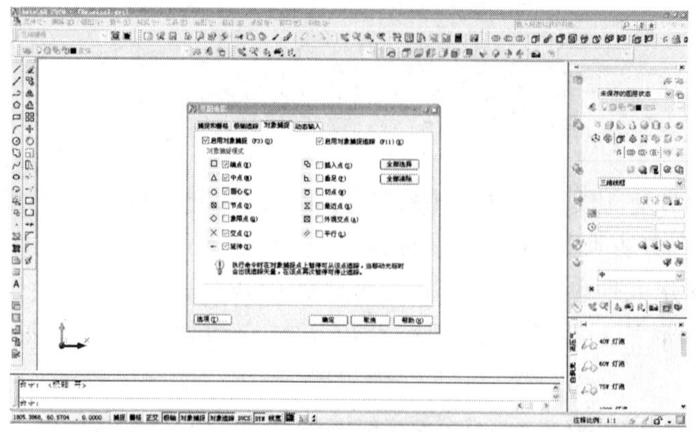

图 12-3　对象捕捉设置

下面开始绘制石拱桥，将视图切换为主视图，如图 12-4 所示。

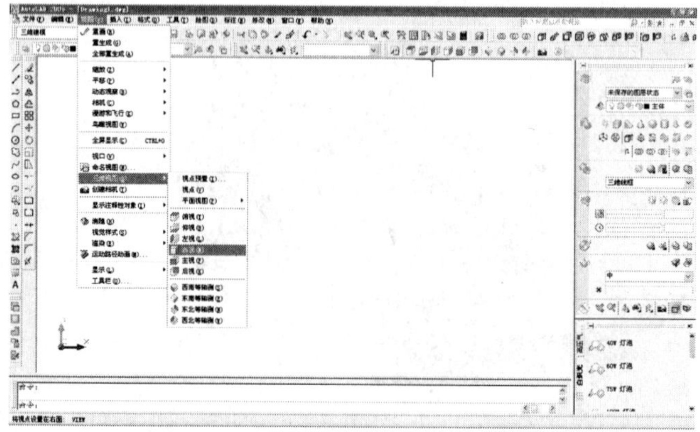

图 12-4　视图设置

命令：PLINE（点击绘图工具栏中的多段线图标）

指定起点：0，0

当前线宽为 0.0000

向下一点方向移动鼠标，当出现捕捉极轴 30°时，指定下一点距离为 100，如图 12-5 所示。

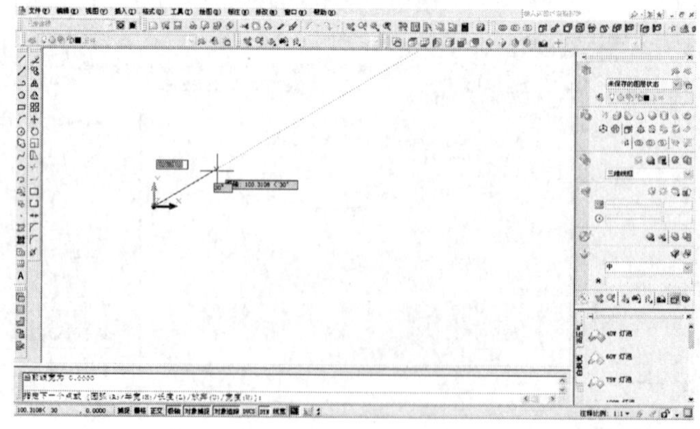

图 12-5　指定第二点

接着向下一点移动鼠标，极轴 0°，指定下一点距离为 100；极轴向下 30°时，指定再下一点距离为 100,回车确认。最终绘制出图形如图 12-6 所示。

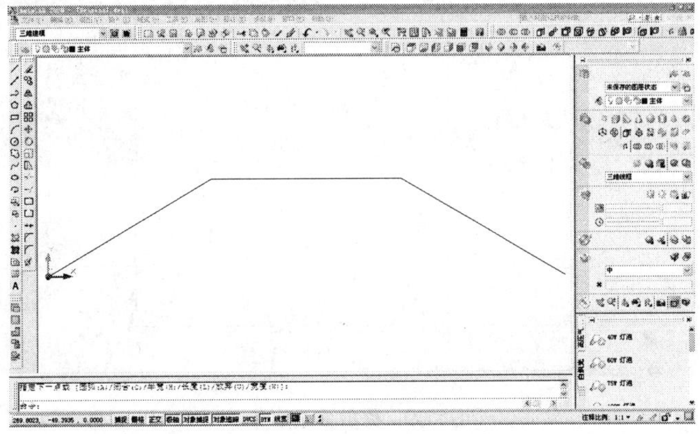

图 12-6　指定下一点

2. 绘制桥洞

利用中点捕捉,绘制一条辅助直线 LINE,捕捉端点绘制一个圆 CIRCLE,然后按 delete 键或者输入命令 ERASE 删除辅助直线,如图 12-7 所示。

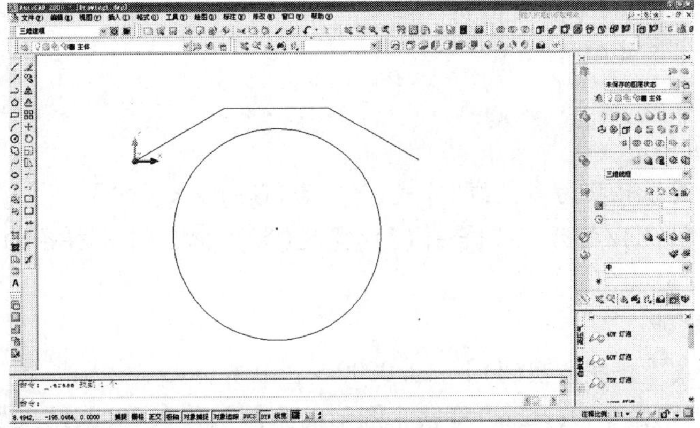

图 12-7　绘制辅助圆

再利用 PLINE 绘制如图 12-8 所示一条线,具体操作不再赘述。

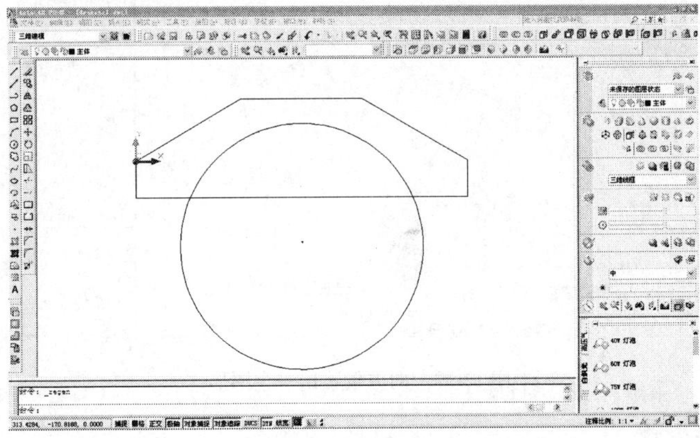

图 12-8　绘制拱桥底边线

输入命令 TR(trim)进行修剪,得到如图 12-9 所示图形,AutoCAD2008 的 TRIM 功能可以进行框选剪裁,非常方便。

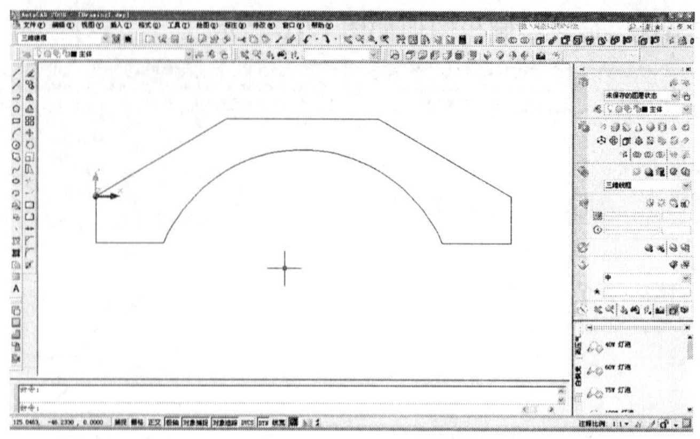

图 12-9　修剪多余部分

12.2　拉伸绘制出立体的拱桥

1. 合并 PLINE

首先要合并刚才所绘的图形为一条 PLINE。

命令：PEDIT

选择多段线或［多条(M)］：M

选择对象：ALL

选择对象：(回车)

是否将直线和圆弧转换为多段线？［是(Y)/否(N)］？<Y> Y

输入选项［闭合(C)/打开(O)/合并(J)/宽度(W)/拟合(F)/样条曲线(S)/非曲线化(D)/线型生成(L)/放弃(U)］：J

合并类型 = 延伸

输入模糊距离或［合并类型(J)］<0.0000>：回车

合并之后，我们用命令 O(offset)将整个图形向内侧偏移 2.0000，结果如图 12-10 所示。

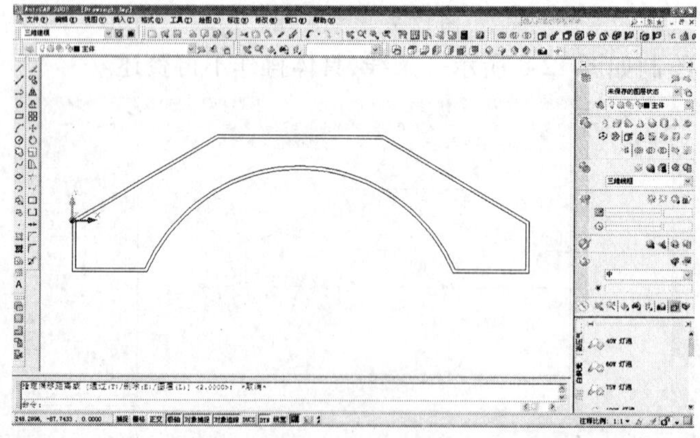

图 12-10　向内偏移出一个图形

2. 拉伸出三维形体

命令：EXTRUDE

当前线框密度：ISOLINES = 100

选择要拉伸的对象：找到 1 个（外轮廓线）

选择要拉伸的对象：（回车）

指定拉伸的高度或［方向(D)/路径(P)/倾斜角(T)］：60（回车）

命令：EXTRUDE

当前线框密度：ISOLINES = 100

选择要拉伸的对象：找到 1 个（内轮廓线）

选择要拉伸的对象：（回车）

指定拉伸的高度或或［方向(D)/路径(P)/倾斜角(T)］<60.0000>：1（回车）

在【视图】-【三维视图】-【俯视图】中镜像绘制完成两边内轮廓线拉伸体的位置后如图 12-11 所示。

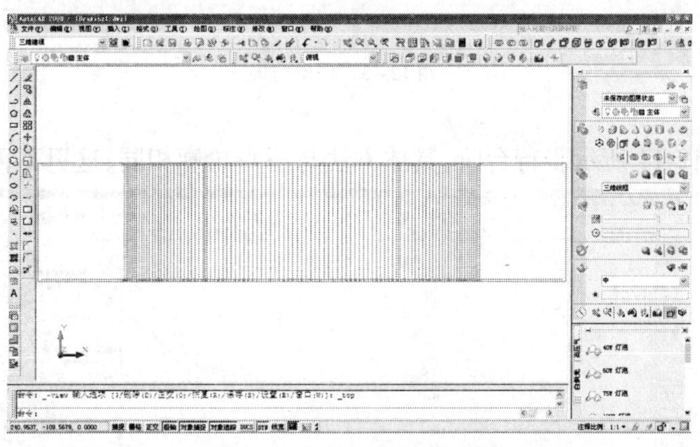

图 12-11 调整内轮廓线拉伸体位置

在【视图】-【三维视图】-【西南等轴测图(真实)中】观察结果如图 12-12 所示。

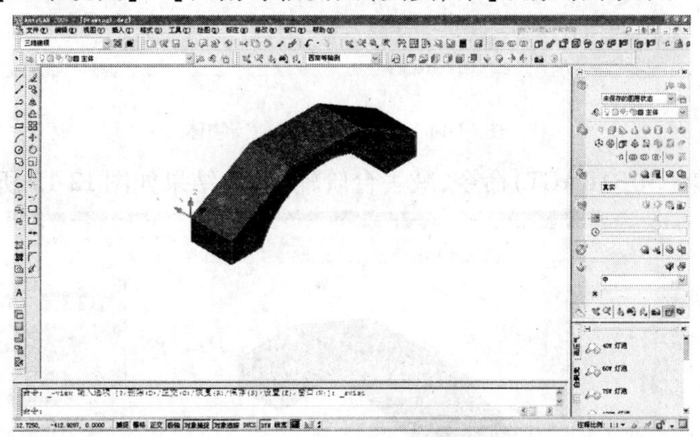

图 12-12 观察结果

3. 镂空两侧

命令：SUBTRACT

选择要从中减去的实体或面域···

选择对象：找到 1 个（选择外轮廓拉伸体）

选择对象：（回车）

选择要减去的实体或面域···

选择对象：找到 2 个（选择拉伸出的镂空实体）绘制完毕后的图形如图 12-13 所示。

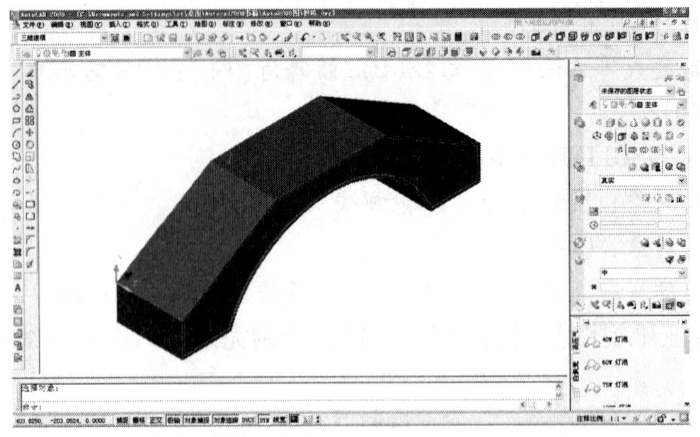

图 12-13　镂空结果

4．制作台阶

先绘制如图 12-14 所示步行台阶，具体方法与桥身轮廓相同，这里不再赘述。

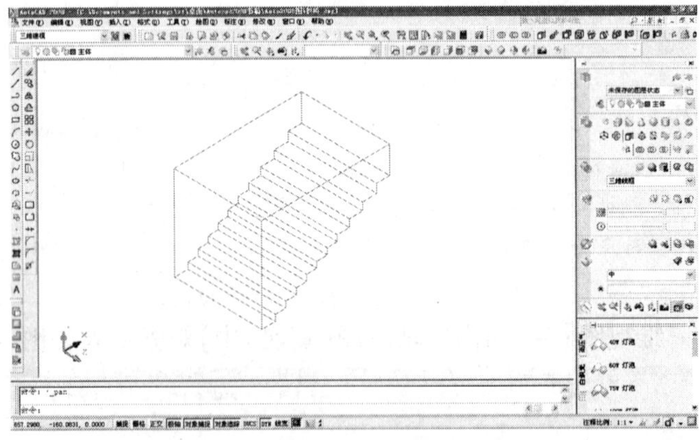

图 12-14　绘制剪切台阶所需物体

再次利用差集（SUBTRACT）命令，减去台阶辅助体，结果如图 12-15 所示。

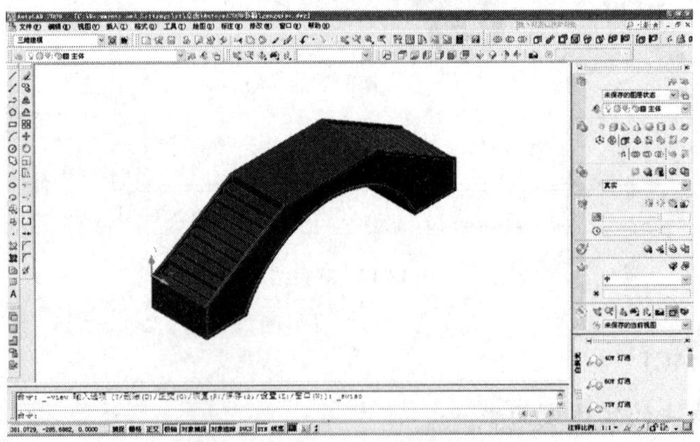

图 12-15　减除多余部分之后的图形

12.3　栏杆的绘制

1．绘制栏杆立柱（图 12-16）

命令：UCS

当前 UCS 名称：＊主视＊

输入选项［新建(N)/移动(M)/正交(G)/上一个(P)/恢复(R)/保存(S)/删除(D)/应用(A)/？/世界(W)］<世界>:NEW

指定新 UCS 的原点或［Z 轴(ZA)/三点(3)/对象(OB)/面(F)/视图(V)/X/Y/Z］<0,0,0>:

(在屏幕上任意指定一点作为坐标原点)

命令：BOX

指定第一个角点或［中心(C)］:0,0,0

指定其他角点或［立方体(C)/长度(L)］：L

指定长度：5

指定宽度：20

指定高度或［两点(2P)］：5

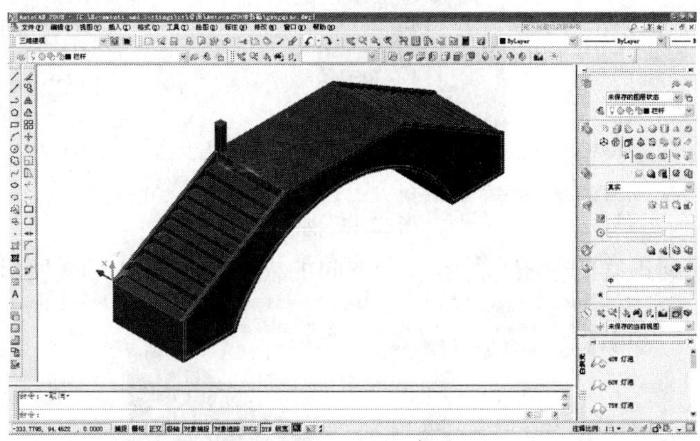

图 12-16　栏杆立柱

2. 绘制立柱上的座灯

如图 12-17 所示，用 PLINE 命令绘出要旋转的对象，画出旋转轴。

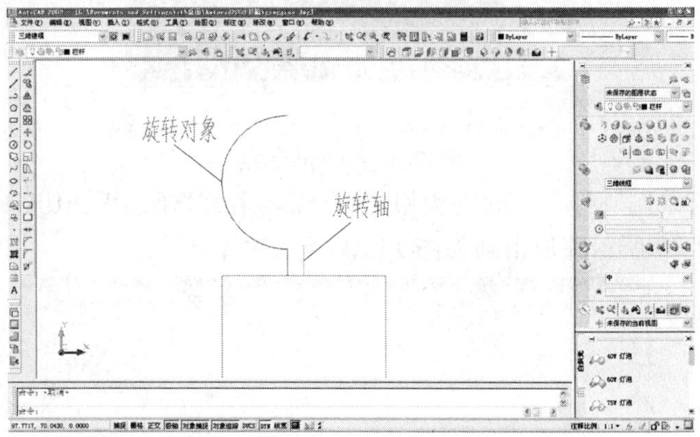

图 12-17　旋转对象和旋转轴

命令：SURFTAB1（指定网格密度）

输入 SURFTAB1 的新值 <6>：20

命令：SURFTAB2

输入 SURFTAB2 的新值 <6>：20

命令：_REVSURF（绕轴旋转）
当前线框密度：SURFTAB1 = 20 SURFTAB2 = 20
选择要旋转的对象：(选择如图 12-17 所示的旋转对象)
选择定义旋转轴的对象：(选择如图 12-17 所示的旋转轴)
指定起点角度 <0>：(回车)
指定包含角（+ = 逆时针，- = 顺时针）<360>：(回车)
绘制完毕后的图形如图 12-18 所示。

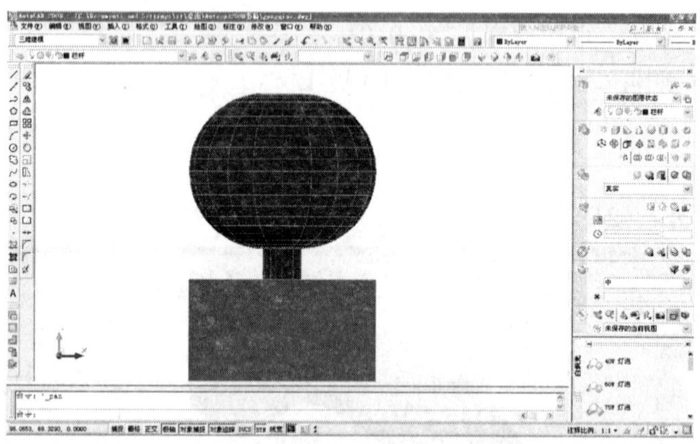

图 12-18 座灯

然后将灯摆放到正确的位置(利用各个方向的视图)，如图 12-19 所示。

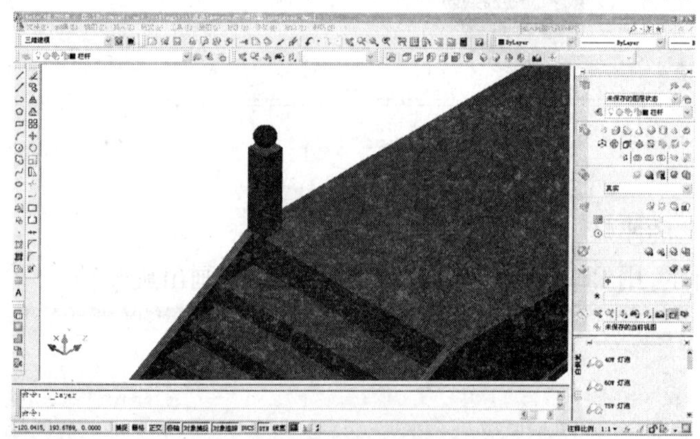

图 12-19 调整位置之后

栏板的绘制与绘制桥身主体的方法相同，熟练运用 EXTRUDE，SUBTRACT 命令和复制、镜像，可由如图 12-20 所示图形得到如图 12-21 所示物体。

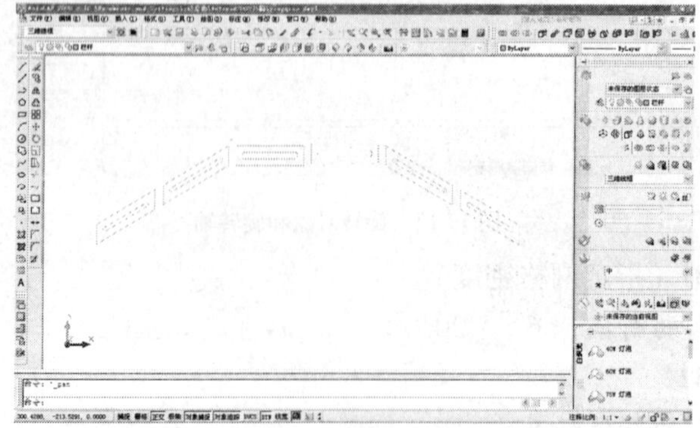

图 12-20 栏板轮廓线

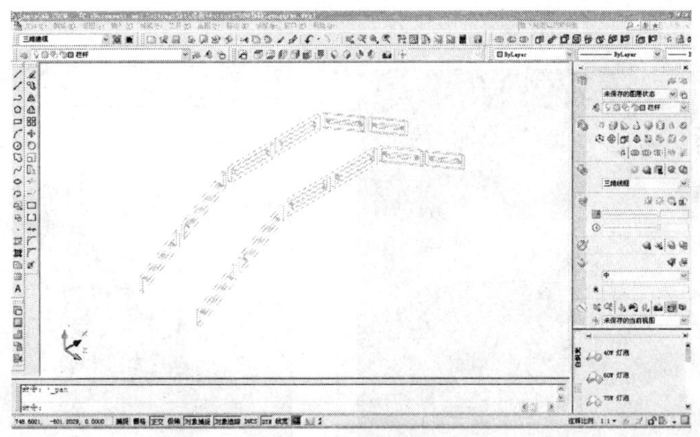

图 12-21　挤压成型并减出中间孔洞

然后通过复制、镜像、移动等基本命令，将栏杆摆设在相应的位置，AutoCAD 运用几何图形、光源和材质将模型渲染为具有真实感的图像。如果是为了演示，那么就需要全部渲染。如果时间有限，或者显示设备和图形设备不能提供足够的灰度级和颜色，则不必精细渲染。如果只需快速查看一下设计的整体效果，那么只需在【视图】主菜单中【视觉样式】子菜单下选择适合的就可以了。绘制完毕后的消隐图形（HIDE 命令）如图 12-22 所示。

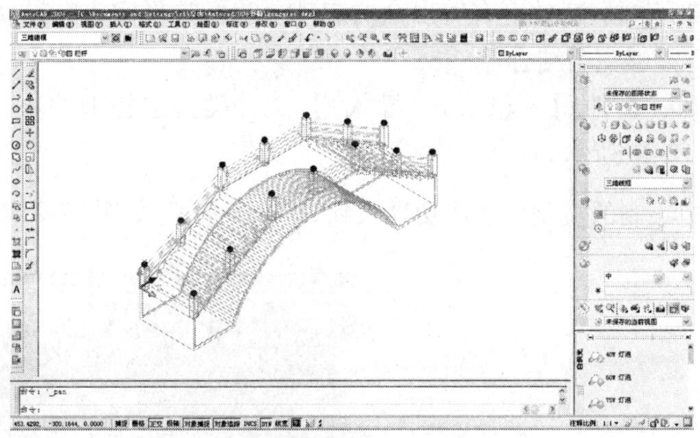

图 12-22　拱桥三维消隐图

视觉样式设置为“真实”时如图 12-23 所示，对其进行贴图设置后渲染效果如图 12-24 所示。但最终效果不够逼真，我们往往把图形导入 3dsmax 中进行渲染。图 12-25 为加贴图之前的模型效果。

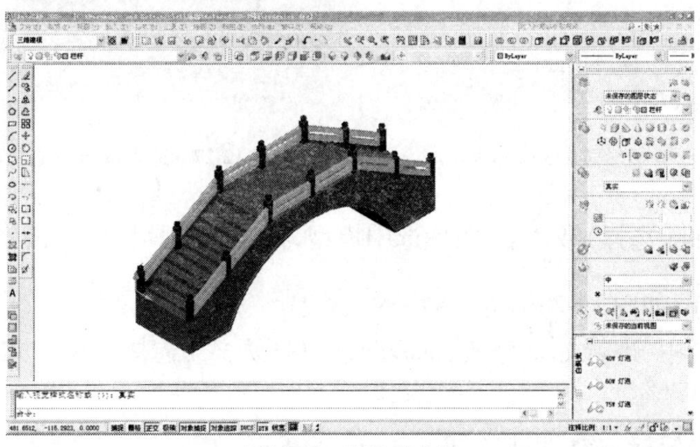

图 12-23　CAD 着色图

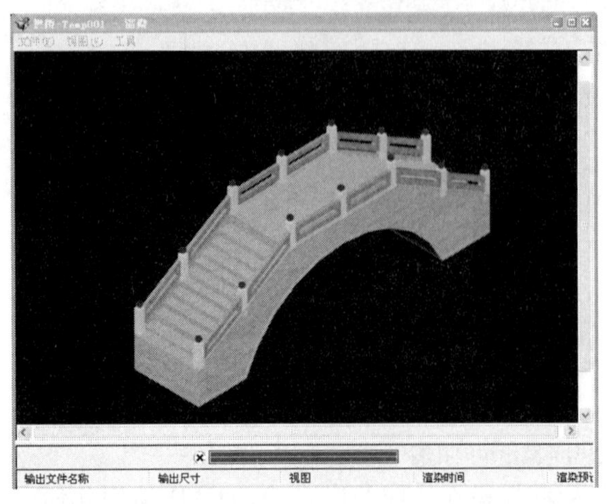

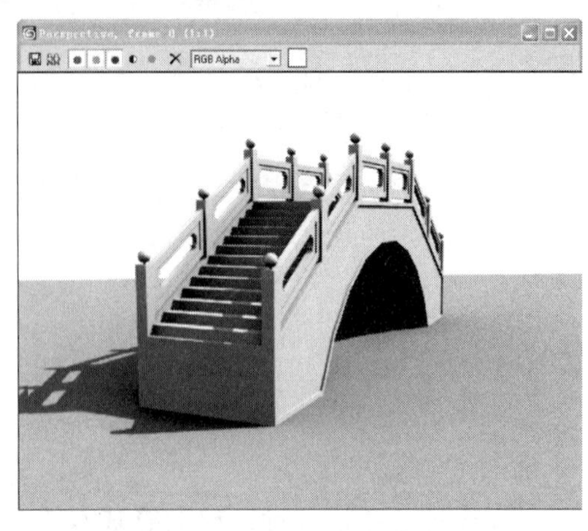

图 12-24　CAD 渲染效果图　　　　图 12-25　3dsmax 渲染模型效果

12.4　在 3dsmax 中进行贴图和渲染

3dsmax 最新版本为 3dsmax8 sp2，和 AutoCAD 同为 Autodesk 公司的软件。在三维建模中，材质、灯光、渲染、动画、特效上有着出众的表现。我们选择它进行贴图和渲染的主要原因是它和 AutoCAD 能够完美结合。

点击菜单栏【file（文件）】-【import（导入）】，文件类型选择 DWG。点击打开，弹出窗口，点击 OK，如图 12-26 所示。

现在在 CAD 中绘制的模型已经成功导入到 3dsmax 中了，如图 12-27 所示。

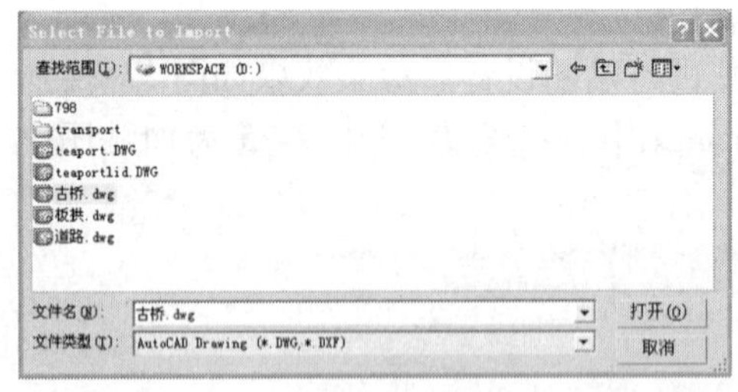

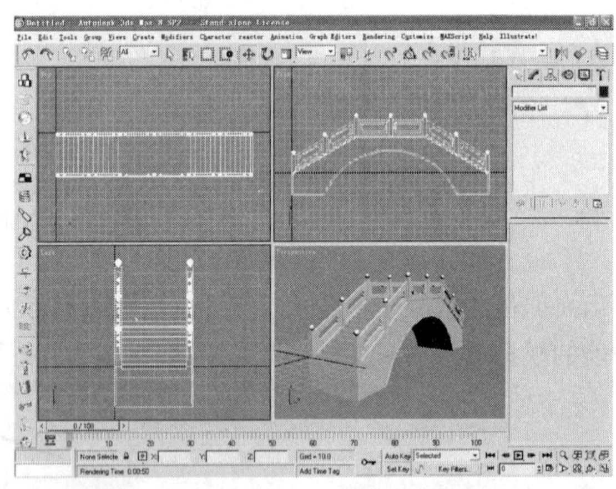

图 12-26　选择 CAD 图形导入 3dsmax　　　　图 12-27　进入 3dsmax 进行桥梁模型的贴图

按下键盘 W 键（选择）或 图标选中模型，在右侧工具栏中点击修改图标，在下拉菜单中选择 UVWmap，如图 12-28 所示。

在参数卷展栏中，进行如下修改，mapping（贴图方式）选择 Box 方式，长、宽、高全部改为 100。

在模型上点击鼠标右键，将其转换为 Editbale Poly，如图 12-29 所示。

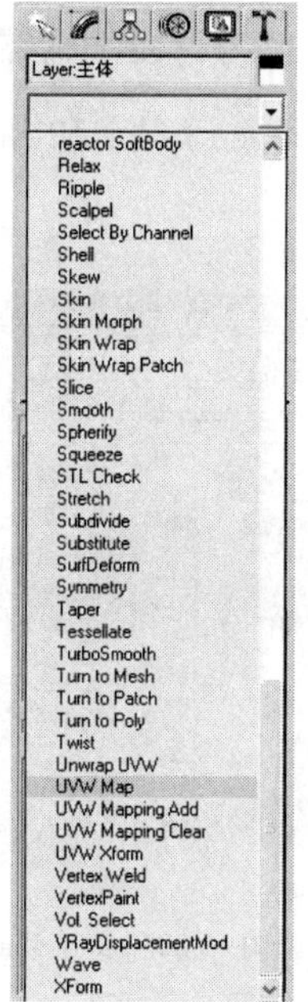

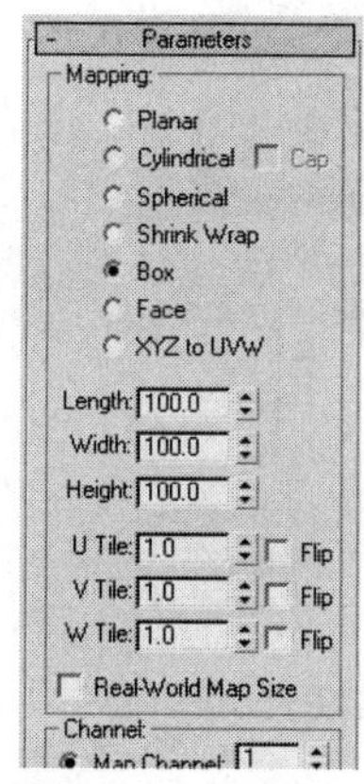

图 12-28　打开贴图下拉菜单

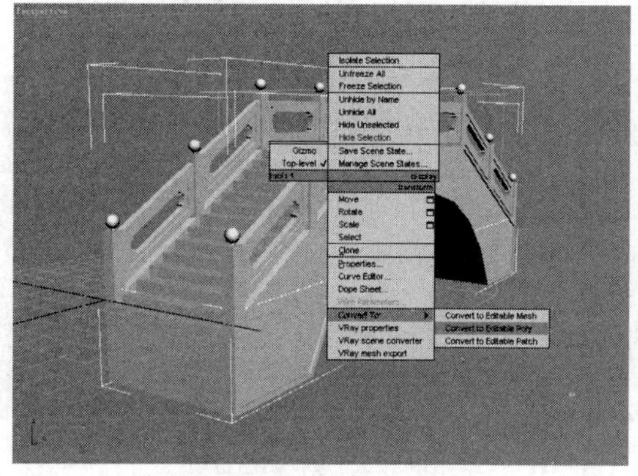

图 12-29　转换为 Editbale Poly

在面级别下选中两侧面,点击 Detach ,弹出窗口,点击 OK,这样就将选中的面分离出来了。选中桥模型的两个外侧面进行贴面如图 12-30 所示。

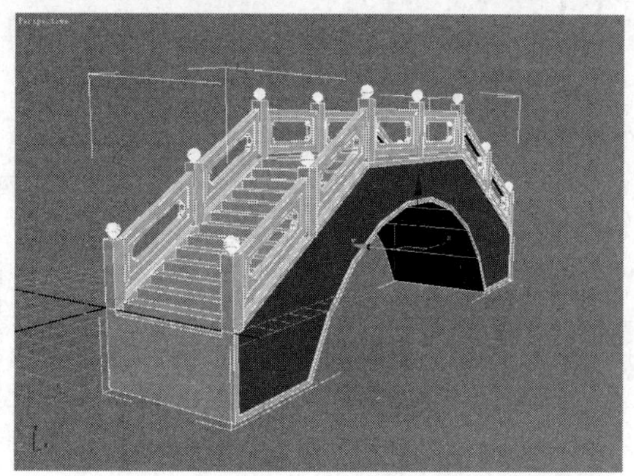

图 12-30　选中桥模型的两个外侧面进行贴图

按下键盘 M 键，或者点击 图标，弹出如下窗口为材质编辑器，如图 12-31 所示。

在材质编辑器的卷展栏里，展开 map 栏，钩选 Diffuse Color 和 Bump，分别为物体表面固有色和凹凸，如图 12-32 所示。

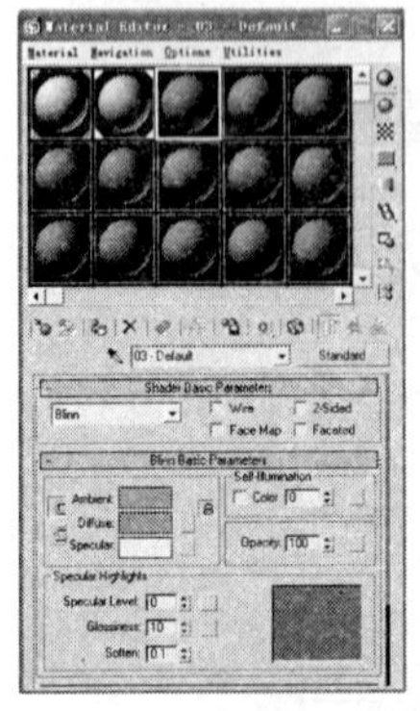

图 12-31　打开材质编辑器

+ Shader Basic Parameters
+ Blinn Basic Parameters
+ Extended Parameters
+ SuperSampling
- Maps

	Amount	Map
Ambient Color	100	None
☑ Diffuse Color	100	None
Specular Color	100	None
Specular Level	100	None
Glossiness	100	None
Self-Illumination	100	None
Opacity	100	None
Filter Color	100	None
☑ Bump	30	None
Reflection	100	None
Refraction	100	None
Displacement	100	None

图 12-32　展开 Map 栏

点击 Diffuse Color 和 Bump 对应的 None，分别指定两张图片，如图 12-33 所示。这两张图片是 Totaltextrue 制作的无缝贴图。可以通过其官方网站获得。

图 12-33　选择贴图材质

点击将制作好的材质赋予选中物体，点击观察效果图，如图 12-34 所示。

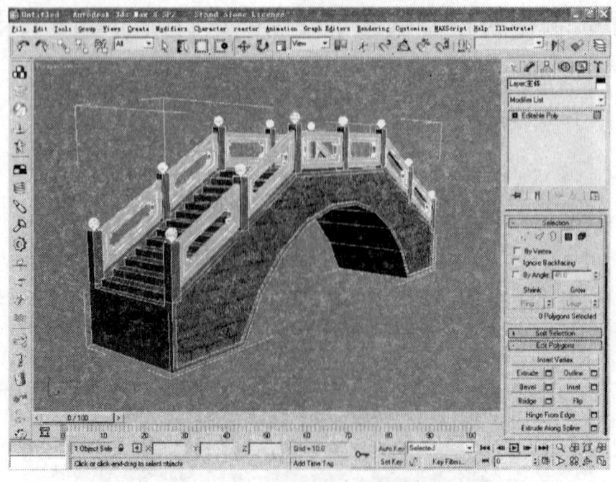

图 12-34　赋予拱桥材质

其他部分的材质制定同桥两侧,读者自己尝试着贴一下,这里篇幅有限,不再赘述。全部贴完之后效果如图 12-35 所示。

图 12-35 贴图效果

接下来进行灯光的创建,点击创建面板中的灯光面板,选择 Target Direct 目标直射光,来制作太阳效果,如图 12-36 和图 12-37 所示。设置参数如下:

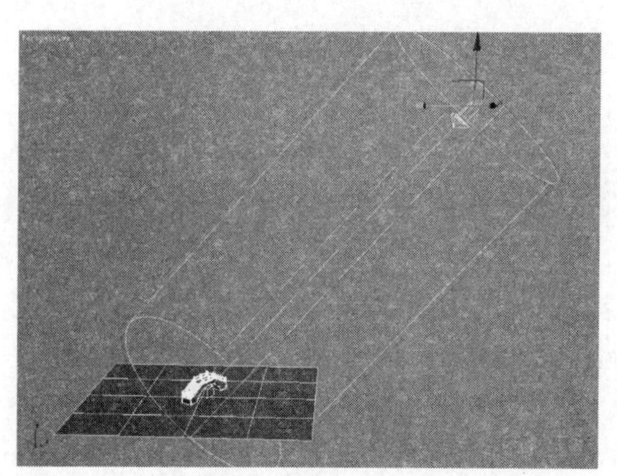

图 12-36 进行光线设置

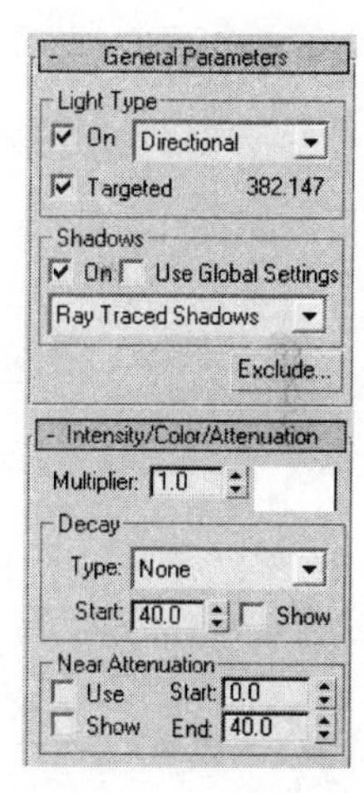

图 12-37 设置光线的具体参数

再次在创建面板的灯光面板中选择 Skylight 天光,创建在任意位置,采用默认参数。

点击或按键盘 F10 弹出渲染面板,在 Advanced Lighting 栏中设置参数如图 12-38 所示。

选择好角度按 F9 或点击图标,渲染图像,效果如图 12-39 所示。我们往往还要在 photoshop 中编辑渲染出的图像,为其添加背景、树木、人等。请读者参阅 photoshop 的有关教材。

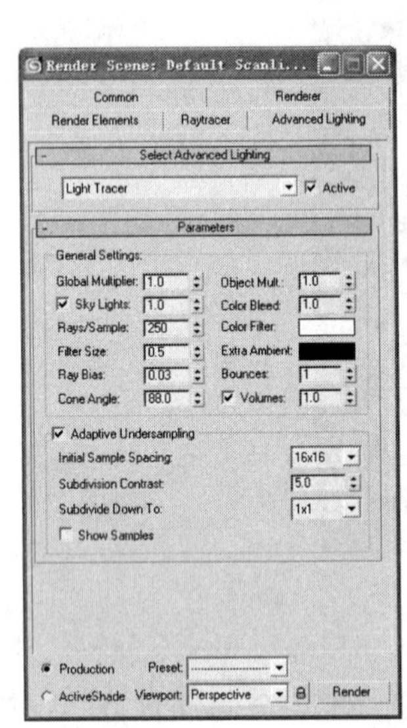

图 12-38　设置光线的渲染参数

图 12-39　渲染效果图

第 13 章　三维道路的绘制

道路是经济建设的先行设施，它对商品流通、发展经济、巩固国防、建设边疆、开发山区和旅游事业的发展等方面有着巨大的作用，我国山东、江苏等省有着密集的高速路网，这些基础设施的完备为它们的经济腾飞提供了强有力的支持。城市道路则是城市建设的基础，城市各类建筑依据道路的走向布置反映城市的风貌，所以城市道路是划分街坊，形成城市结构的骨架。任何一名设计者在进行道路选线的设计时，都应该预期到这条路今后的运营状况，以设计出满足交通及运营安全的道路。因此设计者也不应局限于平面设计，如果有立体辅助设计的思想融会到设计中，就会更加精确真实的设计出合理的道路。下面用一章的篇幅介绍如图 13-1 所示的三维道路的绘制方法，以便读者能将其贯通用于今后的道路设计中。

图 13-1　渲染效果图

13.1　绘图准备

道路一般有以下部分构成：道路、隔离带、道路行车线标志和路灯等组成。这些对象都可以用最基本的三维命令建立（ ）。下面简单介绍一下这些基本命令的用法。除了在命令行输入命令外，通过菜单也可以调用这些命令，如图 13-2 所示。

1. REVSURF 旋转网格

绕选定轴创建旋转曲面，通过将路径曲线或轮廓（直线、圆、圆弧、椭圆、椭圆弧、闭合多段线、多边形、闭合样条曲线或圆环）绕指定的轴旋转构造一个近似于旋转曲面的多边形网格。

命令：REVSURF

当前线框密度：SURFTAB1 = 当前值：SURFTAB2 = 当前值

选择要旋转的对象：选择直线、圆弧、圆或二维、三维多段线

选择定义旋转轴的对象：选择直线或开放的二维、三维多段线

生成网格的密度由 SURFTAB1 和 SURFTAB2 系统变量控制。SURFTAB1 指定在旋转

方向上绘制的网格线的数目。如果路径曲线是直线、圆弧、圆或样条曲线拟合多段线，SURFTAB2 将指定绘制的网格线数目以进行等分。如果路径曲线是没有进行样条曲线拟合的多段线，网格线将绘制在直线段的端点处，并且每个圆弧都被等分为 SURFTAB2 所指定的段数。

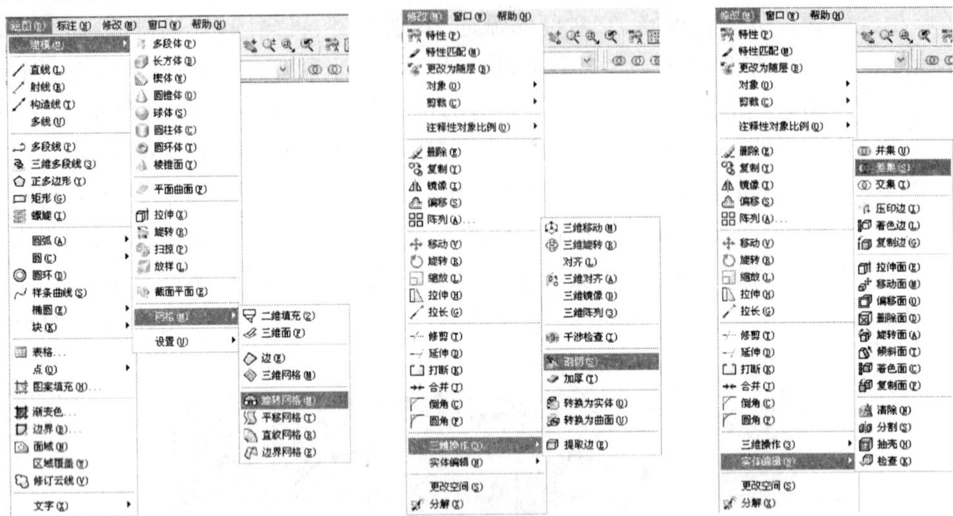

图 13-2　通过菜单调用上述命令

2. TABSURF 平移网格

沿路径曲线和方向矢量创建平移曲面。

命令：TABSURF

当前线框密度：SURFTAB1 =6

选择用作轮廓曲线的对象：

轮廓曲线定义多边形网格的曲面。它可以是直线、圆弧、圆、椭圆、二维或三维多段线。AutoCAD2008 从轮廓曲线上离选定点最近的点开始绘制曲面。

3. EXTRUDE 拉伸

通过拉伸现有二维对象创建唯一实体原型。

命令：EXTRUDE

当前线框密度：ISOLINES = 当前

选择要拉伸的对象：

指定拉伸高度或［方向(D)/路径(P)/倾斜角(T)］：指定拉伸实体的高度或输入 D 以指定拉伸实体的方向（或 P 以指定拉伸实体的路径、T 以指定拉伸实体的倾斜角）

4. SUBTRACT 差集

通过减操作合并选定的面域或实体。

命令：SUBTRACT

选择要从中减去的实体或面域···

选择对象：使用对象选择方法并在完成后按 ENTER 键

选择要减去的实体或面域···

选择对象：使用对象选择方法并在完成后按 ENTER 键

5. REVOLVE 旋转实体

通过绕轴旋转二维对象来创建实体。

命令：REVOLVE

当前线框密度：ISOLINES = 当前值

选择要旋转的对象：使用对象选择方式

REVOLVE 忽略多段线的宽度，并从多段线路径的中心线处开始旋转。

6. SLICE 剖切

用平面剖切一组实体。

命令：SLICE

选择要剖切的对象：使用对象选择方法并在完成后按 ENTER 键

AutoCAD 忽略当前选择集中的面域。

介绍完上述几个最基本的命令后，我们开始讲述本章中三维道路的具体绘制方法。如图 13-1 所示的道路为城市道路，横截面的具体尺寸为 2 + 3.75 + 2 + 3.75 + 3.75 + 0.3 + 3.75 + 3.75 + 2 + 3.75 + 2（四车道加绿化带和人行道），纵向长度 300m。

13.2 道路的绘制

1. 绘制道路横截面

将当前视口设置为主视图，然后再开始道路界面的绘制。按下 F8 打开正交，如图 13-3 所示，我们可以轻松捕捉水平和垂直位置，然后直接输入下一点到前一点的距离即可完成。

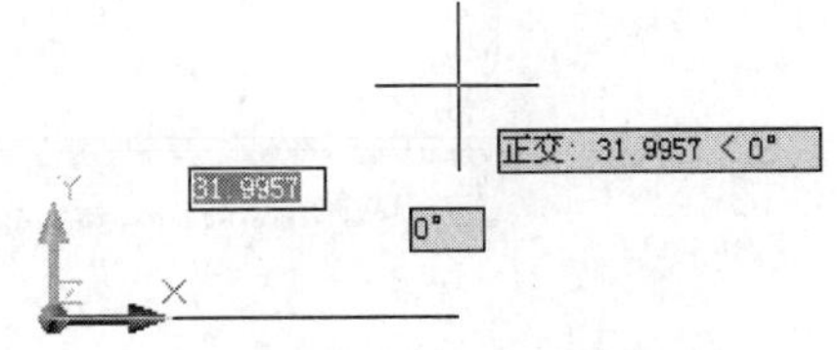

图 13-3 打开正交绘制直线

命令：L(line)

指定第一点：0,0

将光标向下一点位置，即右方移动，显示直线为水平状态，输入人行道宽度 2

将光标向下一点位置，即下方移动，显示直线为垂直状态，输入人行道高度 0.1

将光标向下一点位置，即右方移动，显示直线为水平状态，输入自行车道宽度 3.75

将光标向下一点位置，即上方移动，显示直线为垂直状态，输入绿化隔离带高度 0.2

将光标向下一点位置，即右方移动，显示直线为水平状态，输入绿化隔离带宽度 2

将光标向下一点位置，即下方移动，显示直线为垂直状态，输入绿化隔离带高度 0.2

将光标向下一点位置，即右方移动，显示直线为水平状态，输入机动车行道宽度的一半 7.65

然后按回车键。我们就得到道路截面的一半，如图 13-4 所示。

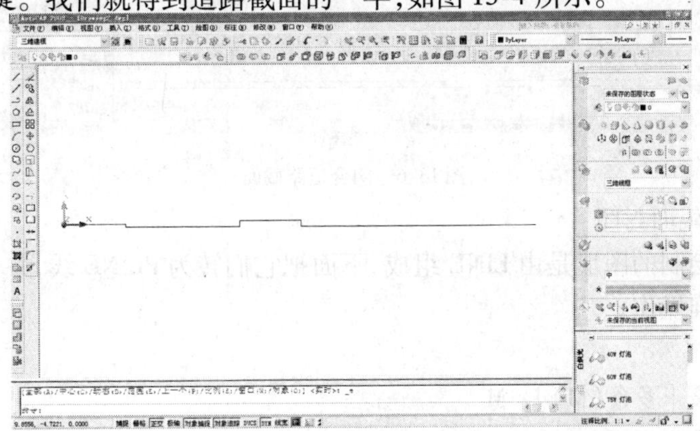

图 13-4 道路截面的一半

然后,通过镜像得到另一半。

命令: MIRROR (点击修改工具栏中的镜像图标)

选择对象: 框选所有直线段

选择对象: (回车)

指定镜像线的第一点: 15.4,0

指定镜像线的第二点: 15.4,10

要删除源对象吗? [是(Y)/否(N)] <N>:N

绘制如图 13-5 所示的图形。

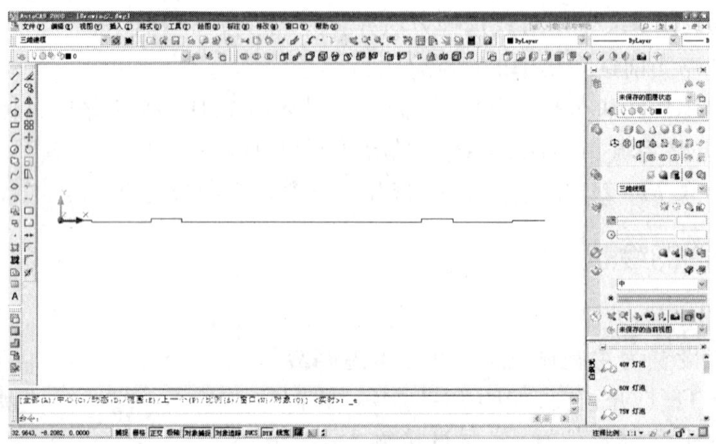

图 13-5 道路截面

继续用 LINE 命令绘制直线将其闭合并利用偏移 OFFESET、剪切 TRIM 命令在绿化隔离带上剪出两个凹槽,如图 13-6 所示,具体操作不再赘述。

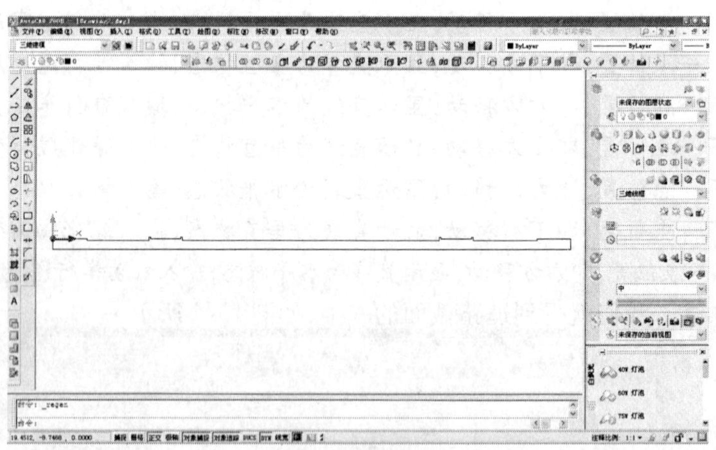

图 13-6 闭合道路截面

2. 将道路横截面封闭

我们当前所绘制的图形是由 LINE 组成,下面把它们转为 PLINE 线,并合并成一条,这样才能方便进行三维操作。

命令:PEDIT

选择多段线或 [多条(M)]: M

选择对象: ALL 找到 25 个

选择对象：回车或空格

是否将直线和圆弧转换为多段线？[是(Y)/否(N)]？<Y>

输入选项［闭合(C)/打开(O)/合并(J)/宽度(W)/拟合(F)/样条曲线(S)/非曲线化(D)/线型生成(L)/放弃(U)］：J

合并类型 = 延伸

输入模糊距离或［合并类型(J)］<0.0000>：

多段线已增加 24 条线段

按 Esc 键退出，即可将刚才的 25 条 line 转为一条 pline 了。

3. 绘制三维道路

如图 13-7 所示，绘制一条 300m 长的直线作为放样路径。

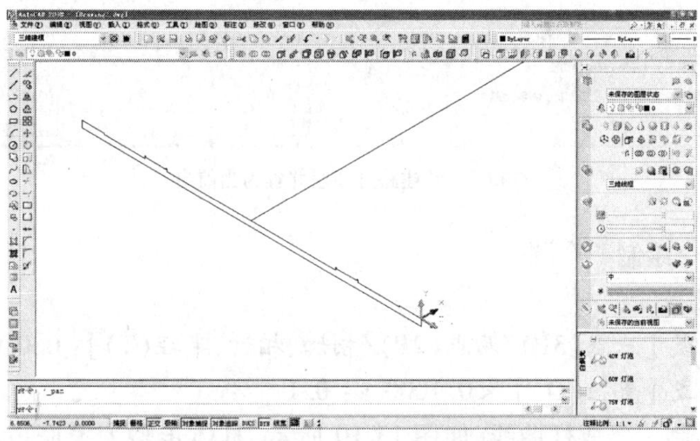

图 13-7　绘制放样路径

下面通过曲面拉伸出三维道路。

命令：TABSURF（点击平移网格图标）

当前线框密度：SURFTAB1 = 6

选择用作轮廓曲线的对象：（选择道路横截面）

选择用作方向矢量的对象：（选择所绘制 300m 长的放样直线）

得到如图 13-8 所示实体对象。

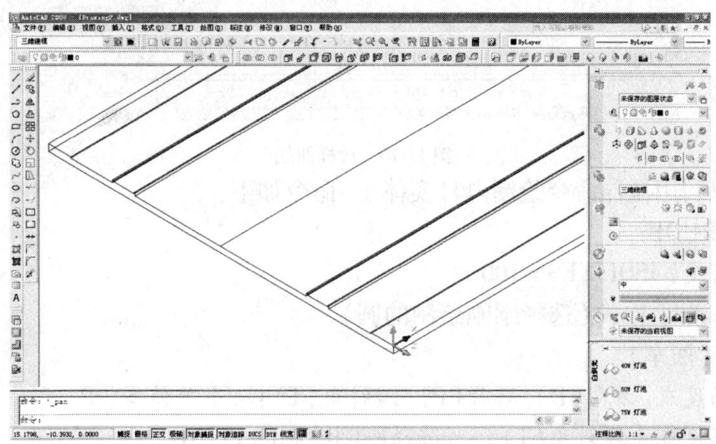

图 13-8　放样出三维道路

13.3 绘制路灯

1. 新建路灯图层

命令：LAYER（弹出如图 13-9 所示的对话框，新建路灯图层并将路灯图层设为当前图层，关闭所有其他图层）

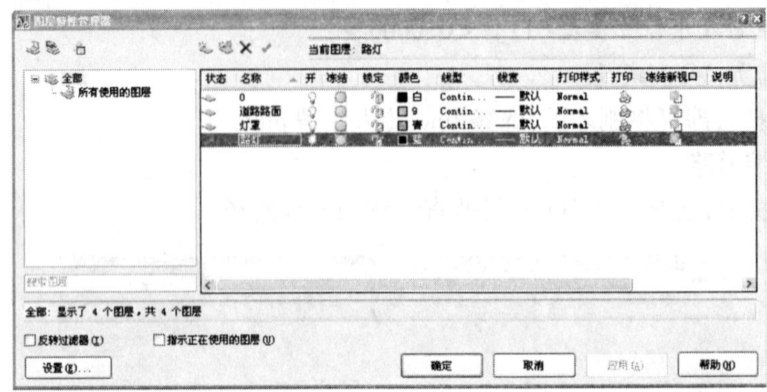

图 13-9　新建路灯图层并置为当前层

2. 绘制电杆

用 CIRCLE 命令绘制一个圆。

命令：CIRCLE

指定圆的圆心或［三点(3P)/两点(2P)/相切、相切、半径(T)］：0,0,0

指定圆的半径或［直径(D)］＜0.1000＞：0.1

再用 PLINE 绘制一条放样曲线，如图 13-10 所示，具体步骤大家应该相当熟悉了，这里不作多余介绍。

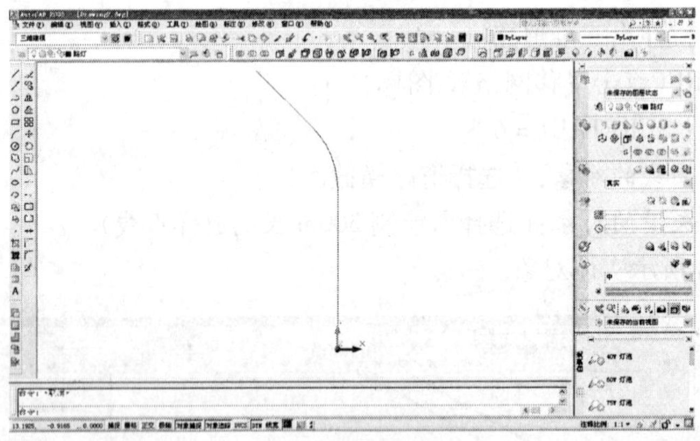

图 13-10　放样曲线

然后就可以利用拉伸命令绘制电杆实体了，命令如下：

命令：EXTRUDE

当前线框密度：ISOLINES = 100

选择对象：找到 1 个（选择刚刚绘制的圆）

选择对象：(回车)

指定拉伸高度或［方向(D)/路径(P)/倾斜角(T)］＜当前值＞：P

选择拉伸路径或［倾斜角(T)］：(选择刚刚绘制的 PLINE)

路径已移动到轮廓中心。

绘制如图 13-11 所示的图形。

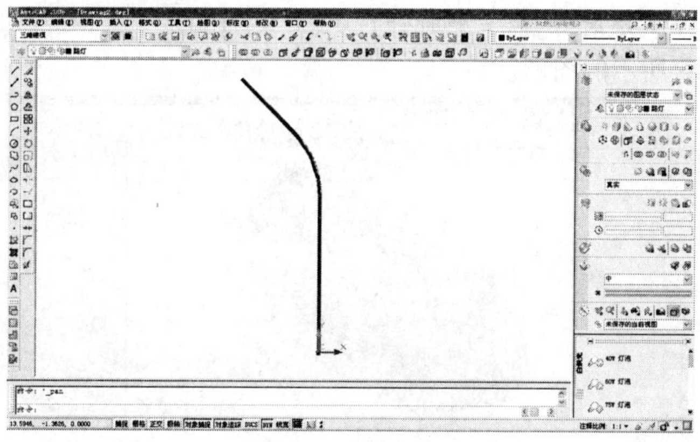

图 13-11　拉伸出电杆

3. 绘制一个由多段线构成的灯罩轮廓线

命令：UCS

当前 UCS 名称：* 主视 *

指定 UCS 的原点或[面(F)/命名(NA)/对象(OB)/ 上一个(P)/ 视图(V)/世界(W)/X/Y/Z/ Z 轴(ZA)] <世界>:NEW

指定新 UCS 的原点或 [Z 轴(ZA)/三点(3)/对象(OB)/面(F)/视图(V)/X/Y/Z] <0,0,0>:(在屏幕上任意点击一点作为新的坐标原点)

利用多段线 PLINE 命令绘制灯罩轮廓线。

使用鼠标逐步指定下一点的位置，得到如图 13-12 所示图形。

命令：_LINE (连接 *A*,*B* 点绘制出灯罩的旋转轴)

指定第一点：(点击图 13-12 中的 *A* 点)

指定下一点或 [放弃(U)]：(点击图 13-12 中的 *B* 点)

指定下一点或 [放弃(U)]：(回车)

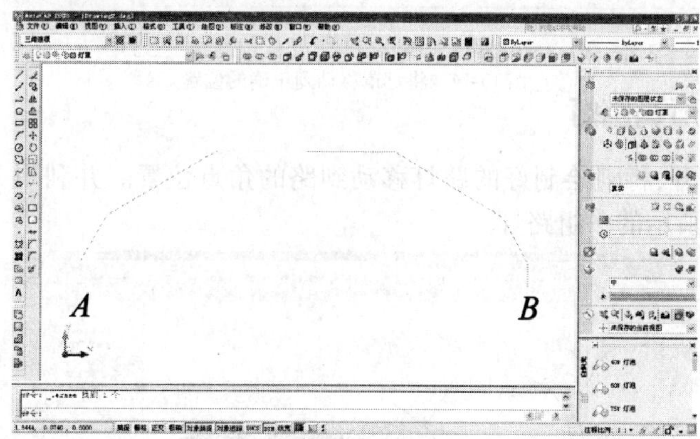

图 13-12　灯罩轮廓线

4. 沿着旋转轴旋转灯罩轮廓线

命令：REVSURF (点击旋转网格图标)

当前线框密度：SURFTAB1 = 6 SURFTAB2 = 6

选择要旋转的对象：(选择灯罩的轮廓线)

选择定义旋转轴的对象：(选择刚刚绘制的旋转轴)

指定起点角度 <0 >：（回车）

指定包含角（ + =逆时针，- =顺时针）<360 >：180

绘制如图 13-13 所示的图形。

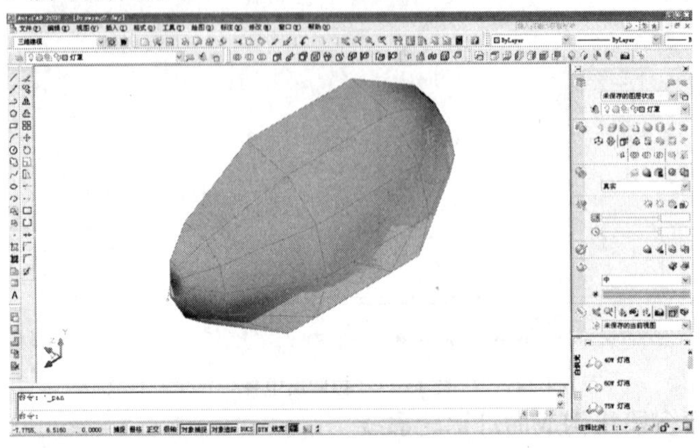

图 13-13　三维灯罩

5. 移动和转动灯罩并放到正确的位置

用移动和转动命令，将刚刚绘制好的灯罩放置到横撑的端点位置，具体步骤不再赘述，移动后的图形如图 13-14 所示。

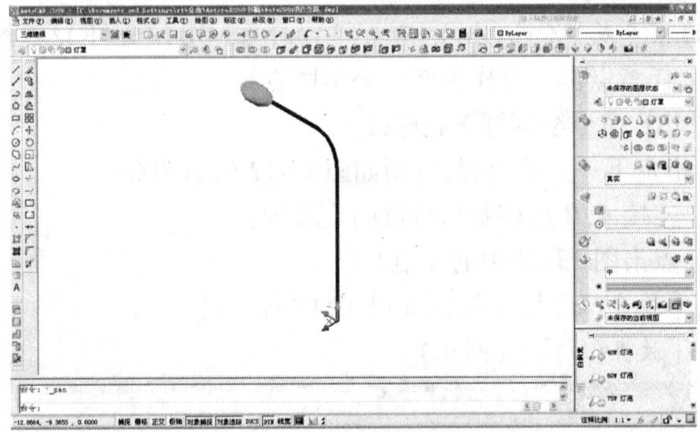

图 13-14　将灯罩移动到正确的位置

13.4　阵列所有路灯

将图层全部打开，将刚绘制好的路灯移动到路的角点位置。并利用 MIRROR 和 COPY 复制出如图 13-15 所示的一组路灯。

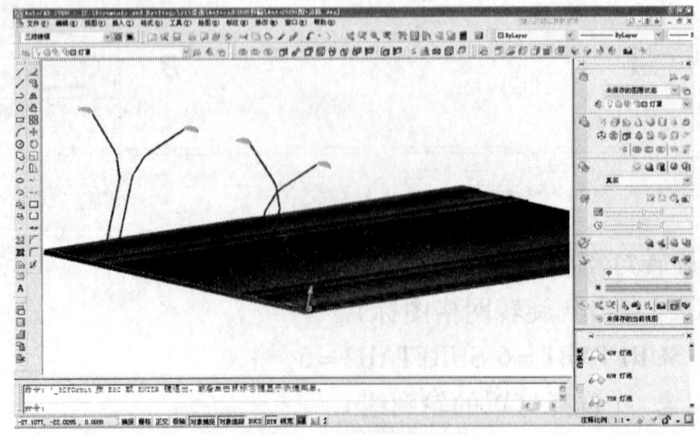

图 13-15　镜像和复制结果

命令:ARRAY(阵列复制路灯)

点击编辑工具栏中的阵列复制图标,弹出如图 13-16 所示的阵列复制对话框,在对话框中填写各种参数,然后点击确定按钮,绘制如图 13-17 所示的图形。

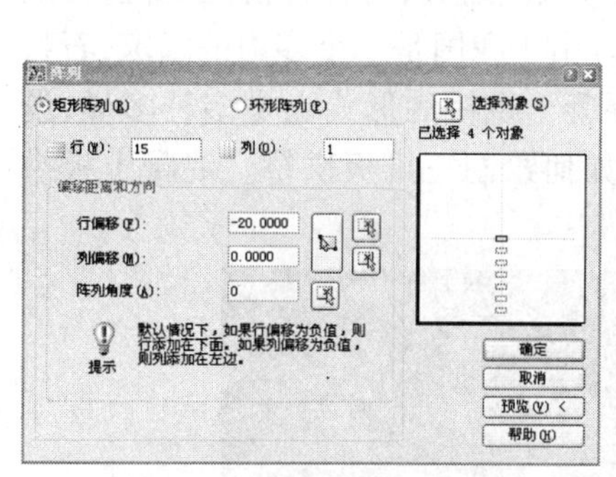

图 13-16 阵列复制对话框

图 13-17 阵列复制出所有路灯

插入汽车模块后的渲染图如图 13-18 所示。

图 13-18 插入汽车模块后渲染图

第 14 章　三维板拱桥的绘制

拱桥是我国最常用的一种桥梁形式之一,其式样之多,数量之大,为各种桥型之冠,特别是公路桥梁,据不完全统计,我国的公路桥中 7% 为拱桥。由于我国是一个多山的国家,石料资源丰富,因此拱桥多以石料为主。同时,我国的钢筋混凝土拱桥的形式也是多种多样,设计出一个好的拱桥可以增强城市的美感,本章主要讲述如何绘制三维板拱桥。混凝土板拱桥效果图如图 14-1 所示。

图 14-1　混凝土板拱桥效果图

14.1　绘制主拱的轮廓线

命令：ARC 指定圆弧的起点或［圆心(C)］:0,0

指定圆弧的第二个点或［圆心(C)/端点(E)］：e

指定圆弧的端点:100,0

指定圆弧的圆心或［角度(A)/方向(D)/半径(R)］：d

指定圆弧的起点切向:35

即得如图 14-2 所示圆弧。(注意:主拱及腹拱需在主视图视口中绘制)

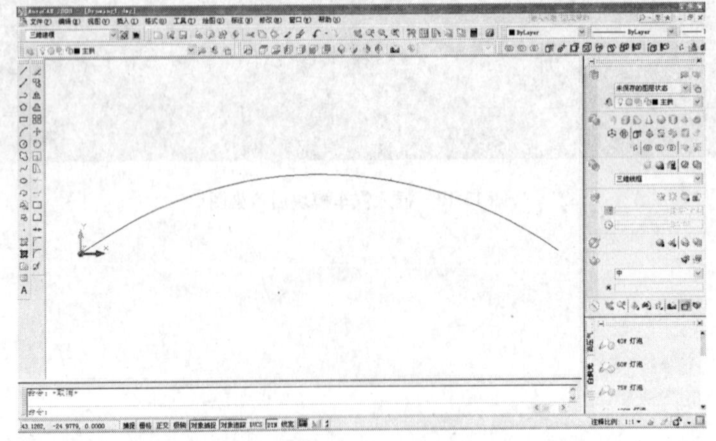

图 14-2　绘制主拱轮廓线

偏移刚才所绘轮廓线：

命令：O

OFFSET

当前设置：删除源 = 否 图层 = 源 OFFSETGAPTYPE = 0

指定偏移距离或［通过(T)/删除(E)/图层(L)］<通过>：1

选择要偏移的对象，或［退出(E)/放弃(U)］<退出>：(点击所绘轮廓线)

指定要偏移的那一侧上的点，或［退出(E)/多个(M)/放弃(U)］<退出>：(点击圆弧上方空白)

选择要偏移的对象，或［退出(E)/放弃(U)］<退出>：(回车确认退出)

再连接两端，使图形闭合。注意打开端点捕捉，结果如图 14-3 所示。

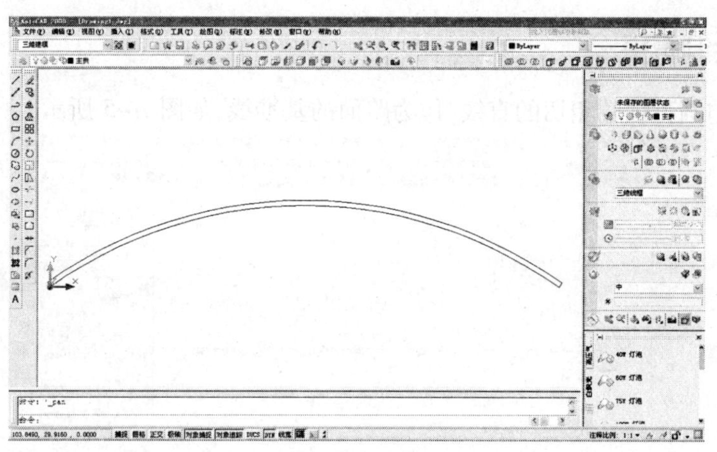

图 14-3　闭合轮廓线

将图形合并为一条 PLINE 线。

命令：PEDIT

选择多段线或［多条(M)］：m

选择对象：指定对角点：找到 4 个 (选择全部)

选择对象：

是否将直线和圆弧转换为多段线？［是(Y)/否(N)］？<Y>：

输入选项

［闭合(C)/打开(O)/合并(J)/宽度(W)/拟合(F)/样条曲线(S)/非曲线化(D)/线型生成(L)/放弃(U)］：j

合并类型 = 延伸

输入模糊距离或［合并类型(J)］<0.0000>：

多段线已增加 3 条线段

输入选项

［闭合(C)/打开(O)/合并(J)/宽度(W)/拟合(F)/样条曲线(S)/非曲线化(D)/线型生成(L)/放弃(U)］：*取消*（Esc 退出）

将刚才所绘图形复制(COPY)三个，首尾相连，如图 14-4 所示。

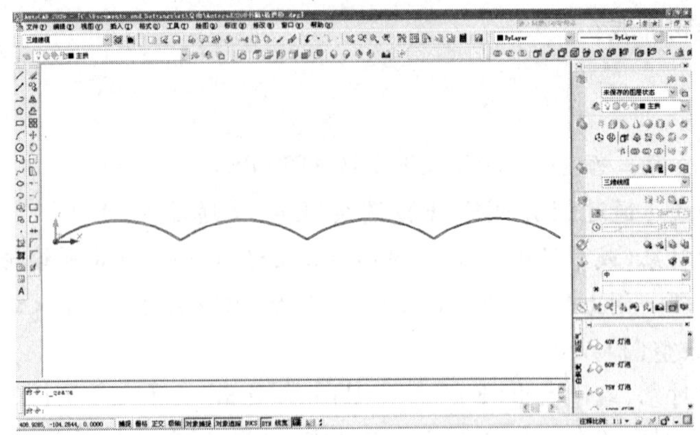

图 14-4　复制出所有主拱轮廓

14.2　绘制腹拱

绘制一条与圆弧顶端相切的直线,作为路面的基准线,如图 14-5 所示。

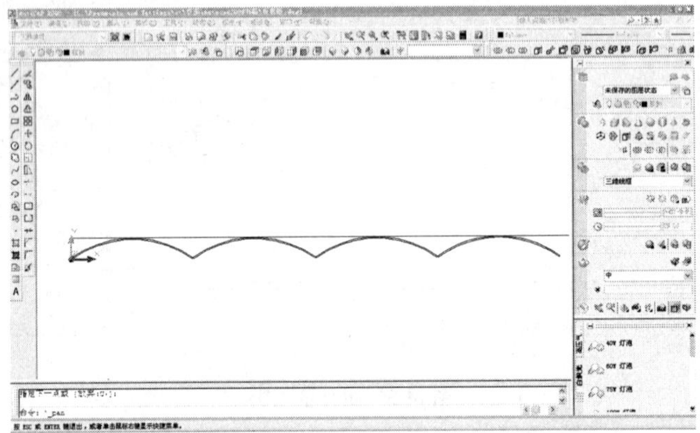

图 14-5　绘制路面基准线

绘制如图 14-6 所示两条辅助直线,水平的一条由路面基准线向下偏移 5.4 所得,垂直的一条为两拱中间的对称线。

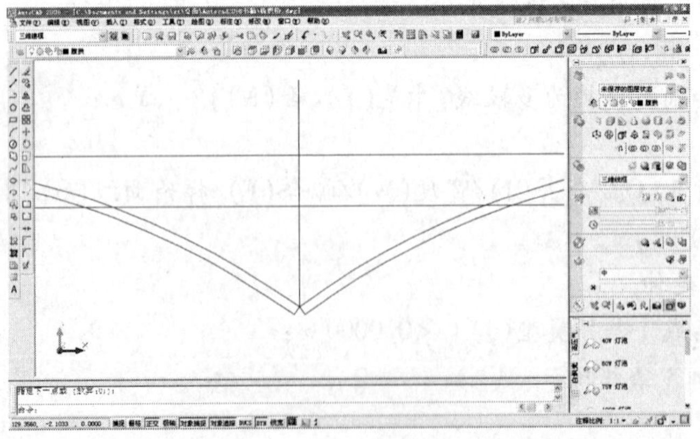

图 14-6　绘制辅助线

通过三点绘制圆弧,如图 14-7 所示。

命令: _arc 指定圆弧的起点或 [圆心(C)]: (点击 a 点)

指定圆弧的第二个点或[圆心(C)/端点(E)]:(点击 b 点)
指定圆弧的端点:(点击 c 点)

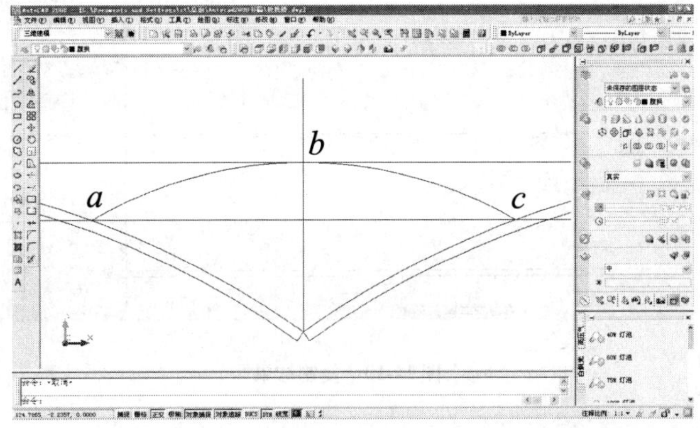

图 14-7　三点绘制圆弧

将辅助线删除,得如图 14-8 所示圆弧。

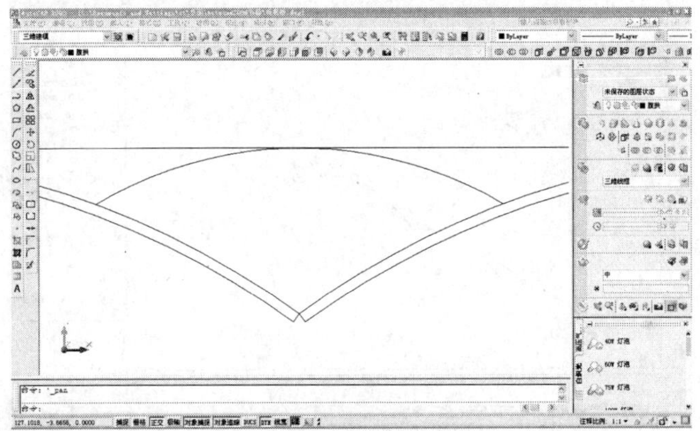

图 14-8　删除辅助线得到圆弧

将这段圆弧向下偏移 0.5,闭合并转为 PLINE,如图 14-9 所示。

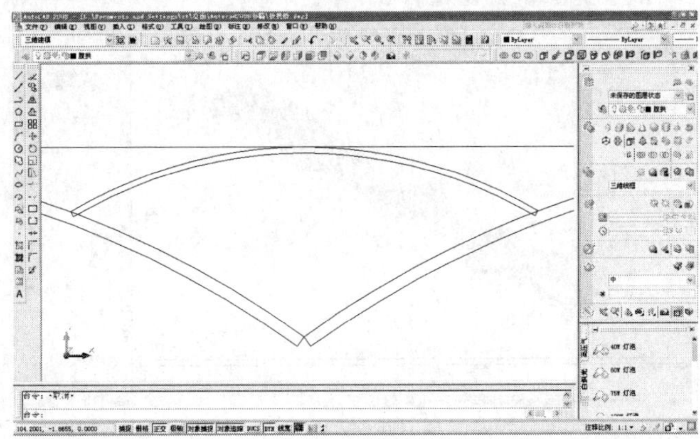

图 14-9　向下偏移得到所示 PLINE

复制到适当位置,注意两端需要切去一半,得到如图 14-10 所示对象。

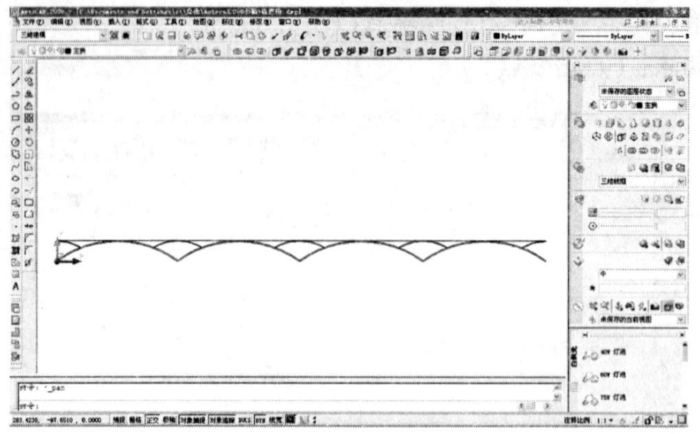

图 14-10　复制结果

14.3　拉伸出三维拱

将视口改为西南等轴测视图，结果如图 14-11 所示。

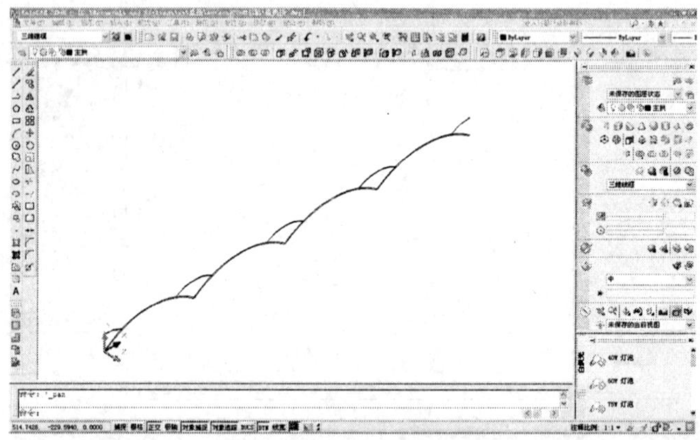

图 14-11　西南等轴测视图

拉伸出三维体，并改变着色方式，得到图 14-12。

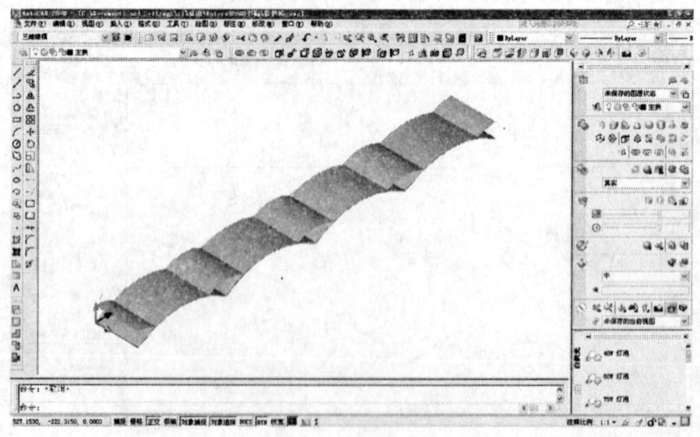

图 14-12　拉伸出形体

命令：EXTRUDE

当前线框密度：ISOLINES = 100

选择要拉伸的对象：all

选择要拉伸的对象：(回车确认)

指定拉伸高度或［方向(D)/路径(P)/倾斜角(T)］：50

命令：

命令：VSCURRENT

输入选项

［二维线框(2)/三维线框(3)/三维隐藏(H)/真实(R)/概念(C)/其他(O)］<三维线框>：R

(注意：可以在【视图】主菜单【视觉样式】子菜单的视觉样式管理器中修改各种视图的设置)

14.4　绘制承台

绘制承台在俯视图视口中绘制，绘制如图14-13所示辅助线，图中水平线间距为56。

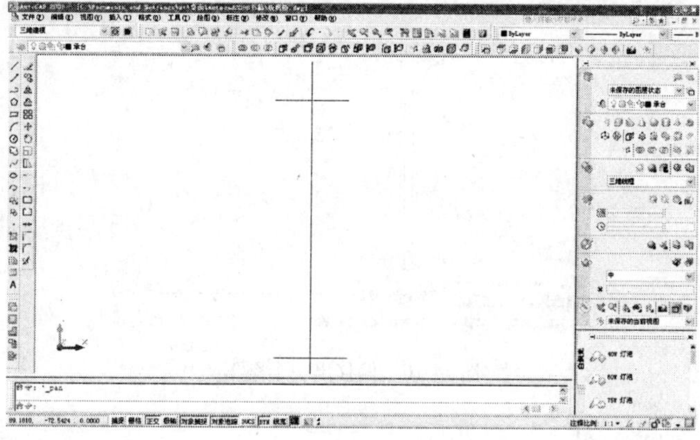

图14-13　绘制辅助线

将图中垂直线分别向左右偏移2，并利用CIRCLE命令绘制两个圆，如图14-14所示。

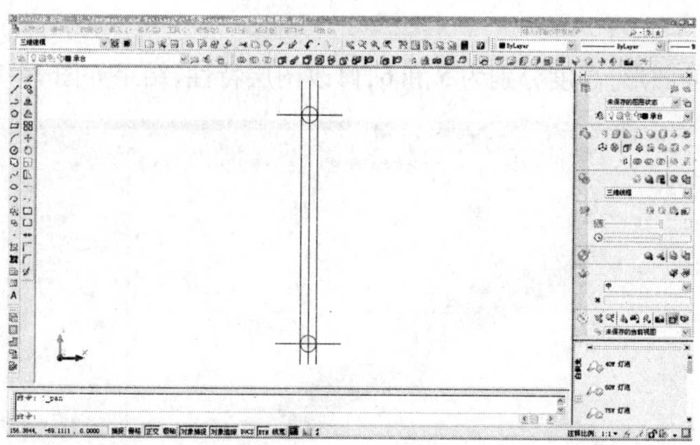

图14-14　在图中所示位置画圆

通过剪切(TRIM)命令去掉多余部分得到图14-15，同样用PEDIT命令将其转化为PLINE。

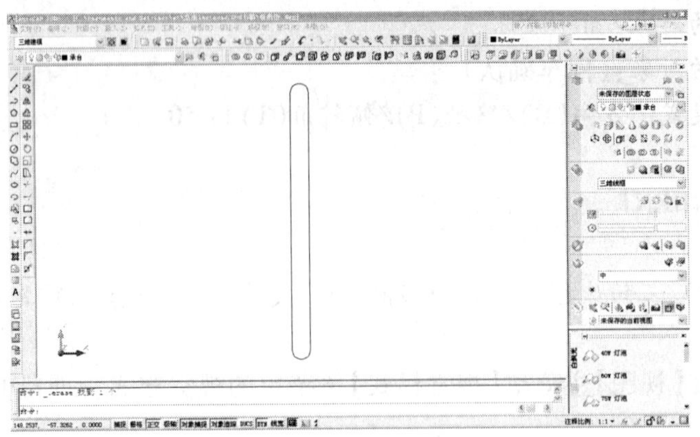

图 14-15　剪切之后的结果

将 PLINE 向内侧偏移 1,得到图 14-16。

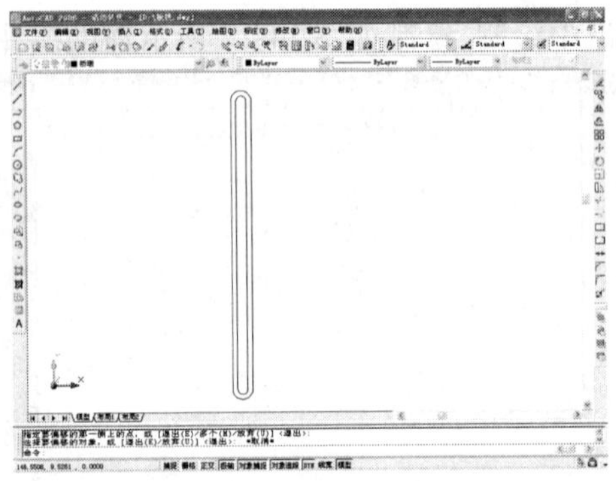

图 14-16　偏移出一个图形

命令：OFFSET

当前设置：删除源 = 否 图层 = 源 OFFSETGAPTYPE = 0

指定偏移距离或［通过(T)/删除(E)/图层(L)］ <2.0000>：1

选择要偏移的对象,或［退出(E)/放弃(U)］<退出>：(点击绘制的多段线)

指定要偏移的那一侧上的点,或［退出(E)/多个(M)/放弃(U)］ <退出>：(点击图形内侧)

切换视图,拉伸图形,高度分别为 5 和 6,修改图层特性,结果如图 14-17 所示。

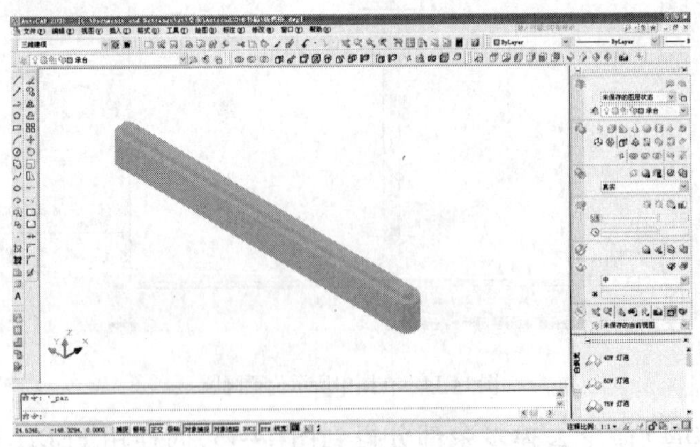

图 14-17　拉伸出形体

命令：_-view 输入选项

[?/删除(D)/正交(O)/恢复(R)/保存(S)/设置(E)/窗口(W)]：_swiso 正在重生成模型。

命令：EXTRUDE

当前线框密度：ISOLINES=100

选择对象：找到 1 个（选择外面的多段线）

选择对象：

指定拉伸高度或[方向(D)/路径(P)/倾斜角(T)]：5

命令：EXTRUDE

当前线框密度：ISOLINES=100

选择要拉伸的对象：找到 1 个（选择里面的多段线）

选择要拉伸的对象：

指定拉伸高度或［方向(D)/路径(P)/倾斜角(T)]:6

将拉伸出的承台放置在正确位置，如图 14-18 所示。

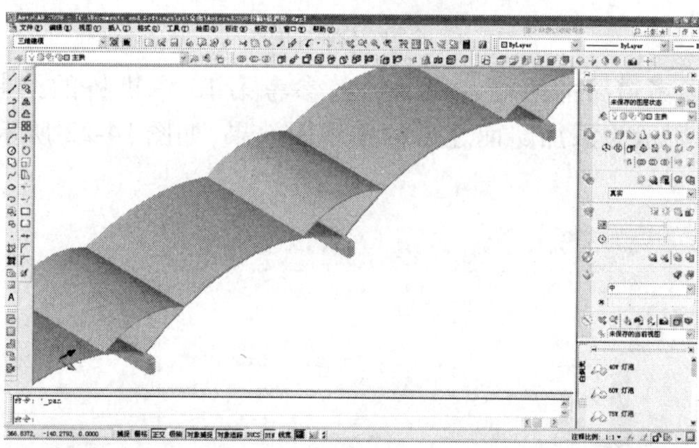

图 14-18　正确摆放承台位置

14.5　绘制桥台

用 PLINE 绘制轮廓及栏杆，如图 14-19 所示，并拉伸成三维物体。

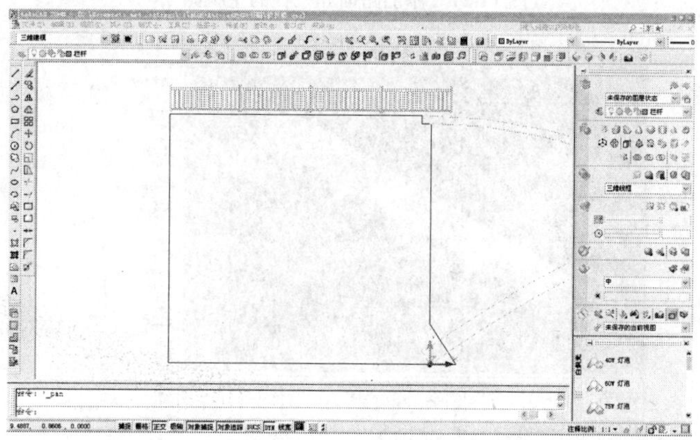

图 14-19　绘制桥台轮廓

命令：EXTRUDE
当前线框密度：ISOLINES = 100
选择要拉伸的对象：找到 1 个
选择要拉伸的对象：
指定拉伸高度或[方向(D)/路径(P)/倾斜角(T)]：50
镜像复制这个桥台到桥另一端，如图 14-20 所示。

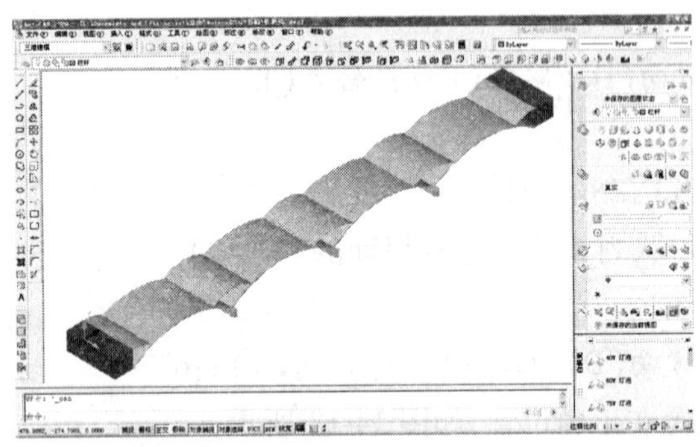

图 14-20　拉伸出桥台

桥面的制作，参考道路的绘制，添加栏杆，参考第 13 章拱桥的绘制，这里就不再介绍了。如图 14-21 所示为添加路面之后的主视图效果，如图 14-22 所示为渲染之后的效果图。

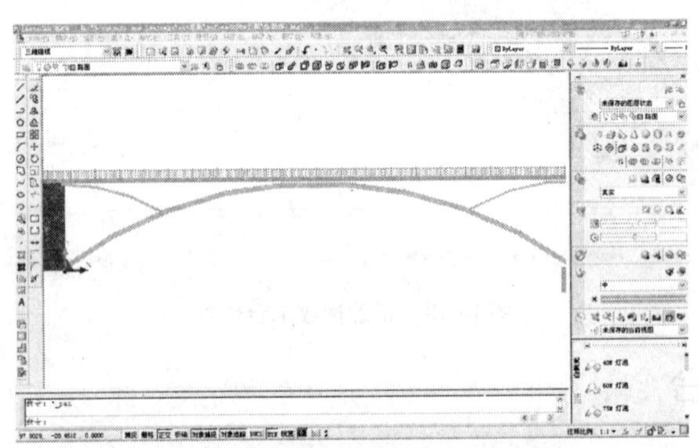

图 14-21　添加路面和栏杆的主视图

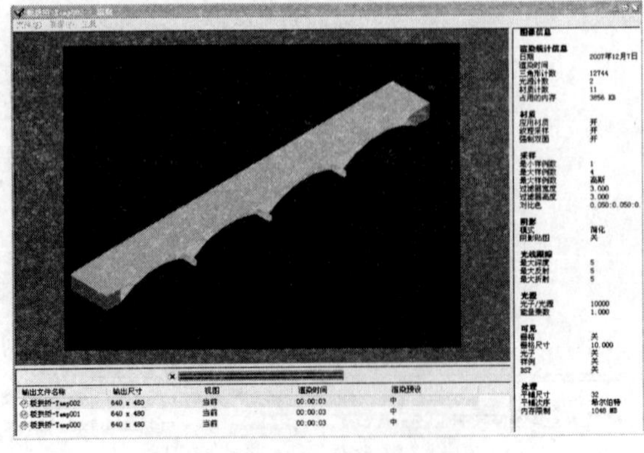

图 14-22　渲染后的效果图

14.6 绘制支撑

绘制支撑点，如图 14-23 所示，通过复制绘出桥面板下沿和拱上沿。

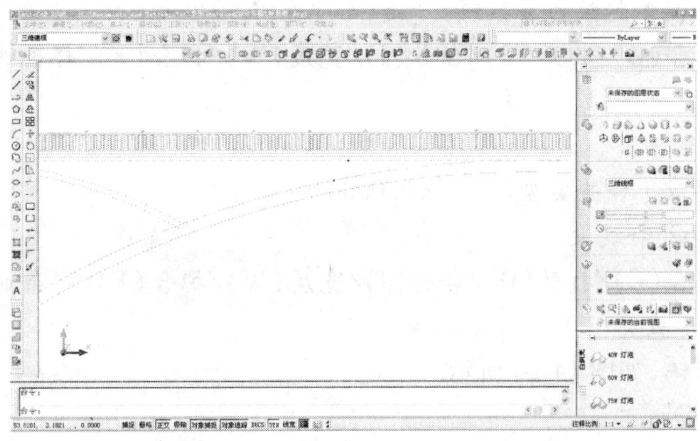

图 14-23　通过捕捉勾出路面下沿和拱上沿

在刚刚绘出的线之间绘制相切圆，如图 14-24 所示。

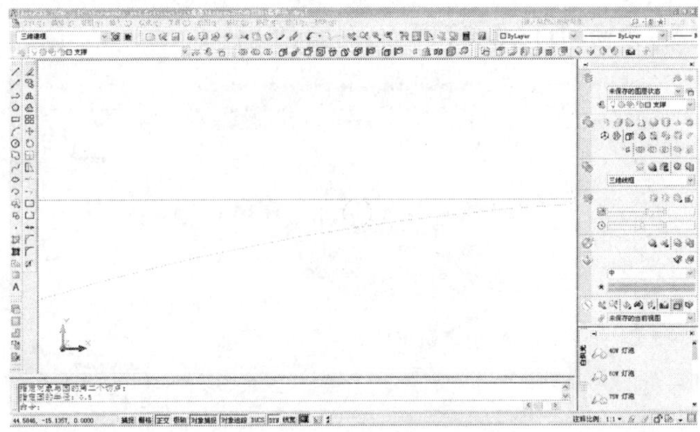

图 14-24　绘制相切圆

命令：C

CIRCLE 指定圆的圆心或［三点(3P)/两点(2P)/相切、相切、半径(T)］：T

指定对象与圆的第一个切点：

＊需要“切点”对象捕捉并且选择圆、圆弧或直线＊

指定对象与圆的第一个切点：(点击上沿)

指定对象与圆的第二个切点：(点击下沿)

指定圆的半径：0.5

剪切得到如图 14-25 所示图形，并将其转为一条 PLINE。

命令：PEDIT

选择多段线或［多条(M)］：M

选择对象：找到 1 个

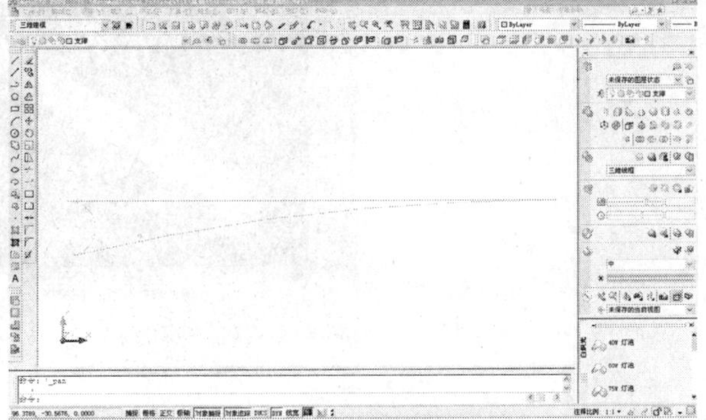

图 14-25　剪切并编辑 PLINE

选择对象：找到 1 个，总计 2 个

选择对象：找到 1 个，总计 3 个

选择对象：

是否将直线和圆弧转换为多段线？[是(Y)/否(N)]？<Y>

输入选项 [闭合(C)/打开(O)/合并(J)/宽度(W)/拟合(F)/样条曲线(S)/非曲线化(D)/线型生成(L)/放弃(U)]：J

合并类型 = 延伸

输入模糊距离或 [合并类型(J)] <0.0000>：

多段线已增加 2 条线段

输入选项 [闭合(C)/打开(O)/合并(J)/宽度(W)/拟合(F)/样条曲线(S)/非曲线化(D)/线型生成(L)/放弃(U)]：＊取消＊

拉伸出三维形体，如图 14-26 所示。

命令：EXTRUDE

当前线框密度：ISOLINES =4

选择要拉伸的对象：找到 1 个

选择要拉伸的对象：

指定拉伸高度或[方向(D)/路径(P)/倾斜角(T)]：6

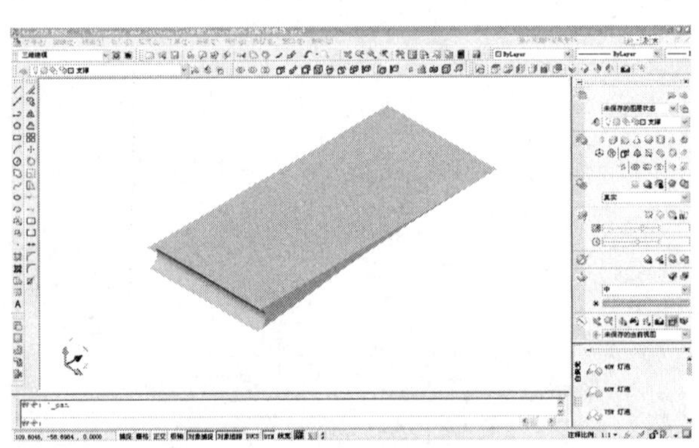

图 14-26 拉伸出实体

通过镜像和阵列复制出所有支撑，如图 14-27 所示。

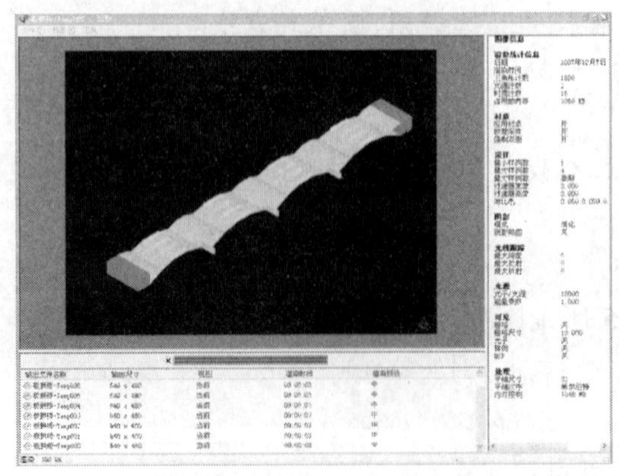

图 14-27 镜像和阵列绘出支撑的渲染图

同理,制作腹拱上的支撑,在此不再赘述。

打开所有隐藏图层,制作完成。读者可以再添加一些路灯、车辆等。最后在 3dsmax 中渲染效果,如图 14-28 所示。

图 14-28 效果图

第 15 章　三维斜拉桥的绘制

下面我们用一章的篇幅讲述如何绘制三维斜拉桥，跨海、跨江的超大型桥梁往往能代表一个国家、一个城市的形象，一个气势恢弘的斜拉桥更能给人带来无尽的想象力和美感。所以作为一个设计者应该有美学的基础，这样我们设计出的桥梁才能给这个城市这个国家添加一道靓丽的风景。如图 15-1 所示为某斜拉桥设计效果图。

图 15-1　斜拉桥效果图一

斜拉桥的平面布置图和立面布置图如图 15-2 所示。

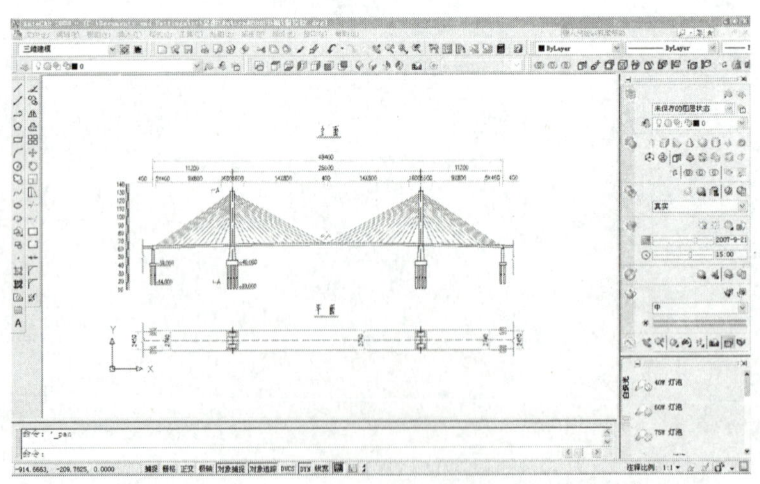

图 15-2　斜拉桥的立面和平面布置图

主梁的横截面图如图 15-3 所示。

主塔的横断面如图 15-4 所示。

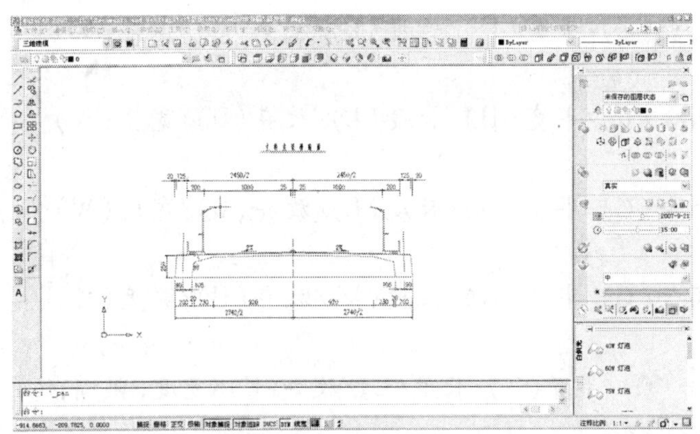

图 15-3　主梁横截面布置图

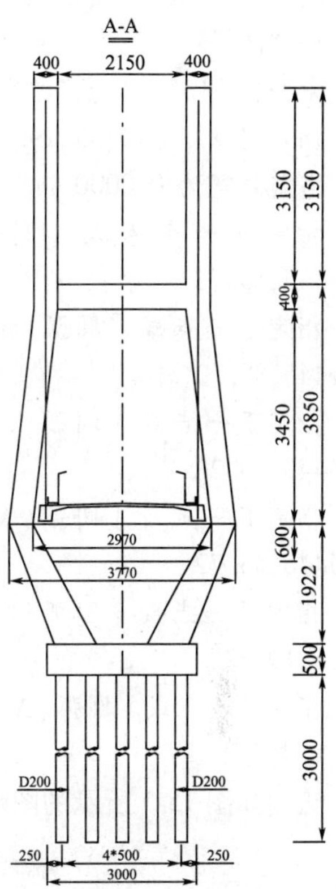

图 15-4　主塔横断面

介绍完此斜拉桥的基本尺寸情况后，我们开始详细讲述一下如何绘制三维斜拉桥。

15.1　绘制主塔横断面

1. 首先画出塔的一半

在【三维建模】工作空间绘图。

命令：UCS

当前 UCS 名称：*世界*

指定 UCS 原点或［面(F)/命名(NA)/对象(OB)/上一个(P)/视图(V)/世界(W)/X/Y/Z/Z 轴(ZA)］<世界>：N

指定新 UCS 的原点或［Z 轴(ZA)/三点(3)/对象(OB)/面(F)/视图(V)/X/Y/Z］<0,0,0>：(在屏幕上任意点一点作为新的坐标原点)

命令：_PLINE (点击绘图工具栏中的多段线图标)

指定起点：-4.25,0

当前线宽为 0.0000

指定下一个点或［圆弧(A)/半宽(H)/长度(L)/放弃(U)/宽度(W)］：-14.85,19.22

指定下一点或［圆弧(A)/闭合(C)/半宽(H)/长度(L)/放弃(U)/宽度(W)］：-18.85,19.22

指定下一点或［圆弧(A)/闭合(C)/半宽(H)/长度(L)/放弃(U)/宽度(W)］：-11.25,0

指定下一点或［圆弧(A)/闭合(C)/半宽(H)/长度(L)/放弃(U)/宽度(W)］：C(将下塔柱封闭)

命令：_PLINE（点击绘图工具栏中的多段线图标）

指定起点：-14.85,19.22

当前线宽为 0.0000

指定下一个点或［圆弧(A)/半宽(H)/长度(L)/放弃(U)/宽度(W)］：-10.6445,53.72

指定下一点或［圆弧(A)/闭合(C)/半宽(H)/长度(L)/放弃(U)/宽度(W)］：-10.6445,89.22

指定下一点或［圆弧(A)/闭合(C)/半宽(H)/长度(L)/放弃(U)/宽度(W)］：-14.6445,89.22

指定下一点或［圆弧(A)/闭合(C)/半宽(H)/长度(L)/放弃(U)/宽度(W)］：-14.6445,53.72

指定下一点或［圆弧(A)/闭合(C)/半宽(H)/长度(L)/放弃(U)/宽度(W)］：-18.85,19.22

指定下一点或［圆弧(A)/闭合(C)/半宽(H)/长度(L)/放弃(U)/宽度(W)］：C(将上塔柱封闭)

绘制如图 15-5 所示的图形。

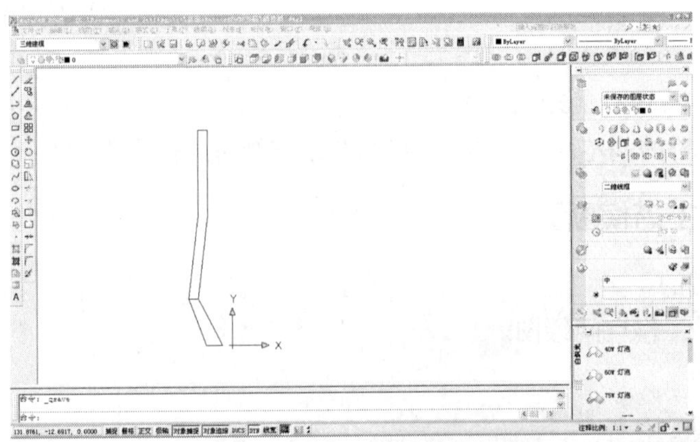

图 15-5　塔的一半

2. 镜像出塔的另一半并绘制出上下横梁

命令：_MIRROR（点击编辑工具栏中的镜像复制图标）

选择对象：all 找到 2 个（选择所有对象作为镜像对象）

选择对象：(回车)

指定镜像线的第一点：0,0

指定镜像线的第二点：0,100

要删除源对象吗？［是(Y)/否(N)］<N>:N

命令：_RECTANG（或点击绘图菜单中的矩形图标）

指定第一个角点或［倒角(C)/标高(E)/圆角(F)/厚度(T)/宽度(W)］：-10.6445,53.72

指定另一个角点或［面积(A)/尺寸(D)/旋转(R)］：@21.289,4（绘制出上横

梁）

命令：_PLINE（点击绘图工具栏中的多段线图标）

指定起点：-14.85,19.2

当前线宽为 0.0000

指定下一个点或［圆弧(A)/半宽(H)/长度(L)/放弃(U)/宽度(W)］：14.85,19.2

指定下一点或［圆弧(A)/闭合(C)/半宽(H)/长度(L)/放弃(U)/宽度(W)］：11.5409,13.22

指定下一点或［圆弧(A)/闭合(C)/半宽(H)/长度(L)/放弃(U)/宽度(W)］：-11.5409,13.22

指定下一点或［圆弧(A)/闭合(C)/半宽(H)/长度(L)/放弃(U)/宽度(W)］：C(将下横梁封闭)

绘制如图 15-6 所示的图形。

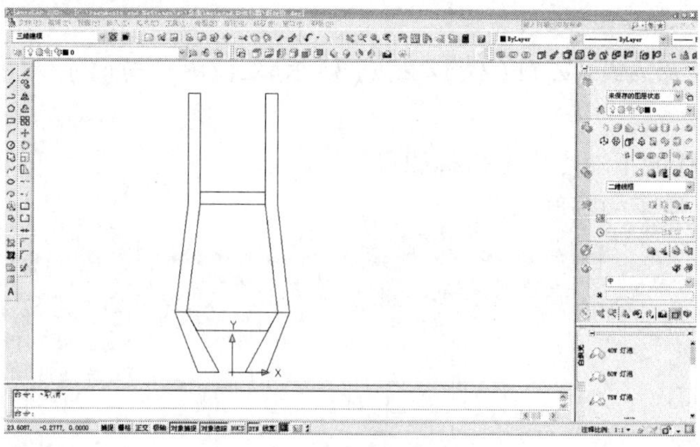

图 15-6　镜像并绘制上下横梁

3. 绘制承台(见图 15-7)

命令：_RECTANG（点击绘图菜单中的矩形图标）

指定第一个角点或［倒角(C)/标高(E)/圆角(F)/厚度(T)/宽度(W)］：FROM

基点：0,0

<偏移>：12.5,0

指定另一个角点或［面积(A)/尺寸(D)/旋转(R)］：@ -25, -5

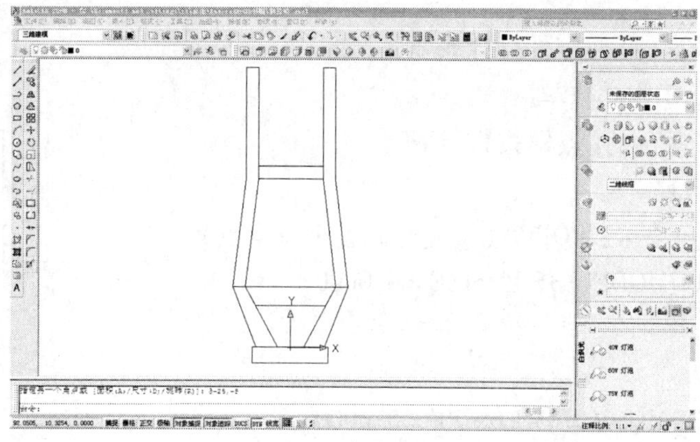

图 15-7　绘制承台

15.2 绘制拉索

1. 绘制拉索点辅助线

命令：LINE

指定第一点：MID

于（作一条辅助线来定位拉索点，捕捉塔顶中点）

指定下一点或［放弃(U)］：<正交开>PER

到（捕捉下横梁的垂足）

指定下一点或［放弃(U)］：（回车）

命令：UCS

当前 UCS 名称：＊没有名称＊

指定 UCS 的原点或［面(F)/命名(NA)/对象(OB)/上一个(P)/视图(V)/世界(W)/X/Y/Z/Z 轴(ZA)］<世界>：N

指定新 UCS 的原点或［Z 轴(ZA)/三点(3)/对象(OB)/面(F)/视图(V)/X/Y/Z］<0,0,0>：end

于（捕捉辅助线的下端点作为坐标原点）

绘制如图 15-8 所示的图形。

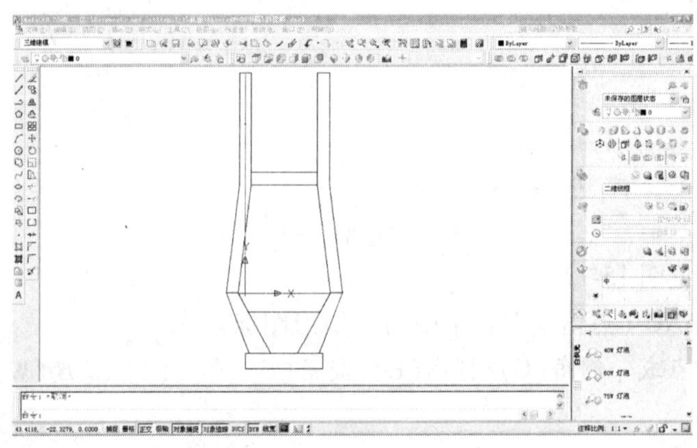

图 15-8 定义新的坐标原点

2. 绘制拉索点

命令：DDPTYPE（选择一种点样式）

DDPTYPE 正在重生成模型。

出现如图 15-9 所示的【点样式】对话框。

命令：MULTIPLE

输入要重复的命令名：POINT（重复绘制各个拉索点）

当前点模式：PDMODE＝35 PDSIZE＝0.0000

指定点：0,31.48

POINT

当前点模式：PDMODE＝35 PDSIZE＝0.0000

指定点：0,37.65

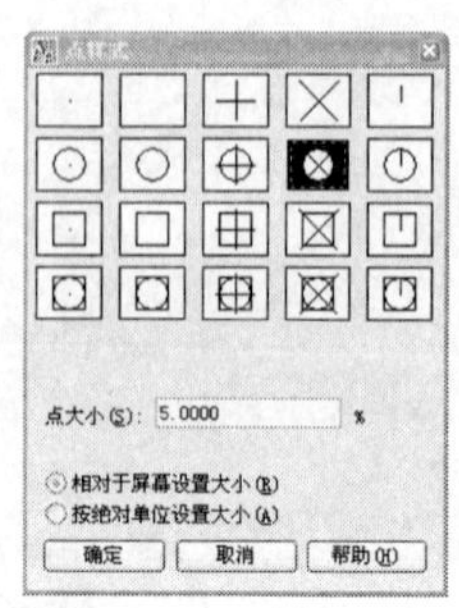

图 15-9 【点样式】对话框

POINT
当前点模式：PDMODE = 35 PDSIZE = 0.0000
指定点：0,41.73
POINT
当前点模式：PDMODE = 35 PDSIZE = 0.0000
指定点：0,45.1
POINT
当前点模式：PDMODE = 35 PDSIZE = 0.0000
指定点：0,48.16
POINT
当前点模式：PDMODE = 35 PDSIZE = 0.0000
指定点：0,50.57
POINT
当前点模式：PDMODE = 35 PDSIZE = 0.0000
指定点：0,52.88
POINT
当前点模式：PDMODE = 35 PDSIZE = 0.0000
指定点：0,55.11
POINT
当前点模式：PDMODE = 35 PDSIZE = 0.0000
指定点：0,57.29
POINT
当前点模式：PDMODE = 35 PDSIZE = 0.0000
指定点：0,59.44
POINT
当前点模式：PDMODE = 35 PDSIZE = 0.0000
指定点：0,61.08
POINT
当前点模式：PDMODE = 35 PDSIZE = 0.0000
指定点：0,62.62
POINT
当前点模式：PDMODE = 35 PDSIZE = 0.0000
指定点：0,64.15
POINT
当前点模式：PDMODE = 35 PDSIZE = 0.0000
指定点：0,65.68
POINT
当前点模式：PDMODE = 35 PDSIZE = 0.0000
指定点：0,67.21
POINT

当前点模式：PDMODE = 35 PDSIZE = 0. 0000

指定点：* 取消 *（按 Esc 键取消）

绘制如图 15-10 所示的图形。

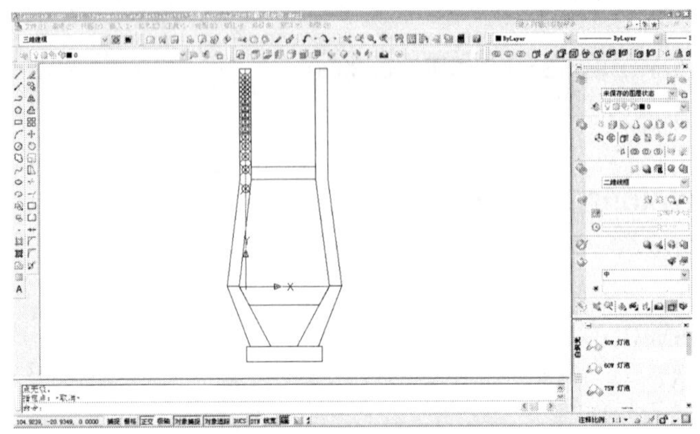

图 15-10 绘制各个拉索点

3. 按段绘制主梁轴线

命令：ROTATE3D

当前正向角度：ANGDIR = 逆时针 ANGBASE = 0

选择对象：ALL 找到 23 个（选择所有对象）

选择对象：(回车)

指定轴上的第一个点或定义轴依据［对象(O)/最近的(L)/视图(V)/X 轴(X)/Y 轴(Y)/Z 轴(Z)/两点(2)］：Y（y 轴为旋转轴）

指定 Y 轴上的点 <0,0,0>：0,0

指定旋转角度或［参照(R)］：90

命令：MULTIPLE

输入要重复的命令名：LINE

指定第一点：0,0

指定下一点或［放弃(U)］：-13,0

指定下一点或［放弃(U)］：-21,0

指定下一点或［闭合(C)/放弃(U)］：-29,0

指定下一点或［闭合(C)/放弃(U)］：-37,0

指定下一点或［闭合(C)/放弃(U)］：-45,0

指定下一点或［闭合(C)/放弃(U)］：-53,0

指定下一点或［闭合(C)/放弃(U)］：-61,0

指定下一点或［闭合(C)/放弃(U)］：-69,0

指定下一点或［闭合(C)/放弃(U)］：-77,0

指定下一点或［闭合(C)/放弃(U)］：-85,0

指定下一点或［闭合(C)/放弃(U)］：-89,0

指定下一点或［闭合(C)/放弃(U)］：-93,0

指定下一点或［闭合(C)/放弃(U)］：-97,0

指定下一点或［闭合(C)/放弃(U)］：-101,0

指定下一点或［闭合(C)/放弃(U)］：-105,0

指定下一点或［闭合(C)/放弃(U)］：＊取消＊（按 Esc 按键取消）

绘制如图 15-11 所示的图形。

4. 绘制拉索

命令：OSNAP（设置捕捉方式）

弹出如图 15-12 所示的对象捕捉设置对话框。

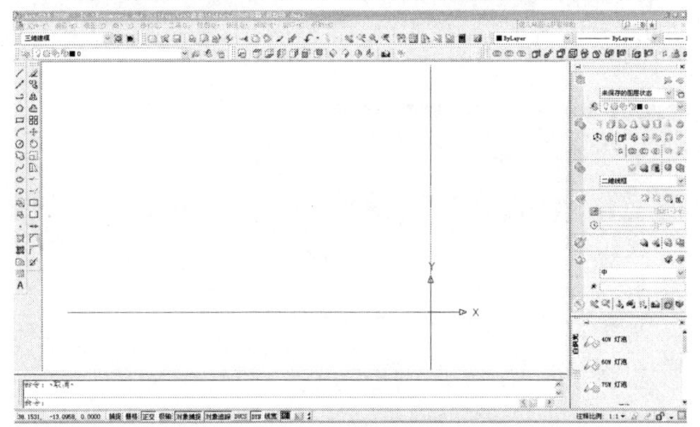

图 15-11　按段绘制主梁的轴线

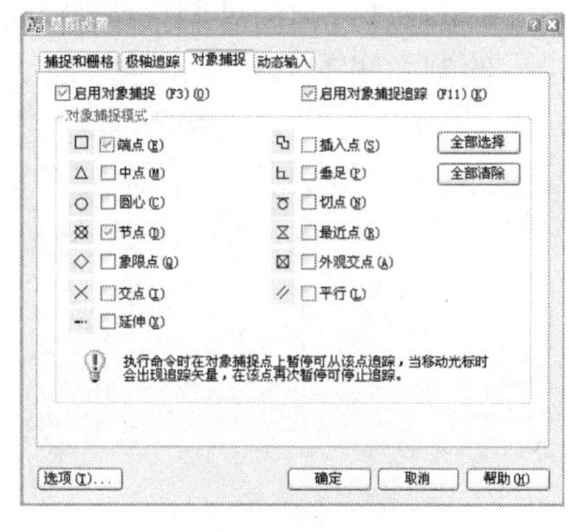

图 15-12　设置捕捉方式

命令：LINE

指定第一点：NODE

于（ 捕捉主塔上的拉索节点）

指定下一点或［放弃(U)］：(捕捉主梁上的节段点)

…

重复进行直线的绘制直到绘制出所有的拉索。绘制出如图 15-13 所示的图形。

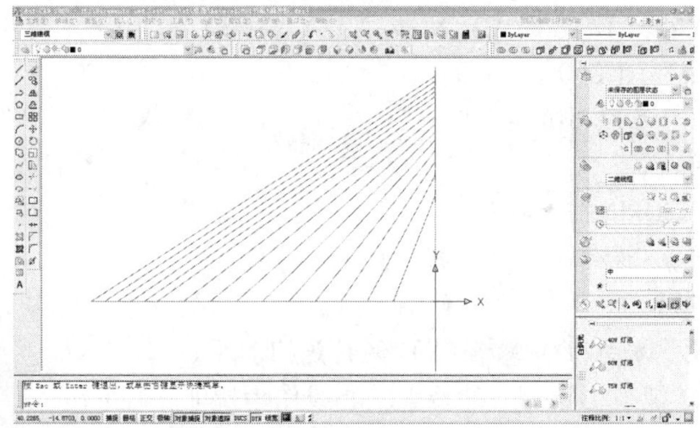

图 15-13　绘制出拉索轴心线

5. 绘制拉索的横截面

命令：ROTATE3D

当前正向角度：ANGDIR = 逆时针 ANGBASE = 0

选择对象：ALL（选择全部图形）

选择对象：(回车)

指定轴上的第一个点或定义轴依据

［对象(O)/最近的(L)/视图(V)/X 轴(X)/Y 轴(Y)/Z 轴(Z)/两点(2)］：Y

指定 Y 轴上的点 <0,0,0>：0,0

指定旋转角度或［参照(R)］：－90（将图形旋转 90°以显示主塔横断面）

命令：MULTIPLE

输入要重复的命令名：CIRCLE
指定圆的圆心或［三点(3P)/两点(2P)/相切、相切、半径(T)］：NODE
于（捕捉主塔上的各个拉索节点作为圆心）
指定圆的半径或［直径(D)］：0.4（指定圆的半径为0.4）
…
（重复进行圆的绘制并删除先前绘制的点）
绘制如图15-14所示的图形。

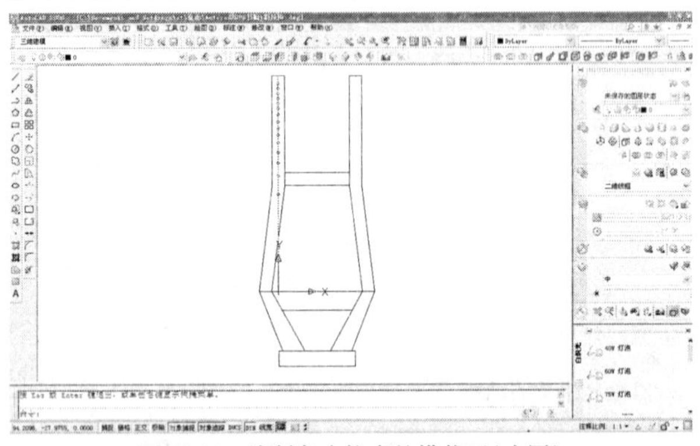

图15-14　绘制各个拉索的横截面（小圆）

命令：ROTATE3D
当前正向角度：ANGDIR = 逆时针 ANGBASE = 0
选择对象：ALL（选择所有对象）
选择对象：（回车）
指定轴上的第一个点或定义轴依据
［对象(O)/最近的(L)/视图(V)/X 轴(X)/Y 轴(Y)/Z 轴(Z)/两点(2)］：Y
指定 Y 轴上的点 <0,0,0>：0,0
指定旋转角度或［参照(R)］：90
命令：EXTRUDE
当前线框密度：ISOLINES = 4
选择要拉伸的对象：找到 1 个（选择要拉伸的小圆）
选择对象：（回车）
指定拉伸高度或［方向(D)/路径(P)/倾斜角(T)］：P
选择拉伸路径：（把与小圆对应的拉索轴心线作为拉伸路径）
…
（重复拉伸命令）绘制如图15-15所示的图形。

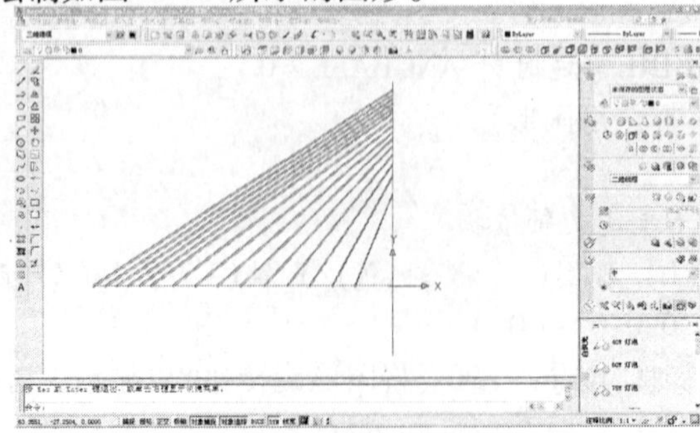

图15-15　拉伸出拉索实体

点击三维自由动态观察图标，观察三维效果，如图 15-16 所示。

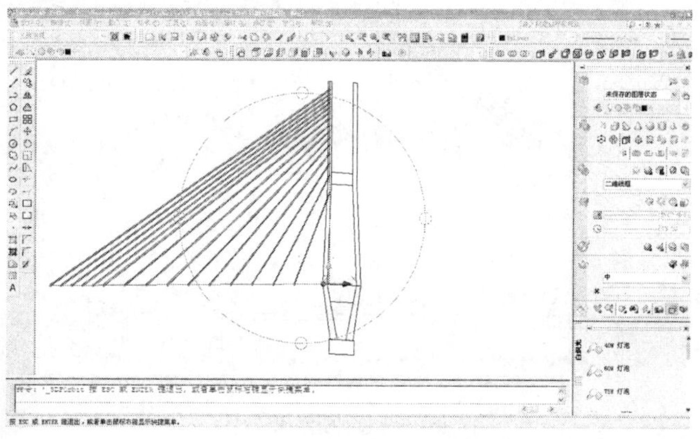

图 15-16　激活三维动态观察器

15.3　生成主塔实体

1. 拉伸主塔横截面

命令:EXTRUDE

当前线框密度：ISOLINES = 4

选择对象：找到 1 个

选择对象：找到 1 个,总计 2 个

选择对象：找到 1 个,总计 3 个

（选择上塔柱、中塔柱和上横梁作为拉伸对象）

选择对象：（回车）

指定拉伸高度或[方向(D)/路径(P)/倾斜角(T)]：6（拉伸长度为 6m）

命令:EXTRUDE

当前线框密度：ISOLINES = 4

选择对象：找到 1 个

选择对象：找到 1 个,总计 2 个

选择对象：找到 1 个,总计 3 个

（选择下塔柱和下横梁作为拉伸对象）

选择对象：（回车）

指定拉伸高度或[方向(D)/路径(P)/倾斜角(T)]：10（拉伸长度为 10m）

命令:EXTRUDE

当前线框密度：ISOLINES = 4

选择对象：找到 1 个（选择承台为拉伸对象）

选择对象：（回车）

指定拉伸高度或[方向(D)/路径(P)/倾斜角(T)]：16（拉伸长度为 16m）

绘制如图 15-17 所示的图形。

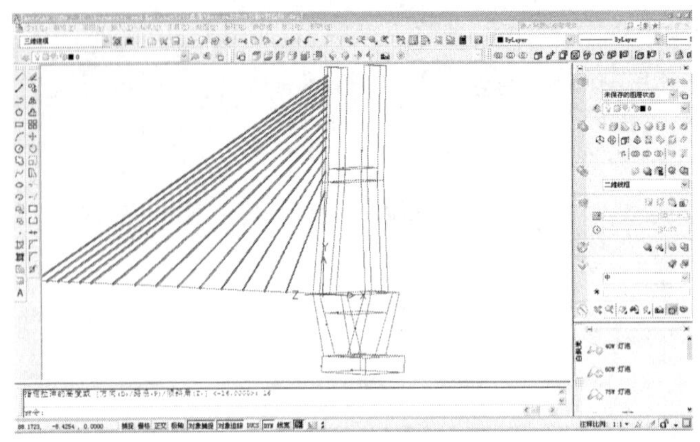

图 15-17　拉伸出主塔实体

2. 切换到俯视图

点击俯视图图标，出现如图 15-18 所示的图形。

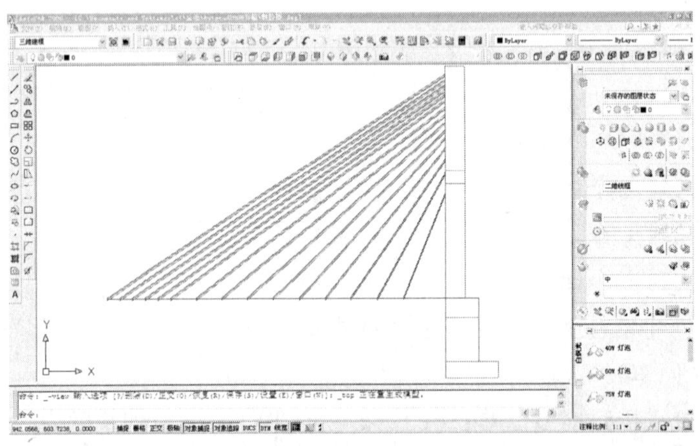

图 15-18　切换到俯视图

3. 移动中横梁和下塔柱及承台到正确的位置

命令：_MOVE（点击编辑工具栏中的移动图标）

选择对象：指定对角点：找到 3 个（选择下塔柱和下横梁作为移动对象）

选择对象：（回车）

指定基点或[位移(D)]<位移>：END（选择下横梁上的一点作为移动基点）

指定第二个点或 <用第一个点作为位移>：@ -2,0,0

命令：_MOVE（点击编辑工具栏中的移动图标）

选择对象：指定对角点：找到 1 个（选择承台作为移动对象）

选择对象：（回车）

指定基点或[位移(D)]<位移>：END（选择承台上的一点作为移动基点）

指定第二个点或 <用第一个点作为位移>：@ -5,0,0

绘制如图 15-19 所示的图形。

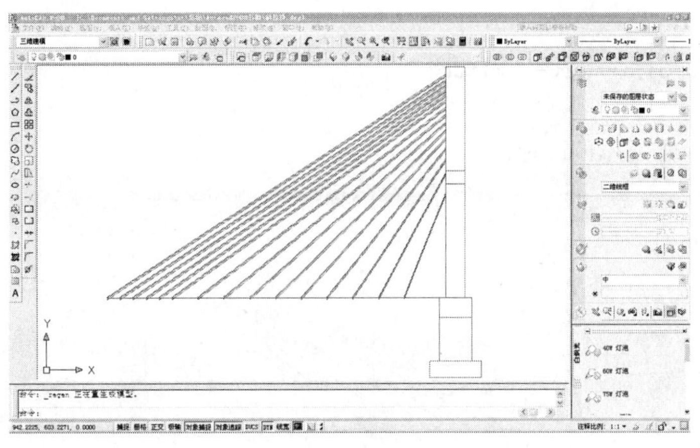

图 15-19 移动中横梁和下塔柱及承台到正确的位置

4. 为了便于观察,用消隐模式观察图形

命令: HIDE(转换为消隐模式)

出现如图 15-20 所示的图形。

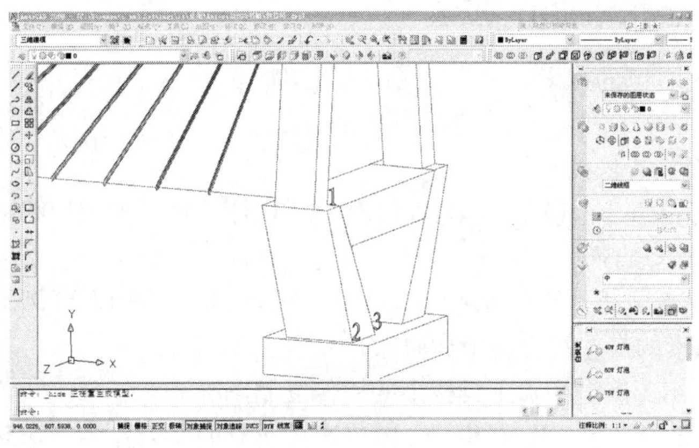

图 15-20 消隐模式观察图形

5. 切掉下塔柱多余的部分

命令: SLICE

选择要剖切的对象: 找到 1 个,总计 3 个(选择下横梁和两个下塔柱)

选择要剖切的对象:(回车)

指定切面的起点或[平面对象(O)/曲面(S)/Z 轴(Z)/视图(V)/XY (XY)/YZ (YZ)/ZX (ZX)/三点(3)] <三点>:(点击图 15-20 上的第 1 点)

指定平面上的第二个点:(点击图 15-20 上的第 2 点)

指定平面上的第三个点:(点击图 15-20 上的第 3 点)

在所需的侧面上指定点或[保留两个侧面(B)] <保留两个侧面>:(点击要保留的一侧即图 15-20 上 1、2、3 构成的平面的左侧)

...

(同理切掉另一侧的多余部分,删除文字)

命令: _-VIEW 输入选项 [? /正交(O)/删除(D)/恢复(R)/保存(S)/UCS(U)/窗口

(W)]：_TOP

(点击俯视图图标，切换到俯视图)

正在重生成模型。

绘制如图 15-21 所示的图形。

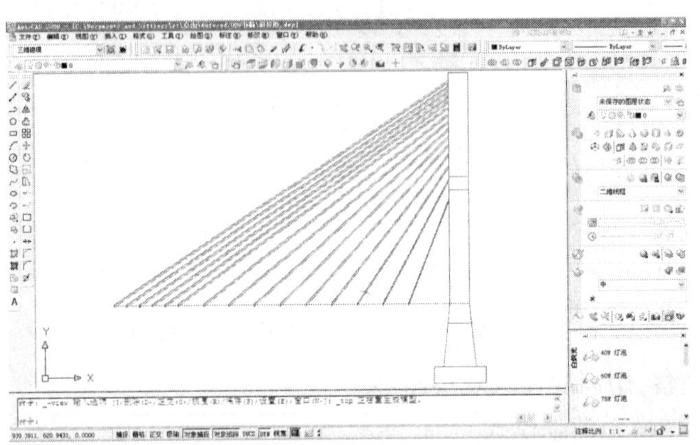

图 15-21　切除下塔柱上多余的部分

15.4　镜像出桥梁的所有拉索

1. 镜像复制出右侧的拉索

命令：UCS

当前 UCS 名称：*俯视*

指定 UCS 的原点或［面(F)/命名(NA)/对象(OB)/上一个(P)/视图(V)/世界(W)/X/Y/Z/Z 轴(ZA)］<世界>：NEW

指定新 UCS 的原点或［Z 轴(ZA)/三点(3)/对象(OB)/面(F)/视图(V)/X/Y/Z］<0,0,0>：(点击拉索的最左端作为坐标原点)

命令：_MIRROR(点击编辑工具栏中的镜像复制图标)

选择对象：指定对角点：找到 30 个(窗口选择所有的拉索作为镜像对象)

选择对象：(回车)

指定镜像线的第一点：FROM

基点：0,0

<偏移>：108,0

指定镜像线的第二点：@0,20

要删除源对象吗？［是(Y)/否(N)］<N>：N

2. 镜像复制出对称面上的拉索

命令：MIRROR3d

选择对象：指定对角点：找到 30 个

选择对象：指定对角点：找到 30 个，总计 60 个(选择所有的拉索作为镜像对象)

选择对象：(回车)

指定镜像平面(三点)的第一个点或［对象(O)/最近的(L)/Z 轴(Z)/视图(V)/XY 平面(XY)/YZ 平面(YZ)/ZX 平面(ZX)/三点(3)］<三点>：XY(以 XY 平面作为镜像平面)

指定 XY 平面上的点 <0,0,0>：0,0,-12.26445

是否删除源对象？[是(Y)/否(N)] <否>:N

绘制如图 15-22 所示的图形。

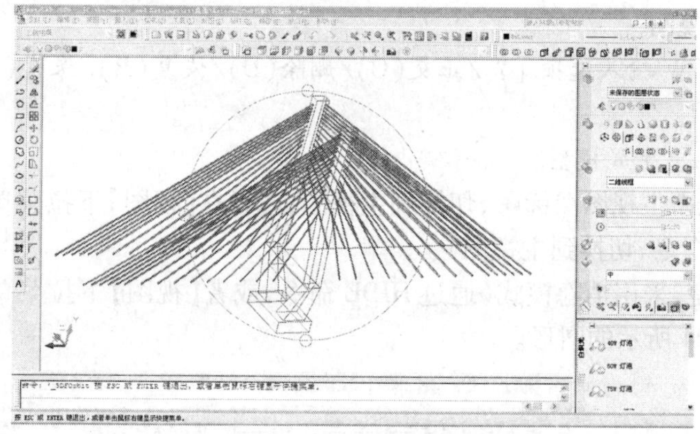

图 15-22　镜像复制出全部拉索

15.5　镜像复制出另一幅斜拉桥

命令：UCS

当前 UCS 名称：*俯视*

指定 UCS 的原点或[面(F)/命名(NA)/对象(OB)/上一个(P)/视图(V)/世界(W)/X/Y/Z/Z 轴(ZA)] <世界>：NEW

指定新 UCS 的原点或[Z 轴(ZA)/三点(3)/对象(OB)/面(F)/视图(V)/X/Y/Z] <0,0,0>：(选择拉索的最左端作为坐标原点)

命令：MIRROR3d

选择对象：ALL

找到 142 个

选择对象：回车

指定镜像平面（三点）的第一个点或[对象(O)/最近的(L)/Z 轴(Z)/视图(V)/XY 平面(XY)/YZ 平面(YZ)/ZX 平面(ZX)/三点(3)] <三点>：YZ

指定 YZ 平面上的点 <0,0,0>：-2,0,0

是否删除源对象？[是(Y)/否(N)] <否>:N

绘制如图 15-23 所示的图形。

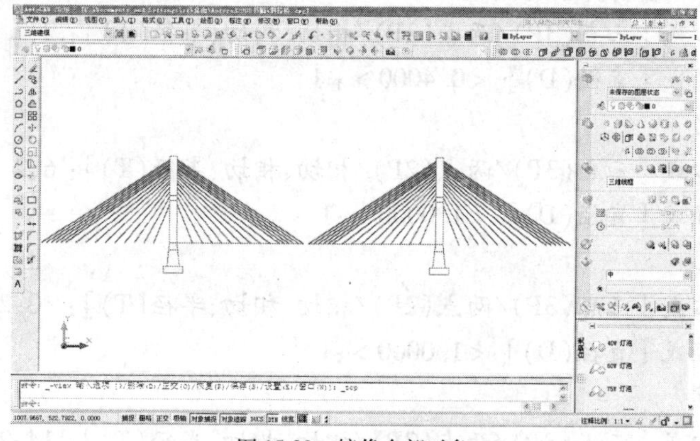

图 15-23　镜像全部对象

15.6 绘制桥墩

1. 切换到主视图

命令：_ - VIEW 输入选项 [？/正交(O)/删除(D)/恢复(R)/保存(S)/UCS(U)/窗口(W)]：

_FRONT 正在重生成模型。

(点击工具栏中主视图图标，切换到主视图；或者在【视图】下拉菜单【三维视图】子菜单中选择【主视】命令，切换到主视图)

为了显示清楚，采用消隐模式(通过 HIDE 命令，或者【视图】下拉菜单中选择【消隐】命令)生成如图 15-24 所示的图形。

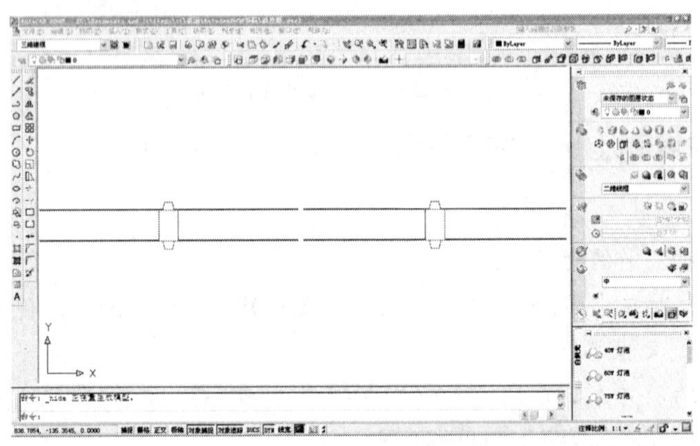

图 15-24　切换到主视图

2. 绘制桥墩横截面

命令：UCS

当前 UCS 名称：* 主视 *

指定 UCS 的原点或 [面(F)/命名(NA)/对象(OB)/上一个(P)/视图(V)/世界(W)/X/Y/Z/Z 轴(ZA)] <世界>：NEW

指定新 UCS 的原点或 [Z 轴(ZA)/三点(3)/对象(OB)/面(F)/视图(V)/X/Y/Z] <0,0,0>：(选择承台下底面的左角点作为坐标原点，如图 15-25 所示)

命令：CIRCLE (绘制桥墩的横截面)

指定圆的圆心或 [三点(3P)/两点(2P)/相切、相切、半径(T)]：2,2.5

指定圆的半径或 [直径(D)] <0.4000>：1

命令：CIRCLE

指定圆的圆心或 [三点(3P)/两点(2P)/相切、相切、半径(T)]：6,2.5

指定圆的半径或 [直径(D)] <1.0000>：1

命令：CIRCLE

指定圆的圆心或 [三点(3P)/两点(2P)/相切、相切、半径(T)]：10,2.5

指定圆的半径或 [直径(D)] <1.0000>：1

命令：CIRCLE

指定圆的圆心或 [三点(3P)/两点(2P)/相切、相切、半径(T)]：14,2.5

指定圆的半径或［直径(D)］<1.0000>:1

命令：EXTRUDE

当前线框密度：ISOLINES =4

选择要拉伸的对象：指定对角点：找到 4 个（选择刚刚绘制的 4 个圆）

选择要拉伸的对象：(回车)

指定拉伸高度或［方向(D)/路径(P)/倾斜角(T)］(16.0000)：30

命令：3dARRAY

正在初始化... 已加载 3dARRAY。

选择对象：指定对角点：找到 4 个（选择刚刚拉伸出的 4 个桥墩）

选择对象：(回车)

输入阵列类型［矩形(R)/环形(P)］<矩形>:R

输入行数（- - -）<1>：5

输入列数（|||）<1>：

输入层数（...）<1>：

指定行间距（- - -）：5

命令：COPY

选择对象：指定对角点：找到 20 个

(选择阵列复制出的所有桥墩作为复制对象)

选择对象：(回车)

当前设置:位移模式 = 多个

指定基点或[位移(D)/模式(O)]<位移>：

(点选左桥承台的角点作为移动基点)

指定第二个点或 <使用第一个点作为位移>：

(点选右桥承台的角点作为位移的终点)

指定第二个点或[退出(E)/放弃(U)]<退出>：(回车退出)

绘制如图 15-25 所示的图形。

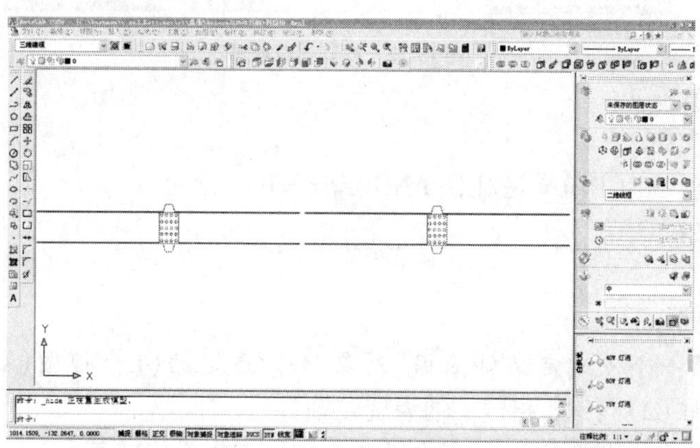

图 15-25　绘制所有桥墩

再观察桥梁的西南等轴测视图,如图 15-26 所示(消隐模式)。

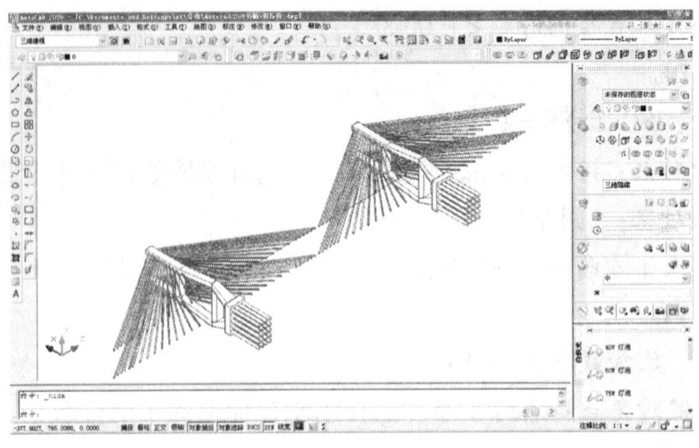

图 15-26　桥梁的西南等轴测视图

15.7　绘制主梁

1．切换视图模式为右视图

命令：_ - VIEW 输入选项［？/正交(O)/删除(D)/恢复(R)/保存(S)/UCS(U)/窗口(W)］：

_RIGHT 正在重生成模型。（点击右视图图标，切换到右视图）

绘制如图 15-27 所示的图形。

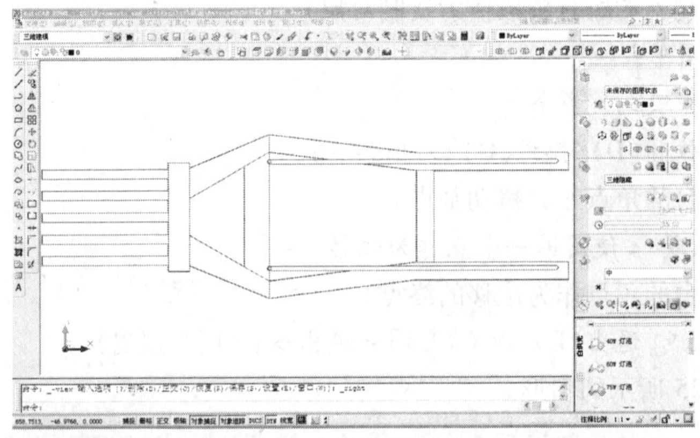

图 15-27　切换到右视图

2．将所有对象旋转

命令：TOTATE3d

当前正向角度：ANGDIR = 逆时针 ANGBASE = 0

选择对象：ALL

找到 324 个

选择对象：(回车)

指定轴上的第一个点或定义轴依据［对象(O)/最近的(L)/视图(V)/X 轴(X)/Y 轴(Y)/Z 轴(Z)/两点(2)］：Z（指定 z 轴为旋转轴）

指定 Z 轴上的点 <0,0,0>：（点击承台上的一点作为旋转基点）

指定旋转角度或［参照(R)］：90

绘制如图 15-28 所示的图形。

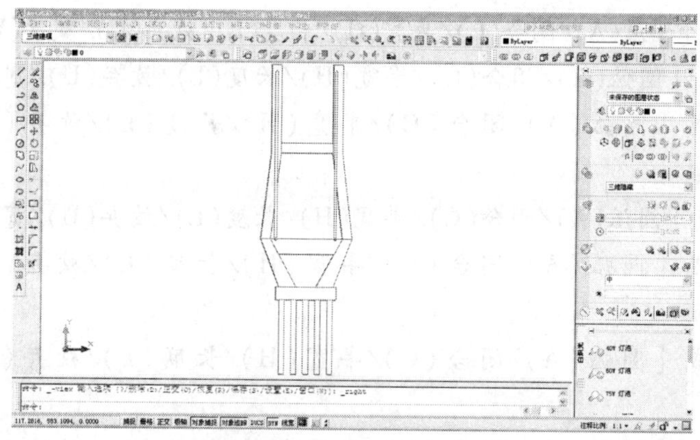
图 15-28　旋转所有对象后的图形

3. 作出主梁的横断面

点击 三维自由动态观察器将视图旋转到一个合适的角度，以便于进行绘图操作。

命令：LINE（在最长的两个拉索端点连线作为绘图的辅助线）

指定第一点：

（点击外侧拉索的一个端点 1，见图 15-29）

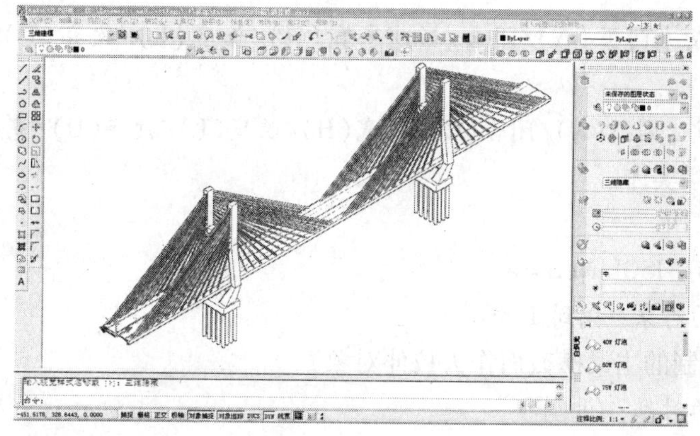
图 15-29　全桥模型图

指定下一点或［放弃(U)］：

（点击内侧拉索的一个端点 2，见图 15-29）

指定下一点或［放弃(U)］：(回车)

命令：UCS

当前 UCS 名称：*右视*

指定 UCS 的原点或［面(F)/命名(NA)/对象(OB)/上一个(P)/视图(V)/世界(W)/X/Y/Z/Z 轴(ZA)］<世界>：NEW

指定新 UCS 的原点或［Z 轴(ZA)/三点(3)/对象(OB)/面(F)/视图(V)/X/Y/Z］<0,0,0>：MID

于（在新绘制的辅助线上选择中点作为坐标原点）

命令：PLINE（点击绘图工具栏中的多段线图标）

指定起点：-11.75,0

当前线宽为 0.0000

指定下一个点或［圆弧(A)/半宽(H)/长度(L)/放弃(U)/宽度(W)］：-13.7,0

指定下一点或［圆弧(A)/闭合(C)/半宽(H)/长度(L)/放弃(U)/宽度(W)］：-13.5,2.5

指定下一点或［圆弧(A)/闭合(C)/半宽(H)/长度(L)/放弃(U)/宽度(W)］：0,2.77

指定下一点或［圆弧(A)/闭合(C)/半宽(H)/长度(L)/放弃(U)/宽度(W)］：13.5,2.5

指定下一点或［圆弧(A)/闭合(C)/半宽(H)/长度(L)/放弃(U)/宽度(W)］：13.7,0

指定下一点或［圆弧(A)/闭合(C)/半宽(H)/长度(L)/放弃(U)/宽度(W)］：11.75,0

指定下一点或［圆弧(A)/闭合(C)/半宽(H)/长度(L)/放弃(U)/宽度(W)］：11.55,1.72

指定下一点或［圆弧(A)/闭合(C)/半宽(H)/长度(L)/放弃(U)/宽度(W)］：9.25,2.18

指定下一点或［圆弧(A)/闭合(C)/半宽(H)/长度(L)/放弃(U)/宽度(W)］：0,2.365

指定下一点或［圆弧(A)/闭合(C)/半宽(H)/长度(L)/放弃(U)/宽度(W)］：-9.25,2.18

指定下一点或［圆弧(A)/闭合(C)/半宽(H)/长度(L)/放弃(U)/宽度(W)］：-11.55,1.72

指定下一点或［圆弧(A)/闭合(C)/半宽(H)/长度(L)/放弃(U)/宽度(W)］：C

4. 拉伸出主梁实体

命令：EXTRUDE

当前线框密度：ISOLINES=4

选择要拉伸的对象：找到 1 个

（选择刚刚绘制的主梁横截面作为拉伸对象）

选择要拉伸的对象：（回车）

指定拉伸高度或［方向(D)/路径(P)/倾斜角(T)］：-436

然后删除多余的辅助线，绘出如图 15-29 所示的图形。

采用【真实】视觉样式（可以在【视图】下拉菜单中【视觉样式】子菜单中选择，或在面板选项板中选择，其中还可以在【视觉样式管理器】中设置各种参数），显示如图 15-30 所示。

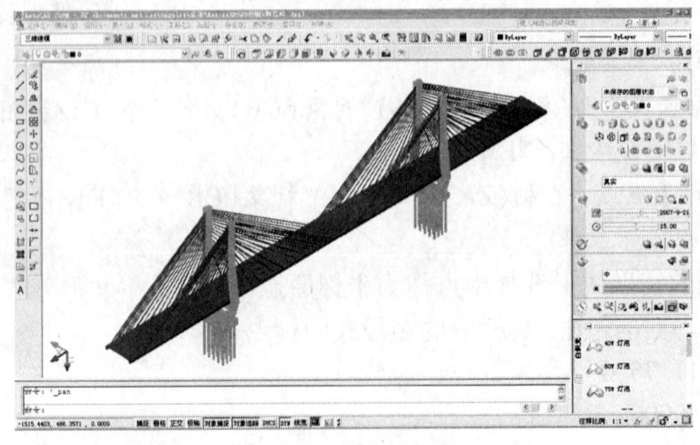

图 15-30　真实视觉样式显示的斜拉桥

边墩的绘制这里不再赘述,将绘制好的模型导入3dmax贴图渲染,效果图如图15-31所示。

图15-31　斜拉桥效果图二

第 16 章　三维钢管混凝土提篮拱桥的绘制

钢管混凝土拱桥是我国近年桥梁建筑发展的新技术，具有自重轻、强度大、抗变形能力强等优点，目前已经在全国应用，对公路建设和国家发展起着重要的作用。我国许多城市的观景桥都选用钢管混凝土拱桥，它横亘于道路、河流两端给市民提供了美的享受。任何一座大桥总会有许多比选方案，有些桥梁的设计方案最后胜出，一部分原因是因为它带给观者无尽的美感，对于一个桥梁设计者，能将自己的设计思想反映在三维上，带来的收获应该是不言而喻的。下面用一章的篇幅介绍一下钢管混凝土拱桥的三维绘制方法，读者可以应用到今后的三维辅助设计中，增加桥梁方案的中标可能。

某跨河桥为一座特大桥梁，主桥为 125 下承式钢管混凝土提篮拱桥，主拱采用悬链线线形，$m=1.1$，该桥的矢跨比为 1/5，拱肋采用哑铃形截面，拱肋截面高度为 3m。全桥共 44 根吊杆每片拱肋为 22 根，吊杆沿顺桥向等间距布置，距离为 5m，其效果图如图 16-1 所示。

图 16-1　钢管混凝土拱桥效果图

16.1　绘制半拱的轴心线

命令：UCS

当前 UCS 名称：＊世界＊

指定 UCS 的原点或［面(F)/命名(NA)/对象(OB) /上一个(P)/视图(V) /世界(W)/X/Y/Z/Z 轴(ZA)］＜世界＞：NEW

指定新 UCS 的原点或［Z 轴(ZA)/三点(3)/对象(OB)/面(F)/视图(V)/X/Y/Z］＜0,0,0＞：(在屏幕上点击一点作为坐标原点)

命令：_PLINE (点击绘图工具栏中的多段线图标)

指定起点：0,0

当前线宽为 0.0000

指定下一个点或[圆弧(A)/半宽(H)/长度(L)/放弃(U)/宽度(W)]: 6,4

指定下一点或[圆弧(A)/闭合(C)/半宽(H)/长度(L)/放弃(U)/宽度(W)]: 10,6.8

指定下一点或[圆弧(A)/闭合(C)/半宽(H)/长度(L)/放弃(U)/宽度(W)]: 15,10

指定下一点或[圆弧(A)/闭合(C)/半宽(H)/长度(L)/放弃(U)/宽度(W)]: 20,13

指定下一点或[圆弧(A)/闭合(C)/半宽(H)/长度(L)/放弃(U)/宽度(W)]: 25,15.6

指定下一点或[圆弧(A)/闭合(C)/半宽(H)/长度(L)/放弃(U)/宽度(W)]: 30,17.9

指定下一点或[圆弧(A)/闭合(C)/半宽(H)/长度(L)/放弃(U)/宽度(W)]: 35,19.9

指定下一点或[圆弧(A)/闭合(C)/半宽(H)/长度(L)/放弃(U)/宽度(W)]: 40,21.5

指定下一点或[圆弧(A)/闭合(C)/半宽(H)/长度(L)/放弃(U)/宽度(W)]: 45,22.8

指定下一点或[圆弧(A)/闭合(C)/半宽(H)/长度(L)/放弃(U)/宽度(W)]: 50,23.8

指定下一点或[圆弧(A)/闭合(C)/半宽(H)/长度(L)/放弃(U)/宽度(W)]: 55,24.5

指定下一点或[圆弧(A)/闭合(C)/半宽(H)/长度(L)/放弃(U)/宽度(W)]: 60,24.9

指定下一点或[圆弧(A)/闭合(C)/半宽(H)/长度(L)/放弃(U)/宽度(W)]: 62.5,25

指定下一点或[圆弧(A)/闭合(C)/半宽(H)/长度(L)/放弃(U)/宽度(W)]: *取消*(按 Esc 按键)

绘制如图 16-2 所示的半拱轴心曲线。

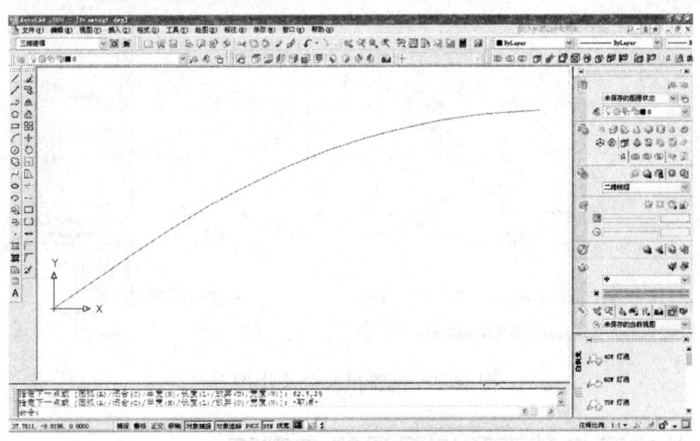

图 16-2 半拱轴心曲线

16.2 绘制半拱的主梁轴线和半拱内的所有吊杆

命令: _PLINE (点击绘图工具栏中的多段线图标)

指定起点: End

于（捕捉刚才绘制的拱轴线的左端点也就是坐标原点作为多段线的起点）

当前线宽为 0.0000

指定下一个点或［圆弧(A)/半宽(H)/长度(L)/放弃(U)/宽度(W)］：<正交开> 10,0

指定下一点或［圆弧(A)/闭合(C)/半宽(H)/长度(L)/放弃(U)/宽度(W)］：15,0

指定下一点或［圆弧(A)/闭合(C)/半宽(H)/长度(L)/放弃(U)/宽度(W)］：20,0

指定下一点或［圆弧(A)/闭合(C)/半宽(H)/长度(L)/放弃(U)/宽度(W)］：25,0

指定下一点或［圆弧(A)/闭合(C)/半宽(H)/长度(L)/放弃(U)/宽度(W)］：30,0

指定下一点或［圆弧(A)/闭合(C)/半宽(H)/长度(L)/放弃(U)/宽度(W)］：35,0

指定下一点或［圆弧(A)/闭合(C)/半宽(H)/长度(L)/放弃(U)/宽度(W)］：40,0

指定下一点或［圆弧(A)/闭合(C)/半宽(H)/长度(L)/放弃(U)/宽度(W)］：45,0

指定下一点或［圆弧(A)/闭合(C)/半宽(H)/长度(L)/放弃(U)/宽度(W)］：50,0

指定下一点或［圆弧(A)/闭合(C)/半宽(H)/长度(L)/放弃(U)/宽度(W)］：55,0

指定下一点或［圆弧(A)/闭合(C)/半宽(H)/长度(L)/放弃(U)/宽度(W)］：60,0

指定下一点或［圆弧(A)/闭合(C)/半宽(H)/长度(L)/放弃(U)/宽度(W)］：62.5,0

指定下一点或［圆弧(A)/闭合(C)/半宽(H)/长度(L)/放弃(U)/宽度(W)］：*取消*（按 Esc 按键）

命令：LINE

指定第一点：（依次连接轴线和主梁上的端点，连成吊杆）

指定下一点或［放弃(U)］：（捕捉拱轴线上的一个端点）

指定下一点或［放弃(U)］：（捕捉主梁上的一个端点）

…

绘制如图 16-3 所示的图形。

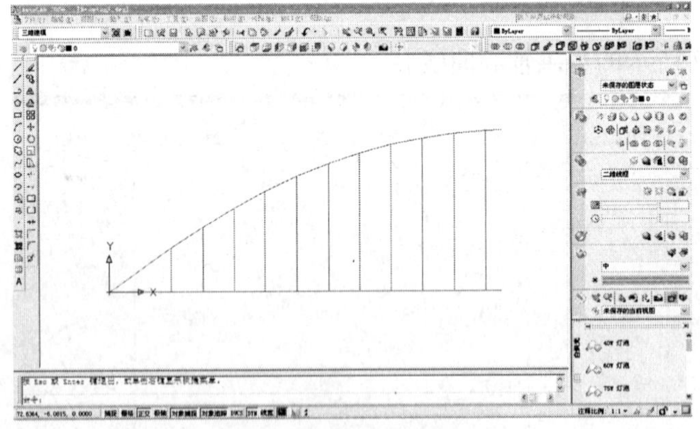

图 16-3　钢管拱桥的半拱图形

16.3　绘制拱的底座截面和横系梁的横截面

命令：_PLINE（点击绘图工具栏中的多段线图标）

指定起点：－2.95，－2.8

当前线宽为 0.0000

指定下一个点或［圆弧(A)/半宽(H)/长度(L)/放弃(U)/宽度(W)］：－2.95,2.4

指定下一点或［圆弧(A)/闭合(C)/半宽(H)/长度(L)/放弃(U)/宽度(W)］：4.91,5.45

指定下一点或［圆弧(A)/闭合(C)/半宽(H)/长度(L)/放弃(U)/宽度(W)］：6.9,2.8

指定下一点或［圆弧(A)/闭合(C)/半宽(H)/长度(L)/放弃(U)/宽度(W)］：2.95,-2.8

指定下一点或［圆弧(A)/闭合(C)/半宽(H)/长度(L)/放弃(U)/宽度(W)］：C(封闭底座横截面)

命令：_PLINE（点击绘图工具栏中的多段线图标）

指定起点：-2.95,0

当前线宽为 0.0000

指定下一个点或［圆弧(A)/半宽(H)/长度(L)/放弃(U)/宽度(W)］：-2.95,-2.8

指定下一点或［圆弧(A)/闭合(C)/半宽(H)/长度(L)/放弃(U)/宽度(W)］：2.95,-2.8

指定下一点或［圆弧(A)/闭合(C)/半宽(H)/长度(L)/放弃(U)/宽度(W)］：2.95,0

指定下一点或［圆弧(A)/闭合(C)/半宽(H)/长度(L)/放弃(U)/宽度(W)］：C（封闭横系梁横截面)

绘制如图 16-4 所示的图形。

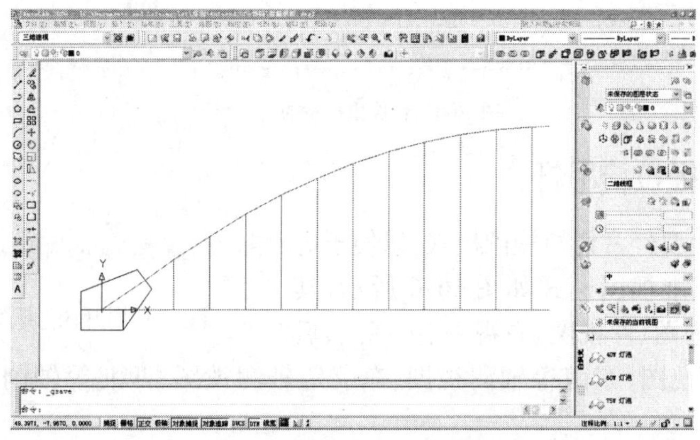

图 16-4　绘制底座和横系梁的横截面

16.4　镜像复制出拱桥的另一半

命令：_MIRROR（点击编辑工具栏中的镜像复制图标）

选择对象：指定对角点：找到 15 个（选择所有对象作为镜像对象）

选择对象：(回车)

指定镜像线的第一点：62.5,0（镜像线上的第一点也就是图 16-3 中主梁右端点位置）

指定镜像线的第二点：62.5,25（镜像线上的第二点也就是图 16-3 中拱轴线右端点位置）

要删除源对象吗？［是(Y)/否(N)］<N>:N

命令:PEDIT（编辑多段线）

选择多段线或［多条(M)］：M（只选择拱肋上的除了插入基座的所有多段线）

选择对象：找到 1 个

选择对象：找到 1 个，总计 2 个

选择对象：(回车结束选择响应)

输入选项［闭合(C)/打开(O)/合并(J)/宽度(W)/拟合(F)/样条曲线(S)/非曲线化

(D)/线型生成(L)/放弃(U)]：J（合并主拱肋上的多段线）

合并类型 = 延伸

输入模糊距离或[合并类型(J)] <0.0000>：(回车)

多段线已增加 13 条线段

输入选项[闭合(C)/打开(O)/合并(J)/宽度(W)/拟合(F)/样条曲线(S)/非曲线化(D)/线型生成(L)/放弃(U)]：*取消*（按 Esc 键退出）

绘制如图 16-5 所示的图形。

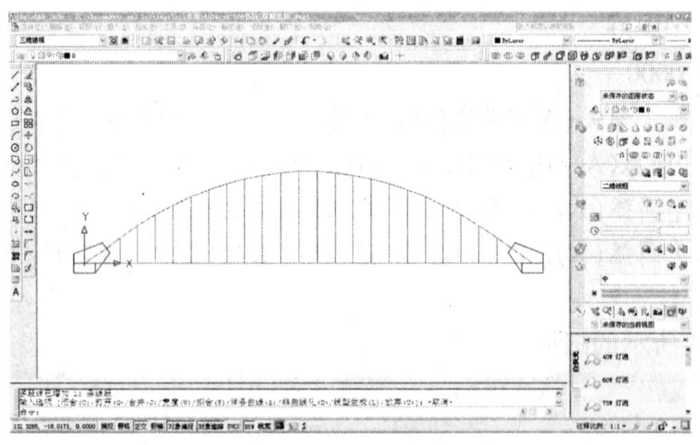

图 16-5　镜像出拱桥的另一半

16.5　沿路径拉伸吊杆

在三维制图中要经常切换视图模式，以便于进行三维的操作。三维视图模式如图 16-6 所示，其中包含俯视图、仰视图、左视图、右视图、主视图、后视图、西南等轴测视图、东南等轴测视图、东北等轴测视图、西北等轴测视图共十种视图模式。

图 16-6　视图模式

1. 切换到西南等轴测视图

命令：_-VIEW 输入选项[?/删除(D)/正交(O)/恢复(R)/保存(S)/窗口(W)]：_swiso 正在重生成模型。(点击西南等轴测视图图标)

切换视图后的图形如图 16-7 所示。

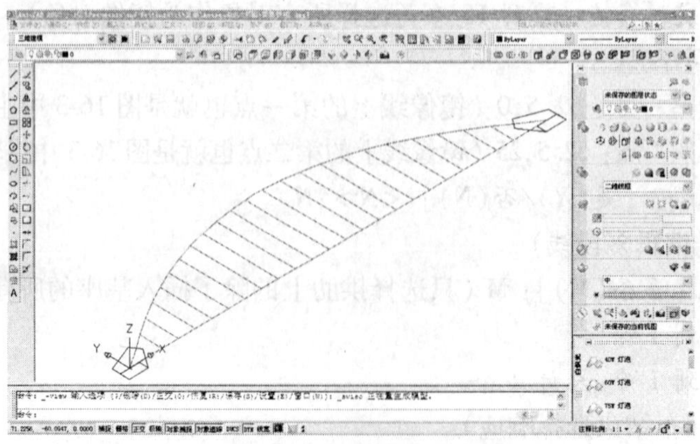

图 16-7　切换到西南等轴测视图

2. 将拱桥旋转

命令：ROTATE3d（进行三维旋转）

当前正向角度：ANGDIR = 逆时针 ANGBASE = 0

选择对象：ALL（选择所有对象）

找到 29 个

选择对象：（回车）

指定轴上的第一个点或定义轴依据

[对象(O)/最近的(L)/视图(V)/X 轴(X)/Y 轴(Y)/Z 轴(Z)/两点(2)]：X

指定 X 轴上的点 <0,0,0>：0,0,0

指定旋转角度或 [参照(R)]：90

最后绘制完的图形如图 16-8 所示。

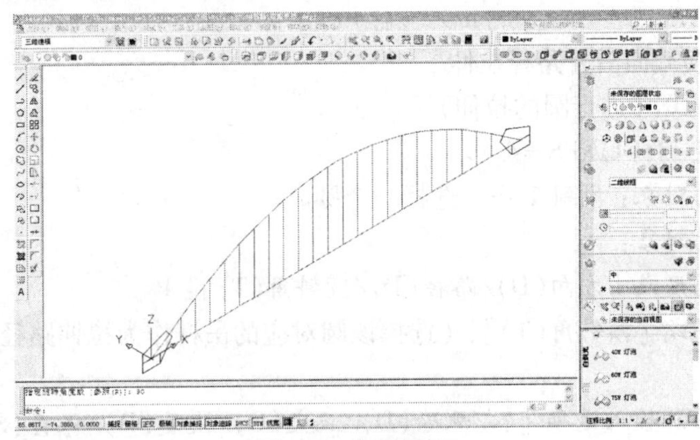

图 16-8　拱桥旋转后

3. 绘制吊杆的横截面

命令：UCS

当前 UCS 名称：*没有名称*

指定 UCS 的原点或 [面(F)/命名(NA)/对象(OB)/上一个(P)/视图(V)/世界(W)/X/Y/Z/Z 轴(ZA)] <世界>:NEW

指定新 UCS 的原点或 [Z 轴(ZA)/三点(3)/对象(OB)/面(F)/视图(V)/X/Y/Z] <0,0,0>：

（指定第一根吊杆与主梁的交点为坐标原点）

命令：CIRCLE

指定圆的圆心或 [三点(3P)/两点(2P)/相切、相切、半径(T)]：0,0

指定圆的半径或 [直径(D)]：0.05

命令：COPY

选择对象：找到 1 个（选择刚绘制的圆）

选择对象：（回车）

当前设置：复制模式 = 多个

指定基点或[位移(D)/模式(O)]：CEN

于（选择刚绘制圆的圆心）

指定第二个点或 <使用第一个点作为位移>：（依次复制到各个吊杆的下端点）

…

绘制如图 16-9 所示的图形。

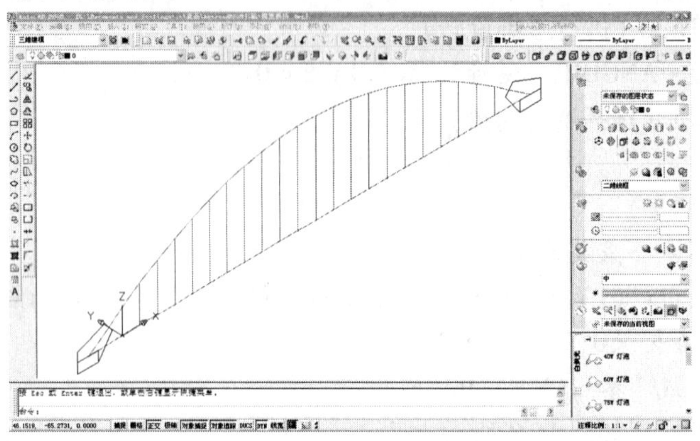

图 16-9　绘制各个吊杆的横截面

4. 将吊杆的横截面沿着路径拉伸

命令：EXTRUDE（进行圆的拉伸）

当前线框密度：ISOLINES =4

选择要拉伸的对象：找到 1 个（选择一个圆）

选择要拉伸的对象：

指定拉伸的高度或 [方向(D)/路径(P)/倾斜角(T)]：P

选择拉伸路径或 [倾斜角(T)]：(选择该圆对应的吊杆作为拉伸路径)

…

命令：_ - VIEW 输入选项 [? /删除(D)/正交(O)/恢复(R)/保存(S)/UCS(U)/窗口(W)]：

_FRONT 正在重生成模型。(切换到主视图)

最后的图形如图 16-10 所示。

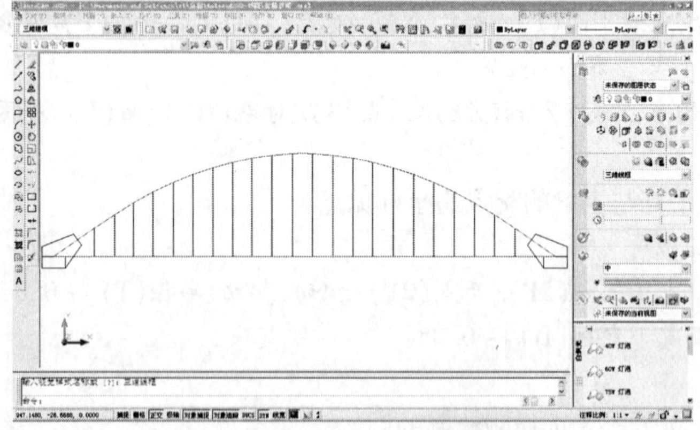

图 16-10　沿着路径拉伸吊杆横截面

16.6　沿着路径拉伸拱肋横截面

1. 重新定义坐标原点

命令：UCS

当前 UCS 名称：* 主视 *

指定 UCS 的原点或［面(F)/命名(NA)/对象(OB)/上一个(P)/视图(V)/世界(W)/X/Y/Z/Z 轴(ZA)］<世界>：NEW

指定新 UCS 的原点或［Z 轴(ZA)/三点(3)/对象(OB)/面(F)/视图(V)/X/Y/Z］<0,0,0>：(在屏幕上点一点作为坐标原点)

绘制结果如图 16-11 所示。

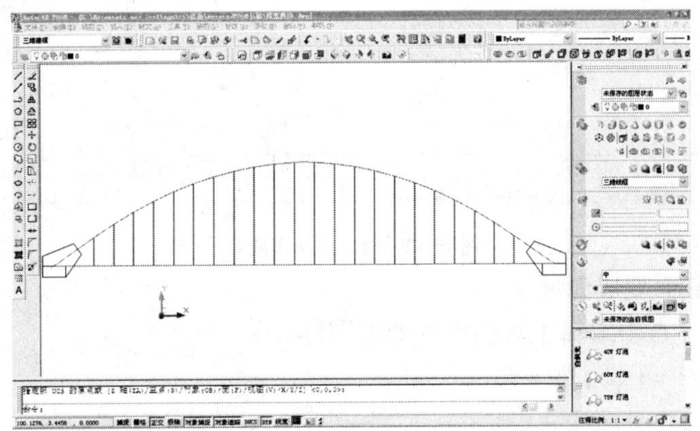

图 16-11 在屏幕上任意指定一点为新坐标系的原点

2. 绘制拱肋横断面

命令：CIRCLE

指定圆的圆心或［三点(3P)/两点(2P)/相切、相切、半径(T)］：FROM

基点：0,0

<偏移>：0,0.9

指定圆的半径或［直径(D)］<0.0500>：0.6

命令：CIRCLE

指定圆的圆心或［三点(3P)/两点(2P)/相切、相切、半径(T)］：FROM

基点：0,0

<偏移>：0，-0.9

指定圆的半径或［直径(D)］<0.6000>：0.6

命令：PLINE

指定起点：0.25,1

当前线宽为 0.0000

指定下一个点或［圆弧(A)/半宽(H)/长度(L)/放弃(U)/宽度(W)］：0.25，-1

指定下一点或［圆弧(A)/闭合(C)/半宽(H)/长度(L)/放弃(U)/宽度(W)］：(回车结束命令)

命令：PLINE

指定起点：-0.25,1

当前线宽为 0.0000

指定下一个点或［圆弧(A)/半宽(H)/长度(L)/放弃(U)/宽度(W)］：-0.25，-1

指定下一点或［圆弧(A)/闭合(C)/半宽(H)/长度(L)/放弃(U)/宽度(W)］：(回车结束命令)

绘制如图 16-12 所示的图形。

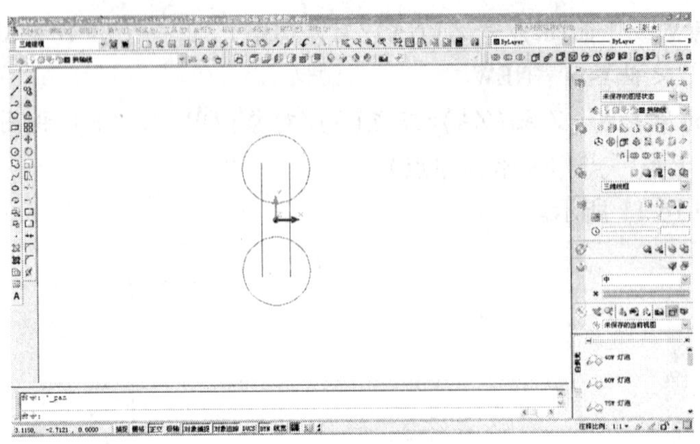

图 16-12　绘制拱肋横截面

3. 将拱肋横截面变成面域

命令：_TRIM（点击编辑工具栏中的剪切图标）

当前设置：投影 = UCS，边 = 无

选择剪切边···

选择对象或 <全部选择>：（回车）

选择要修剪的对象，或按住 Shift 键选择要延伸的对象，或

[栏选(F)/窗交(C)/投影(P)/边(E)/删除(R)/放弃(U)]：（剪去多余的部分）

…

命令：_REGION（点击绘图工具栏中的面域图标）

选择对象或：指定对角点：找到 4 个

选择对象：（回车）

已提取 1 个环。

已创建 1 个面域。

绘制如图 16-13 所示的图形。

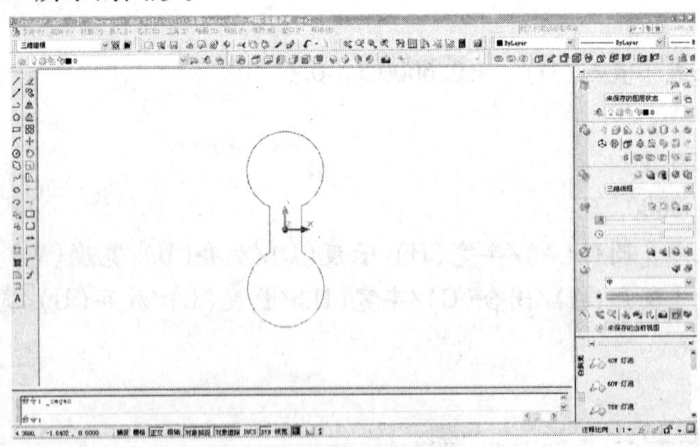

图 16-13　绘制拱肋的面域

4. 将拱肋截面移动到拱肋和台座相交的位置

命令：_MOVE（点击编辑工具栏中的移动图标）

选择对象：指定对角点：找到 1 个（选择拱肋面域）

选择对象：（回车）

指定基点或[位移(D)]<位移>：0,0
指定第二个点或 <使用第一个点作为位移>：INT
于（移动到拱肋轴线和底座相交的位置）
绘制如图 16-14 所示的图形。

图 16-14 将拱肋横截面移动到拱肋轴线和底座相交的位置

5. 将拱肋横截面在面内旋转

命令：_ROTATE（点击编辑工具栏中的旋转图标）
UCS 当前的正角方向：ANGDIR = 逆时针 ANGBASE = 0
选择对象：找到 1 个
选择对象：（回车）
指定基点：（拱肋和台座相交的位置）
指定旋转角度或 [复制(C)/参照(R)] <0>：34
绘制如图 16-15 所示的图形。

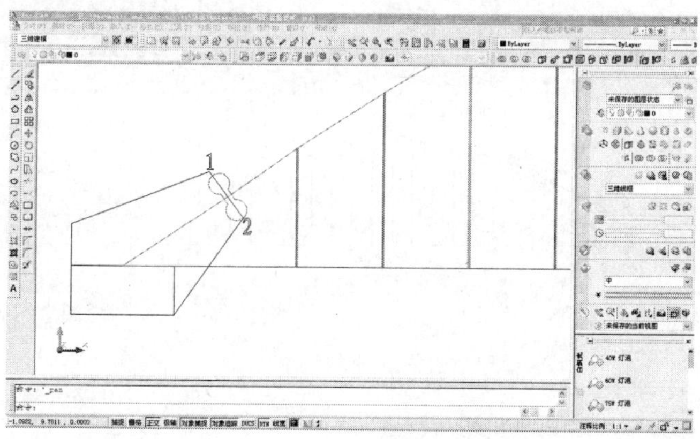

图 16-15 将拱肋横截面在面内旋转

6. 将拱肋横截面在面外旋转

命令：ROTATE3d
当前正向角度：ANGDIR = 逆时针 ANGBASE = 0
选择对象：找到 1 个（选择拱肋横截面作为旋转对象）
选择对象：（回车）
指定轴上的第一个点或定义轴依据

[对象(O)/最近的(L)/视图(V)/X 轴(X)/Y 轴(Y)/Z 轴(Z)/两点(2)]:(选择第1点)
指定轴上的第二点:(选择第2点)
指定旋转角度或[参照(R)]:90
绘制如图16-16所示的图形。

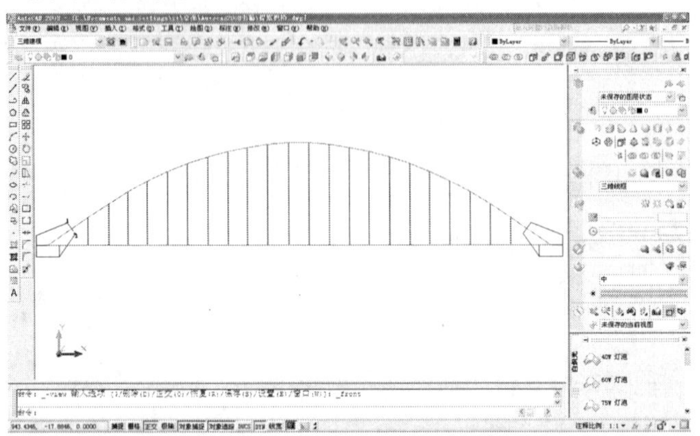

图16-16 将拱肋横截面在面外旋转

7. 将拱肋横截面沿着路径拉伸
命令:EXTRUDE
当前线框密度:ISOLINES=4
选择要拉伸的对象:找到 1 个(选择刚刚绘制的拱肋截面)
选择要拉伸的对象:(回车)
指定拉伸的高度或[方向(D)/路径(P)/倾斜角(T)]:P
选择拉伸路径或[倾斜角(T)]:(选择拱肋)
绘制如图16-17所示的图形,选择消隐模式视图。

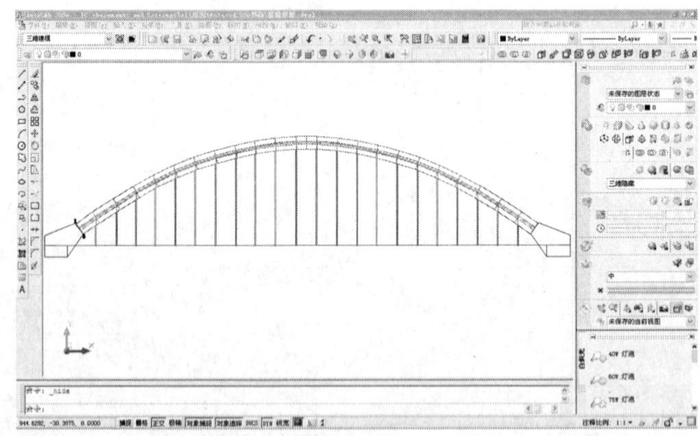

图16-17 将拱肋横截面沿着路径拉伸

16.7 拉伸底座和横系梁

1. 拉伸底座和横系梁
命令:EXTRUDE
当前线框密度:ISOLINES=4
选择要拉伸的对象:找到 1 个
选择要拉伸的对象:找到 1 个,总计 2 个(选择底座的矩形截面)

选择要拉伸的对象：(回车)
指定拉伸的高度或[方向(D)/路径(P)/倾斜角(T)]：20
命令：EXTRUDE
当前线框密度：ISOLINES =4
选择要拉伸的对象：找到 1 个
选择要拉伸的对象：找到 1 个，总计 2 个 (选择底座的五边形截面)
选择要拉伸的对象：(回车)
指定拉伸的高度或[方向(D)/路径(P)/倾斜角(T)] <20.0000>：2.5
命令：_view 输入选项 [?/删除(D)/正交(O)/恢复(R)/保存(S)/UCS(U)/窗口(W)]：_swiso 正在重生成模型。(转换为西南等轴测视图)
绘制如图 16-18 所示的图形。

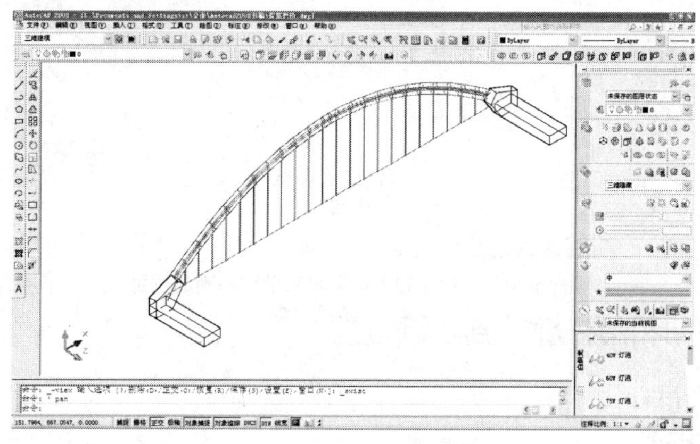

图 16-18　将底座和横系梁拉伸

2. 切换到右视图

命令：_-VIEW 输入选项 [?/删除(D)/正交(O)/恢复(R)/保存(S)/UCS(U)/窗口(W)]：
_LEFT 正在重生成模型。(切换到左视图)
命令：HIDE (采用消隐模式)
命令：_VSCURRENT
输入选项[二维线框(2)/三维线框(3)/三维隐藏(H)/真实(R)/概念(C)/其他(O)]：_H
绘制如图 16-19 所示的图形。

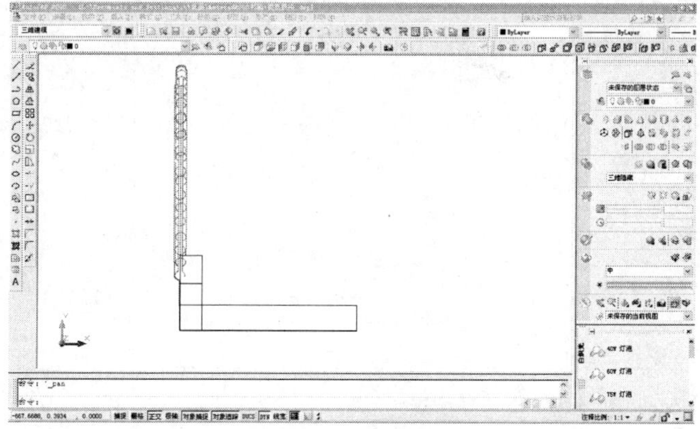

图 16-19　切换到左视图

3. 将拱座和下横系梁移动到正确的位置

命令：_MOVE（点击编辑工具栏中的移动图标）

选择对象：指定对角点：找到 4 个（选择拱座和下横系梁）

选择对象：（回车）

指定基点或[位移(D)]<位移>：（指定下横系梁的任意一点作为基点）

指定第二个点或 <使用第一个点作为位移>：@ -1.25,0

绘制如图 16-20 所示的图形。

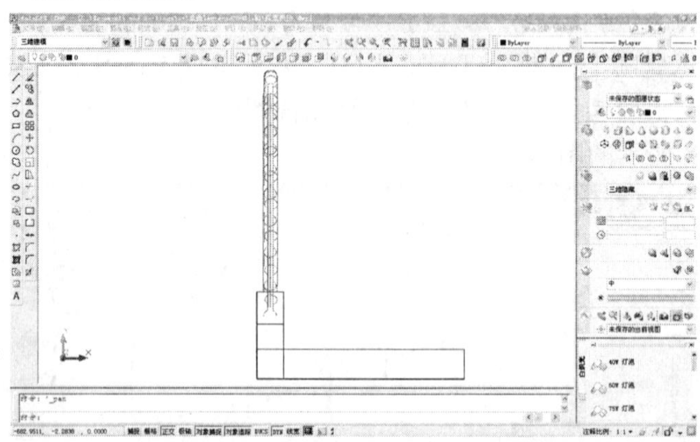

图 16-20 将拱座和下横系梁移动到正确的位置

16.8 将拱肋和吊杆旋转到正确位置

1. 旋转拱肋和吊杆

命令：ROTATE3d

当前正向角度：ANGDIR = 逆时针 ANGBASE = 0

选择对象：指定对角点：找到 51 个（选择拱肋和所有吊杆作为旋转对象）

选择对象：（回车）

指定轴上的第一个点或定义轴依据

[对象(O)/最近的(L)/视图(V)/X 轴(X)/Y 轴(Y)/Z 轴(Z)/两点(2)]：Z

指定 Z 轴上的点 <0,0,0>：（指定底座上的任意一点作为旋转基点）

指定旋转角度或[参照(R)]：-13

绘制如图 16-21 所示的图形。

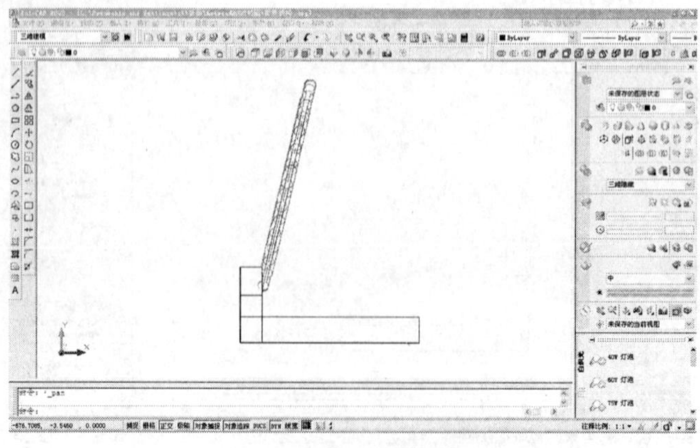

图 16-21 将拱肋和吊杆旋转

2. 将拱肋和吊杆及底座和横系梁进行镜像复制

命令：_MIRROR（点击编辑工具栏中的镜像复制图标）

选择对象：指定对角点：找到 55 个（选择拱肋和吊杆及底座和横系梁）

选择对象：(回车)

指定镜像线的第一点：MID 于（选择横系梁的中点作为镜像线的第一点）

<正交 开>指定镜像线的第二点：(F8 打开正交开关在竖直位置点击一点作为镜像轴的第二点)

要删除源对象吗？［是(Y)/否(N)］<N>：N

绘制如图 16-22 所示的图形。

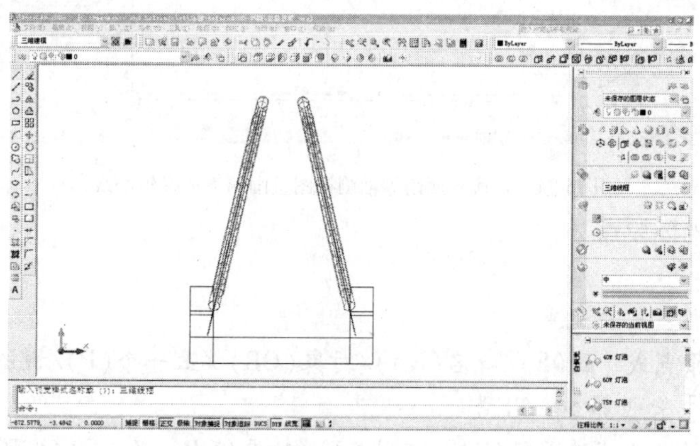

图 16-22　将拱肋和吊杆及底座和横系梁进行镜像复制

3. 切换到俯视图将拱肋和吊杆向外平移 1m

命令：_-VIEW 输入选项［？/正交(O)/删除(D)/恢复(R)/保存(S)/UCS(U)/窗口(W)］：_TOP

正在重生成模型。

命令：_MOVE（点击编辑工具栏中的移动图标）

…

绘制如图 16-23 所示的图形。

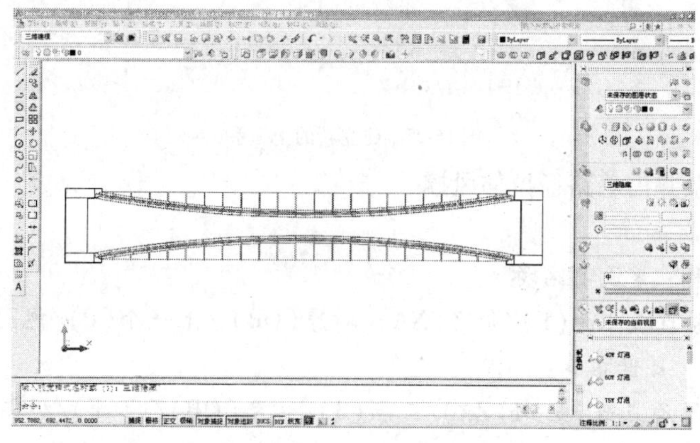

图 16-23　将拱肋和吊杆向外平移

16.9 绘制风撑

1. 切换到西南等轴测视图，并用 PLINE 多段线命令绘制两道风撑，如图 16-24 所示。

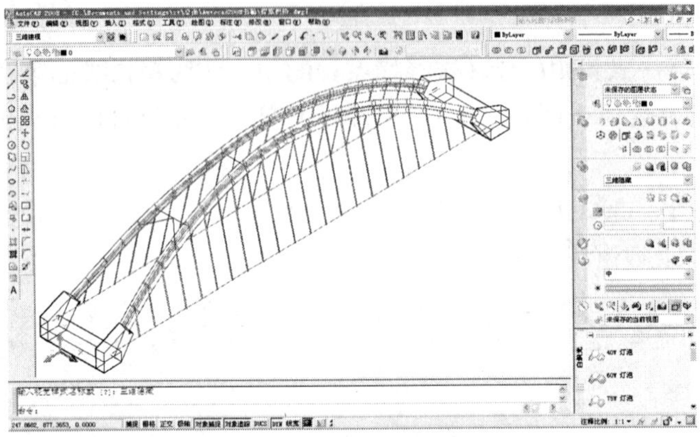

图 16-24 切换到西南等轴测视图且画两道风撑轴心线

2. 指定新的坐标原点

命令：UCS

当前 UCS 名称：* 左视 *

指定 UCS 的原点或 [面(F)/命名(NA)/对象(OB)/上一个(P)/视图(V)/世界(W)/X/Y/Z/Z 轴(ZA)] <世界>：NEW

指定新 UCS 的原点或 [Z 轴(ZA)/三点(3)/对象(OB)/面(F)/视图(V)/X/Y/Z] <0,0,0>：

(点击风撑的端点作为坐标原点)绘制如图 16-25 所示的图形。

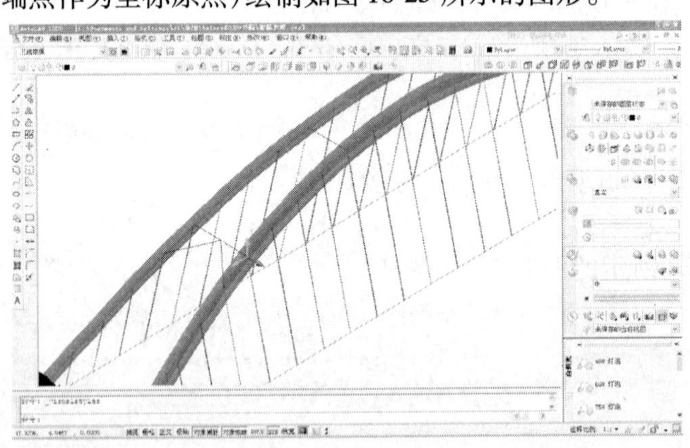

图 16-25 建立新的坐标系

3. 旋转坐标系并沿着路径拉伸风撑

命令：UCS

当前 UCS 名称：* 没有名称 *

指定 UCS 的原点或 [面(F)/命名(NA)/对象(OB)/上一个(P)/视图(V)/世界(W)/X/Y/Z/Z 轴(ZA)] <世界>：NEW

指定新 UCS 的原点或 [Z 轴(ZA)/三点(3)/对象(OB)/面(F)/视图(V)/X/Y/Z] <0,0,0>：Y(沿着 y 轴旋转坐标系)

指定绕 y 轴的旋转角度 <90 >：90

命令：CIRCLE（绘制风撑的横截面）

指定圆的圆心或［三点(3P)/两点(2P)/相切、相切、半径(T)］：0,0,0（指定圆心坐标）

指定圆的半径或［直径(D)］<0.6000 >：0.5

（同理在风撑端点位置绘制几个同样半径的圆作为放样对象）

…

命令：EXTRUDE

当前线框密度：ISOLINES =4

选择要拉伸的对象：找到 1 个（选择刚刚绘制的圆作为拉伸对象）

选择要拉伸的对象：（回车）

指定拉伸高度或［方向(D)/路径(P)/倾斜角(T)］：P（选择对应的风撑轴心线为拉伸路径）

选择拉伸路径或［倾斜角(T)］：（回车）

（重复沿着路径拉伸命令）

…

绘制如图 16-26 所示的图形。

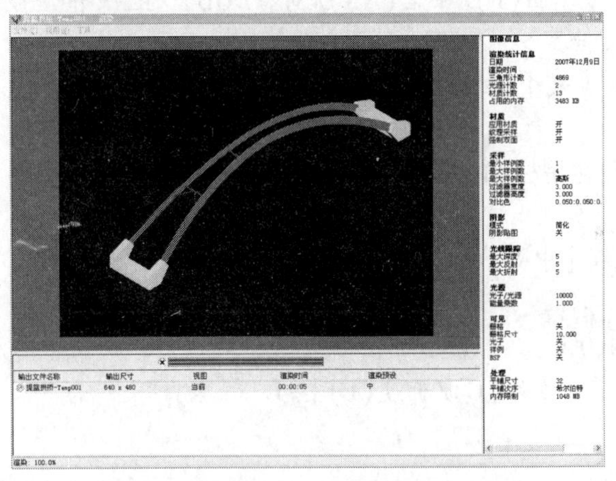

图 16-26　沿着路径拉伸风撑横截面后的渲染图

4. 切换到俯视图并将风撑镜像

命令：_ - VIEW 输入选项［？/正交(O)/删除(D)/恢复(R)/保存(S)/UCS(U)/窗口(W)］：_TOP（切换到俯视图）

正在重生成模型。

命令：_MIRROR（点击编辑工具栏中的镜像复制图标）

选择对象：指定对角点：找到 4 个（选择风撑作为镜像对象）

指定镜像线的第一点：MID

于（选择主梁轴线的中点作为镜像线的第一点）

指定镜像线的第二点：@0,10

要删除源对象吗？［是(Y)/否(N)］<N >：N

绘制如图 16-27 所示的图形。

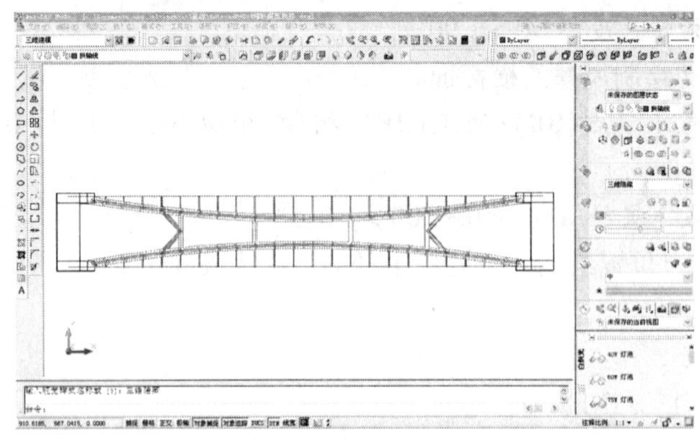

图 16-27　镜像复制出另一半的风撑

16.10　绘制横梁

1. 切换到前视图并绘制出横梁

命令：_-VIEW 输入选项［? /正交(O)/删除(D)/恢复(R)/保存(S)/UCS(U)/窗口(W)］：_FRONT 正在重生成模型。(切换到主视图)

命令：UCS

当前 UCS 名称：* 主视 *

指定 UCS 的原点或［面(F)/命名(NA)/对象(OB) /上一个(P)/视图(V) /世界(W)/X/Y/Z/Z 轴(ZA)］ <世界>：NEW

指定新 UCS 的原点或［Z 轴(ZA)/三点(3)/对象(OB)/面(F)/视图(V)/X/Y/Z］ <0,0,0>：

(将坐标原点定义在吊杆和主梁相交的位置)

命令:BOX

指定第一个角点或［中心(C)］：FROM

基点：0,0,0

<偏移>：-0.4,0,1

指定其他角点或［立方体(C)/长度(L)］：L

指定长度：0.8

指定宽度：-0.8

指定高度或［两点(2P)］：-21

绘制如图 16-28 所示的图形。

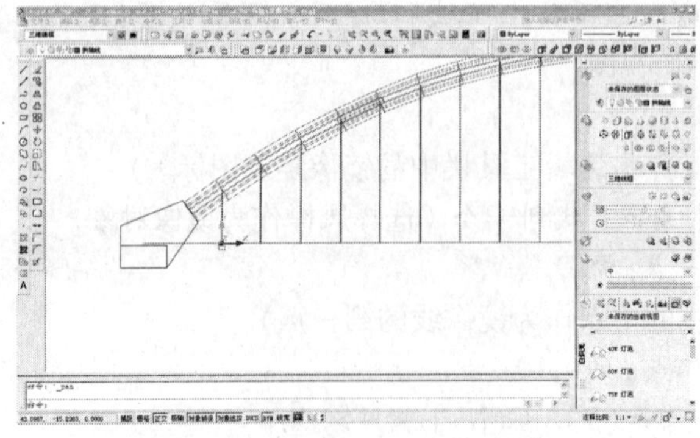

图 16-28　切换到主视图并绘制横梁

2. 将横梁进行阵列复制

命令：ARRAY（点击编辑工具栏中的阵列图标▦）

弹出如图 16-29 所示的阵列对话框，进行列的阵列，列偏移 5，共阵列 22 列。

绘制如图 16-30 所示的图形。

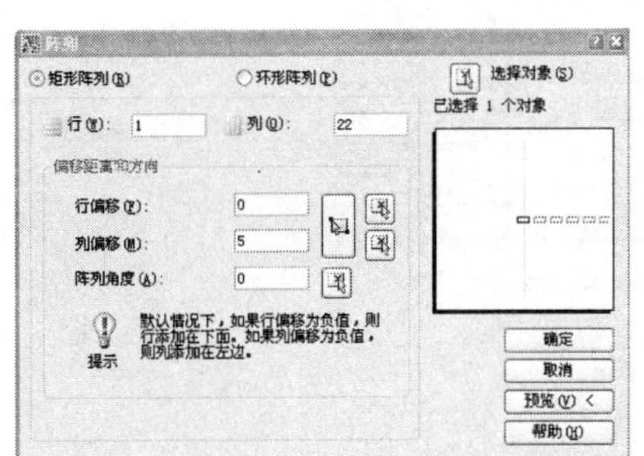

图 16-29　阵列对话框

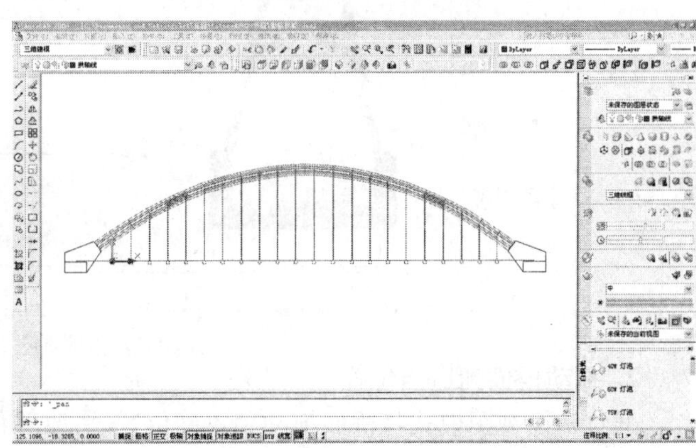

图 16-30　阵列各个横梁

16.11　绘制桥面板

1. 切换到右视图，并绘制桥面板

命令：_ - VIEW 输入选项 [？/删除(D)/正交(O)/恢复(R)/保存(S)/UCS(U)/窗口(W)]：

_RIGHT 正在重生成模型。（切换到右视图▣）

命令：UCS

当前 UCS 名称：* 右视 *

指定 UCS 的原点或 [面(F)/命名(NA)/对象(OB) /上一个(P)/视图(V) /世界(W)/X/Y/Z/Z 轴(ZA)] <世界>：NEW

指定新 UCS 的原点或 [Z 轴(ZA)/三点(3)/对象(OB)/面(F)/视图(V)/X/Y/Z] <0,0,0>：

（在屏幕上任意点击一点作为坐标原点）

命令：_RECTANG（点击绘图菜单中的▭矩形图标）

指定第一个角点或 [倒角(C)/标高(E)/圆角(F)/厚度(T)/宽度(W)]:0,0,0

指定另一个角点或 [面积(A)/尺寸(D)/旋转(R)]：@20,0.3

命令：EXTRUDE

当前线框密度：ISOLINES =4

选择要拉伸的对象：找到 1 个（选择刚刚绘制的矩形）

选择要拉伸的对象：（回车）

指定拉伸的高度或[方向(D)/路径(P)/倾斜角(T)] < -21.0000 >：125

命令:VSCURRENT

输入选项 [二维线框(2)/三维线框(3)/三维隐藏(H)/真实(R)/概念(C)/其他(O)]:R

（采用真实模式）

绘制如图 16-31 所示的图形。

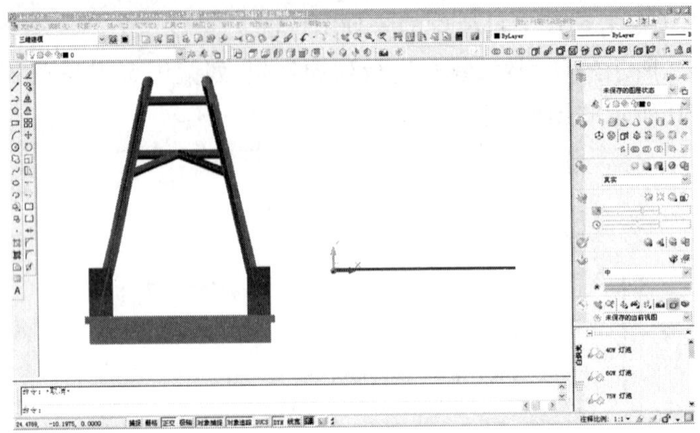

图 16-31　绘制桥面板

2. 拖动桥面到适当位置

通过转换视图模式将桥面拖动到正确位置,更改颜色后图形显示如图 16-32 所示。

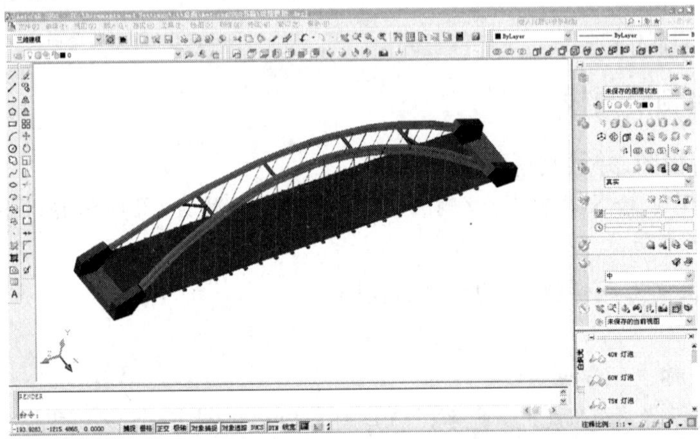

图 16-32　将桥面拖动到正确位置

16.12　绘制桥墩

1. 切换到仰视图

命令:_-VIEW 输入选项 [?/删除(D)/正交(O)/恢复(R)/保存(S)/UCS(U)/窗口(W)]:_BOTTOM 正在重生成模型。(切换到仰视图)

绘制如图 16-33 所示的图形。

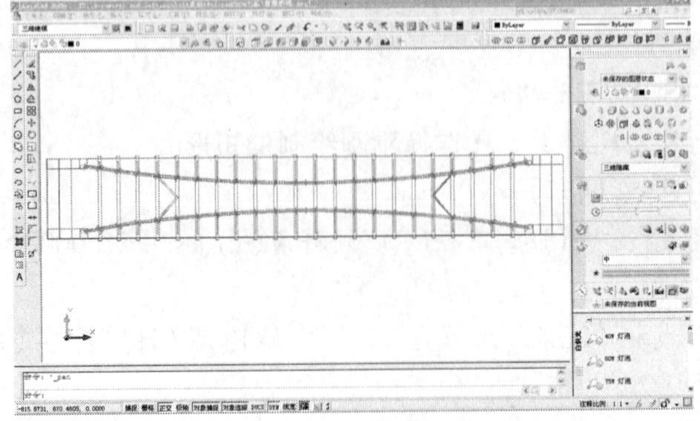

图 16-33　切换到仰视图

2. 绘制一个桥墩

命令：UCS

当前 UCS 名称：＊仰视＊

指定 UCS 的原点或［面(F)/命名(NA)/对象(OB)/上一个(P)/视图(V)/世界(W)/X/Y/Z/Z 轴(ZA)］<世界>：NEW

指定新 UCS 的原点或［Z 轴(ZA)/三点(3)/对象(OB)/面(F)/视图(V)/X/Y/Z］<0,0,0>：

（在屏幕上任意点击一点作为坐标原点）

命令：CIRCLE

指定圆的圆心或［三点(3P)/两点(2P)/相切、相切、半径(T)］:0,0,0

指定圆的半径或［直径(D)］<1.0000>：0.6

命令：EXTRUDE

当前线框密度：ISOLINES = 4

选择要拉伸的对象：找到 1 个（选择刚刚绘制的圆作为拉伸对象）

选择要拉伸的对象：（回车）

指定拉伸的高度或［方向(D)/路径(P)/倾斜角(T)］<125.0000>：8（拉伸高度为 8）

绘制如图 16-34 所示的图形。

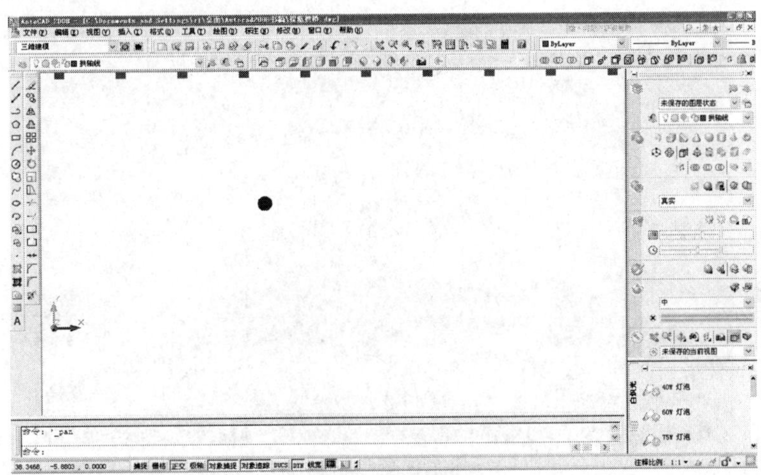

图 16-34　绘制桥墩

3. 通过视图切换复制并移动桥墩到相应的位置，如图 16-35 所示。

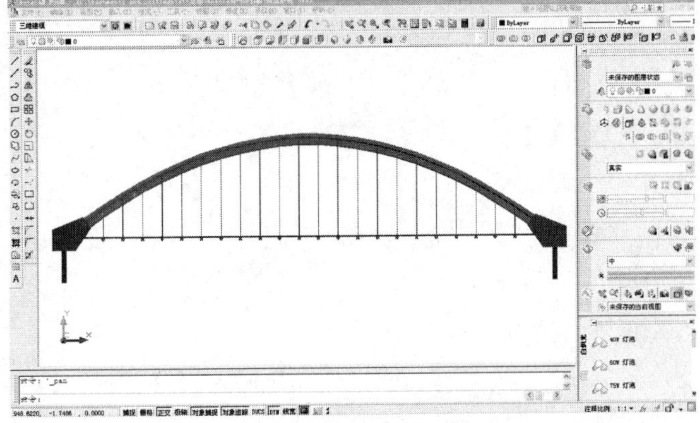

图 16-35　复制并移动桥墩到相应的位置

至此,我们已经绘制完了这个钢管混凝土提篮拱桥,其渲染效果图如图 16-36 所示。

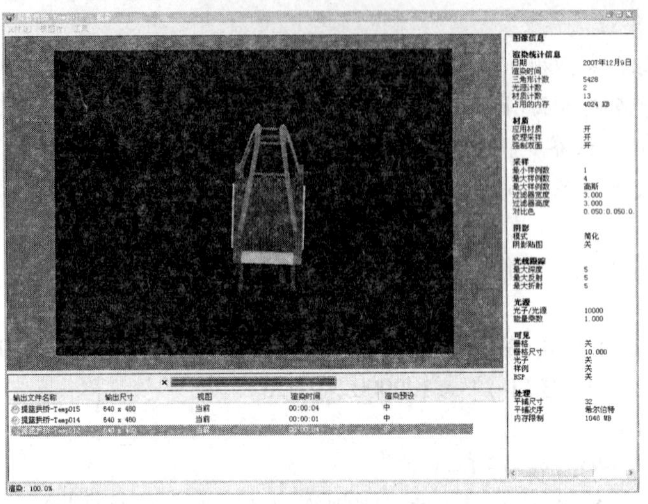

图 16-36　钢管混凝土拱桥渲染效果图

因为 CAD 的渲染材质真实感不强,所以我们往往将 CAD 模型放在 3dmax 中进行渲染,其最终效果图如图 16-37 所示。

图 16-37　钢管混凝土提篮拱桥效果图

第 17 章　解决实际问题的一些技巧

17.1　用 Lisp 语言解决绘图中的实际问题

一个经常使用 CAD 绘制工程制图的设计者,往往在绘图过程中面对许多棘手的问题,如:绘制拱桥的悬链线、绘制等高线、计算钢筋长度、统计钢筋数量等一系列问题。在许多单位,绘图者往往不能利用便捷的 Lisp 语言来解决他们实际上遇到的问题,许多设计者在面临这些问题时往往依靠于计算器或手算,这样既没有效率又不精确,所以强烈建议设计者学习一些基本的 Lisp 语言来提高设计效率。

Auto LISP 通过 Visual LISP (VLISP) 进一步得到增强,VLISP 提供了一个集成开发环境(IDE),其中包含编译器、调试器和其他提高生产效率的工具。VLISP 添加了更多的功能,并扩展了语言以与使用 ActiveX 的对象进行交互。VLISP 也允许 Auto LISP 通过对象反应器对事件进行响应,如果用户对编写 Auto LISP 应用程序不感兴趣,可以在 AutoCAD 软件包中找到许多有用的例程。例程也可以作为共享软件或从第三方开发商处获取。了解如何加载和使用这些例程有助于提高生产率。关于 Auto LISP 编程的信息,请参见 Auto LISP Developer's Guide;关于 Auto LISP 和 Visual LISP 函数的信息,请参见 Auto LISP Reference(在 AutoCAD 的"帮助"菜单上单击"开发人员帮助")。Auto LISP 程序可以在应用程序中使用对话框。可编程对话框仅在 Auto LISP Developer's Guide 中进行说明。具体的编程方法及技巧请读者参考 CAD 的帮助文件,这里不再赘述。

由于篇幅有限,我们在这里只讲述一个例子:如何编制程序统计钢筋数量表。读者可利用此程序来提高工作效率。

编制此程序的步骤如下:

(1)激活 Visual Lisp 集成开发编译环境,在菜单栏中选择工具— > AutoLISP— > Visual LISP 编译器,激活的 Visual Lisp 集成开发编译环境如图 17-1 所示。

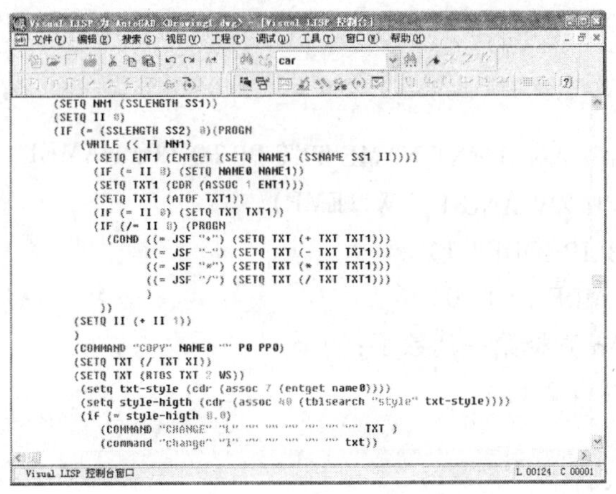

图 17-1　Visual LISP 集成开发编译环境

(2)新建一个 Lisp 文件,在其中输入如下程序代码:

```
(defun * error * (ERROR)
```

```
    (princ "error:")
    (princ "操作错误")
    (PRINC "\n 再试一次")
    )
(defun getss(/ SS N I NAME0 NAME X0 X1)
    (INITGET ( + 1 2 4))
    (setq ss (ssget '((0 . "TEXT"))))
    (if ( = ss nil) (setq ss (ssadd)))
    (setq ssa (ssadd))
    (while (/= (setq n (sslength ss)) 0)
            (progn
            (setq i 1)
            (setq name0 (ssname ss 0))
            (setq x0 (caddr (assoc 10 (entget name0))))
            (while ( < i n)
                    (progn
                    (setq name (ssname ss i))
                    (setq X1 (caddr (assoc 10 (entget name))))
                    (if ( < X0 X1)
                            (progn
                            (setq name0 name)
                            (setq X0 X1)
                    ))
                    (setq i ( + 1 i))
              ))
              (setq ssa (ssadd name0 ssa))
              (setq ss (ssdel name0 ss))
    ))
    )
 (DEFUN C:gangjin(/ NN II ENT NAME TXT PP P0 PP0 NAME1
            P ST ZH ZW ANG I N W TEMP)
     (SETVAR "BLIPMODE" 1)
     (SETVAR "CMDECHO" 0)
     (PROMPT "\n 选择第一列数字:")
     (INITGET ( + 1 2 4))
     (getss)
     (SETQ SS1 ssa)
     (PROMPT "\n 选择第二列数字:")
     (getss)
     (SETQ SS2 ssa)
```

```
(INITGET (+ 1 2 4))
(IF (= (SSLENGTH SS2) 0)
    (SETQ JSF (GETSTRING "\n 计算方法:? <+> "))
    (SETQ JSF (GETSTRING "\n 计算方法:? <*> ")))
(WHILE (AND (/= JSF "+") (/= JSF "-") (/= JSF "*") (/= JSF "/") (/=
JSF ""))
    (GETSTRING "\n 计算方法:? <*> "))
(IF (AND (= (SSLENGTH SS2) 0) (= JSF "")) (SETQ JSF "+"))
(IF (AND (/= (SSLENGTH SS2) 0) (= JSF "")) (SETQ JSF "*"))
(SETQ P0 (CDR (ASSOC 10 (ENTGET (SSNAME SS1 0)))))
(INITGET (+ 1 2 4))
(SETQ PP0 (GETPOINT "\n 统计结果插入点:?"))
(SETVAR "BLIPMODE" 0)
(IF (= (SSLENGTH SS2) 0)
    (PROGN
        (SETQ XI (GETREAL "\n 需除以的系数 [/] :? <1>"))
        (IF (= XI NIL) (SETQ XI 1)))
    (PROGN
      (SETQ XI (GETREAL "\n 需除以的系数 [/]:? <100>"))
      (IF (= XI NIL) (SETQ XI 100))
    ))
(SETQ WS (GETINT "\n 小数点位数:? <2> "))
(IF (= WS NIL) (SETQ WS 2))
(SETQ NN1 (SSLENGTH SS1))
(SETQ II 0)
(IF (= (SSLENGTH SS2) 0)(PROGN
  (WHILE (< II NN1)
    (SETQ ENT1 (ENTGET (SETQ NAME1 (SSNAME SS1 II))))
    (IF (= II 0) (SETQ NAME0 NAME1))
    (SETQ TXT1 (CDR (ASSOC 1 ENT1)))
    (SETQ TXT1 (ATOF TXT1))
    (IF (= II 0) (SETQ TXT TXT1))
    (IF (/= II 0) (PROGN
      (COND ((= JSF "+") (SETQ TXT (+ TXT TXT1)))
          ((= JSF "-") (SETQ TXT (- TXT TXT1)))
          ((= JSF "*") (SETQ TXT (* TXT TXT1)))
          ((= JSF "/") (SETQ TXT (/ TXT TXT1)))
          )
  ))
(SETQ II (+ II 1))
```

```
)
(COMMAND "COPY" NAME0 "" P0 PP0)
(SETQ TXT (/ TXT XI))
(SETQ TXT (RTOS TXT 2 WS))
(setq txt - style (cdr (assoc 7 (entget name0))))
(setq style - higth (cdr (assoc 40 (tblsearch "style" txt - style))))
(if ( = style - higth 0. 0)
  (COMMAND "CHANGE" "L" "" "" "" "" "" "" TXT )
  (command "change" "l" "" "" "" "" "" txt))
))
  (IF (AND (/ = SS2 NIL) (/ = SS1 NIL)) (PROGN
(SETQ NN2 (SSLENGTH SS2))
(IF ( > = NN1 NN2) (SETQ NN NN2) (SETQ NN NN1))
(WHILE ( < II NN)
    (SETQ ENT1 (ENTGET (SETQ NAME1 (SSNAME SS1 II))))
    (SETQ ENT2 (ENTGET (SETQ NAME2 (SSNAME SS2 II))))
    (SETQ TXT1 (CDR (ASSOC 1 ENT1)))
    (SETQ TXT2 (CDR (ASSOC 1 ENT2)))
    (SETQ TXT1 (ATOF TXT1))
    (SETQ TXT2 (ATOF TXT2))
    (COND ((= JSF " + ") (SETQ TXT ( + TXT1 TXT2)))
            ((= JSF " - ") (SETQ TXT ( - TXT1 TXT2)))
            ((= JSF " * ") (SETQ TXT ( * TXT1 TXT2)))
            ((= JSF "/") (SETQ TXT (/ TXT1 TXT2)))
            )
    (COMMAND "COPY" NAME1 "" P0 PP0)
    (SETQ TXT (/ TXT XI))
    (SETQ TXT (RTOS TXT 2 WS))
    (setq txt - style (cdr (assoc 7 (entget name1))))
    (setq style - higth (cdr (assoc 40 (tblsearch "style" txt - style))))
    (if ( = style - higth 0. 0)
    (COMMAND "CHANGE" "L" "" "" "" "" "" "" TXT )
    (command "change" "l" "" "" "" "" "" txt))
    (SETQ II ( + II 1))
    )
))
(SETVAR "BLIPMODE" 1)
(SETVAR "CMDECHO" 1)
(PRINC)
    )
```

(3)在菜单栏中选择工具—>加载应用程序,弹出【加载/卸载应用程序】对话框,选择编译通过的程序 gangjin. lsp,然后单击[加载(L)]按钮,如图 17-2 所示。

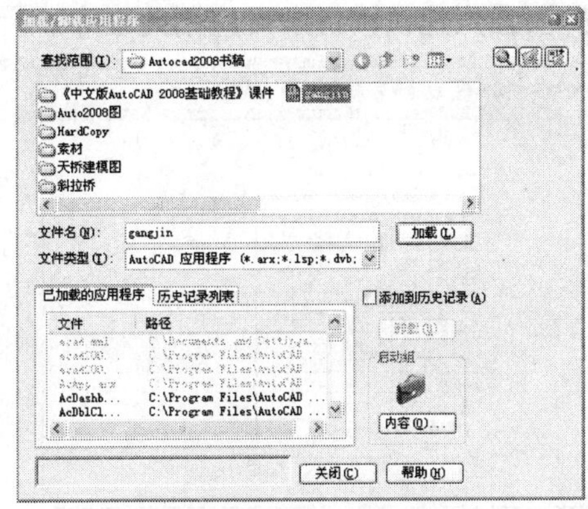

图 17-2 加载应用程序

下面以一个钢筋表的统计作为例子,讲述如何应用该程序。

首先打开一个未作过统计的钢筋表,如图 17-3 所示。

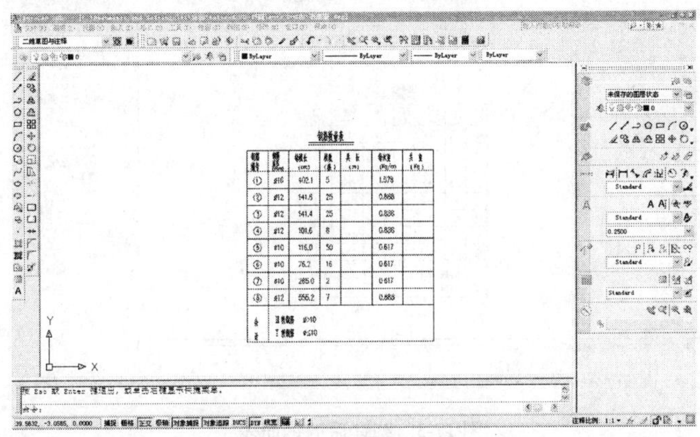

图 17-3 未作过统计的钢筋表

命令:APPLOAD(加载应用程序命令,弹出如图 17-2 所示的对话框,选择 gangjin. lsp 加载)

已成功加载 gangjin. LSP。

命令:GANGJIN(在命令行中敲入 gangjin 响应已经加载的程序)

选择第一列数字:(选择钢筋表中的“每根长”那一列数字)

选择对象:指定对角点:找到 8 个

选择对象:(回车)

选择第二列数字:(选择钢筋表中的“根数”那一列数字)

选择对象:指定对角点:找到 8 个

选择对象:(回车)

计算方法:? <*>(可输入+、-、*、/,四种符号,这里我们输入*号)

统计结果插入点:?(在“共长”那一列的适当位置选择一点作为结果插入点)

需除以的系数[/]:? <100> 100

小数点位数:? <2>(回车)

则绘制出如图17-4所示的图形。重复进行gangjin命令,最后绘制完毕的钢筋表如图17-5所示。这个小程序个人觉得很有用,尤其适合设计施工单位的设计人员,即可以提高工作效率又能提高计算的准确性,强烈建议读者学习应用此程序。

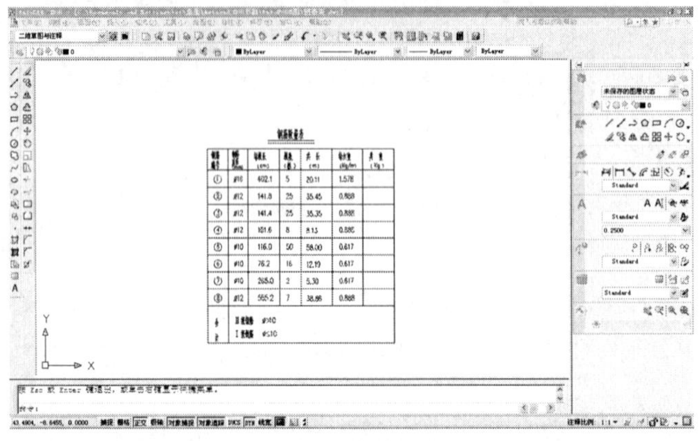

图17-4　运用加载程序作钢筋表计算

图17-5　统计后的钢筋表

17.2　CAD常用技巧简介

在CAD实际应用中,我们往往会遇到许多小问题,在这里由于篇幅的关系,仅仅介绍提供一些读者会经常遇到的问题的解决方法,以期抛砖引玉给读者一些参考。使用CAD软件中面临的更多问题应该互相交流、切磋,尽快的将问题解决。

(1)BREAK命令用来打断实体,用户也可以一点断开实体,用法是在第一点选择后,输入"@"。

一般的命令格式如下:

命令:BREAK

选择对象:(选择要打断的对象)

指定第二个打断点或[第一点(F)]:F

指定第一个打断点:(选取打断点)

指定第二个打断点:@(回车)

(2)在AutoCAD中有时尺寸箭头及Trace画的轨迹线变为空心,用TRIMMODE命令,在提示行下输入新值1可将其重新变为实心。

一般的命令格式如下：

命令：TRIMMODE

输入 TRIMMODE 的新值 <1>：

(3)有时在打开 dwg 文件时，系统弹出"AutoCAD Message"对话框提示"Drawing file is not valid"，告诉用户文件不能打开。这种情况下你可以先退出打开操作，然后打开"文件"菜单，选"绘图实用程序/修复"，或者在命令行直接用键盘输入"recover"，接着在"选择文件"对话框中输入要恢复的文件，确认后系统开始执行恢复文件操作。

(4)相对来说，Excel 的表格制作功能是十分强大的，我们也可以先在 Excel 中制完表格，然后将表格放入 CAD 中，具体步骤如下：

①在 Excel 中制完表格，复制到剪贴板。如图 17-6 所示。

②然后在 AutoCAD 的菜单条中选择【编辑】中的【选择性粘贴】，选择 AutoCAD 图元，剪贴板上的表格即转化成 AutoCAD 实体，如图 17-7 所示，粘贴完 EXCEL 表格稍加修改后的图如图 17-8 所示。

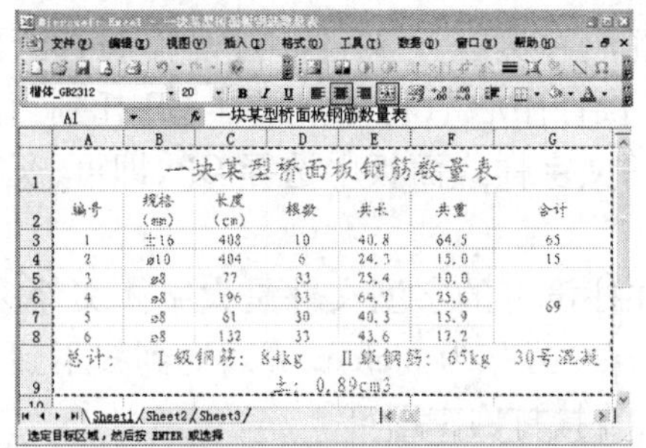

图 17-6 在 Excel 中制表并复制到剪贴板

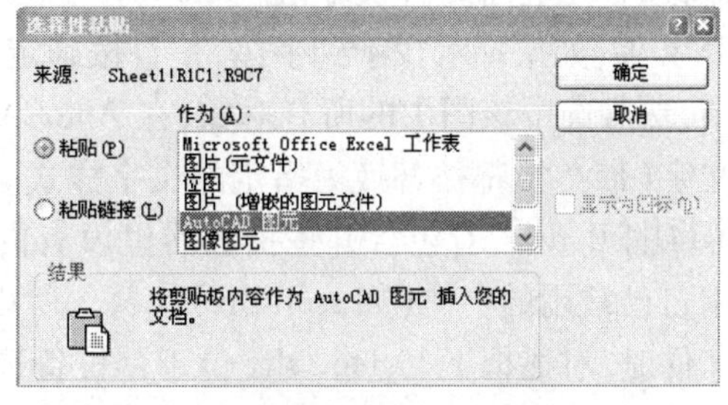

图 17-7 选择 AutoCAD 图元进行粘贴

(5)当打开 AutoCAD 的图形文件时，AutoCAD 自动根据图形中的文字样式定义，在 AutoCAD 支持的文件搜索路径中查找字体文件，当没有找到所需要的字体文件时，AutoCAD 将弹出一个对话框要求你选择一个代替的字体以正确显示。当选择的字体不正确时，打开的图形中将有部分或全部文字显示为"?"，表示此文字在现在的文字定义下不能正确显示。此时可使用菜单中的"修改/特性"命令，在"样式"框中选择合适的文字样式。如图 17-9 所示：文字样式的设置可在 AutoCAD 2006 菜单的"格式文字样式"

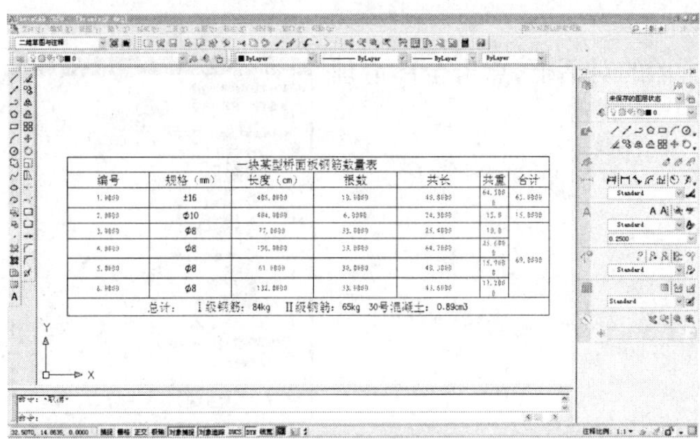

图 17-8 粘贴完 EXCEL 表格的 CAD 图

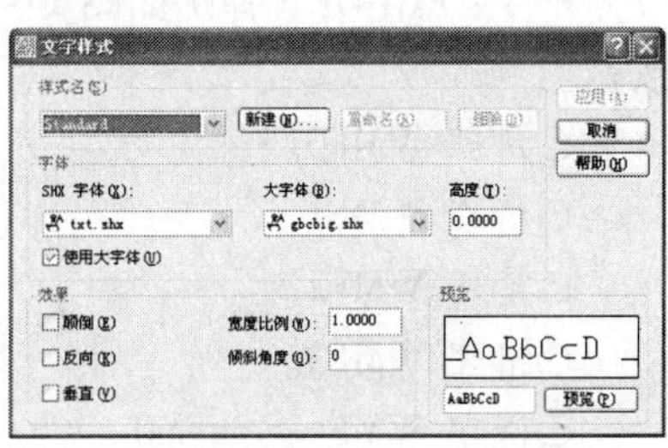

图 17-9 文字样式对话框

下拉菜单命令中设置。当有中文文字无法打开时，请先在"文字样式" 命令中设置有中文大字体或有中文字体的文字样式格式。请注意：对于文字串中的每一个字符，AutoCAD 都先搜索大字体文件。如果从中未找到该字符，才搜索普通字体文件。

(6)有时打开一幅图时，会提示需要进行字体替换。解决此问题的方法有以下五种：

①复制要替换的字库为将被替换的字库名，如，打开一幅图，提示找不到 jd 字库，你想用 hztxt. shx 替换它，那么你可以把 hztxt. shx 复制一份，命名为 jd. shx，就可以解决了。不过这种办法的缺点显而易见，太占用磁盘空间。

②在 AutoCAD 2008/support 目录下创建 acad. fmp 文件，如果原来有此文件直接打开，这是一个 ASCII 文件，输入"jd；hztxt"，如果还有别的字体要替换，可以另起一行，如"jh；hztxt"，存盘退出，以后如果你打开的图包含 jd 和 jh 这样你机子里没有的字库，就再也不会不停地要你找字库替换了。注意第二种办法 WINXP 下 acad. fmp 文件位置如下 C：\Documents and Settings\你的计算机登陆账户名\Application Data\Autodesk\AutoCAD 2008\R17. 1 chs\Support 。

③用 AutoCAD2008。首先建一个文字样式，例如：GB，字体名：romans. shx，选用大字体，gbcbig. shx.（上面两种文字在 AutoCAD 中都有）建好后存为一个文件。打开你想打开的 CAD 文件，如果提示找不到字体，一直按确定。打开"设计中心"，将文字式样 GB 托到当前图中，然后选中该图中的所有对象，在 AutoCAD2008 的文字样式面板中选择 GB，即可，所有的文字（带???）都被替换为指定的文字样式。

④打开 dwg，看包含哪些我机器里没有的 shx。往往没有的字型文件是大字体文件，一般用自己常用的字体（如 zsm. shx）代替。所以将 zsm. shx 另存为 bigfont. shx，遇到找不到字体文件时，对话框上 bigfont. shx 位于首位备选位置上，直接打回车即可。

⑤借助第三方软件。如一个国外的软件 autofont，不过目前还没有破解版本，不注册只能加载 10 次即只能用十次。千万还要注意使用方法：把 LSP 文件拷到 AUTOFONT 文件夹，然后打开 CAD 并输入（LOAD " AUTOFONT"），注意：括号必须加上，程序自动加载。

(7)PURGE 命令的使用，在用 AutoCAD 绘图过程中，常常会错误的填充了一些花纹或插入了块，故而对这些花纹或块进行删除。然而当你保存文件时，这些花纹或块并未真正从图形文件中删除，这就使文件增大，并且在下次编辑文件时速度减慢，所以在保存之前，先用 PURGE 命令从图形数据库中真正删除不必要的块、无名块（花纹）、线型、层，从而减小图形文件，加快处理速度。其命令格式如下：

命令：PURGE（弹出如图 17-10 所示的对话框，点击全部清理按钮。）

已清理 WMF0。

已清理 WMF1。

已清理 WMF2。

已清理 WMF3。

已清理 WMF－System0。

已清理 WMF－System1。

已清理 WMF－System2。

已清理 WMF－System3。

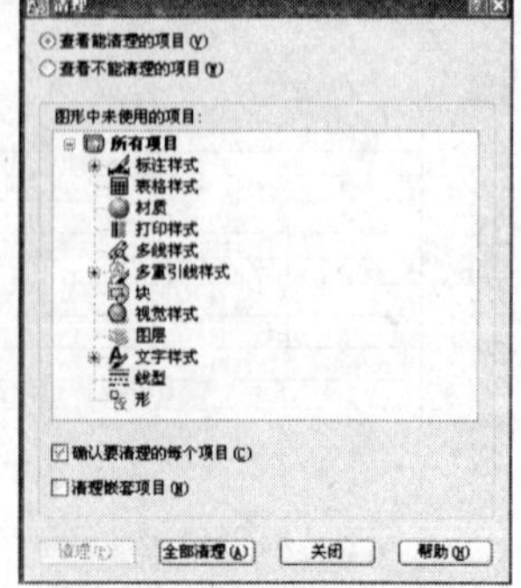

图 17-10　清理对话框

已清理 WMF - 宋体 0。

(8)当执行编辑命令,提示选择目标时,用矩形框方式选择,从左向右拖动光标,为“窗口 Windows”方式,如果从右向左拖动光标,则为“交叉 Cross”方式。在进行拉伸命令时,常用交叉窗口选择方式。

(9)当用相对坐标输入点时,在正交状态时,一般输入为:@ x,0 或@ 0,y(例如输入相对坐标“@ 100,0”表示下一点相对上一点 X 方向增加 100,又如输入相对坐标“@ 0,50”表示下一点相对上一点 Y 方向增加 50),以上两种情况下,可以直接输入 100 或 50 即可实现相同的目的,从而节省输入时间。

(10)有的用户使用 AutoCAD 时会发现命令中的对话框会变成提示行,如打印命令,控制它的是系统变量 CMDDIA,关掉它就行了。

(11)如何提高曲线和圆显示的平滑度。

AutoCAD 有时候显示的曲线或圆出现折角严重失真,可以用 Viewres 命令解决。

一般的命令格式为:

命令: VIEWRES

是否需要快速缩放? [是(Y)/否(N)] <Y>: Y

输入圆的缩放百分比 (1 - 20000) <4>: 1000 正在重生成模型。

(12)如何进行任意横纵比例的缩放。

用缩放命令进行的比例缩放,缩放的效果是 X 、Y、Z 三个方向都是相同比例的,为了沿不同的坐标轴有任意的缩放比例,可以按照如下思路和步骤进行。

①把要进行缩放的对象创建为一个块。

②插入块,然后在插入对话框中为不同坐标轴指定不同的缩放因子,如图 17-11 所示。

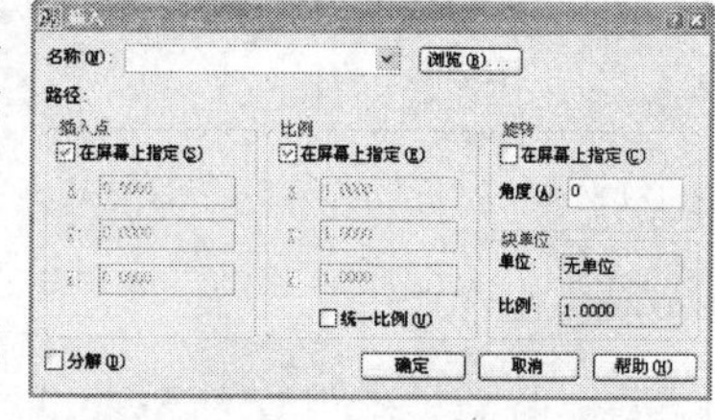

图 17-11 通过插入块调整缩放比例

(13)怎样在 AutoCAD 中输入特殊符号。

可以有多种方法输入特殊符号。

①在A多行文字输入区点击鼠标右键,在弹出的快捷菜单中选择符号,从中选择用户需要的符号如图 17-12 所示。

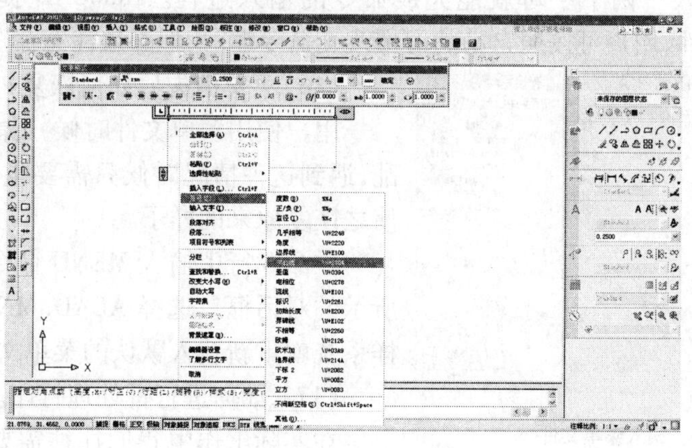

图 17-12 输入特殊字符

②还可以在多行文字输入区右击,如上选择【符号】子菜单中的【其他】选项,弹出字符映

射表对话框，如图 17-13 所示，从中选择需要的特殊符号。

图 17-13　通过调用字符映射表输入特殊字符

(14) 如何把 AutoCAD 的图形导入 Algor 或 Ansys 进行分析？

由于一般的有限元分析软件的建模能力都比较弱，往往采用在 CAD 中建立模型在导入有限元分析软件中进行进一步的操作，对于 Algor 来说可以导入 DXF 文件，对于 Ansys 来说可以导入 SAT 文件。

AutoCAD 做出的一切图形，都可以进一步导入到 Algor 软件中进行进一步的编译，但 AutoCAD 文件一定要另存为 dxf 格式的文件，如图 17-14 所示。

Ansys 有限元分析软件也可以利用 AutoCAD 的强大绘图功能，将 AutoCAD 绘制的三维实体或者面域导入到 Ansys 中，但这时候，AutoCAD 图形一定要输出为 Sat 格式。

命令：EXPORT(弹出如图 17-15 所示的对话框，指定输出的文件名和路径)

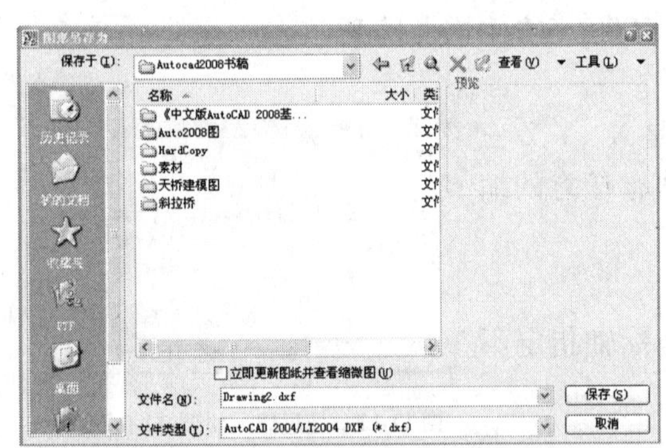

图 17-14　将 CAD 保存为 DXF 格式

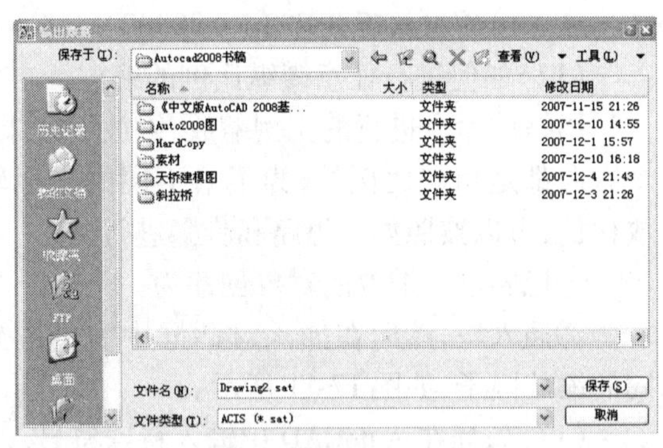

图 17-15　将实体输出为 SAT 格式的文件

(15) 如何定义命令缩写？

大多数用户最为关心的大概都是如何提高设计效率，包括如何提高输入命令的速度，常用的命令通过输入一两个字母就能完成命令的输入过程。AutoCAD 提供了一个名称为 ACAD. PGP 的文件，用户可按照自己的习惯改变命令缩写，但必须注意命令缩写不得同名。

图 17-16　调入菜单文件

(16) 菜单消失后如何恢复？

用户使用菜单文件时候，可能将当前的菜单搞乱，遇到这种情况时候只需要重新加载菜单文件，使之恢复原来的样子。

在命令行中输入 MENU 命令，弹出如图 17-16 所示的对话框。选择 ACAD. MNC 文件并打开，这样系统就重新装入默认的菜单文件了。

(17) 如何进行批处理打印。

在实际工作中我们往往需要成批打印绘制好的 CAD 图，这时最好运用批处理打印功能。

命令：PUBLISH（执行批处理打印命令）

弹出如图 17-17 所示的发布图纸对话框。

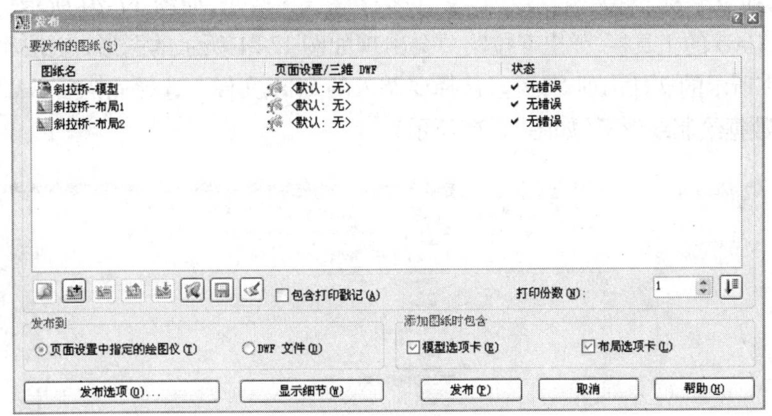

图 17-17 发布图纸对话框

点击添加图纸按钮,弹出如图 17-18 所示的对话框。

选择好要打印的文件后,返回如图 17-17 所示的发布图纸对话框,点击发布选项按钮,弹出窗口选择位置(如图 17-19 所示)。

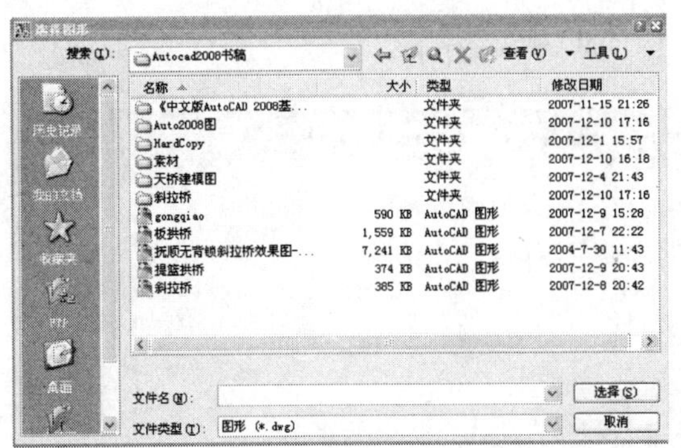

图 17-18 选择要打印的文件

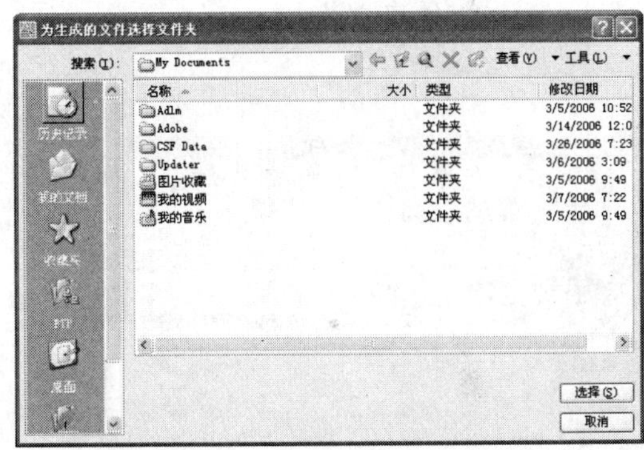

图 17-19 为生成的打印文件选择文件夹

选择好文件夹后返回到如图 17-17 示的发布图纸对话框,点击发布按钮,则 CAD 将打印文件输入到你选定的文件夹中。

(18)如何进行质量查询?

质量属性查询 AutoCAD 提供点坐标(ID),距离(Distance),面积(area)的查询,给图形的分析带来了很大的方便,但是在实际工作中,有时还须查询实体质量属性特性,AutoCAD 提供实体质量属性查询,可以方便查询实体的惯性矩、面积矩、实体的质心等,须注意的是,对于曲线、多义线构造的闭合区域,应先用 REGION 命令将闭合区域面域化,再执行质量属性查询,才可查询实体的惯性矩、面积矩、实体的质心等属性。

值得注意的是,要查询实体绕某个轴的惯性矩时,需要把该轴和实体移动至该轴与 X 轴或 Y 轴重合。

(19)如何绘制曲线?

在工程计算时,经常要用 AutoCAD 画出一条曲线,而这条曲线如果是由多个坐标点连接成的,输入起来就麻烦,而且容易出错。现在有一种简便的方法可以准确快速的绘制出这些曲线,具体方法为:

在记事本或其他文本文件中输入坐标数据，起始行为命令语句：Pline（多段线），以后每行为各个点的横纵坐标，输完数据后，将文件名存成.scr格式，如图17-20所示。

然后点击CAD的工具栏，弹出下拉菜单会出现如图17-21所示的图形，点击运行脚本一项，弹出如图17-22所示的文件选项对话框，选择要调入的SCR文件。选择完毕后CAD系统就会根据调入的文件数据绘制线形了（如图17-23所示）。

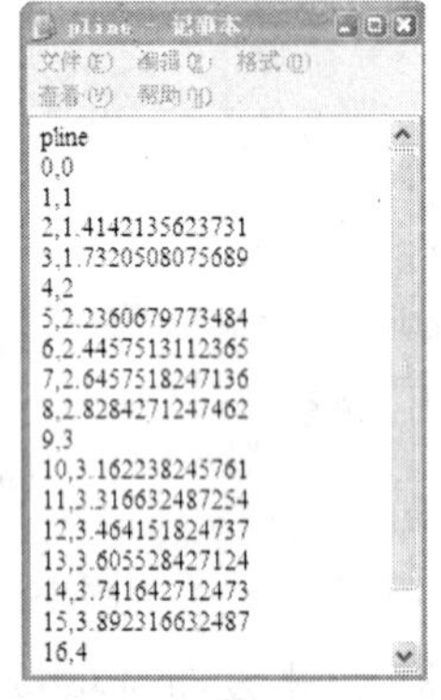

图17-20　将数据文件存为SCR格式

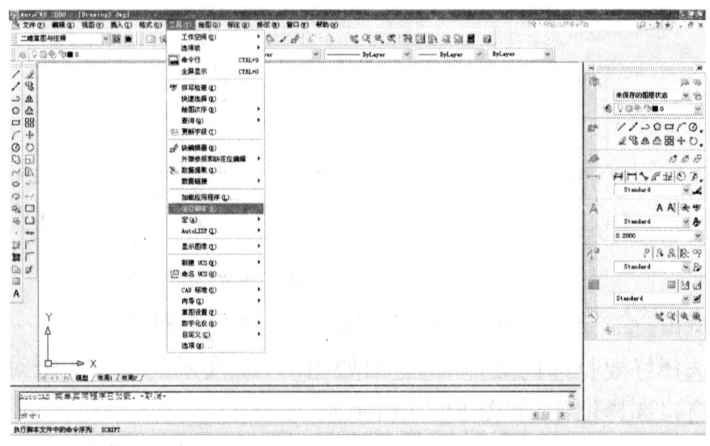

图17-21　调入运行脚本

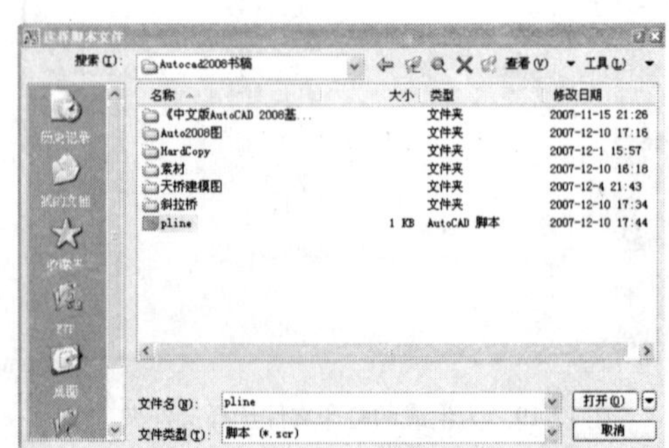

图17-22　选择要调入的脚本文件

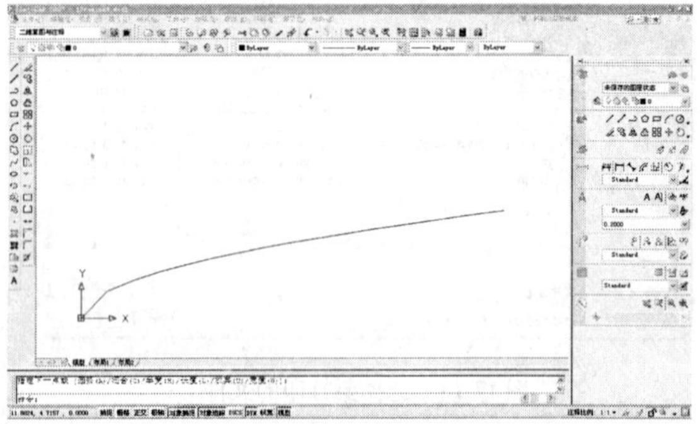

图17-23　根据调入的脚本内容绘制出曲线

（20）常用系统变量的设置。

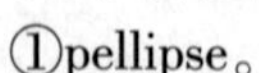

①pellipse。

控制由ELLIPSE命令创建的椭圆类型。

0 创建真正的椭圆对象。

1 创建多段线表示的椭圆。

②Angdir。

设置正角度的方向。从相对于当前UCS方向的0角度测量角度值。

0 十进制度数

1 度/分/秒

2 百分度

3 弧度

4 勘测单位

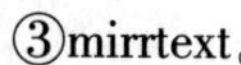

③mirrtext。

控制 MIRROR 命令影响文字的方式。

0 保持文字方向，1 镜像显示文字。

(21)在 AutoCAD 中有时有交叉点标记在鼠标点击处产生，用 BLIPMODE 命令，在提示行下输入 OFF 可消除它，如图 17-24 所示。

一般的命令格式为：

命令：BLIPMODE

输入模式［开(ON)/关(OFF)］＜开＞：

图 17-24 消除标记点

(22)有的用户使用 AutoCAD 时会发现命令中的对话框会变成提示行，如打印命令，控制它的是系统变量 CMDDIA，关掉它就行了。

(23)椭圆命令生成的椭圆是以多义线还是以椭圆为实体的是由系统变量 PELLIPSE 决定，当其为 1 时，生成的椭圆是 PLINE。

(24)CMDECHO 变量决定了命令行回显是否产生，其在程序执行中应设为 0。

(25)将 AutoCAD 中的图形插入 WORD 中，有时会发现圆变成了正多边形，用一下 VIEWRES 命令，将它设得大一些，可改变图形质量。

(26)修剪 trim 命令中提示选取要剪切的图形时，不支持常用的 window 和 crossing 选取方式。当要剪切多条线段时，要选取多次才能完成。这时可以使用 FENCE 命令提示选择要剪除的图形时，输入"F"，然后在屏幕上画出一条虚线，回车，这时被该虚线接触到的图形全部被剪切掉。

(27)常用的快捷命令

①字母类。

a. 对象特性。

ADC，*ADCENTER(设计中心"Ctrl+2")

CH，MO *PROPERTIES(修改特性"Ctrl+1")

MA，*MATCHPROP(属性匹配)

ST，*STYLE(文字样式)

COL，*COLOR(设置颜色)

LA，*LAYER(图层操作)

LT，*LINETYPE(线形)

LTS，*LTSCALE(线形比例)

LW，＊LWEIGHT（线宽）
UN，＊UNITS（图形单位）
ATT，＊ATTDEF（属性定义）
ATE，＊ATTEDIT（编辑属性）
BO，＊BOUNDARY（边界创建，包括创建闭合多段线和面域）
AL，＊ALIGN（对齐）
EXIT，＊QUIT（退出）
EXP，＊EXPORT（输出其他格式文件）
IMP，＊IMPORT（输入文件）
OP，PR ＊OPTIONS（自定义 CAD 设置）
PRINT，＊PLOT（打印）
PU，＊PURGE（清除垃圾）
R，＊REDRAW（重新生成）
REN，＊RENAME（重命名）
SN，＊SNAP（捕捉栅格）
DS，＊DSETTINGS（设置极轴追踪）
OS，＊OSNAP（设置捕捉模式）
PRE，＊PREVIEW（打印预览）
TO，＊TOOLBAR（工具栏）
V，＊VIEW（命名视图）
AA，＊AREA（面积）
DI，＊DIST（距离）
LI，＊LIST（显示图形数据信息）
b. 绘图命令。
PO，＊POINT（点）
L，＊LINE（直线）
XL，＊XLINE（射线）
PL，＊PLINE（多段线）
ML，＊MLINE（多线）
SPL，＊SPLINE（样条曲线）
POL，＊POLYGON（正多边形）
REC，＊RECTANGLE（矩形）
C，＊CIRCLE（圆）
A，＊ARC（圆弧）
DO，＊DONUT（圆环）
EL，＊ELLIPSE（椭圆）
REG，＊REGION（面域）
MT，＊MTEXT（多行文本）
T，＊MTEXT（多行文本）
B，＊BLOCK（块定义）

I，＊INSERT（插入块）
W，＊WBLOCK（定义块文件）
DIV，＊DIVIDE（等分）
H，＊BHATCH（填充）
c. 修改命令。
CO，＊COPY（复制）
MI，＊MIRROR（镜像）
AR，＊ARRAY（阵列）
O，＊OFFSET（偏移）
RO，＊ROTATE（旋转）
M，＊MOVE（移动）
E，DEL 键 ＊ERASE（删除）
X，＊EXPLODE（分解）
TR，＊TRIM（修剪）
EX，＊EXTEND（延伸）
S，＊STRETCH（拉伸）
LEN，＊LENGTHEN（直线拉长）
SC，＊SCALE（比例缩放）
BR，＊BREAK（打断）
CHA，＊CHAMFER（倒角）
F，＊FILLET（倒圆角）
PE，＊PEDIT（多段线编辑）
ED，＊DDEDIT（修改文本）
d. 视窗缩放。
P，＊PAN（平移）
Z＋空格＋空格，＊实时缩放
Z，＊局部放大
Z＋P，＊返回上一视图
Z＋E，＊显示全图
e. 尺寸标注。
DLI，＊DIMLINEAR（直线标注）
DAL，＊DIMALIGNED（对齐标注）
DRA，＊DIMRADIUS（半径标注）
DDI，＊DIMDIAMETER（直径标注）
DAN，＊DIMANGULAR（角度标注）
DCE，＊DIMCENTER（中心标注）
DOR，＊DIMORDINATE（点标注）
TOL，＊TOLERANCE（标注形位公差）
LE，＊QLEADER（快速引出标注）
DBA，＊DIMBASELINE（基线标注）

DCO, ＊DIMCONTINUE(连续标注)
D, ＊DIMSTYLE(标注样式)
DED, ＊DIMEDIT(编辑标注)
DOV, ＊DIMOVERRIDE(替换标注系统变量)

②常用 Ctrl 快捷键。

【CTRL】+1 ＊PROPERTIES(修改特性)
【CTRL】+2 ＊ADCENTER(设计中心)
【CTRL】+O ＊OPEN(打开文件)
【CTRL】+N、M ＊NEW(新建文件)
【CTRL】+P ＊PRINT(打印文件)
【CTRL】+S ＊SAVE(保存文件)
【CTRL】+Z ＊UNDO(放弃)
【CTRL】+X ＊CUTCLIP(剪切)
【CTRL】+C ＊COPYCLIP(复制)
【CTRL】+V ＊PASTECLIP(粘贴)
【CTRL】+B ＊SNAP(栅格捕捉)
【CTRL】+F ＊OSNAP(对象捕捉)
【CTRL】+G ＊GRID(栅格)
【CTRL】+L ＊ORTHO(正交)
【CTRL】+W ＊(对象追踪)
【CTRL】+U ＊(极轴)

(3)常用功能键。

【F1】 ＊HELP(帮助)
【F2】 ＊(文本窗口)
【F3】 ＊OSNAP(对象捕捉)
【F7】 ＊GRIP(栅格)
【F8】 ＊ORTHO(正交)

编 辑 手 记

对于书的好坏,只有读者的评价才是最有价值的。我们过去出版的AutoCAD制图相关参考书,均无一例外地得到了市场的认可。

经过将近一年的时间,这本书在过去的基础上作了大量实例的更新工作,最终得以问世。AutoCAD 是一个用户群极为广大的软件,它的学习者也是众多的。面对大量的 AutoCAD 学习书籍,作为人民交通出版社,能够专门为道桥工程领域的从业者提供高效的学习参考书和最需要的帮助,是我们的终极目标。本书是作者在多年的设计实战中使用 AutoCAD 的经验总结,很多内容对初学者会有一个启发,对高手也会有一个佐证。如果此书能够帮助您迅速地掌握这个工具软件,并因此获得一点点成就感,我们就会感到无比喜悦。请您继续关注我们随后出版的所有 AutoCAD 系列图书。

感谢作者在繁忙的工作之余辛勤的写作,感谢 Autodesk 公司朱小羽先生和吴新仪女士为本书所做的一切。

如果您对本书以及 AutoCAD 的使用和学习有任何的想法和需要,或者您要投稿给我们,请联系我们:010 - 85285929,sj@ ccpress. com. cn。

邵 江

2008 年 3 月